基于Python实验

量化投资学

资产配置与风险管理

陈创练 编著

暨南大學出版社
JINAN UNIVERSITY PRESS

中国·广州

图书在版编目（CIP）数据

量化投资学：资产配置与风险管理 / 陈创练编著. —广州：暨南大学出版社，2022.2
ISBN 978-7-5668-3378-5

Ⅰ. ①量…　Ⅱ. ①陈…　Ⅲ. ①投资管理—量化分析　Ⅳ. ① F830.593

中国版本图书馆 CIP 数据核字（2022）第 030318 号

量化投资学：资产配置与风险管理
LIANGHUA TOUZIXUE: ZICHAN PEIZHI YU FENGXIAN GUANLI
编著者：陈创练

出 版 人：张晋升
策划编辑：曾鑫华
责任编辑：高　婷　周海燕
责任校对：苏　洁　林玉翠
责任印制：周一丹　郑玉婷

出版发行：暨南大学出版社（510630）
电　　话：总编室（8620）85221601
　　　　　营销部（8620）85225284　85228291　85228292　85226712
传　　真：（8620）85221583（办公室）　85223774（营销部）
网　　址：http: //www.jnupress.com
排　　版：广州广知园教育科技有限公司
印　　刷：佛山市浩文彩色印刷有限公司
开　　本：787mm × 1092mm　1/16
印　　张：26.25
字　　数：590 千
版　　次：2022 年 2 月第 1 版
印　　次：2022 年 2 月第 1 次
定　　价：69.80 元

前　言

本书是面向金融学专业学生的教材，结合计算机科学与技术，旨在将金融学知识与Python编程技术有机结合，实现以自然科学方法去挖掘金融市场运行规律，并用金融学知识去解释规律形成的原因和未来可持续性，从而形成科学的投资理念和投资方法。本书讲解了量化投资可供选择的标的资产，包括债券、股票、期货和期权等，从资产配置和风险管理视角，详尽讲解了量化投资策略构建的基本原理。本书覆盖了本科生金融学领域的核心知识内容，可作为金融学本科生、金融学专业硕士、MBA学生专业课程的参考教材。

从2015年开始笔者每年为学生讲授“量化投资理论与策略”，至今该课程已经持续6年有余。量化投资学是一门新兴学科，由于其需要掌握计算机编程技术和金融学基本知识，因此，在授课过程中，学生普遍反映课程难度较大，特别是编程要求令许多金融学专业学生望而却步。但是，市场上，并没有一本很好将金融学知识与Python编程技术有机结合的量化投资教材。为此，在历年授课基础上，我撰写了《量化投资学：资产配置与风险管理》。本教材与现有书籍相比，主要存在如下三点突出特色：

第一，基于风险管理视角，讲解传统的投资组合理论、期货风险对冲理论和期权风险对冲理论，而传统证券投资学理论仅讲解了均值—方差模型下的资产配置问题。本教材同时推导了均值—*VaR*模型和均值—*ES*模型下的投资组合理论及期货对冲套利理论，拓展了投资组合理论的知识边界。

第二，结合金融市场的实际诉求，加入金融衍生产品套利模块内容，分章节推导和构建资产最优配置理论和风险对冲套利策略。采取“金融理论知识—软件编程实现—投资风险控制”三步思路撰写教材，讲述风险管理视角下的最优资产配置理论与实践，以期进一步丰富新时代符合金融市场需求的高层次人才的知识结构。

第三，以Python编程为工具，程序化实现最优的资产配置、风险对冲和套期保值等有关的量化投资模型。以编程技术和实操为指导，通过不断回测、改进、优化模型，指导学生构建一个行之有效的量化投资策略，以实践促进理论的改进和完善。

本书以风险管理为指导。在12个章节中，有关资产定价和风险管理测算的内容占据了接近一半的篇幅，其主要原因是纵观历史，因量化投资策略而辉煌，也因量化投资而走向破灭或亏损的公司比比皆是，只有那些注重风险管理的公司才能够在惊涛骇浪的金融市场中存活下来。故此，我们基于风险管理视角，详细介绍了债券投资管理理论与策略、（拓展）投资组合理论与策略、债券—股票投资理论与策略、股票—期货套期保值理论与策略、股票—期权（或期权—期权）风险对冲理论与策略。在理论基础上，我们还结合案例对金融学理论进行实盘检验，讲解了ARCH、EWMA、GARCH、TGARCH、EGARCH、Jump-GARCH、BEKK-GARCH和GARCH-MIDAS等波动率测算方法以及投资组合的 *VaR*、*ES* 和 *SRISK* 测算等。同时，复现并讲解了阿尔法策略、股指期货跨市场套利策略、跨期套利策略、择时交易策略、R-breaker 管理期货策略、期权波动率交易策略、期权希腊字母动态对冲策略、期权平价公式套利策略以及多期权风险对冲套利策略等。

阅读本书需要具备一定的金融学、金融工程和 Python 编程基础，但是，笔者想让这本教材成为一本能够自学的友好型书籍，因此，在许多章节中，笔者配备了详细的数学证明、例题、案例、程序和课后习题，有助于读者在阅读过程中加深对金融学理论的理解，并能够通过练习巩固知识，同时，还能够通过编程实现对理论知识的实际应用和检验。此外，我们还在该课程的专门网站（https://pythonquantfin.wixsite.com/home）上提供有关的课件、程序和课后习题答案。

最后，本教材能够撰写出版离不开学校领导的关心与支持，在此表示感谢。同时，笔者要特别感谢自己的许多学生对本教材撰写的突出贡献，他们分别是王浩楠、高锡蓉、马子柱、单敬群、李亦馨、辜浩诚、邬嘉彧、王舒丹、张智豪等，感谢在授课过程中，许多没有列上名字的学生对于教案形成教材的重要贡献。因为你们，才有这本教材的出版。

本教材并非十全十美，譬如我们没有讲解量化选股和量化择时策略，主要原因是我们计划出版另外一本教材——《量化投资策略与案例》。当然，受限于笔者的能力，该教材不可避免会存在纰漏和不足，恳请读者批评指正（邮箱：chenchuanglian@aliyun.com），不胜感激！

陈创练

2021 年 11 月 6 日

目　录
CONTENTS

第一章

量化投资概论

本章阅读指引：

本章主要阐述量化投资的基本概念，包括：量化投资的定义、量化投资与传统证券投资理论的异同、量化投资系统的构建、量化投资的历史、量化投资的主要策略和理论基础以及量化投资绩效的主要评判指标等。

第一节　量化投资的界定

量化投资是应用计算机软件和自然科学技术方法去挖掘金融市场的运行基本规律，并运用哲学社会科学知识尝试去解释规律的形成原因和未来可持续，从而形成合乎逻辑的投资理念和投资方法。其中，量化投资与传统投资策略的不同之处，在于它是基于计算机软件大数据的估计，在海量数据中做挖掘，并糅合自然科学技术方法和量化策略做出相应的交易。因此，它不依赖于人工操作，而更多依赖于计算机软件的自动下单，如买入和卖出。量化投资可以追溯到20世纪50年代的马科维兹的投资组合理论（Portfolio Selection），并在过去的20多年里取得蓬勃发展。

量化投资的主要投资品种包括债券、股票、期货和期权等，其投资的理念植根于资产组合理论、资本资产定价模型、套利定价理论、资产定价理论以及行为金融学等现代金融学理论。量化投资涉猎的资产配置内容包括风险资产配置策略、债券—股票投资策略、股票—期货套期保值策略、股票—期权风险对冲策略。我们借用风险管理技术，拓展均值—方差模型、均值—*VaR*模型、均值—*ES*模型，并将其用于分析股票、债券、期货和期权等的最优配置问题。同时，基于计算机软件和Python编程技术，对上述投资理论进行量化分析，通过绩效指标评判量化投资策略的优劣。

一、量化投资的定义

量化投资的奠基人要数詹姆斯·西蒙斯（James Simons），他是世界级著名数学家，曾因陈氏—西蒙斯定理（Chen-Simons）获得全美数学最高奖——维布伦奖；同时他还是全球收入最高的对冲基金经理之一，年净赚15亿美元，这主要得益于他在1982年创立的文艺复兴科技公司（Renaissance Technologies）。文艺复兴科技公司开发许多数学模型专门从事海量数据分析和自动化交易，并采用计算机编程建立模型分析和预测股票价格走势。他们的预测具有较高的准确性因而获利颇丰，可能这也是数学的魅力所在。特别是，西蒙斯发行的大奖章基金是华尔街最成功的对冲基金之一，1988—2009年（2010年西蒙斯已退休）平均收益率高达35%，比同期标普500指数平均回报率高出20多个百分点，也远超同时期巴菲特的20%，即使在2007年国际金融危机期间，大奖章基金的回报率也高达85%，取得如此辉煌成功的秘密武器就是量化投资。但由于西蒙斯并没有向外公布其“秘密武器”的具体量化交易策略，因此，量化投资在学术界和业界中均笼罩着神秘的面纱。

20世纪90年代，“点石成金”的华尔街债券套利之父与期权定价Black-Scholes公式创始人、诺贝尔经济学奖得主罗伯特·默顿（Robert Merton）和迈伦·斯科尔斯（Myron Scholes）等创立了美国长期资本管理公司（Long-Term Capital Management，

LTCM）。公司坚守“市场中性策略”，即买入被低估的有价证券，卖出被高估的有价证券，并通过计算机进行大量数据处理，形成一套完整的电脑数学自动化投资系统模型，构建了债券和衍生产品投资组合进行套利，获得巨大收益。然而，Black-Scholes公式的前提假定是收益率服从正态分布，而现实当中收益率指数具有尖峰厚尾特征，这必将导致对衍生产品的估值产生误判。特别是，数学模型是建立在历史数据基础上，而小概率事件发生可能会造成原有的套利模式失效，最终导致长期资本管理公司破产，并被美林和摩根收购。量化投资的另外一个致命缺陷是自动化交易系统。1995 年成立的骑士资本是美国证券市场最大的流动性提供商之一，2012 年 7 月 27 日因在系统升级时遗漏了升级一台服务器，导致在 8 月 1 日纽约证券交易所开市后不到一个小时内公司亏损高达 4.6 亿美元。纵观海外的量化投资历史，因量化投资策略而辉煌，也因量化投资而走向破灭或亏损的例子比比皆是。因此，从这个角度看，量化投资这个秘密武器也未必能够持久有效。

那么，量化投资存在的实质意义是什么？何诚颖（2013）认为理论上，量化投资就是基于投资者对市场的理解和认识，并应用自然科学技术方法构建数理模型去挖掘市场运行遵循的某种规律，通过不断地验证、修改、完善、优化，从而形成合乎投资逻辑的投资理念和投资方法。从这个角度看，量化投资有别于传统证券投资学的地方在于，它借用了自然科学技术方法实现投资理念与数理建模的大统一，并采用计算机科学技术建立自动化交易系统实现投资策略的自动下单、自动交易。但这也不能说明量化投资偏好于技术分析而排斥关注投资标的的基本面信息。事实上，量化投资虽然借用了自然科学技术方法去挖掘市场运行的基本规律，但是这个规律在未来能否复现也无法得到保证，而且其前提条件是这个规律必须合乎经济学投资逻辑，正因如此，量化投资也非常重视分析投资标的的基本面信息。然而，在现实投资过程中，投资者对于宏观经济形势和公司财务指标的判断往往带有较强个人主观色彩，不同投资者对同一只股票有不同的异质性判断，而量化投资策略设计的目的正是为了克服这个异质性主观情绪导致的投资失败。因此，量化投资的最大特色就是在基本面分析基础上，借用技术分析方法的优势，同时克服人性缺点和受主观情绪的影响，寻求构建一个合乎投资逻辑、客观公正的投资理念和投资方法。从上述分析可知，量化投资事实上就是传统基本面分析和技术分析的结合体。

在实际操作过程中，我们可以采用基本面分析方法对投资标的或股票进行筛选，进而基于技术分析方法对投资池的股票或者衍生产品进行分析和预测，同时也可根据基本面信息对基于技术分析方法构建的数理模型进行修正和优化。特别是，当市场出现极端小概率事件（如疫情冲击）时，我们更需要经验丰富的基金经理对投资策略和投资技术方法做出调整与修改。但理论上讲，只要是模型和方法，就有其致命的缺陷，基于历史数据分析构建的理论模型往往假定历史是可以重演的，但是，金融市场更多时候是瞬息万变，而一旦出现一个致命错误必将导致原先完美无瑕的量化投资策略坠入万劫不复的深渊。更重要的是，从金融学原理看，当市场上大多数人采用相同策略时，套利的力量是无穷大的，此时，策略的有效性必将大大下降，而盈利空间也会急速缩小至零，甚至引发亏损等灾难，而这种情形对于量化交易者来说是无法预知的。虽然量化投资有如上无法克服的缺陷，但是，从理论上讲，量化投资已经是一种非常优秀的投资方式，我们只有不断更新、矫正、优化模型才能够令其长期持久有效。

故此，量化投资的实质就是应用计算机软件和自然科学技术方法（如数学、物理学、统计学等）去挖掘金融市场运行的基本规律，同时，应用哲学社会科学知识（如金融学、投资学、社会学、历史学等）尝试去解释规律的形成原因和未来可持续性，从而形成合乎逻辑的投资理念和投资方法。

二、量化投资系统的构建

量化投资被冠名“黑箱”的主要原因是量化投资策略一般是基金经理赚钱的“命根子”，因此一般不轻易对外公开；而且，许多量化投资策略背后是复杂的数理模型，不容易读懂和掌握，这些难度对于一般投资者来说是一个不可触及的高度。对于一个普通的量化投资系统，其主要构成如图 1-1 所示：

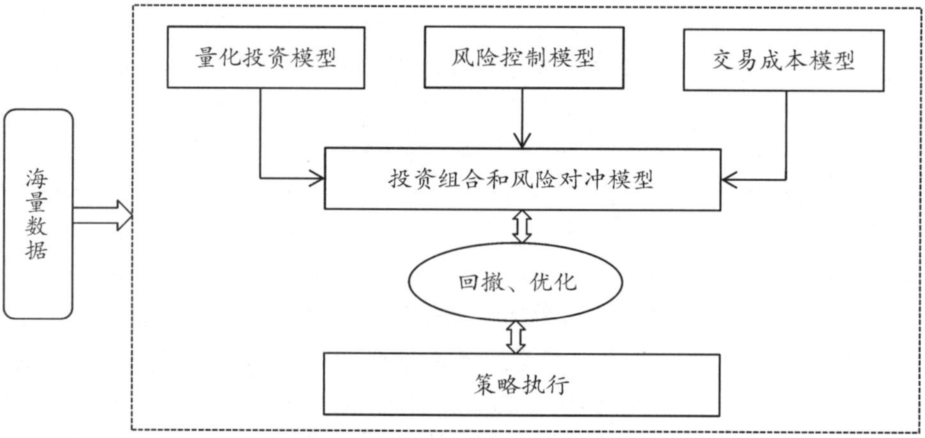

图 1-1 量化投资系统“黑箱”

量化投资系统一般包括三个模型和三个构建流程，其中，三个模型分别是：量化投资模型、风险控制模型和交易成本模型。这三个模型都是为了构建投资组合和风险对冲模型，并经过不断地回撤、优化，最终形成量化交易策略，并经计算机执行策略。在整个构建流程中，量化投资模型是核心、灵魂，也是践行量化投资理论的主要载体，而量化投资模型包罗万象，基于不同基金或投资者采取的量化投资模型千差万别。早期著名投资家格里芬（Kenneth C. Griffin）是技术分析的追随者，因此他经常不考虑股票的基本面，而构建复杂数学模型去复现、预期股价走势，从中获取套利机会。但是，著名投资者阿斯内斯（Clifford Asness）则倾向于将价值投资和趋势投资有机结合，构建了有名的“价值—趋势”量化投资模型，并且在金融市场上大获成功。量化投资模型并没有一个统一标准，特别是，一旦市场上所有参与者都采取了相同的量化投资策略，则套利力量会令该策略失效。从这个角度上讲，一个成功的量化投资策略不仅需要独树一帜，而且需要注重保密。在现实当中，有很多量化投资策略，如阿尔法策略、多因子选股策略、量化择时策略、风险中性策略、期货跨品种套利策略和期权风险对冲策略等。这些策略都是基于投资理念构建的数理模型，并经计算机软件编程形成交易策略。

风险控制模型是量化投资的根基。从量化投资发展历史看，很多著名的量化投资公司可能因为某一两个交易策略失误而导致公司倒闭，如 1995 年尼克·里森因其投资日本期货市场频繁失误而导致有 150 年历史的英国巴林银行倒闭。因此，后续许多投资集团和基金公司都实施非常严格的风险管理措施。特别是，20 世纪 90 年代，摩根集团开发了在险价值（Value at Risk, VaR）方法，用于测度在极端事件发生时，投资策略或公司集团面临的损失情况，并依赖于公司自身的容忍度调整投资策略。后续许多学者对 *VaR* 方法进行改进，提出了预期损失缺口（Expected Shortfall，ES）和 *SRISK* 方法。近年来，虽然风险管理方法的改进为量化投资策略的风险控制提供了重要的技术支持，但其实，对于投资集团内部，也有一些不成文的规定，如把公司资本的 20% 作为流动性资金，一方面其主要目的是在市场波动时捕捉投资机会，另一方面也是出于风险控制考虑。同时，公司内部也在不断模拟各种极端事件，如国际金融危机爆发、疫情冲击等事件重演时，现有公司投资策略的可能损失情况，并以此评估公司的承受力。纵观现有投资历史，只有那些注重风险管理的公司才能够在惊涛骇浪的金融市场中长期存活下来。风险控制模型的另一个层面就是可以基于投资理念，采用衍生工具（包括期权期货）对投资组合进行风险对冲，构建风险中性策略，使得量化投资模型能够实现一个稳定的超额收益率。总而言之，一个优秀的量化投资模型必须借用自然科学技术方法和金融学投资理念将构建的投资组合风险降至最低。可以这么说，风险控制模型是量化投资的根基，也是量化投资策略能够永久存活下去的最重要保障。

交易成本模型则主要是用于辅助决定构建投资组合和风险对冲交易后所产生的成本。因为投资者在执行量化投资策略时必然需要承担交易费用，而采取衍生工具对投资组合进行风险对冲也需要交纳交易费用。特别是，不论投资者预测量化投资策略执行时的盈利水平是高还是低，只要交易发生就会有成本发生。只要购买股票就需要交纳印花税或者手续费；而通过多头或者空头期权期货对冲投资组合风险也需要交纳一定的期权费或者手续费。因此，在实际构建量化投资模型中，交易成本控制也是一个考虑的重要因素。一旦预期盈利规模相对较小，甚至盈利部分还低于交易成本时，则该量化投资策略就不应该被执行。

将上述三个模型进行合并，经过一定测算和权衡后就可以形成投资组合和风险对冲策略，这个模型一定是在追逐利润、实现风险控制和交易成本控制三者之间做出权衡，然后给出一个最优的投资策略。在完成一系列量化投资策略构建之后，我们需要将策略通过计算机对历史海量数据进行不断地回撤、检验、修正、完善和优化，最终形成一个实际投资目标与投资者预期目标相匹配的投资策略。最后，可以将上述构建的量化投资模型进行打包，并基于计算机程序执行量化交易策略。至此，我们就构建了一个典型的量化投资系统。由此可见，量化投资系统是采用模型去践行投资理念，并基于计算机技术去进行投资决策和交易。其中，投资理念是量化投资系统的灵魂。只有建立在正确的投资理念基础上，同时根据市场状况变化和投资理念变化对模型进行不断修正、改进和优化，才能够不断发挥量化投资模型的优势。

第二节　量化投资发展史

从量化投资的实践历史看，量化投资可以分为四大流派，分别是以詹姆斯·西蒙斯为代表的数学派、以大卫·肖（David Shaw）为代表的 IT 派、以伊曼纽尔·德曼（Emanuel Derman）为代表的物理派和以瑞·达利欧（Ray Dalio）为代表的金融派。从现实看，没有哪一个派别能够征服另外几个派别。事实上，各个派别强调的原理和投资原则都具有一定的科学性与有效性，同时也有失效的时刻。这也从另外一个侧面显示，量化投资就是要吸取数学、物理、IT 以及金融等各领域知识的优点，以期构筑一个科学和行之有效的模型去识别市场失灵的时刻，并以此实现套利。但从理论层面看，量化投资的发展历史是相当悠久的，可以追溯到 20 世纪 50 年代马科维茨（Harry M. Markowitz）提出的资产组合理论。总结来看，量化投资的理论基础经历了如下五个阶段：

一、启蒙阶段：20 世纪 50 年代以前

20 世纪 50 年代以前，Crammer（1728）、Bernoulli（1738）就开启了对不确定性下的行为决策进行研究，这些为我们研究投资者行为奠定了基础。到 20 世纪初，Bachelier（1990）对股票价格的随机过程进行了研究和预测，Fisher（1930）提出了分离定理，这些都为我们研究股价行为和基金分离定理提供了理论指导。后续，Keynes（1936）提出的流动性偏好理论更是启发我们开始将投资者和消费者行为理论引入分析金融投资行为。特别是，Von Neumann-Morgenstern（1944）设定的期望效用理论，全面奠定了在不确定性环境下经济行为主体的偏好及效用函数，这也为后续应用数理化求解交易者的最优投资决策行为奠定了坚实的理论体系基础。

二、奠基阶段：20 世纪 50—60 年代

Markowitz（1952）建立了均值—方差模型，通过严密的数学证明，其构建的资产组合理论首次将个体投资决策中面临的收益与风险决策简化为均值和方差两个具体的

数学指标，并在图形中给出了风险—收益二维平面上的最优投资前沿。1958 年，Tobin 提出了两基金分离定理，即每一种有效证券组合都是一种无风险资产与另外一种特殊的风险资产组成的组合，由此为资本资产定价模型的提出奠定了理论基础。此后，Sharpe（1964）、Lintner（1965）、Mossin（1966）在资产组合理论基础上，发展提出了经典的资本资产定价模型（Capital Asset Pricing Model，CAPM），这一理论框架也成为证券投资学和量化投资的经典基石。

Modigliani 和 Miller（1958）首次应用无套利假设，探讨了公司的资本结构是否会影响公司价值，并提出著名的 MM 定理，开创了现代公司金融理论研究的先河，也奠定了资本市场套利均衡和套利定价分析方法的基础。Debreu（1959）和 Arrow（1964）将一般均衡模型拓展推广至不确定性经济分析框架。而 Samuelson（1965）和 Fama（1965）更是提出了弱式有效市场假说、半强式有效市场假说、强式有效市场假说，这些假说考虑了三个重要层面的因素，即理性投资者、有效市场和随机游走。基于这一假说认为，在信息全面公开、市场功能齐全和信息流通顺畅的情况下，任何利用历史股票价格和其他信息来预测未来股票价格走势的行为都是徒劳无功的。故此，从这个角度看，只有不满足市场有效假说，量化投资策略才能够在市场上获取一个超额收益率。

三、成长阶段：20 世纪 70 年代

20 世纪 70 年代，随着金融创新不断涌现，衍生产品定价成为理论创新的重头戏。在这一时期，Black-Scholes（1973）、Merton（1973）提出了期权定价模型，实现了金融衍生产品定价的重大突破。该定价方法迅速被广泛应用于实践，并取得了较好的成绩，同时也促使金融创新得以蓬勃发展，期权定价理论的提出奠定了现代衍生工具和公司债券定价的基础。随后，Ross（1976）克服了 CAPM 模型的缺陷，提出了套利定价理论（Arbitrage Pricing Theory, APT）模型，并且在此后催生了多因素模型等选股方法。除此之外，整个 70 年代，许多学者对 CAPM 模型进行有益拓展，包括 Black（1972）提出的“零 -β CAPM”，Rubinstein（1974、1976）、Kraus 和 Litzenberger（1978）提出的离散时间 CAPM，Merton（1969、1971、1973）提出的连续时间 CAPM（ICAPM）等都极大继承和发展了 CAPM 理论。此外，Harrison 和 Kreps（1979）发展的证券定价鞅理论也对市场有效假说的检验产生了深远影响，特别是，Grossman 和 Stiglitz（1980）还将信息不对称问题引入分析有效市场假说的“悖论”问题中。以上这些理论和经典文献极大推动了量化投资学科的发展。

四、成熟阶段：20 世纪 80—90 年代

20 世纪 80 年代，是现代金融理论“百花齐放”的重要历史时期，现代金融理论进入了创新发展的成熟阶段。在国际金融市场上，票据发行便利、远期利率协议、互换交易和期权交易都是在这一时期诞生。同时，在该时期，对期权定价理论发展的需要

又催生了通过倒向随机微分方程进行求解的新方法。其他诸如利率期限结构理论、金融契约理论、证券设计理论、金融中介理论、资本市场理论、行为金融理论、法与金融理论以及证券市场微观结构理论都在这一时期得到了蓬勃发展。可以说这一时期诞生的金融学理论真正奠定了金融经济学和量化投资学的学科基础。

20 世纪 90 年代，为了适应风险管理的需要，摩根集团在 90 年代初提出了著名的风险管理模型在险价值方法，随后还拓展提出了风险矩阵，这些在当前都被广泛应用于各类投资银行、基金公司和金融机构等的投资实践当中。更重要的是，在这一时期，随着 Fama 等对一系列有效市场假说进行广泛验证，由此也催生并发展了一门新兴的金融学科——行为金融学，该学科注重从投资者行为的角度解释一系列金融市场存在的异象，譬如股票的日历效应、股权投资的溢价之谜、封闭式基金折溢价之谜、股票市场过度反应现象、期权微笑波动率曲线以及股票投资的小盘股效应等。特别是，放宽了对投资者理论预期的假定，使得理论更贴近现实；同时，吸收心理学的有关知识，也有助于解释许多金融市场的投资者行为以及股票价格的形成机制等。此外，在 1996 年 La Porta、Lopez-de-silanes、Shleifer、Vishny（简称 LLSV）四位著名学者提出了法与金融理论，通过整理和统计全球大陆法系、普通法系、斯堪的纳维亚法系等多个国家的政治、宗教、法律、文化和经济等方方面面的量化数据，第一次将法律因素引入于解释和分析金融发展与经济增长等的关系，独辟蹊径开启了金融学科的一个新方向。

五、鼎盛阶段：21 世纪初至今

21 世纪以来，随着计量经济学学科的发展以及计算机的普及和广泛应用，量化投资学学科和现代金融理论也得以迅猛、飞跃发展。特别是，电子交易的出现，更是使得量化投资犹如久旱逢甘露。近年来，随着非典型金融理论、非线性科学研究方法在金融学领域的应用和推广，许多数学方法、物理方法和统计方法等都被不断用于尝试解释股票价格的走势特征。交叉学科的大融合更是促使现代金融学理论和量化投资学学科不断发展。而计算机科学与技术等软硬件的支撑，更是为量化投资的应用和发展提供了技术支持。此时，许多技术方法，如机器学习、遗传算法、支持向量机、决策树、神经网络、人工智能和其他非线性方法、建模技术都在量化金融领域得到广泛应用，并且极大促进学科的融合发展。总而言之，现代金融学理论的发展、非典型技术方法的应用、多学科的交叉融合以及计算机科学的技术支持都促使量化投资学在 21 世纪进入了一个鼎盛发展阶段。

第三节　量化投资：资产配置与风险管理

一个经典展示量化投资内容的流程图如图 1–2 所示。从中可以看出，量化投资主要包括的策略有股票市场中性策略、量化选股策略、量化择时策略、股票多空仓策略、套利策略、管理期货策略、跨期套利策略、期权量化策略以及全球宏观对冲策略；而人工智能、机器学习、现代计量经济方法、统计学、计算机科学与技术等都是支持上述量化策略取得成功的方法论基础。

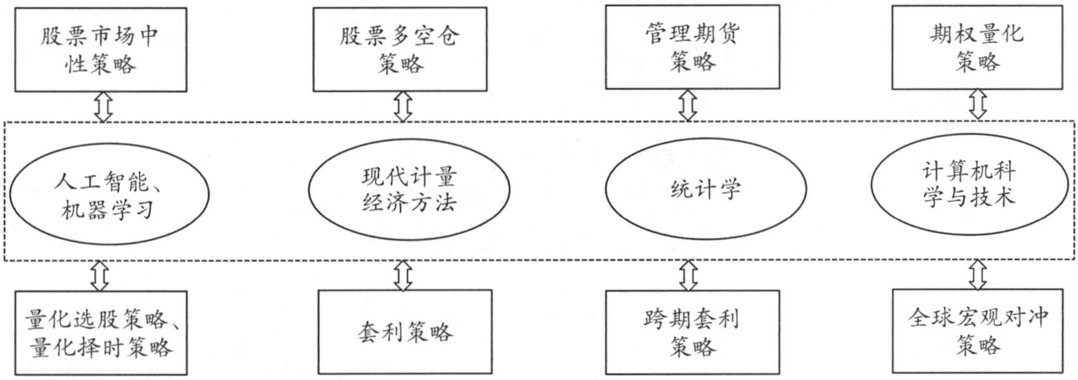

图 1–2　量化投资策略与计算机科学技术的关系

本书的撰写目标并非要注重讲解上述的量化投资策略，而是考虑从更深层次的角度讲解量化投资的理论基础。为了突出与现有教材的区别，我们从资产配置和风险管理的角度，借助计算机科学技术和 Python 软件，从理论和策略两个方面讲解量化投资的理论基础。本书主要包括：风险管理科学与技术、债券投资风险管理、风险资产配置理论与策略、债券—股票投资理论与策略、股票—期货套期保值理论与策略、股票—期权风险对冲理论与策略；同时，除了基于传统的均值—方差模型讲解上述的最优资产配置理论与实践之外，本书还基于均值—*VaR* 模型和均值—*ES* 模型对上述的最优资产配置理论进行拓展与应用。基于量化投资系统的构建需要，本书设计如图 1–3 所示的量化投资理论体系。

一、风险管理科学与技术

风险管理是整个量化投资最核心和最根本的内容，而资产定价又是风险管理的基础。因此，在介绍量化投资之前，很有必要对资产定价和风险管理技术进行全面的讲解。故此，我们重点介绍了资产定价理论、风险与收益关系理论基础以及包括 ARCH、

EWMA、GARCH和其他GARCH族类等波动率测算方法。然而，在实际操作中由于波动率往往无法给投资者提供一个明确的损益指标，因此，摩根集团于20世纪90年代开发了*VaR*方法，它能够给投资者描绘出一幅投资组合未来损益的蓝图，即在*X%*的置信水平下，投资组合的风险不会超过多少价值。据此标准，投资者就能够判断这个投资项目是否值得投资。当然，当投资组合的收益率不满足椭圆分布性质时，*VaR*方法不满足次可加性，因此也不是一个衡量风险的满意指标。故此，后续学者在*VaR*方法基础上，拓展提出了*ES*和*SRISK*方法，由于其满足次可加性等一系列理想风险指标的标准，因此，它们是现在被广泛应用于测度金融机构风险的两个重要指标。在后续的整个量化投资理论中，我们将以*VaR*和*ES*指标的风险管理技术为基础，对资产组合理论和资本资产定价模型等最优的资产配置与量化投资策略进行有益拓展。

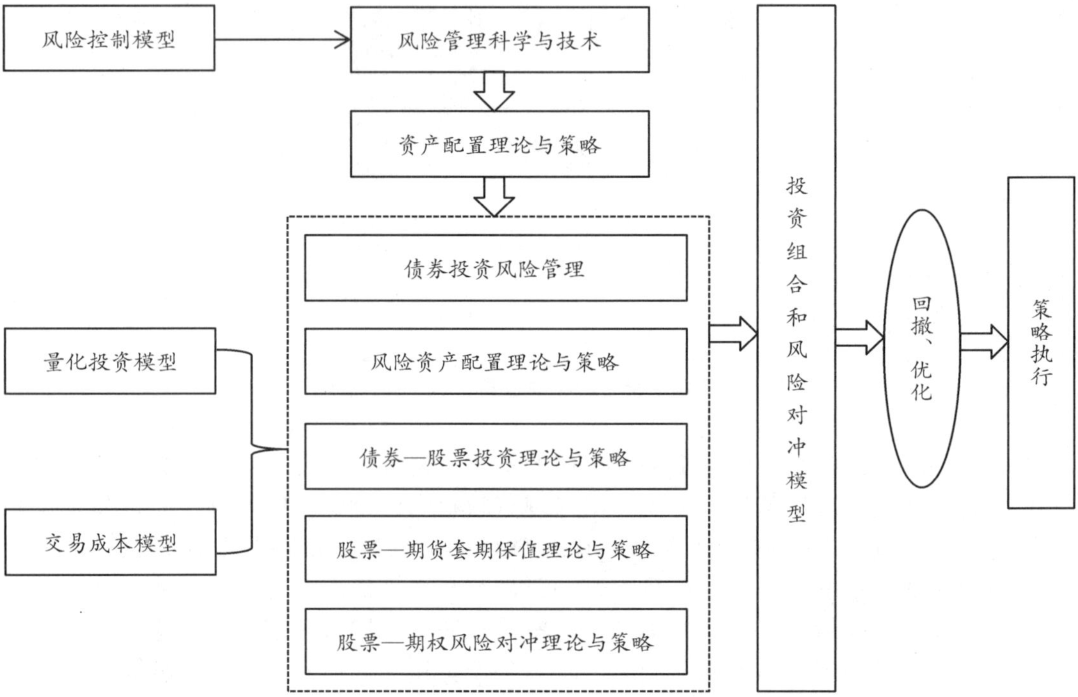

图1-3 量化投资理论体系

二、风险资产配置理论与策略

马科维茨的有效边界是整个最优风险资产配置的理论基础。他于1952年在*Journal of Finance*发表的《资产选择：有效的多样化》中，首次将资产组合的报酬均值和方差两个概念统一起来用于分析最优的投资决策，同时还从数学上明确定义了投资者的偏好，即投资组合方差越大，则意味着该资产组合的波动率越大，投资者越厌恶。1959

年他的代表作《资产组合：有效的多样化》出版，全面对 20 世纪 50 年代的资产组合选择理论进行了归纳和完善。这些都为最优的风险资产配置奠定了理论基础。后续他的追随者将这一理论拓展、归纳，并发展成为经典的均值—方差模型，这也为后续量化交易的最优资产配置指明了方向。然而，在量化投资历史中，我们知道风险管理是量化投资的根本，许多著名基金或者投资集团，可能因为某一投资策略失误而导致公司倒闭。因此，在讲解量化投资学中，为了进一步突出风险控制的重要性，我们将拓展均值—方差模型至均值—*VaR* 模型和均值—*ES* 模型，并以此指导整个投资组合的资产最优配置问题。在基于 Python 软件的策略应用过程中，我们还重点突出引入了市场制度因素，如卖空限制等。可以这么说，基于风险管理的最优资产配置是整个量化投资学的经典理论基础。

三、债券—股票投资理论与策略

20 世纪 60 年代，美国学者威廉·夏普（William Sharpe）、林特尔（John Lintner）、特里诺（Jack Treynor）和莫辛（Jan Mossin）于 1964 年在资产组合理论和资本市场理论的基础上，发展提出了 CAPM 模型。该模型是在马科维茨模型基础上，通过引入无风险资产，研究证券投资中资产的预期收益率与风险资产之间的关系。其对投资者的所有假定都与资产选择理论中对期望收益、方差和协方差的设定相同，而且投资人可以自由借贷，探讨的问题重点在于为了补偿某一特定程度的风险，投资者应该获得多少的溢酬。基于 CAPM 模型和资产组合理论的对比可知，在约束条件下，基于 CAPM 模型求解得到的投资集优于资产组合理论。这一模型框架也为量化投资中的债券—股票资产的最优配置问题奠定了理论基础。为此，在模型构建中，我们也将均值—方差模型拓展至均值—*VaR* 模型和均值—*ES* 模型，重新求解分析包括债券—股票的最优资产配置问题，并基于 Python 软件实现求解和量化多股票投资情形下的最优资产配置策略。

四、股票—期货套期保值理论与策略

股票的中性策略显示，一旦投资者持有资产投资组合则相当于其将风险敞口暴露，因此，为了达到有效的套期保值，需要反向持有期货进行风险对冲。这一原理在现实的投资实践应用中长盛不衰，其主要原因在于其可以为投资者锁定一个收益。这一理论也成为量化投资策略构建的另外一个理论基础。在实际投资实践中，我们将详细以理论为指导，拓展构建基于均值—方差模型、均值—*VaR* 模型和均值—*ES* 模型的最优套期保值比率，阐述后两种理论的最优套期保值比率与第一种理论的差异，并通过现实投资案例的实践检验探讨最优的股票—期货套期保值投资策略。此外，期货作为一种投资品种，除了可以用于对冲投资组合风险外，还可以作为标的资产直接用于投资。因此，量化投资主要是以投资理念为指导，利用科学的技术方法和计算机软件（如

Python 软件），选择市场失效时的投资套利策略。譬如，股指期货跨期套利策略、股指期货 ETF(期现)套利策略和经典的 R-breaker 管理期货策略（也被称为股指期货趋势追踪反转策略），这些均是以风险控制为指导，将期货作为资产配置标的的经典量化投资模型。其基本思想，就是在对冲掉风险或者构建科学模型发现股指期货趋势将发生反转时，对期货标的资产进行有效配置和投资。

五、股票—期权风险对冲理论与策略

当我们将投资标的放宽至期权时，必将拓展量化投资的边界和范畴。期权不仅可以基于希腊字母对期权标的的市场价格、波动率、时间和利率风险进行对冲，而且可以在一定程度上反向对冲掉投资组合的风险；不仅可以基于股票、看涨期权和看跌期权，而且可以基于期权平价公式发现市场价格违背恒等式时的套利空间；对于多期权之间还可以构建期权边界套利策略、垂直套利策略、水平套利策略、跨式套利策略、宽跨式套利策略、蝶式套利策略以及飞鹰式套利策略等，这些都构成了期权—期权风险对冲和量化投资的主要模型。因此，在这部分内容中，我们将以理论为指导，借助计算机技术方法和 Python 软件，通过对历史数据的不断检验和复现，重点讲解期权风险对冲策略、期权平价公式套利策略、期权波动率交易策略、期权希腊值的动态对冲策略和期权交易策略等。

综上所述，本书撰写的主要内容是以资产配置和风险控制为指导，结合金融学投资理论，并借用科学的技术方法和 Python 软件等计算机技术，分内容对投资者可供选择的投资标的的最优资产配置理论进行讲解和验证。通过理论与实践相结合的方式着重讲解了最新的资产投资风险管理技术、风险资产配置理论与策略、债券—股票投资理论与策略、股票—期货套期保值理论与策略以及股票—期权风险对冲理论与策略，以此为投资者构建最优的量化交易策略奠定理论基础。

第四节　量化投资评判指标

量化投资的评判指标可以分为两个大类：一个是收益率指标，另外一个是风险度指标。其中，收益率指标是评判量化投资策略优劣的最重要标准。一般来说，收益率越高，量化投资策略越好。在实际投资中，选择的收益率指标包括总收益率、年化复合收益率、相对收益率和 Alpha 收益率等。对于风险度指标，则是刻画量化投资策略风险的重要标准，一般基于收益—风险就可以准确描绘出整个投资策略的可行性。归纳来看，风险度指标包括 Beta 系数、夏普比率、最大回撤率、信息比率和特雷诺指数等。

一、收益率指标

收益率是指投资者在投资活动中一段时间内获取的盈利占总投资的比重。从投资角度看，收益率就是投资交易策略成功与否的最终评判标准。

（一）总收益率指数

假定某交易策略的投资资金为 N_1，在经过一段时期后，投资资金总额变为 N_2，则总收益率指数为 $R = N_2/N_1 - 1$。它是指在投资时期内这一交易策略的投资回报率。理论上，该数值越大，则表示该投资交易策略取得的绩效越好。

（二）年化复合收益率

一般而言，总收益率指数的一个重要影响因素是投资期限，特别是，不同投资期限的交易组合的总收益率不具有可比性。因此，将总收益率指数转化为年化收益率是一个可行的办法，同时，也使得其与其他投资行为或者投资品种具有更直接比较的经济含义。其计算公式为：

$$\text{年化收益率} = \frac{1 + \text{总收益率}}{T_2 - T_1} \times 365 - 1 \tag{1-1}$$

对于年化复合收益率可以表述如下：

$$\text{年化复合收益率} = (1 + \text{总收益率})^{\frac{1}{T_2 - T_1} \times 365} - 1 \tag{1-2}$$

其中，T_1 和 T_2 分别表示投资交易策略的期末和期初。如果投资的标的是股票，在该式中，有时并非乘以 365 天，而是乘以股市的实际交易天数 252 天。

（三）相对收益率

相对收益率是指总收益率与基准收益率之差，即相对收益率 = 总收益率 − 业绩基准收益率。一般选取的基准收益率包括基于沪深 300 指数、上证指数、中证 500 指数和行业指数等计算得到的收益率。如果相对收益率指数大于零，则表示交易组合的收益率高于基准收益率。此外，如果我们将总收益率替换为年化复合收益率，同时将业绩基准收益率进行年化，则相对年化收益率也就具有可比性。此时，如果我们将基准收益率更换为年化无风险收益率，则相对收益率指数也就是超额收益率。

（四）Alpha 收益率

Alpha 收益率是通过股票市场中性策略获取的收益率。理论上，Alpha 收益率是衡量基金经理业绩的一个重要指标，该数值越大表示投资交易策略的绩效越好；反之，该数值越小，则表示投资交易策略的绩效相对较差。其计算公式为：

$$\text{Alpha收益率} = \frac{(N_2 - N_1) + (M_1 - M_2)}{N_1 + M_1} - 1 \tag{1-3}$$

其中，N_2 和 N_1 表示投资股票期末和期初的总资产，而 M_2 和 M_1 表示期货对冲头寸期末和期初的资产。为了对冲交易组合持有股票的风险，投资者会购买期货进行对冲，其中，股票采取的是先买后卖，而期货则是先卖后买。故此，股票部分的权益是 $N_2 - N_1$，期货部分的权益是 $M_1 - M_2$。同理，如果为了把 Alpha 收益率年化，则可通过如下公式进行转换：

$$\text{Alpha年化收益率}=\frac{1+\text{Alpha收益率}}{T_2-T_1}\times 365-1 \quad (1\text{–}4)$$

$$\text{Alpha年化复合收益率}=(1+\text{Alpha收益率})^{\frac{1}{T_2-T_1}\times 365}-1 \quad (1\text{–}5)$$

其中，如果是按照股市实际交易天数，则 365 天可以重新改写为 252 天。

在实际的量化交易策略评估中，我们往往需要报告年化收益率，这样也有助于与其他投资策略，包括债券市场的收益率进行横向比较，以期断定交易策略的优劣，甚至是可行性。

二、风险度指标

风险度指标是评判量化交易策略的另外一个维度。事实上，评判一个交易策略的优劣，除了收益率外，风险度也是考虑的一个重要指标。一般情况下，在同等风险情况下收益最大化或者在同等收益情况下风险最小化，是构建量化交易策略的最基本要求。

（一）Beta 系数

基于 CAPM 模型可知，Beta 系数是衡量股票风险的一个重要指标，该数值大于 1，表示该股票的波动幅度大于证券市场，即证券市场超额收益率每增加 1%，则该股票的超额收益率增加幅度大于 1%；反之，如果该数值小于 1，则意味着证券市场超额收益率每增加 1%，则该股票的超额收益率增加幅度小于 1%。因此，Beta 系数越大，则表示该股票的风险也越大。在实际投资中，当股票市场处于上涨的牛市时期，我们可以购买 Beta 系数大于 1 的顺周期行业股票；而在股市处于下跌的熊市时期，保守起见，则可以购买 Beta 系数小于 1 的逆周期行业股票。从理论上讲，估计 Beta 系数有如下三种测算方法：

$$\text{Beta系数}=\frac{\text{Cov}(r_k, r_m)}{\text{Var}(r_m)} \quad (1\text{–}6)$$

其中，r_k 表示某资产组合市场收益率，r_m 表示市场组合收益率。

基于 Beta 系数定义估计可以得到：

$$\text{Beta系数}=\frac{\sum_{t=1}^{T}(r_{k,t},\bar{r}_k)(r_{m,t},\bar{r}_m)}{\sum_{t=1}^{T}(r_{m,t},\bar{r}_m)^2} \quad (1\text{–}7)$$

基于资本资产定价模型得到：

$$E(r_k) = r_f + \beta\left[E(r_m) - r_f\right] \quad (1\text{–}8)$$

其中，r_f 表示无风险收益率。因此，我们采用普通最小二乘法估计可以得到 Beta 系数估计值。

基于单指数模型估计得到：

$$r_{k,t} = \alpha_k + \beta r_{m,t} + \varepsilon_{m,t} \quad (1\text{–}9)$$

其中，α_k 表示截距项，$\varepsilon_{m,t}$ 表示估计残差。事实上，单指数模型是CAPM模型的变形。

（二）夏普比率

夏普比率（S_p）也称夏普指数，是基金绩效评价的标准化指标。它考虑的是风险调整后的收益率，是一个可以同时对收益与风险加以考虑的三大综合性指标之一，长期看，能够排除风险因素对绩效评估的不利影响。其衡量的是每承担一单位风险，给予多少的超额收益率补偿问题。事实上，在投资过程中，投资标的的预期报酬越高，则投资人所需要忍受的风险越大；反之，预期报酬越低，则需要忍受的风险越小。因此，作为一个理性的投资者，他从事投资的底线是：在给定风险的情况下，追求收益最大化；或者在给定预期报酬的情况下，追求投资风险最小化。从计算公式看：

$$S_p = \frac{r_p - r_f}{\sigma_p} \quad (1\text{–}10)$$

其中，r_p 和 σ_p 分别表示投资组合的期望收益率和波动率。

（三）最大回撤率

最大回撤率是指在选定的投资周期内，历史上任何一个时点往后推，量化投资策略位于最低点时与初始投资金额相比较的收益率回撤幅度的最大值。最大回撤是用来描述交易策略实施后可能出现的最糟糕情况。最大回撤是量化交易策略衡量风险的一个重要指标，相较于波动率指标甚至更为重要。从现实看，最大回撤率可以分为历史最大回撤率和期望最大回撤率两类。其中，对于历史最大回撤率，P_i 是第 i 日的组合市值，P_1 是起始日的组合市值，P_n 是终止日的组合市值，则历史回撤用公式可以表述为：

$$\text{历史回撤}(i) = \frac{P_i - P_1}{P_1} \quad (1\text{–}11)$$

而历史最大回撤就是历史回撤 (i) 的极大值。对于期望最大回撤，其借鉴的是风险管理的技术方法，如期望损失缺口，测度的是在未来 N 天内，在 $X\%$ 的置信区间下，量化交易策略的期望最大回撤 Max–Recall 是多少。在实际估计中，我们可以把 Max–Recall(i) 进行排序，直接计算在 $X\%$ 置信区间中的期望最大回撤；或者根据 Max–Recall(i) 拟合某一个分布，根据分布计算对于 $X\%$ 置信区间的期望值，即为期望最大回撤值。

（四）信息比率

信息比率（IR）是以马科维茨的均值—方差模型为基础，用于衡量超额风险所带来的超额收益，它表示单位主动风险所带来的超额收益率。其中，比率越高说明超额收益率越大。用公式可以表示为：

$$IR=\frac{TD}{TE} \tag{1-12}$$

其中，TD 表示资产跟踪偏离度的样本均值，TE 表示资产的跟踪误差。有时候，也将 TD 表示为真实预期收益率与定价模型所计算得到的收益率之差，而 TE 则由残差风险表示。

（五）特雷诺指数

特雷诺指数是指每单位风险获得的风险溢价，是投资者判断某一基金管理者在管理基金过程中所冒风险是否有利于投资者的指标，也是一种衡量单位风险超额收益的方法：

$$T=\frac{R_p-r_f}{\beta_p} \tag{1-13}$$

其中，R_p 表示某只基金在投资考察期内的平均收益率，β_p 表示某只基金的系统性风险。特雷诺指数越大，则表示单位风险溢价越高，量化交易策略绩效越好，管理者在管理过程中所冒风险有利于投资者获利；反之，特雷诺指数越小，则表示单位风险溢价越低，此时，管理者在管理过程中所冒风险不利于投资者获利。

（六）卡玛比率

卡玛比率是对夏普比率做了改进，同样是用于测算投资组合的风险收益比，其计算公式为：

$$\text{卡玛比率}=\text{超额收益}/\text{最大回撤} \tag{1-14}$$

其中，最大回撤作为测算风险的替代变量。由此可见，卡玛比率与夏普比率唯一不同之处在于分母，夏普比率分母以标准差去衡量分析，而卡玛比率则是采用最大回撤。但本质上都是衡量投资组合的风险—收益关系。

在实际评判量化交易策略过程中，一般我们都要求报告收益率指数和风险度指数。从收益—风险两个维度刻画投资项目的实际绩效，能够给投资者提供评判该项目是否值得投资的标准。

【本章小结】

量化投资学是一门新兴的学科，它是集合了自然科学技术（数学、物理学、统计学、计算机等）和社会科学（基于对市场的理解）优势去挖掘金融市场运行规律的一门学科。

本章主要讲述了量化投资的定义和基本概念、量化投资系统的构建、量化投资发展史，并总结归纳了本书讲述的主要内容。最后，我们从收益率指标和风险度指标给出了评判一个量化交易策略优劣的主要标准。

【课后习题】

1. 量化投资的定义是什么？它具有哪些与传统证券投资学不同的特点？

2. 从量化投资的发展历史看，为了保证量化交易取得成功，需要具备哪些基本条件？

3. 假定某项投资，在期初投资 100 万元，一年半之后投资组合价值高达 300 万元，同时，假定无风险收益率为 5%。计算该项目投资的总收益率指数、年化复合收益率指数、相对收益率指数。

4. 假定某投资者投资于股票 150 万元，期末该股票价值为 250 万元，而投资者为了对冲股票风险，在期初卖出了价值 120 万元的股指期货，到期末股指期货交割买入价格为 200 万，同时假定投资时长为半年。请问该投资组合的 Alpha 收益率是多少？Alpha 年化收益率是多少？

5. 假定某投资者投资于某一个项目，股票组合的收益率为 18%，波动率为 15%，无风险收益率为 5%，而该投资组合对市场指数回归得到的估计方程为 $r_{k,t}=6\%+0.8r_{m,t}$，在投资周期的最大回撤是 3%。试问该投资组合的 Beta 系数是多少？夏普比率是多少？特雷诺指数是多少？卡玛比率是多少？

第二章

资产定价

本章阅读指引：

资产定价是量化投资的理论基础。特别是，资本市场是金融市场的主要组成部分，在资本市场上广泛交易的金融产品构成了市场的主体，对这些金融资产的定价行为进行研究是探究金融市场规律、投资策略优化的重要环节。本章主要介绍了资本市场几种金融产品的概念及其定价方法，包括债券的介绍及其定价方法、股票的介绍及其定价方法；对于衍生工具市场，衍生产品作为基础金融资产的创新和发展，具有对传统金融产品的引导作用，两者关系密切，故本章相继介绍了远期、期货、期权及其定价方法，这些都为后续量化投资策略的构建奠定了理论基础。

第一节　债券定价

一、债券的定义

债券（Bonds）也可称为固定收益证券，是一种承诺在一段固定时间后支付给其持有者固定收益的证券。它是债务人为筹集资金按照法定程序发行并向债权人承诺于指定日期还本付息的有价证券，记载着债务人与债权人之间的契约关系，债务人在向债权人借贷资金后，需要履行承诺向债权人还本付息。通常，一张债券具有三个主要特点：一是债券的发行主体一般是政府、金融机构和企业等，符合条件的投资者均可进入债券市场交易，成为债券的购买者；二是债券的本质是债的证明书和凭证，具有法律效力；三是债券购买者与发行者之间是债权债务关系，债券发行人是债务人，债券购买者是债权人。因此，在内容上，一张合格的债券必须载明债权人和债务人有关权利与义务的主要约定，这些约定主要包括如下基本要素：

1. 债券面值

债券面值是指债券的票面价值，它明确了债券到期后，发行人需要向债券购买者偿还的本金数额，也是向债券购买者按期支付利息的计算依据。其中，债券面值与债券实际发行价格并不一定完全一致，当发行价格大于面值称为溢价发行，小于面值称为折价发行，等于面值则称为平价发行。

2. 偿还期限

偿还期限是指债券发行时规定偿还债券本金的期限，即债券发行日与债券到期日之间的时间间隔。

3. 付息周期

付息周期是指债券发行后规定支付利息的周期，形式可以多样化，譬如到期一次性支付，或 1 年、6 个月、3 个月、1 个月支付一次。考虑到货币的时间价值，付息周期对债券持有者的实际收益影响较大，通常到期一次性支付本金利息的债券，其利息按照单利计算；而分期多次支付本金利息的债券，其利息按照复利计算。

4. 票面利率

票面利率是指债券利息与债券面值的比率，是发行者承诺在一定时期内向债券购买者支付利息的计算标准。债券票面利率的确定受银行利率、发行者资信状况、偿还期限、利息计算方式以及市场资金供求情况的共同影响。

本节在对即期利率与远期利率、单利与复利等概念进行界定的基础上，介绍了债券定价方法和债券定价的五个定理。

二、即期利率与远期利率

即期利率（Spot Rate）是指从今天开始计算持续 n 年期限的到期收益率。因为投资中间没有考虑支付，因此，n 年即期利率实际上也等于 n 年期零息票收益率（Zero-Coupon Yield），它是定义利率期限结构的基本利率。

远期利率（Forward Rate）则是隐含在给定的即期利率中，定义为未来某一时点到另外一个时点的利率。两者的主要区别在于计息时刻，即期利率的计息时刻是当前，而远期利率的计息时刻是起始于未来某一时刻。

即期利率与远期利率可以相互转换，在确定收益率曲线后，远期利率可以基于收益率曲线的即期利率换算求得。举例，假定 6 个月和 1 年期的即期利率分别为 2% 和 3.2%，试求 6 个月之后的半年远期利率。设定 6 个月后的半年远期利率为 r，投资者投资于 1 年期收益率为 3.2% 的产品，分别将时间划分为两段，即前 6 个月投资于收益率为 2% 的产品，后 6 个月投资于收益率为 r 的产品，其获得的收益应该是相等的，故此，有如下恒等式：

$$(1+2\%)(1+r)=(1+3.2\%)^2 \tag{2-1}$$

对上式求解可得 6 个月之后的半年远期利率 $r=4.4\%$。

【例 2-1】假定 1 年期和 2 年期的即期利率分别为 3.8% 和 4.5%，假定 1 年之后的半年远期利率为 r，通过恒等式：$(1+3.8\%)(1+r)=(1+4.5\%)^2$，可求得 1~2 年的远期利率 $r=5.2\%$。

三、单利与复利

单利（Simple Rate）是指一笔资金无论持有期多长，只对本金计息，而此前各期利息在下一个利息周期内均不计算利息的计息方式。令 S 表示本金，r 表示利息，n 表示计息期数，则在单利计息方式下，期末本金利息总和为 $S(1+nr)$。

复利（Compound Rate），也称“利滚利”，是指某一计息周期内由本金加上先前周期所积累利息总额来计算的计息方式，其主要特点是将上期末的本利作为下一期的本金。在复利计息方式下，如果每年计息一次，则期末本金利息总和为 $S(1+r)^n$；如果每年计息 m 次，则在计息期数为 n 的期末，本金利息总和为 $S(1+r/m)^{mn}$。特别是，如果连续复利计算，通过洛必达法则，本金利息总和为 $\lim\limits_{m\to\infty}S(1+r/m)^{mn}=Se^{\lim\limits_{m\to\infty}nm\ln(1+r/m)}=Se^{nr}$。

【例 2-2】李嘉诚关于年存 1.4 万元复利计算 40 年后成亿万富翁的故事。华人首富李嘉诚称，一个人从现在开始，每年存 1.4 万元，并将其投资于股票、债券、房地产，假定每年平均回报率为 20%，如果按照单利计算，则 40 年后资产总额为：

$$\sum_{i=1}^{40}1.4\times(1+20\%\times i)=285.6\text{ 万元}$$

如果按照复利计算，则 40 年后资产总额为：

$$\sum_{i=1}^{40} 1.4 \times (1+20\%)^{i} = 12337.68 \text{ 万元}$$

由上述估计结果可知，在单利计息方式下，投资 40 年后总资产仅为 285.6 万元；在复利计息方式下，总资产则高达 1.23 亿元。可见，一个人要成为亿万富翁并非难事，这也是神奇的复利投资。从这个角度看，合理的理财方式比投资的资金规模更为重要。

四、债券定价

债券市场是一国金融市场不可或缺的重要组成部分，一个成熟、统一的债券市场可以为全社会的投资者和筹资者提供低风险的投融资场所。债券的收益率曲线是全社会经济运行中一切金融商品收益水平的基准，故此，债券市场也是传导央行货币政策的重要载体。从理论上讲，债券定价是债券市场运行的最核心内容，它是由债券持有人在未来期限内获得的现金流所决定，其中，债券价值与市场价格的差异会给筹资者带来损益。如果债券定价过高，则投资者持有成本较高，债券销售困难，债券发行企业面临损失；如果债券定价过低，债券发行企业在筹资过程中发生的成本可能未被债券收益所覆盖，由此也会导致企业面临损失。故此，对发行债券合理定价具有重要的现实意义。传统债券定价是基于现金流贴现（Discounted Cash Flow）的思路，即将债券投资者在债券到期日前获得的所有现金流按照一定折现率贴现，最后将所得到的现金流现值加总即可得到债券价值。

债券定价包括三个基本元素：①投资者收到的现金流量，即收到的每期利息加上到期时的票面价值；②债券的到期时间；③投资者需要的回报率。

债券定价的原理是，投资者未来在债券存续的时间内收到的现金流，经过贴现之后的现值需与当前债券价格相等。假定 C_t 为 t 时刻的现金流，F 为债券面值，也即最终债权人将获得的最终现金流，截至到期日，投资者将收到所有付息期间产生的利息，以及到期时刻返还的本金，r 指贴现率，债券当前价格 P 可表示为：

$$P = \sum_{t=1}^{T} \frac{C_t}{(1+r)^t} + \frac{F}{(1+r)^T} \tag{2-2}$$

基于上式对未来现金流的估计和贴现，可以计算出债券的实际价值。通常，市场上的债券价格与债券的估算价值有所偏差，当价格偏离实际价值时，投资者可选择一定的资金头寸投资于债券市场。其中，当市场的债券价格低于实际价值时，即价格低于价值，根据价格收敛于价值的原理，未来一段时期内，价格将会上升至价值水平，因此，此时应该买入债券，在等待价格上升后卖出债券，可收获资本利得。反之，当市场的债券价格高于实际价值，则未来债券的价格会下跌，此时应该卖出债券。

在实际操作中，债券持有期内贴现率并非恒久不变，考虑贴现率可变（r_t）情形下，债券定价的公式可进一步改写为：

$$P=\sum_{t=1}^{T}\frac{C_t}{(1+r_t)^t}+\frac{F}{(1+r_t)^T} \tag{2-3}$$

在债券的定价公式中，每期的利息可以是每年支付一次、每半年支付一次，或者是每年支付 m 次。事实上，债券的价值只不过是这些现金流的现值。以每年支付 m 次利息为例，则每次支付的利息为 C/m，即债券的定价公式为：

$$P=\sum_{t=1}^{mT}\frac{C/m}{(1+\frac{r}{m})^{mt}}+\frac{F}{(1+\frac{r}{m})^{mT}} \tag{2-4}$$

【例 2-3】债券定价。假定某投资者购买债券面值为 10000 元、存活期为 5 年的债券，每期可获得的现金流为 900 元，投资者的预期回报率是 8%，此时，可求得债券的定价为：

$$P=\sum_{t=1}^{5}\frac{900}{(1+8\%)^t}+\frac{10000}{(1+8\%)^5}=10399.27\text{ 元}$$

如果假定是每半年支付一次利息，则可求得债券的定价为：

$$P=\sum_{t=1}^{10}\frac{900/2}{(1+\frac{8\%}{2})^t}+\frac{10000}{(1+\frac{8\%}{2})^{10}}=10405.54\text{ 元}$$

五、债券定价定理

基于债券定价公式，著名学者伯顿·马尔基尔（Burton Malkiel，1962）在对其影响因素，包括债券价格、债券利息率、到期年限、到期收益率进行研究后，提出了债券定价的五个定理，这也是债券定价的经典核心理论。[①] 债券定价的五个定理如下：

定理一：债券价格与到期收益率呈反比关系，即到期收益率上升，债券价格下降；反之，到期收益率下降，债券价格上升。

【例 2-4】假定债券的票面价值为 100 元，期限为 8 年，每年付息 2 次，票面利率为 5%，当债券的到期收益率为 3%、5% 和 8% 时，债券的市场价格分别是多少？

解：由定义可得：$P=\sum_{t=1}^{16}\frac{5/2}{(1+\frac{3\%}{2})^t}+\frac{100}{(1+\frac{3\%}{2})^{16}}=107.49\text{ 元}$

同理，$P=\sum_{t=1}^{16}\frac{5/2}{(1+\frac{5\%}{2})^t}+\frac{100}{(1+\frac{5\%}{2})^{16}}=100\text{ 元}$，$P=\sum_{t=1}^{16}\frac{5/2}{(1+\frac{8\%}{2})^t}+\frac{100}{(1+\frac{8\%}{2})^{16}}=89.9\text{ 元}$

---

① MALKIEL B G. Expectations, bond prices, and the term structure of interest rates［J］. Quarterly journal of economics, 1962:197–218.

如果进一步动态模拟到期收益率从 1%~20%，经债券定价公式计算可得债券在不同到期收益率水平下的债券价格走势，结果如图 2–1 所示。事实上，结合公式（2–1），求偏导可得 $\frac{\partial P}{\partial r}=\sum_{t=1}^{T}-tC_t(1+r)^{-t-1}-TF(1+r)^{-T-1}<0$，故债券价格与到期收益率存在负相关关系。

定理二：当债券的收益率不变，此时债券的息票率与收益率之间的差额固定不变时，债券的到期时间与债券价格波动幅度呈正比关系。故此，到期时间越长，债券价格波动幅度越大；反之，到期时间越短，债券价格波动幅度越小。

定义债券价格波动幅度变量 $m=\frac{P-F}{F}=\sum_{t=1}^{T}\frac{C_t/F}{(1+r)^t}+\frac{1-(1+r)^T}{(1+r)^T}$。按照上例，假定到期收益率为 9%，模拟结果如图 2–2 所示。可见，债券价格波动幅度与到期时间呈现显著正相关关系，到期时间越长则债券价格波动幅度越大。

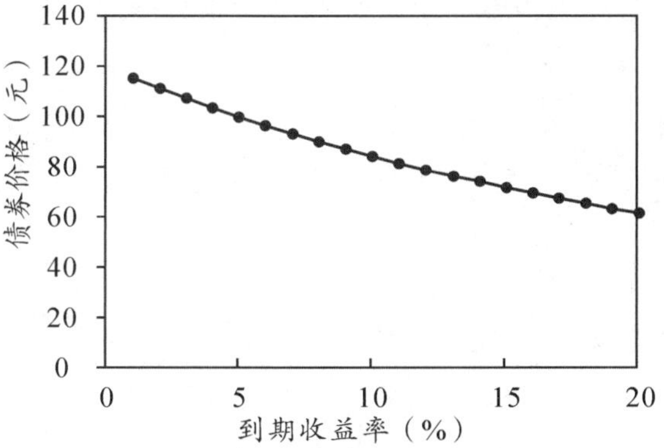

图 2–1　债券价格与到期收益率关系

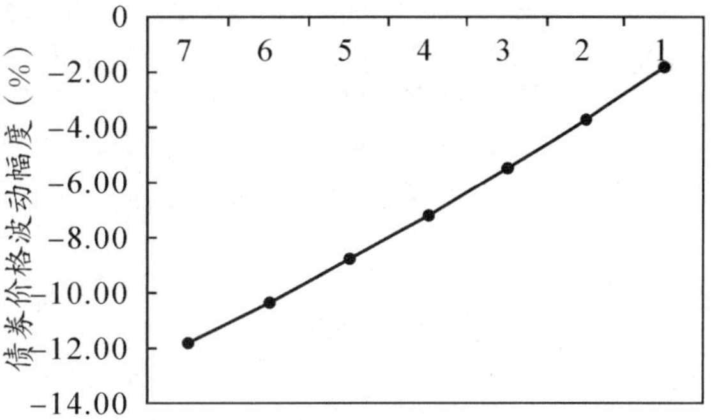

图 2–2　债券价格波动幅度与到期时间关系

定理三：随着债券到期时间的临近，债券价格波动幅度减少，并且是以递增的速度减少；反之，到期时间越长，债券价格波动幅度增加，并且是以递减的速度增加。

结合定理二，随着到期时间越临近，债券价格波动幅度呈下降趋势，同时模拟得到图 2–3 可知债券价格波动幅度变化的下降速度呈现递增的态势。经验模拟结果验证了定理三。

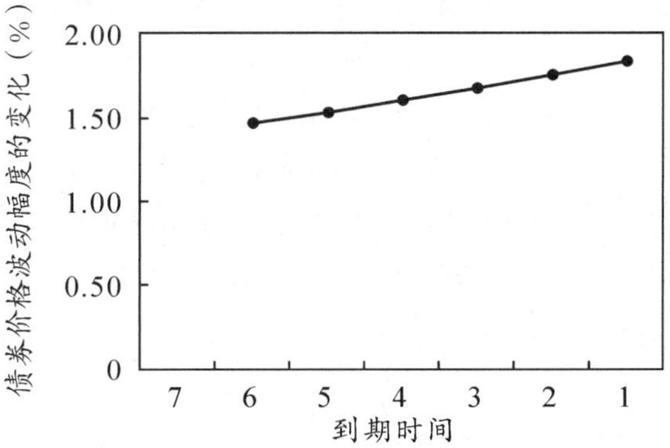

图 2–3　债券价格波动幅度变化与到期时间关系

定理四：对于期限既定的债券，由收益率下降导致的债券价格上升的幅度大于同等幅度的收益率上升导致的债券价格下降的幅度。

【例 2–5】假定债券面值为 1000 元，年息票率为 5%，年息票次数为 1 次，距离到期的时期数是 8 次，到期收益率为 18%，现以面值发售。①如果到期收益率下降至 16%，那么它的价格是多少？②如果到期收益率上升至 20%，那么它的价格又是多少？

解：经债券定价公式，可以计算收益率下降 2% 时，债券价格为 P_1=522.21 元，此时债券价格上升幅度 m_1=11.13%；而收益率上升 2% 时，债券价格为 P_2=424.43 元，此时债券价格下降幅度 m_2=9.68%。满足 $m_1 > m_2$。

进一步动态模拟到期收益率变化落在 –5%~5% 时，可得债券价格百分百变化的情况如图 2–4 所示，同时，我们也模拟了债券价格变化关于到期收益率变化的对称性函数。由估计结果可知，收益率下降导致债券价格上升的幅度大于同等幅度的收益率上升导致的债券价格下降的幅度，即经验数据有效验证了定理四。

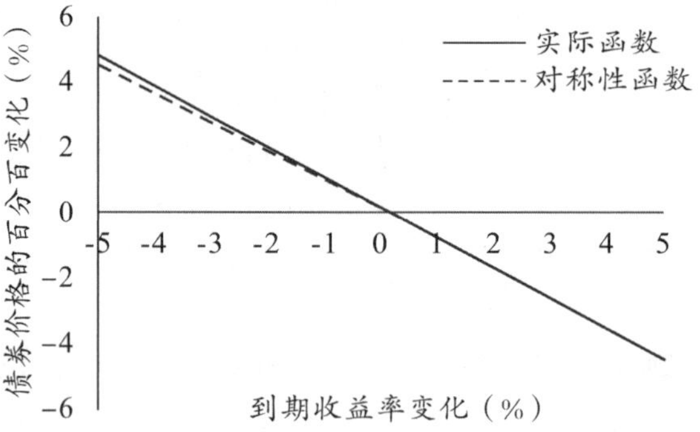

图 2–4　债券价格变化关于到期收益率变化的函数

定理五：对于给定的收益率变动幅度，债券的息票率与债券价格波动幅度之间呈反比关系，即息票率越高，债券价格波动幅度越小。

【例 2–6】假定债券 A 与债券 B 的票面价值均为 1000 元，期限为 8 年，每年付息一，但票面利率不相同，其中，债券 A、债券 B 的票面利率分别为 5%、10%。假定两者的到期收益率均为 8%，此时，债券 A、债券 B 的市场价格分别为 827.6 元、1114.9 元。当两种债券的到期收益率同时由 8% 上升至 10% 时，两种债券的价格变化率有何不同？

解：当到期收益率为 10% 时，债券 A 的价格为 733.3 元，此时，债券 A 的价格变化率为 $\Delta_1=(733.3-827.6)\times100/827.6=-11.39\%$；债券 B 的价格为 1000 元，此时，债券 B 的价格变化率为 $\Delta_2=(1000-1114.9)\times100/1000=-11.49\%$。由于 $|\Delta_1|<|\Delta_2|$，可见，对于给定的收益率变动幅度，息票率越低的债券，其债券价格波动幅度越小。

第二节 股票定价

一、股票的定义

股票是股份公司在筹集资本时向出资人公开或私下发行的用以证明出资人的股本身份和权利，是持有人根据所持有的股份数享有权益和承担义务的凭证。股票界定了股东对股票发行公司的所有权，每位股东都是股票发行公司的出资人和具有一定决策权的控制人之一。

股票由公司拟定发行，用于公司股权的分配与筹资。上市公司与股票的代理发行证券商签订代理发行合同，确定股票发行的方式及规模等细则，明确各方面的责任。股票发行之后，投资者可以在证券交易所对股票进行买卖交易，可以利用公司对股东的股利分配进行获利，也可通过市场价格差异，在市场上交易股票，获取资本利得。对于公司来说，股东资金的注入使公司资产价值增加，上市公司的经营和发展获得大量资金支持。

我国股票市场从 1980 年开始建立，40 多年的时间发展迅速，已形成较为完善的市场交易机制、相对成熟的市场风格。上市公司不断增加，扩宽了从小微型企业到大型企业的投融资渠道，使得资金实现了从零散投资者到企业的融通，资金集中地流向能使其发生增值的地方。股票增加了资本市场流动性，股票市场活跃的交易创造了国民经济的活力，股市价格同时反映出企业的价值，也体现了投资者对当前情况及未来发展的预期，而企业和投资者的整体情况决定了未来宏观经济的走势，股市成为反映宏观经济的“晴雨表”。

二、普通股与优先股

根据股票发行方式可将其分为普通股和优先股。普通股市值每一股份对公司的资产都拥有平等的权利，对股东享有的权利不加以限制，并能随公司利润的大小而取得相应的股息。优先股是指公司在分配公司收益和资产清算时比普通股享有优先权利的股票。

普通股享有以下权利：剩余资产索偿权，即在公司资产清算时，普通股可在优先股之后得到公司的剩余利润及资产分配；优先认股权，即普通股股东可在公司发行股票时认购公司股票；投票表决权，股东可参与公司重大决策的投票表决；股利请求权，即按固定程序参与公司税后利润的分配；股票转让权，持有的股票能在市场上进行交易，转手给别的投资者。

优先股在普通股之前发行，公司发行优先股时向股东承诺通过股息来分配公司税后利润，在公司清算时能先于普通股进行资产分配，但优先股没有对公司的控制权，不具备优先认股权和投票表决权。优先股又可分为可转换优先股、累积优先股和可调整优先股等。

三、股票定价

股票价格是金融市场参与者关注的主要对象。从微观层面看，股票价格反映了上市公司经营的盈利能力，也是判断公司发展价值的重要指标之一；从中观层面看，股票价格能够反映行业的整体发展状况，是行业现状和未来发展趋势的主要标准；从宏观层面看，股市是宏观经济运行的“晴雨表”，股票价格走势不仅反映了人们对金融市场的预期，而且也能从中洞察出宏观经济运行的未来走向。因此，对股票进行准确定价具有重要的现实意义，通常也是投资者判断是否购买某一只股票的基准。与债券定价类似，股票定价是计算投资者预期收到的所有将来现金流入的现值，一般把这种股票定价方法称为净现值法（Net Present Value, NPV）。对于普通股而言，预期收入的现金流包括股利和将来股票出售时的价格。对于购买一只普通股，并且持有期仅为一年的投资者来说，股票价格是第一年中预期收到的现金流股利（D_1）和年末该股票的每股预期市场价格（P_1），此时，普通股定价公式为：

$$P_0=\frac{D_1}{1+r}+\frac{P_1}{1+r} \tag{2-5}$$

其中，r 表示贴现率。

对于持有时间长度为 n 期的股票进行定价，即

$$P_0=\sum_{i=1}^{n}\frac{D_i}{(1+r)^i}+\frac{P_1}{(1+r)^n} \tag{2-6}$$

其中，D_i 表示每期股利。

【例 2-7】假定股票价格为 500 元每股，持有期为 2 年，第一年获得股利为 40 元，第二年获得股利为 50 元，假定贴现率为 5%，请对该股票进行定价。

解：依照股票定价公式可知：$P_0=\frac{40}{1+5\%}+\frac{50}{(1+5\%)^2}+\frac{500}{(1+5\%)^2}$=537 元

与债券定价不同的是，债券购买者可以在持有期内获得稳定的现金流，而股票一般不承诺给购买者支付一定的金额（股利）。因此，在对股票进行定价时，需要对未来现金流量的状况和支付形式进行分类，通常可以分为三类：①股利零增长型，即类似于购买债券情形，此时，在股票持有期内每期可获得稳定相等的现金流；②股利固定增长型，即在股票持有期内，未来现金流依照一个固定的增长速率逐年增长；③股利不定增长型，即在股票持有期内，未来现金流的增长速率不固定，但具有一定的规律可循。

（一）零增长的股利贴现模型

在股利零增长情况下，假定每期获得股利为 D，投资者无限期持有股票，则所有获得的未来现金流的现值可视为股票价值：

$$P=\sum_{t=1}^{\infty}\frac{D}{(1+r)^t} \tag{2-7}$$

其中，r 为贴现率，一般用无风险利率作为替代变量。根据无穷级数等比序列的计算原理，可将上式改写为：

$$P=\frac{D}{r} \tag{2-8}$$

零增长的股利贴现模型结论：当前股价等于未来固定现金流与贴现率之比。虽然该模型可以直接测算出股票价格，但实际上缺乏一定的适用范围，譬如公司的股票一般情况下不会按照一定金额发放，同时，股利还取决于其他因素，也会随着时间发生变化。此时，零增长的股利贴现模型并不适用，故其一般仅限于理论探讨。

【例 2–8】假定股票价格为 500 元每股，持有期为无穷期，第一年获得股利为 40 元，第二年获得股利为 40 元，以此类推，假定投资者期望收益率为 10%，请对该股票进行定价。

解：依照股票定价公式可知：$P=\frac{D}{r}=\frac{40}{10\%}=400$ 元

（二）固定增长的股利贴现模型

固定增长的股利贴现模型也被称为戈登（Gorden）增长模型，特指股利在持有期间以固定增长率逐期递增的模型，设每一期增长率为 g，第一期支付的股利为 $D(1+g)$，当前价格可表示为：

$$P=\sum_{t=1}^{\infty}\frac{D_t}{(1+r)^t}=\sum_{t=1}^{\infty}\frac{D(1+g)^t}{(1+r)^t}=\frac{D(1+g)}{r-g} \tag{2-9}$$

利用以上计算公式，即可得到股利固定增长情况下股票价格的估计值。

【例 2–9】接上例，股利每年增长为 3%，请对该股票进行定价。

解：依照股票定价公式可知：$P_0=\frac{D(1+g)}{r-g}=\frac{40\times(1+5\%)}{10\%-5\%}=840$ 元

（三）超常规增长的股利贴现模型

一般情况下，公司的发展都会经历生命周期，即在某一个阶段公司处于高速发展时期，而在进入成熟阶段则增速会急剧下降。我们将这类公司的定价方式称为超常规增长的股利贴现模型，其股利的增长速率不固定。在计算这样的股票价格时，需多次使用贴现公式，算出具有连续固定增长规律期间的价格，再贴现到当前，得到当前的股票价格。假设股利在 t_1 时刻之前保持增长率 g_1 的增长，在 t_1 时刻之后保持增长率 g_2，我们可以分多阶段计算股票价格。故此，在超常规增长情况下，股票价值可以按照如下的步骤来计算：

第一步，计算在超常规增长时期的股利，并求出其现值，即先计算在 t_1 时刻的股价 P_1，其计算公式为：

$$PV_1 = \sum_{t=t_1}^{\infty} \frac{D_1(1+g_2)^t}{(1+r)^t} \tag{2-10}$$

其中，$D_1(1+g_2)$ 为 t_1 时刻的股利，得到 P_1 后，将其贴现至当前时刻：

$$PV_1 = \sum_{t=1}^{\infty} \frac{P_1}{(1+r)^{t_1}}$$

第二步，计算在超常规增长时期期末股票价格，并求出它的现值，即 t_1 时刻之前的价格为：

$$PV_0 = \sum_{t=1}^{t_1} \frac{D(1+g_1)^t}{(1+r)^t} \tag{2-11}$$

第三步，将这两个现值的数值相加得到普通股的价值，即 $P=PV_0+PV_1$。

当股利增长率随时间变化时，股票定价的思路也能由上述方法拓展，即将其分解为多个固定增长模型或零增长模型计算不同时点的价格，再将这些价格统一贴现到当前，求和计算出当前的实际价格。

【例 2-10】接上例，假定在开始的两年内，该公司的股利预期增长率为 8%，随后预期增长率下降至 5%。请对该股票进行定价。

解：第一步，计算在超常规增长时期的股利，并求出其现值。

假定 D 为 40 元，g 为 8%，r 为 10%，故此，$D_1=D(1+g)=40\times(1+8\%)=43.2$，$D_2=D_1(1+g)^2=43.2\times(1+8\%)^2=46.656$。此时，股利的现值为：

$$PV_0=\frac{43.2}{1+10\%}+\frac{46.656}{(1+10\%)^2}=77.83\text{ 元}$$

第二步，计算在超常规增长时期期末股票价格。

第三年的股利为：$D_3=D_2(1+g')=46.656\times(1+5\%)=48.99$，则第三年至期末股票的价值为：$P_2=\frac{D_3}{r-g}=\frac{48.99}{10\%-5\%}=979.80$，将其贴现至期初可得：

$$PV_1=\frac{P_2}{(1+r)^2}=\frac{979.80}{(1+10\%)^2}=809.75\text{ 元}$$

第三步，将这两个现值的数值相加得到普通股的价值，可得该股票最终定价为：

$$P=PV_0+PV_1=77.83+809.75=887.58\text{ 元}$$

第三节　远期定价

一、远期的定义

金融远期合约（Forward Contracts）是指双方约定在未来的某一确定时间，按确定的价格买卖一定数量的某种金融资产的合约。在合约中，未来将买入标的物的一方称为多头（Long Position），而未来将卖出标的物的一方称为空头（Short Position）。远期合约并不能保证投资者未来一定盈利，但投资者可以通过远期合约获得确定的未来买卖价格，从而消除价格风险。如果到期标的资产的市场价格高于交割价格，远期多头就会盈利而空头则会亏损；反之，远期多头就会亏损而空头则会盈利。

根据标的资产的不同，可将远期进行分类，远期合约主要有利率远期合约、外汇远期合约和股票远期合约。与期货类似，两者都是约定在未来一定期限内进行交易的协议合约。但是远期是由商品买卖双方通过协商达成的，主要协议建立在双方之间，具有很大的灵活性；期货合约则比较标准化，对于买卖双方来说几乎没有协商的空间。远期在交易所外达成交易，双方协商确定即可；但期货需要在交易所内集中买卖，有固定的的交易场所，需遵循一定的交易规则。另外，期货合约可以在市场上进行买卖转手；但是远期合约因为具有私人化的条款，流动性比期货稍弱。

【例 2-11】远期风险对冲

假定今天为 2021 年 3 月 1 日，中国某 XY 公司在 2021 年 6 月 1 日计划从美国购入商品，需要支付 2000 美元。结合表 2-1 的报价，XY 公司买入 3 个月期的远期合约，在合约中商定以 1 美元兑人民币 6.7283 元的价格购入 2000 美元。

XY 公司在 2021 年 6 月 1 日收到了美国客户打来的 2000 美元款项。根据表 2-1 报价，公司可以在 3 个月后以 1 美元兑人民币 6.6977 元卖出 2000 美元。

表 2-1　2021 年 3 月 1 日人民币 / 美元远期合约的买入及卖出价

	买入价	卖出价
现货	1 美元兑人民币 6.4954 元	1 美元兑人民币 6.4354 元
1 个月远期	1 美元兑人民币 6.5766 元	1 美元兑人民币 6.5232 元
3 个月远期	1 美元兑人民币 6.6977 元	1 美元兑人民币 6.7283 元
6 个月远期	1 美元兑人民币 6.7263 元	1 美元兑人民币 6.7752 元

风险对冲过程：XY 公司：如果汇率在 6 月 1 日为 1 美元兑人民币 6.5 元，而且公司选择对冲，此时公司只需支付 13000 元人民币，该数值小于 $6.7283\times2000=13456.6$ 元；但如若汇率变动为 1 美元兑人民币 6.8 元，则 2000 美元的款项换算为人民币等于 13600 元，此时公司就有动力进行对冲。

对于出口公司则与 XY 公司行为相反，即如果汇率在 6 月 1 日低于 6.6977 元，那么公司就有动力进行对冲；如果高于 6.6977 元，则公司没有对冲的动力。

上述案例说明，利用远期进行对冲可以降低风险，但是对冲后的盈利效果则不一定比不对冲的实际效果更好。

二、远期的定价

对远期进行定价的原理同样是基于市场均衡理论，购买远期所得的收益应等同于购买远期所付出的成本，否则市场均衡未达到，将存在套利空间，而套利行为的存在使得定价回归均衡。考虑当前价格为 S_0 的标的资产，如股票，在 T 时刻后其价格为 S_T，远期合约承诺在 T 时刻，合约多头可以价格 K 买入标的资产。对于远期多头来说，T 时刻的收益为 S_T-K，但为此他需要在此时支付远期合约的价格；若远期合约价值为 f，则对于不支付中间收入资产的远期合约的长头寸而言，合约的价值为：

$$f=\left(S_T-K\right)\mathrm{e}^{-rT}=S_0-K\mathrm{e}^{-rT} \tag{2-12}$$

远期合约的价格就是使得远期合约价值为 0 所对应的 K 值，由此可计算出远期合约价格：

$$F=S_0\mathrm{e}^{rT} \tag{2-13}$$

对于短头寸而言，其价值为：

$$f=K\mathrm{e}^{-rT}-S_0 \tag{2-14}$$

对于支付中间收入的贴现值为 I 的资产的远期合约的长头寸而言，合约的价值为：

$$f=S_0-I-K\mathrm{e}^{-rT} \tag{2-15}$$

其中，远期价格 $F_0=\left(S_0-I\right)\mathrm{e}^{rT}$。

对于短头寸而言，其价值为：

$$f=K\mathrm{e}^{-rT}-\left(S_0-I\right) \tag{2-16}$$

对于提供中间收益率 q 的资产的远期合约的长头寸而言，合约的价值为：

$$f=S_0\mathrm{e}^{-qT}-K\mathrm{e}^{-rT} \tag{2-17}$$

其中，远期价格 $F_0=S_0\mathrm{e}^{(r-q)T}$。

对于短头寸而言，其价值为：

$$f=K\mathrm{e}^{-rT}-S_0\mathrm{e}^{-qT} \tag{2-18}$$

【例 2–12】远期合约定价

假定远期合约还有 6 个月到期，无风险利率为 10%，股票价值为 40 元，远期合约的执行价格为 38 元。在不考虑发放股息的情形下，此时，$S_0=40$，$r=0.1$，$T=0.5$，$K=38$，由此可得远期合约的价格为：$F_0=S_0\mathrm{e}^{rT}=40\mathrm{e}^{0.1\times0.5}=42.05$ 元，由此可知，远期合约的价值为：$f=\left(F_0-K\right)\mathrm{e}^{-rT}=\left(42.05-38\right)\mathrm{e}^{-0.1\times0.5}=3.85$ 元。

第四节　期货定价

一、期货的定义

金融期货合约（Financial Futures Contracts）是指在交易所交易的、协议双方约定在将来某个日期按事先确定的条件（包括交割价格、交割地点和交割方式等）买入或卖出一定标准数量的特定金融工具的标准化协议。

期货合约是期货交易所指定的标准化合约。每一种期货合约都限定了一张合约对应的标的物数量和单位、等级和质量，作为交割物的商品或金融资产需要有符合标准的质量和数量，同时，期货合约也规定了期货交易和最终交割的时间、地点，买卖双方报价的最小变动幅度，相关的费用率等。在交易中，同意买入资产的交易员被称为进入了一个期货的长头寸（Long Futures Position）或多头；同意卖出资产的交易员被称为进入了一个期货的短头寸（Short Futures Position）或空头。交易价格被称为期货价格（Future Price）。

我国从改革开放初期开始逐渐引入国外的期货交易机制，进行农产品的交易。1990 年，郑州粮食批发市场开始建立期货交易；1992 年，政府开始支持期货市场的开拓与发展；1997 年，亚洲金融危机爆发，我国开始对金融市场进行规范和整顿，期货交易所开始规范化，上海期货交易所、郑州商品期货交易所和大连商品交易所成为主要的期货交易所。2000 年开始，我国期货市场开始步入规范发展阶段，批准多个期货品种上市交易，金融期货的发展步伐也加快，沪深 300 股指期货、上证 50 股指期货、中证 500 股指期货和国债期货相继上市交易。2018 年，标志着打开期货国际化大门的原油期货上市交易，中国期货市场国际化进程由此展开。

中国期货市场的存在和发展也为投资者提供了套利和对冲风险的品种选择。特别是，随着期货合约交割月份的逼近，期货价格会逐渐收敛于标的资产的现货价格。在到达交割日期时，期货价格会等于或非常接近于现货价格。因此，当在交割时间内期货价格高于现货价格，这时交易员可以得到一个显而易见的套利机会：卖出一个期货合约（即持有短头寸），买入资产，进行交割。

以上交易一定会盈利，其盈利额等于期货价格高于现货价格之差。一旦投资者发现并利用这一套利机会，期货价格就会随之下降。接下来假定在价格期间内期货价格低于现货价格，想获得该标的资产的公司会发现买入期货然后等待短头寸交割资产会更有利。一旦公司这么做，期货价格会随之上升。最终，在交割期限内，期货价格与现货价格十分接近，即期货价格收敛于现货价格。期货价格与现货价格的两种情形如图 2–5 所示。上述的逻辑阐述了期货合约的风险对冲机制和套利机制。

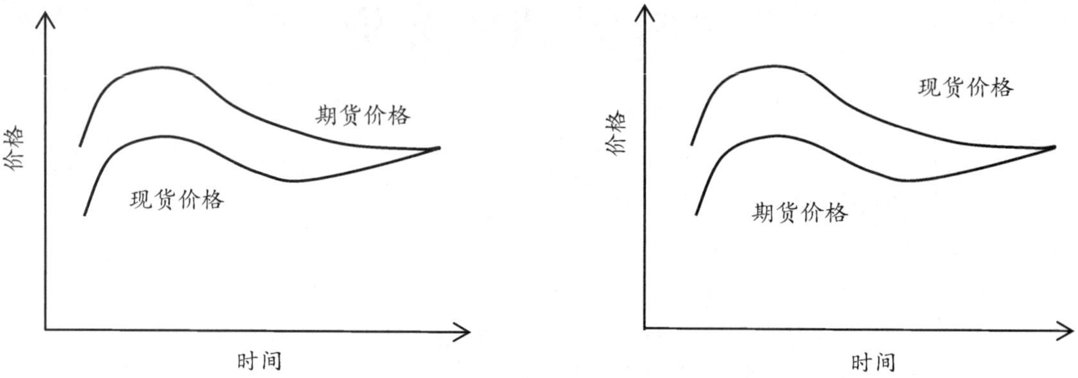

图 2–5　期货价格与现货价格关系的两种情形

【例 2–13】利用期货进行风险对冲

假定中国银行持有一个外汇期货的交易组合，同时，中国银行可以通过卖出 20000 美元来达到希腊字母的 Delta 中性。假定中国无风险利率为 5%，美国无风险利率为 6%。由此可知采用半年期的外汇期货进行对冲需要的短头寸数量为：

$e^{-(0.05-0.06)\times 6/12}\times 20000=19900.25$ 美元

同时，因为每一个外汇期货合约买入或者卖出的是 2500 美元的资产，可见中国银行需要购进的是 8 个合约的短头寸，此时即可达到有效风险对冲的目的。

【例 2–14】利用期货进行投机

假定一个投资者认为未来两个月内美元兑人民币会升值，那么，该投资者在不考虑利息收入时，可以有两种做法（见表 2–2）：其一，在市场上购入 10000 美元资产，然后等到价格上涨后买入美元换取人民币；其二，在期货市场购买 2 份期货合约的长头寸，每一份合约是买入 0.5 万美元的合约。同时，假定当前美元兑人民币的汇率是 6.53 元，如果在两个月后，美元兑人民币的汇率变为 6.8 元，则：

（1）购入 2 份期货合约的收益为：$(6.8-6.52)\times 10000=2800$ 元

（2）购入即时汇率收益为：$(6.8-6.53)\times 10000=2700$ 元

如果在两个月后，美元兑人民币的汇率变为 6.3 元，则：

（1）购入 2 份期货合约的收益为：$(6.3-6.52)\times 10000=-2200$ 元

（2）购入即时汇率收益为：$(6.3-6.53)\times 10000=-2300$ 元

表 2-2 采用现货及期货合约来进行投机

	买入 1 万美元 现货价格 =6.53	买入 2 份期货合约 期货价格 =6.52
投资	10000 美元	2000 美元
两月后现货价格为 6.8 元时的盈利	2700 元	2800 元
两月后现货价格为 6.3 元时的盈利	–2300 元	–2200 元

结合表 2–2 测算结果可知，在没有考虑利息支出情况下，上述两种投资方式的收益和损失存在一定差异。从投资者需要投入资金看，第一种情况下，投资者需要投入的资金是 65300 元；但是对于第二种方式，投资者只需要在购买外汇期货后存入少量的资金到保证金账户，譬如 2000 美元。可见，采用期货进行投机时，不一定能够获取收益，但是，期货市场可以使得投机者利用杠杆效应，即投资者只需要一笔小量的初始资金，就可以得到一个很大的投机头寸。

二、远期与期货的比较

远期和期货均为衍生金融产品市场上的重要金融产品，两者均为合约形式，约定未来期限内进行的交易。但远期合约和期货合约在各方面存在区别与联系，表 2–3 从交易地点、合约内容、交割日、结算方式、交割方式、信用风险及流动性几个角度总结两者间的区别。特别是，期货有特殊的交易和交割制度，如每日盯市结算（Market to Market and Daily Settlement）和保证金（Margin）制度等。

表 2-3 远期合约与期货合约对比

对比角度	远期合约	期货合约
交易地点	交易双方私下交易	交易所交易和交割
合约内容	非标准化	标准化
交割日	单一交割日	一系列交割日
结算方式	合约到期时结算	每日结算
交割方式	通常会发生实物或现金交割	通常在到期前被平仓
信用风险	有信用风险	几乎没有信用风险
流动性	流动性较低	流动性较高

在实际交易过程当中，远期的交易往往发生在企业之间，对于个人投资者，更多的是接触到能在交易所交易和交割的期货合约。期货与远期在定价机制上有相似之处，但是市场上相同标的的远期合约与期货合约的价格往往不尽相同，换句话说，在期货和远期两种相似但略有不同的金融产品之间可能也存在套利的空间。

三、期货的定价

期货的定价与远期合约相似，持有期货收益应等于持有成本，否则市场将存在套利空间。当前价格为 S_0 的标的资产，在 T 时刻后价格为 S_T，在 T 时刻，期货合约多头可以价格 K 买入标的资产，也可在交割日之前出售期货合约。若进行交割，T 时刻的收益为 S_T-K，但为此他需要在此刻支付期货合约的价格，若远期合约价值为 f，则有：

$$f=(S_T-K)e^{-rT}=S_0-Ke^{-rT} \tag{2-19}$$

合约的价格就是使得远期合约价值为 0 所对应的 K 值，则可计算出在持有期不支付中间收入资产情形下的远期合约价格为：

$$F=S_0e^{rT} \tag{2-20}$$

对于在持有期间，支付中间收入的贴现值为 I 的资产的期货合约价格：

$$F=\left(S_0-I\right)e^{rT} \tag{2-21}$$

若标的资产在远期持有期间提供中间收益，收益率为 q，则该期货的价值：

$$F=S_0e^{(r-q)T} \tag{2-22}$$

对期货进行定价具有重要的现实意义。如果说股票市场是宏观经济的“晴雨表”，那么期货市场相当于股票市场或商品市场的“晴雨表”，期货价格与现货价格在理论上具有随着期货到期日临近收敛的规律。期货价格走势一定程度上反映投资者对现货市场的预期判断，从而影响股票市场或商品市场的价格走势。

【例 2–15】石油的期货价格

考虑一年期的石油期货合约，假定期间没有中间收入，并且假定每年存储标准化单位石油的费用为 4 元，在年底收取。假定一桶石油的现货价格为 600 元，对于所有期货的无风险收益率为 4%。此时，$r=0.04$，$S_0=600$，$T=1$，则期货期限之间所有存储费用的贴现值为 $U_0=4e^{-0.05\times1}=3.8$ 元，由此可得期货合约的理论价格为：

$F=\left(600+3.8\right)e^{0.04\times1}=628.44$ 元

事实上，在期货的实际投资过程中，我们还可以对指数进行套利，如对沪深 300 指数期货实行套利。其主要的投资逻辑是：①如果 $F>S_0e^{(r-q)T}$，我们可以通过以即期价格（即马上支付）买入构成指数的股票，并同时卖出指数期货合约而获利；②如果 $F<S_0e^{(r-q)T}$，我们可以通过相反操作，即卖空或卖出构成指数的股票，并同时进入指数期货的长头寸而获利。这种交易就是所谓的指数套利（Index Arbitrage），经常通过

程序交易（Program Trading）完成，这种方法通过计算机系统来产生交易指令。

【例 2-16】2020 年疫情冲击的指数期货套利

为了进行指数期货套利，交易员必须在市场得到报价后很快地同时买入和卖出指数期货及构成股指的股票。在正常市场条件下，交易员可以采用程序交易，并且使得 $F = S_0e^{(r-q)T}$ 成立。

如受 2020 年新冠疫情冲击和美国特朗普不救市的影响，美股在 2020 年 3 月 8 日至 3 月 16 日期间触发四次熔断机制；而从历史上看，美国股市仅发生了 5 次熔断。这四次熔断的时间分别是 2020 年 3 月 8 日、2020 年 3 月 9 日、2020 年 3 月 12 日、2020 年 3 月 16 日。美股的熔断造成包括美国股市在内的全球证券市场发生剧烈波动，而纽约证券交易所更是创造了 227 年历史第一次关闭交易大厅的记录，于 2020 年 3 月 23 日起暂时关闭交易大厅。股票市场的剧烈波动也造成股市期货指数暴涨暴跌，在 3 月份美国标普 500 指数低于标普 500 期货 16.8%，这给股指期货套利提供了空间。但经过冲击后，当市场恢复正常，套利者的行为保证了期货与现货价格的恒等关系 $F = S_0e^{(r-q)T}$ 再次成立。

第五节 期权定价

一、期权的定义

期权（Option），是指赋予其购买者在规定期限内按双方约定的价格（简称执行价格，Exercise Price 或 Striking Price）购买或出售一定数量某种资产（称为标的资产或潜含资产，Underlying Assets）的权利的合约。期权是一种交易权利，它赋予其持有者在未来规定期限内按双方事先约定的价格购买或出售一定数量某种资产的权利，期权持有者有权利选择按照规则执行期权，或者放弃期权的权利。为获取这种权利，持有者需要购买期权并支付给期权出售者费用，期权出售者则有义务在持有者执行权利的时候满足其购买或出售标的资产的需求。比较而言，期权产品在本质上与远期和期货产品不同，期权给持有者某种权利去做什么事情，但是持有者不一定必须行使权利。与之相反，在远期和期货合约中，合约的双方有义务执行合约。在进入远期和期货合约，交易者不用付费（保证金的要求除外），而对于期权产品，持有者最初必须付费。

我国于 2015 年 2 月 9 日推出了第一只 ETF 期权——上证 50ETF 期权。ETF 期权是随着 ETF 产品的发展而推出的，它是我国首个在上交所挂牌交易的标准化期权，标志着我国金融市场的不断开放与发展，期权交易也开始成为市场需求。2017 年 3 月和 4 月，豆粕期权、白糖期权分别在大商所、郑商所上市，我国商品期权市场也逐渐发展起来，为市场提供了更多的衍生工具。2019 年 12 月 23 日，沪深 300ETF 期权合约品种在深圳证券交易所上市，日渐成熟的期权交易正在发挥衍生产品对传统金融市场的调节作用，在理论上可以证明，期权价格在接近行权日时将收敛于标的物价格，也即期权价格对现货价格有引导作用，可以实现现货的价格发现功能。

（1）按照执行权利的内容划分，期权可以分为看涨期权、看跌期权。

看涨期权，是指期权的买方向期权的卖方支付一定数额的权利金后，即拥有在期权合约的有效期内，按事先约定的价格向期权卖方买入一定数量的期权合约规定的特定商品的权利，但不负有必须买进的义务。看涨期权卖方有义务在期权规定的有效期内，应期权买方的要求，以期权合约事先规定的价格卖出期权合约规定的特定商品。

看跌期权，是指期权的买方向期权的卖方支付一定数额的权利金后，即拥有在期权合约的有效期内，按事先约定的价格向期权卖方卖出一定数量的期权合约规定的特定商品的权利，但不负有必须卖出的义务。看跌期权卖方有义务在期权规定的有效期内，应期权买方的要求，以期权合约事先规定的价格买入期权合约规定的特定商品。

（2）按照期权执行权利的时间划分，可以将其分为美式期权、欧式期权、百慕大期权。

美式期权是指在期权合约规定的有效期内任何时候都可以行使权利。

欧式期权是指在期权合约规定的到期日方可行使权利，期权的买方在合约到期日之前不能行使权利，过了期限，合约则自动作废。

百慕大期权是一种可以在到期日前所规定的一系列时间行权的期权，百慕大期权可以被视为美式期权与欧式期权的混合体。

（3）按照合约标的物进行划分，可以将期权分为股票期权、股指期权、利率期权、商品期权以及外汇期权等，顾名思义，以上期权的标的物分别为股票、股票指数、利率、商品以及外汇等。

【例 2-17】期权的风险对冲功能

假定股票价格为 100 元，期权价格为 100 元。某金融机构的交易员卖出了 40 份该股票的看涨期权，则期权持有者有权购买 4000 股股票。当假定期权的希腊字母 Δ 为 0.8 时，交易员的头寸可通过购买 3200 股股票来对冲。此时，期权头寸所对应的盈利（亏损）会被股票头寸上的亏损（盈利）所抵消。

譬如，如果股票价格上涨 1 元，买入股票会升值 3200 元，而期权价格将上涨 0.8 元，卖出期权头寸会带来损失 3200 元；如果股票价格下跌 1 元，买入股票会损失 3200 元，而期权价格将下跌 0.8 元，卖出期权头寸会带来 3200 元收益。由此可见，购入期权后，不论未来股票价格是上涨还是下跌都可以通过持有期权进行风险对冲。

二、期权的定价

期权的定价按照不同的定价方式可以分为四类：无套利定价、风险中性定价、二叉树定价和 Black–Scholes 定价。其中，无套利定价和风险中性定价从理论上讲其定价原理大同小异，而且由于先验假定投资的收益率等于无风险收益率，因此，这两种方法的定价结果相等。为了讲述期权定价的原理，我们先通过一个案例阐述期权定价的逻辑关系：

【例 2–18】假定期权市场上，某种股票的现价是 40 元，该股票的年波动率为 10%，市场无风险收益率为 5%。如果客户希望拥有在半年后以约定的价格 38 元购进该股票的权利，当然，届时他也有选择放弃购买的权利。试问，客户为了拥有这种选择权，他应该付费多少？或者换句话说，这种期权的价格是多少？

简单分析：股票现价为 S（40 元），假定股票价格波动，到期时价格可能上扬为 Su，也可能下跌为 Sd。为简单计，暂且假定涨跌幅均为 10%，则有 $u=1+10\%=1.1$，$d=1-10\%=0.9$。

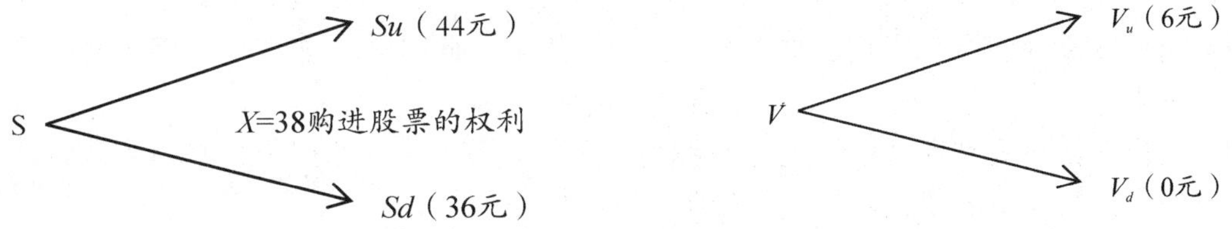

因此，在上涨情形下，半年后股票价格为 44 元，投资者可以 38 元购进，而以 44 元卖出，此时，盈利为 6 元；在下跌情形下，半年后股票价格为 36 元，而投资者却需要在市场上以 38 元购入，此时，由于市场购入价高于卖出价，盈利为 0。显然前一种情况下客户会执行期权，后一种情况下会放弃期权。期权价格在期满 T 时，其价值为：$V_T=\max(S_T-X,0)$。期权定价分两步走，第一步计算期末价值 V_T，并通过反推贴现可求出期初的价值 V，此为期权价格。

（一）无套利定价

无套利定价的基本思路是套期保值，即交易者为减少风险而采取的投资组合策略。假定现在套利者卖出一份股票期权，价格为 V，再以价格 S 买进 α 份这种股票，那么该组合价格为：

$$\Pi=\alpha S-V \tag{2–23}$$

组合的目的是使之不具有风险，从而可获得无风险利率（r）。那么在期权期满日，组合增值后的价值为：

$$\Pi_T=e^{rt}\,\Pi=e^{rt}(\alpha S-V) \tag{2–24}$$

假设股票价格 S 在这段时期内会产生两种可能，上涨到 Su，或者下跌到 Sd，股价上涨时的期权价格为 V_u，下跌时的期权价格为 V_d，由于组合无风险，上涨和下跌收益将相等，则有：

$$\Pi_T = \alpha S_T - V_T = \begin{cases} \alpha Su - V_u (\text{股价上涨时}) \\ \alpha Sd - V_d (\text{股价下跌时}) \end{cases} \tag{2-25}$$

按照无套利定价思路，$\alpha Su - V_u = \alpha Sd - V_d$，我们可以求得 $\alpha = \dfrac{V_u - V_d}{S(u-d)}$。利用该组合去复制期权，在到期时该期权的价值可表示为：

$$\Pi_T = \frac{d}{u-d}V_u - \frac{u}{u-d}V_d \tag{2-26}$$

可求解出：

$$V = \mathrm{e}^{-rt}\left[\frac{\mathrm{e}^{rt}-d}{u-d}V_u + \frac{u-\mathrm{e}^{rt}}{u-d}V_d\right] \tag{2-27}$$

故此，上述即为利用无套利的思想。通过构造无套利投资组合，可求出期权价格。

事实上，除上述逻辑分析求解外，对于无套利定价证明还可采用如下严密的数学证明。构造投资组合包括 Δ 份股票多头和 1 份看涨期权空头，当 $Su\Delta - V_u = Sd\Delta - V_d$ 时，股票价格变动对组合无影响，则组合为无风险组合，此时 $\Delta = \dfrac{V_u - V_d}{Su - Sd}$。因为是无风险组合，可用无风险利率贴现得 $S\Delta - V = (Su\Delta - V_u)\mathrm{e}^{-r\Delta t}$。将 $\Delta = \dfrac{V_u - V_d}{Su - Sd}$ 代入上式，并令 $p = \dfrac{\mathrm{e}^{r\Delta t} - d}{u-d}$，可得期权定价公式：

$$V = \mathrm{e}^{-r\Delta t}\left[pV_u + (1-p)V_d\right] \tag{2-28}$$

对于例 2-18 的求解：可知 $u=1.1$，$d=0.9$，$r=0.05$，$t=0.5$，可得：

$$V = \mathrm{e}^{-rt}\left[\frac{\mathrm{e}^{rt}-d}{u-d}V_u + \frac{u-\mathrm{e}^{rt}}{u-d}V_d\right] = \mathrm{e}^{-0.05\times0.5}\left[\frac{\mathrm{e}^{0.05\times0.5}-0.9}{1.1-0.9}\times 6 + \frac{1.1-\mathrm{e}^{0.05\times0.5}}{1.1-0.9}\times 0\right] = 3.67$$

（二）风险中性定价

风险中性定价的核心是定义风险中性概率，衡量在风险中性世界里，股票上涨或下跌的概率。在风险中性的测度下，所有的可交易证券的期望收益都是无风险利率，未来的现金流可以用其期望值按无风险利率贴现。因此，在风险中性世界里：①所有可交易证券的期望收益都是无风险利率；②未来现金流可以用其期望值按无风险利率贴现。

股票的期望价格一般可表示为：$E(S_T) = p \times Su + (1-p) \times Sd$。假定投资者对有无风险无偏好差异，则 $E(S_T) = Se^{rt}$ 。由此，可解出风险中性概率：

$$p = \frac{e^{rt} - d}{u - d} \tag{2-29}$$

故此，期权价格：$V = e^{-rt}E(V_T) = e^{-rt}\left[p \times Su + (1-p) \times Sd\right]$

除上述从期望收益角度推导外，事实上，在风险中性条件下，参数值满足条件：

$Se^{r\Delta t} = pSu + (1-p)Sd$ ，即 $e^{r\Delta t} = pu + (1-p)d$

假设证券价格遵循几何布朗运动，则：

$$\begin{aligned} S^2\sigma^2\Delta t &= pS^2u^2 + (1-p)S^2d^2 - S^2\left[pu + (1-p)d\right]^2 \\ \sigma^2\Delta t &= pu^2 + (1-p)d^2 - \left[pu + (1-p)d\right]^2 \end{aligned} \tag{2-30}$$

再设定 $u = 1/d$（第三个条件的设定则可以有所不同，这是 Cox、Ross 和 Rubinstein 所用的条件），由以上三式可得，当 Δt 很小时：

$$p = \frac{e^{r\Delta t} - d}{u - d} \tag{2-31}$$

其中，$u = e^{\sigma\sqrt{\Delta t}}$，$d = e^{-\sigma\sqrt{\Delta t}}$，故此，可得期权定价公式：

$$V = e^{-r\Delta t}\left[pV_u + (1-p)V_d\right] \tag{2-32}$$

对于例 2-18 的求解，投资者是风险中性意味着：

$$p = \frac{e^{rt} - d}{u - d} = \frac{e^{0.05\times0.5} - 0.9}{1.1 - 0.9} = 0.627$$

从而期权的即期价格为：

$$V = e^{-r\Delta t}\left[pV_u + (1-p)V_d\right] = e^{-0.05\times0.5}\left[0.627 \times 6 + (1-0.627) \times 0\right] = 3.67$$

从估计结果，我们可以看出风险中性定价和无套利定价结果是一致的。

（三）多期二叉树模型

上述分析只是简单假定股价在期满只有涨跌两种情况，而且涨跌幅度都是 10%，这是一个很粗略的假定。事实上，股票时刻都可能涨跌，因此，我们把时间 T 分为很多小的时间间隔 Δt，而在每一个 Δt，股票价格变化由 S 到 Su 或 Sd。若价格上涨的概率为 p，那么下跌的概率为 $1-p$。与上述设定相一致，我们假定股票预期收益率等于无风险利率，则：

$$Se^{r\Delta t} = pSu + (1-p)Sd \tag{2-33}$$

通过求解，可得股票上涨的概率为：

$$p = \frac{e^{r\Delta t} - d}{u - d} \tag{2-34}$$

期权计算将从树图的末端（T 时刻）开始向后倒推进行，后时刻的期权价格是已知的，可倒推出前一个时刻的期权价格。同时，因为期权预期收益率等于无风险利率，故此，可得 $Ve^{r\Delta t} = pV_u + (1-p)V_d$ ，反推可得期权价格为：

$$V = e^{-r\Delta t}\left[pV_u + (1-p)V_d\right] \tag{2-35}$$

特别是，为了满足股市上一期上涨、下一期下跌回归初始价格，即满足 $ud=1$，则利用概率论的知识可求得：$u=\mathrm{e}^{\sigma\sqrt{\Delta t}}$，$d=\mathrm{e}^{-\sigma\sqrt{\Delta t}}$，故此可得股票上涨概率 $p=\dfrac{\mathrm{e}^{rt}-d}{u-d}$。

对于例 2-18 的求解：考虑一个五期二叉树定价模型（见图 2-6），通过上述的定价思路，以及不断逆推可得在五期二叉树定价模型中该期权的价格为 2.08 元。从估计结果看，低于风险中性定价和无套利定价结果。

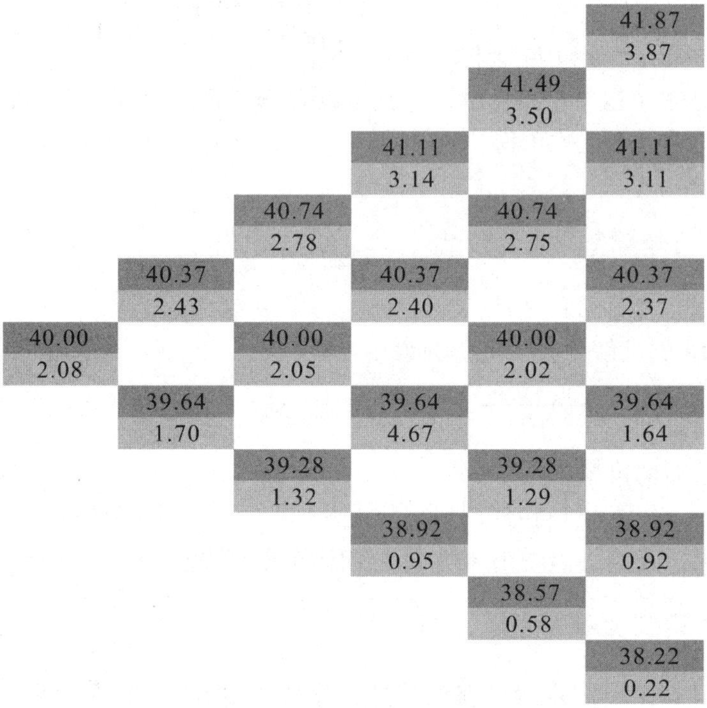

图 2-6　五期二叉树定价模型

注：方框内上表示涨跌后的股票价格，方框内下表示期权价格。

（四）Black-Scholes 定价模型

1973 年，美国芝加哥大学教授 Fischer Black 和 Myron Scholes 提出了著名的 Black-Scholes 定价模型，用于确定欧式股票期权价格，在学术界和实务界引起了强烈反响；同年，Robert C. Merton 独立地提出了一个更为一般化的模型。舒尔斯和默顿由此获得了 1997 年的诺贝尔经济学奖。下面我们将循序渐进，尽量深入浅出地介绍布莱克—舒尔斯—默顿期权定价模型[①]（以下简称 B–S–M 模型），并由此导出衍生证券定价的一般方法。

Black–Scholes 模型有如下 7 个假设：①证券价格服从伊藤过程；②没有卖空限制；③没有交易成本和税收；④衍生工具在到期前不发放红利；⑤套利机会均已消除；⑥证券可以连续交易；⑦期权有效期内，无风险收益率保持不变，为常数。

为了清楚讲解 Black–Scholes 定价模型，我们需要引入伊藤（Ito）引理，即把变量 x 的漂移率和方差率设定为变量 x 和时间 t 的函数，则伊藤过程为：

$$dx = a(x,t)dt + b(x,t)dz \tag{2-36}$$

股票价格的变化可以用漂移率为 μS 、方差为 $\sigma^2 S^2$ 的伊藤过程来表示：

$$dS = \mu S dt + \sigma S dz \tag{2-37}$$

两边除以 S 可得：

$$\frac{dS}{S} = \mu dt + \sigma dz \tag{2-38}$$

从上述可以看出未来股票价格的变化率符合普通布朗运动。当时间取值很短时，结合标准布朗运动 $dz = \varepsilon\sqrt{dt}$ ，其中， $\varepsilon \sim N(0,1)$ ，我们可以得到：

$$\frac{dS}{S} = \mu\Delta t + \sigma\varepsilon\sqrt{\Delta t} \tag{2-39}$$

可见， $\frac{dS}{S}$ 服从正态分布特征。此时，证券价格的收益率：

$$r_t = \frac{dS}{S} \sim N(\mu\Delta t, \sigma^2\Delta t) \tag{2-40}$$

当然，上述的推导过程是基于股票价格，但是对于衍生产品的价格则需要考虑其非线性特征。故此，我们考虑衍生产品价格的对数形式 f 遵循如下伊藤过程：

$$df = \left(\frac{\partial f}{\partial x}a + \frac{\partial f}{\partial t} + \frac{1}{2}\frac{\partial^2 f}{\partial x^2}b^2\right)dt + \frac{\partial f}{\partial x}b dz \tag{2-41}$$

结合 $dS = \mu S dt + \sigma S dz$ ，设定 $a = \mu S,\ b = \sigma S$ 。根据伊藤定理，衍生产品的价格 f 可遵循如下过程：

$$df = \left(\frac{\partial f}{\partial S}\mu S + \frac{\partial f}{\partial t} + \frac{1}{2}\frac{\partial^2 f}{\partial S^2}\sigma^2 S^2\right)dt + \frac{\partial f}{\partial S}\sigma S dz \tag{2-42}$$

令 $f = \ln S$ ，由 $\frac{\partial f}{\partial S} = \frac{1}{S},\ \frac{\partial^2 f}{\partial S^2} = -\frac{1}{S^2},\ \frac{\partial f}{\partial t} = 0$ ，将其代入上式可得：

① Black–Scholes 模型的发表（1973 年 5—6 月）略晚于芝加哥期权交易所（1973 年 4 月）挂牌。其中，两位作者先将研究成果投稿给 *Journal of Political Economy*，拒稿原因：金融太多经济学太少。后来投稿给 *Review of Economics and Statistics*，也遭到拒稿。最后在 Fama 和 Miller 与杂志编辑打招呼后才得以发表于 *Journal of Political Economy* 上。

$$df = \left(\mu - \frac{\sigma^2}{2}\right)dt + \sigma dz \tag{2-43}$$

因此，衍生产品价格的收益率服从普通布朗运动，即

$$df = \ln S_T - \ln S_t \sim N\left(\left(\mu - \frac{\sigma^2}{2}\right)\Delta t, \sigma^2 \Delta t\right) \tag{2-44}$$

证明：令 $m = \hat{E}(\ln S_T) = \ln S_t + \left(\mu - \frac{\sigma^2}{2}\right)\Delta t$， $s = \sqrt{\mathrm{Var}(\ln S_T)} = \sigma\sqrt{\Delta t}$，由此可得：$W = \frac{\ln S_T - m}{s} \sim N(0,1)$。基于上述设定，我们可以求得衍生产品价格的期望：

$$\begin{aligned}
E(S_T) &= \int_0^{\infty} S_T h(S_T) dS_T = \int_0^{\infty} \frac{S_T}{\sqrt{2\pi}s} e^{-\frac{(\ln S_T - m)^2}{2s^2}} d\ln S_T \\
&= \int_0^{\infty} \frac{1}{\sqrt{2\pi}s} e^{-\frac{1}{2}\left(\frac{\ln S_T - m}{s}\right)^2} dS_T = \int_{-\infty}^{\infty} \frac{1}{\sqrt{2\pi}s} e^{-\frac{W^2}{2}} de^{sW+m} \\
&= \int_{-\infty}^{\infty} s e^{sW+m} \frac{1}{\sqrt{2\pi}s} e^{-\frac{W^2}{2}} dW = \int_{-\infty}^{\infty} e^m \frac{1}{\sqrt{2\pi}} e^{-\frac{W^2}{2}+sW} dW \\
&= \int_{-\infty}^{\infty} e^m \frac{1}{\sqrt{2\pi}} e^{-\frac{(W-s)^2}{2}+\frac{s^2}{2}} dW = e^{m+\frac{s^2}{2}} \int_{-\infty}^{\infty} \frac{1}{\sqrt{2\pi}} e^{-\frac{(W-s)^2}{2}} dW \\
&= e^{m+\frac{s^2}{2}} = e^{\frac{\sigma^2\Delta t}{2}+\ln S_t+(\mu-\frac{\sigma^2}{2})\Delta t} = e^{\ln S_t+\mu\Delta t} \\
&= S_t e^{\mu\Delta t}
\end{aligned} \tag{2-45}$$

同时，结合衍生产品价格的方差公式：$\mathrm{Var}(S_T) = E(S_T^2) - \left(E(S_T)\right)^2$，因为：

$$\begin{aligned}
E(S_T^2) &= \int_0^{\infty} S_T^2 h(S_T) dS_T = \int_0^{\infty} \frac{S_T^2}{\sqrt{2\pi}s} e^{-\frac{(\ln S_T - m)^2}{2s^2}} d\ln S_T \\
&= \int_0^{\infty} \frac{S_T}{\sqrt{2\pi}s} e^{-\frac{1}{2}\left(\frac{\ln S_T - m}{s}\right)^2} dS_T = \int_{-\infty}^{\infty} \frac{e^{sW+m}}{\sqrt{2\pi}s} e^{-\frac{W^2}{2}} de^{sW+m} \\
&= \int_{-\infty}^{\infty} e^{2sW+2m} \frac{1}{\sqrt{2\pi}} e^{-\frac{W^2}{2}} dW = \int_{-\infty}^{\infty} e^{2s^2+2m} \frac{1}{\sqrt{2\pi}} e^{-\frac{(W-2s)^2}{2}} dW \\
&= e^{2s^2+2m} \int_{-\infty}^{\infty} \frac{1}{\sqrt{2\pi}} e^{-\frac{(W-2s)^2}{2}} dW = e^{2s^2+2m} \\
&= e^{2\sigma^2\Delta t+2\ln S_t+2(\mu-\frac{\sigma^2}{2})\Delta t} = e^{2\ln S_t+2(\mu+\frac{\sigma^2}{2})\Delta t} \\
&= S_t^2 e^{2(\mu+\frac{\sigma^2}{2})\Delta t}
\end{aligned} \tag{2-46}$$

故此，衍生产品价格的方差为：

$$\mathrm{Var}(S_T) = S_t^2 e^{2\left(\mu+\frac{\sigma^2}{2}\right)\Delta t} - \left(S_t e^{\mu\Delta t}\right)^2 = S_t^2 e^{2\mu\Delta t}[e^{\sigma^2\Delta t} - 1] \tag{2-47}$$

基于上述设定，我们可以进一步推出看涨期权价格的定价公式。设定在关于 dz 风险中性的世界中，欧式看涨期权的价格 c 等于其期望值按无风险利率贴现的现值：

$$c = \mathrm{e}^{-r\Delta t}\hat{E}[\max(S_T - X, 0)] \tag{2-48}$$

其中，$\hat{E}(\cdot)$ 表示风险中性世界中的期望值；同时，在此风险中性世界中，期权到期 T 时刻标的资产价格 S_T 服从如下的对数正态分布：

$$\ln S_T \sim N[\ln S_t + (r - \tfrac{\sigma^2}{2})\Delta t, \sigma^2 \Delta t] \tag{2-49}$$

令 $W = \dfrac{\ln S_T - m}{s}$，其中，$m = \hat{E}(\ln S_T) = \ln S + \left(r - \dfrac{\sigma^2}{2}\right)\Delta t, s = \sqrt{\mathrm{Var}(\ln S_T)} = \sigma\sqrt{\Delta t}$，

显然，$W \sim N(0,1)$，而且，随机变量 W 的密度函数 $h(W) = \dfrac{1}{\sqrt{2\pi}}\mathrm{e}^{\frac{-W^2}{2}}$。

$$\begin{aligned}
\hat{E}[\max(S_T - X, 0)] &= \int_{-\infty}^{\infty} \max(S_T - X, 0) h(S_T)\mathrm{d}S_T \\
&= \int_X^{\infty}(S_T - X)h(S_T)\mathrm{d}S_T + \int_{-\infty}^{X} 0h(S_T)\mathrm{d}S_T \\
&= \int_X^{\infty}(S_T - X)h(S_T)\mathrm{d}S_T \\
&= \int_X^{\infty}\frac{S_T - X}{\sqrt{2\pi}s}\mathrm{e}^{-\frac{1}{2}\left(\frac{\ln S_T - m}{s}\right)^2}\mathrm{d}\ln S_T \\
&= \int_X^{\infty}\left(\frac{1}{\sqrt{2\pi}s} - \frac{X}{S_T\sqrt{2\pi}s}\right)\mathrm{e}^{-\frac{1}{2}\left(\frac{\ln S_T - m}{s}\right)^2}\mathrm{d}S_T \\
&= \int_{\frac{\ln X - m}{s}}^{\infty}\left(\frac{1}{\sqrt{2\pi}s} - \frac{X}{\mathrm{e}^{sW+m}\sqrt{2\pi}s}\right)\mathrm{e}^{-\frac{W^2}{2}}\mathrm{d}\mathrm{e}^{sW+m} \qquad (2\text{-}50) \\
&= \int_{\frac{\ln X - m}{s}}^{\infty}\mathrm{e}^{sW+m}\frac{1}{\sqrt{2\pi}}\mathrm{e}^{-\frac{W^2}{2}}\mathrm{d}W - \frac{X}{\mathrm{e}^{sW+m}}\mathrm{e}^{sW+m}\int_{\frac{\ln X - m}{s}}^{\infty}\frac{1}{\sqrt{2\pi}}\mathrm{e}^{-\frac{W^2}{2}}\mathrm{d}W \\
&= \int_{\frac{\ln X - m}{s}}^{\infty}\mathrm{e}^{sW+m}\frac{1}{\sqrt{2\pi}}\mathrm{e}^{-\frac{W^2}{2}}\mathrm{d}W - X\int_{\frac{\ln X - m}{s}}^{\infty}\frac{1}{\sqrt{2\pi}}\mathrm{e}^{-\frac{W^2}{2}}\mathrm{d}W \\
&= \int_{\frac{\ln X - m}{s}}^{\infty}\mathrm{e}^{\frac{s^2}{2}+m}\frac{1}{\sqrt{2\pi}}\mathrm{e}^{-\frac{(W-s)^2}{2}}\mathrm{d}W - XN\left(\frac{m - \ln X}{s}\right) \\
&= \int_{\frac{\ln X - m}{s} - s}^{\infty} e^{\frac{s^2}{2}+m} h(W)dW - XN\left(\frac{\ln\frac{S}{X} + \left(r - \frac{\sigma^2}{2}\right)\Delta t}{\sigma\sqrt{\Delta t}}\right) \\
&= Se^{r(T-t)}N\Bigg(\underbrace{\frac{\ln\frac{S}{X} + \left(r + \frac{\sigma^2}{2}\right)\Delta t}{\sigma\sqrt{\Delta t}}}_{d_1}\Bigg) - XN\Bigg(\underbrace{\frac{\ln\frac{S}{X} + \left(r - \frac{\sigma^2}{2}\right)\Delta t}{\sigma\sqrt{\Delta t}}}_{d_2}\Bigg)
\end{aligned}$$

因此，对于一个无股息股票看涨期权的 B-S-M 定价公式：

$$c = e^{-r\Delta t}\hat{E}[\max(S_T - X, 0)] = SN(d_1) - Xe^{-r\Delta t}N(d_2) \tag{2-51}$$

其中，$d_1 = \dfrac{\ln(S/X) + (r + \sigma^2/2)\Delta t}{\sigma\sqrt{\Delta t}}$，

$$d_2 = \frac{\ln(S/X) + (r - \sigma^2/2)\Delta t}{\sigma\sqrt{\Delta t}} = d_1 - \sigma\sqrt{\Delta t}\text{。}$$

同理，按照上述的证明过程，可以求得对于一个无股息股票看跌期权的 B-S-M 定价公式：$p = Xe^{-r\Delta t}N(-d_2) - SN(-d_1)$。

对于例 2-18 的求解：S=40，X=38，r=0.05，σ=0.1，T=0.5。

因此，$d_1 = \dfrac{\ln(40/38) + (0.05 + 0.1^2/2) \times 0.5}{0.1\sqrt{0.5}} = 1.114$；$d_2 = 1.114 - 0.1\sqrt{0.5} = 1.044$。

则该看涨期权（欧式看涨期权）的价格为：

c=40N（1.114）−38 × $e^{-0.05\times0.5}$$N$（1.044）=3.13 元

上述提供了四种类型的期权定价公式。从定价结果看，风险中性定价与无套利定价结果是一致的，而它们的定价结果与多期二叉树定价和 Black-Scholes 定价结果存在差异。

【本章小结】

资本市场的稳定运行与发展取决于金融资产的性质及其定价机制，本章介绍了债券、股票以及远期、期货、期权等衍生产品的定义，并详细讲解了上述投资标的的定价机制。同时，债券、股票以及衍生产品的出现，既为交易者带来了更加多元化的投资选择，也为他们对冲投资组合风险提供投资标的品种。如何利用资本市场上的不同种类产品构建投资组合和对冲风险是整个量化投资理论与策略的核心。本章对债券、股票和衍生工具定价的介绍能够为后续章节的量化投资模型构建奠定理论基础。

【课后习题】

1. 一个投资者在年初投入 500 元，年末收入 580 元。请计算该投资在不同复利机制下的收益率：①每年复利一次；②每半年复利一次；③每月复利一次；④连续复利。

2. 假设连续复利的零息利率如下表所示：

期限（以月计）	利率（每年的利率，%）
3	4
6	4.2
12	4.5
15	4.8
18	5.0

请计算第二季度、第三季度、第四季度、第五季度的远期利率。

3. 现有一只面值为1000元，期限为20年的债券，票面利率为7%，每半年付息一次（即每次支付45元）。假设年利率为5%，求债券的价值。

4. 某公司发行的债券面值为1000元，现以980元的价格折价发行，5年后到期，年票面利率为8%，每半年付息一次，请计算该债券的当期收益率和到期收益率。

5. 下表给出了市场中现存的债券信息，半年付息一次，请根据表中信息回答以下问题：

债券面值（元）	期限（以月计）	年券息（元）	债券价格（元）
100	6	3.0	98
100	12	4.2	96
100	18	7.2	102
100	24	9.0	105

（1）计算对应于6个月、12个月、18个月和24个月期限的零息利率；

（2）计算对应时段的远期利率：6~12个月、12~18个月、18~24个月；

（3）计算期限分别为6个月、12个月、18个月和24个月的债券的平价收益率；

（4）估算期限为2年，年券息率为8.5%，每半年支付一次券息的债券的收益率。

6. 假设利率期限结构向上倾斜，请将以下变量按从大到小的顺序排列：

（1）5年期的零息利率；

（2）5年期附息债券的收益率；

（3）未来第5年第一季度的远期利率。

利率期限结构向下倾斜时，结果会发生什么变化？

7. 假设某汽车制造公司股票的股利为每股1.5元，股利每年增长5%，贴现率为6%，求该公司股票价值是多少？如果一年后，在国家政策的利好消息刺激下，该公司的股利增长率由5%上升至5.5%，那么该公司的股价将发生什么变化？

8. 如果预期某公司股票在一年后将由当前每股47元上涨至62.45元，并且预期公司将派发每股1.75元的股利。请根据上述信息回答以下问题：

（1）求该股票的预期股利收益率、股价增长率和持有期收益率；

（2）求该股票的内在价值是多少？与当前市场价格相比是高是低？

9. 现有一个期限为1年，标的为无股息股票的远期合约。股票价格当前价格为35元，连续复利的无风险利率为每年12%。请回答以下问题：

（1）远期合约的初始价格和期货价格分别是多少？

（2）半年后，股票价格变为28元，无风险利率仍为每年12%，这时远期价格和远期合约的价值又分别是多少？

10. 假设中国和美国连续复利的两个月期限的国债利率分别为2%和每年5%，人民币的即期价格为 0.81 美元，在两个月后交割的期货价格为 0.83 美元。这时存在什么样的套利机会？

11. 某外贸公司与银行进行了一个远期合约交易。在合约中银行可以在 T_1 时刻以汇率 K_1 卖出外汇。在 T_1 时刻的实际汇率为 $S_1 > K$ 。现在公司交货延期，希望银行能将远期合约顺延到 T_2 时刻完成交割。银行同意了该请求，并给出了一个新的执行价格 K_2，请解释银行是如何计算 K_2 的。

12. 某投资者以 7.6 元的价格买入欧式看涨期权，股票价格为 52 元，执行价格为 55 元，在什么情况下投资者会盈利？在什么情况下期权会被执行？画出在到期时投资者盈利和股票价格的关系图。

13. 假设一只无股息股票的现价为 15 元，以该股票为标的的 3 个月期的欧式看涨期权的执行价格为 16 元，期权的价格为 1.5 元，无风险利率为每年 4%。请计算以该股票为标的的 3 个月期的执行价格为 20 元的看跌期权的价格。

14. 某股票的当前价格为 50 元，已知在 6 个月后股票价格变为 60 元或 42 元，无风险利率为每年 12%（连续复利）。请计算执行价格为 48 元，期限为 6 个月的欧式看涨期权价格，并验证由无套利理论及风险中性原理给出的价格相等。

15. 请借鉴看涨期权 Black–Scholes 公式（可参考本章最后一节内容），证明标的为无股息股票的看跌期权的 Black–Scholes 公式为： $p = Xe^{-r\Delta t}N(-d_2) - SN(-d_1)$ 。

第三章

风险与收益关系的理论基础

本章阅读指引：

风险管理是量化投资系统的重要组成部分，而风险与收益的关系类似硬币的两面，交易者投资是为了获取最大的期望收益率，同时，也偏好于投资组合的风险最小化。但是依据金融学原理可知，风险与收益是一个对立统一的整体，投资者为了获取更高的收益，必然需要承担更高的风险；同理，投资者承担了更高的风险，必然想要获得更高的风险溢酬。因此，“风险与收益关系”告诉我们一个著名的人生哲理，那就是“没有付出就没有回报”。那么，我们应该如何度量资产的风险？如何量化风险—收益的权衡关系？本章将基于定义介绍风险与收益之间的关系，并讨论资产多样化对投资组合风险的影响。而风险与收益关系既是现代投资组合理论的基础，也是量化投资策略构建的根基。

第一节 资产投资回报率

一、投资收益的组成

一般来说，投资回报由两个部分组成，利息和资本利得（损失）：

$$R_t = D_t + (P_t - P_{t-1}) \tag{3-1}$$

其中，R_t——第 t 期的投资收益，D_t——第 t 期的股利收入，$P_t - P_{t-1}$——第 t 期的资本利得。

利息是投资者在投资过程中因投资而产生的现金流，如投资付息债权所产生的利息或者是银行存款产生的利息。资本利得是投资者买入与卖出投资工具时所获的差价收益。具体来说，资本利得（损失）是投资品种售出价格高于（低于）买入价格，使得投资者变现时得到的实际收益（亏损）。

二、投资收益的计算

（一）持有期收益率

持有期收益率又称已实现收益率，指持有资产期间总的收益率，也就是利息率与资本利得（损失）率的加总。持有期收益率可用于测度任何证券投资收益率。假设某债券的购买价格为 P_0，在投资期间收入为 I，期末卖出价格为 P_1，则持有期收益率为：

$$r = \frac{P_1 - P_0 + I}{P_0} \tag{3-2}$$

（二）算术平均收益率

算术平均收益率是对各单期收益进行算术平均得到的收益率。算术平均收益率是期望收益率的无偏估计，适用于各期收益率较为接近的情况，容易受到极端值的影响，导致计算出来的收益率出现比较大的偏误。假设第 t 期的收益率为 r_t，算术平均收益率为：

$$r = \frac{\sum_{t=1}^{n} r_t}{n}（其中n为持有天数） \tag{3-3}$$

（三）几何（时间加权）平均收益率

几何（时间加权）平均收益率是对各单期收益率赋予时间加权计算的平均收益率。几何（时间加权）平均收益率适用于预测一段时间内以复利增长的收益率，在一定程度上克服了算术平均收益率出现上偏倾向的缺陷。如第 i 期的收益率为 r_i，几何（时间加权）平均收益率为：

$$r = \sqrt[n]{\prod_{i=1}^{n}(1+r_i)} - 1 \tag{3-4}$$

值得注意的是，这两种平均收益率的差异会随着收益率波动程度加剧而扩大。[①] 如果收益服从正态分布，预期差异为分布方差的 1/2，即

$$E[\text{几何平均值}] = E[\text{算术平均值}] - 0.5\sigma^2 \tag{3-5}$$

【例 3-1】假定一只股票在年初每股卖 40 元，在这一年中支付红利 1.5 元，年末卖 50 元。在第二年支付红利 2 元，年末卖 54 元（为了简化计算，假设所有红利支付均在年末进行，股票可以无限分割）。整个两年持有期的收益率是多少？

解：第一年中收到的 1.5 元可以在第一年年末买到 0.03（1.5/50）股。对最初持有的每一股，在第二年可获得红利 2.06 元，在第二年年末拥有股票的价值为 55.62 元（1.03×54），期末价值为 57.68 元（55.62+2.06），由此得出整个两年持有期的收益率为：

$$r = \frac{\text{第二年年末的价值}}{\text{第一年年初的价值}} - 1 = \frac{57.68}{40} - 1 = 44.2\%$$

三、无风险收益率与风险溢价

无风险收益率（Risk-free Rate of Return）是一种理想中的收益率，指投资于一项完全没有风险的资产所得到的收益率。事实上，世界上并不存在这种资产。在现实情况下，我们一般采用短期国债收益率表示市场无风险收益率。无风险收益率的定义非常重要，这是参与投资活动预期收益的“门槛”，也是构建许多基金业绩表现评价方法的“地基”。无风险收益率由两部分组成：资金时间价值（纯利率）和通货膨胀补偿率，即

无风险收益率 = 资金时间价值（纯利率）+ 通货膨胀补偿率

风险溢价（Risk Premium）是对投资者承担不确定性的收益补偿。从投资学的角度而言，风险溢价可以视为投资者对于投资风险资产时所要求的收益率超过投资无风险资产收益率的部分。衡量风险溢价最常用的方法就是使用无风险利率（Risk-free Interest Rate）作为收益基准与其他风险投资的收益进行比较。高于无风险收益的报酬，被称为风险溢价。投资组合的风险越高，投资者收益的不确定性也就越大，此时他们的风险溢价也就越高。风险承担与风险溢价是呈正比的。

值得注意的是，对于“风险溢价”我们有两个不同角度的定义：一是从事后对投

---

① 这种差异主要是来自投资收益率的正负对组合终值的影响不同。一般而言，度量某时段的历史收益采用几何平均值，估计未来收益采用算术平均值。

资收益进行评价的角度看，我们通过计算实际观察到的投资组合历史收益率与无风险收益率的差值得到风险溢价，或称为已实现的风险溢价；二是从事前投资收益的预期角度看，投资者在构建自己的投资组合时会对于所要承担的风险与获得的收益进行权衡，通常期望收益率与无风险收益率的差价称为预期的风险溢价。

下面举个简单的例子来说明这两种角度的风险溢价的差别。某行业龙头股票在过去一年内受到热捧，股价翻倍上涨，但这段时间该公司经营业绩并没有上升那么多，此时该公司的股价是其内在价值的几十倍。对于还没有购入该股票的投资者而言，此时入场风险比较大，事前风险溢价较低。但对于过去持有该股票的投资者而言，这只股票让他们赚得盆满钵满，事后风险溢价很高。

在这个例子中，同一时间，两种角度的风险溢价差异如此之大，容易让投资者迷惑，应该看重哪一种定义呢？其实，投资者应该综合考虑历史收益率与现实存在的风险，根据自己的风险承担能力与投资周期构建投资组合。因为股市存在着均值回归，如果放眼足够长的投资周期，事前风险溢价和事后风险溢价应该相近。

第二节　资产投资风险

一、投资风险的定义及来源

投资风险是指在投资过程中，由于非投资主观因素导致的实际收益偏离预期收益。这种偏离，不仅仅指实际收益低于预期收益，也就是我们常说的亏损，也包括实际收益高于预期收益的情形，这两种方向的偏离都是投资的风险。事实上，投资与风险总是如影相随的，任何种类的投资在任何阶段都不可避免地伴随着各种各样的风险。不同的风险有着各自的特征与后果，但它们也存在着一定程度的共同点：可补偿性差、可预测性差、风险持续期长、造成的后果严重、多种风险共存和相互影响等。识别风险的来源有利于控制与管理投资组合的风险。投资风险依据不同的分类标准可以分为以下几类：

（一）按投资风险形成的原因划分

（1）自然风险，是指由于自然或地理因素的不可控变化给投资者带来的风险，如台风、地震和洪水。

（2）社会风险，是指由于其他社会主体不可预知的行为给投资者带来的风险，如欺诈、玩忽职守、未披露持股比例等行为。

（3）经济风险，是指投资活动中，由于经营管理不善或市场因素变化给投资者带来的风险，包括经营风险、价格风险、利率风险和通货膨胀风险等。经济风险是市场的必然产物与固有现象，因而是投资风险管理的核心问题。

（4）技术风险，是指工程中由于技术或管理缺陷给投资者带来的风险，如工程质量不达标、操作系统故障或环境污染等问题。

其中经济风险是投资市场最常出现的风险，也是影响范围最广、影响程度最深的投资风险。主要的经济风险有：

（1）利率风险。利率风险是由利率波动引起资产价格波动的风险。当利率上升，资产价格下降；当利率下降，资产价格上升。以利率的衍生产品债券为例，当利率上升时，债券价格与利率反向变动；另外，当利率上升时，融资成本上升，使得市场需求下降，对债券的价格造成不利影响；同时利率的上升会造成资金的流出，也会对债券的价格造成不利影响，引起资产价格的波动。

（2）市场风险。市场风险是投资中不可分散的风险，也是最普遍、最常见的风险。市场风险是由于市场整体的波动造成的收益不确定性，波及市场上所有的证券，包括经济衰退、金融危机和政治时局的震荡等。

（3）通货膨胀风险。通货膨胀风险也被称为购买力风险，当通货膨胀率上升时，货币会贬值，购买力下降；通货膨胀风险通常与利率风险联系在一起，当通货膨胀上升时，投资者会要求更高的回报率来弥补购买力的下降。

（4）汇率风险。汇率风险是由于汇率的波动引起资产价格波动的风险。由于投资活动涉及两种或者多种外币，在货币兑换过程中会由于汇率的上下波动带来资产价格的变化。

（5）流动性风险。流动性是指在资产价格未发生损失或者较小损失的情况下能够迅速变现的能力。资产在购买和销售中无法快速变现，那么流动性风险将会变大。

（6）国家风险。国家风险也被称为政治风险，随着国际投资比重的不断增加，一个国家政治以及政策的稳定性均影响着投资风险，因此，国家风险也是证券投资过程中需要考量的重要因素。

【历史回顾】2015 年中国股市受证监会要求高管减持禁令到期等因素的影响，经历了大幅下跌。减持禁令到期对二级市场造成了巨大冲击，同时二级市场资金面也受到了短期冲击。2015 年设计减持禁令的上市公司 751 家，合计解禁股数 1322.12 亿股，占解禁公司 A 股股本的 12%，这一政策的到期对股市造成了严重的影响。由此可见，政策风险这一影响因素不容小觑。

（二）按投资风险的性质划分

（1）纯粹风险特指不可能给投资者带来收益的风险。换句话说，纯粹风险只有给投资带来亏损的可能性。这种风险一般来源于非经济社会因素。

（2）投机风险是指既可能给投资者带来收益，也有可能造成投资者损失的风险。

（三）按投资风险涉及的范围划分

（1）系统风险是指能影响整个市场的风险，系统风险往往由大规模影响社会的因素造成，比如主权危机、军事战争、恐怖袭击等。系统风险会影响市场中所有的投资对象，无法通过多元化投资来分散，因此也称为不可分散风险或市场风险。

（2）非系统风险是指影响范围为个别企业或少数行业的风险，如高管离职、新产品出现重大漏洞、并购失败等。这类事件带来的风险可以通过多样化投资来分散掉，即“鸡蛋不要放在同一个篮子里”。比如投资组合中一家企业的股价出现下跌可能被组合中另一家企业的股价上涨所抵消掉，可见，非系统风险也被称为可分散风险。

关于风险分散化的基本原理我们将在本章的最后一节中详细展开说明。

二、投资风险的度量

（一）敏感性指标

敏感性指标用于度量资产价值受某一类风险影响的敏感程度。比如我们常用 β 值来度量投资组合对市场组合（市场指数）的敏感性。利用回归的方法可计算 β 值：

$$\beta=\frac{\mathrm{Cov}(r_a,r_m)}{\sigma_m^2} \tag{3-6}$$

其中 $\mathrm{Cov}(r_a,r_m)$ 是证券 a 的收益与市场收益的协方差；σ_m^2 是市场收益的方差。

与 β 值相类似的一个度量指标是久期（Duration），用来度量债券价值对市场利率的敏感性。常用于衡量衍生产品对标的资产价格波动敏感性的风险指标是 Delta 值，用来度量某特定利率、汇率或股价等市场因素变动一单位时，衍生产品按市价逐日核算的价值变动幅度。

$$\varDelta=\frac{\partial V}{\partial f} \tag{3-7}$$

（二）波动性指标

波动性指标用于度量资产收益的波动程度。比如我们常用的 σ 值，它是收益率方差的平方根，方差是实际收益与期望收益偏差的平方的期望值。资产收益的波动性越强，方差就越大。注意，这里的标准差始终是正值，不能给投资者提供投资结果好坏的信息，只能表示对平均值的偏离程度。σ 值适用于收益结果大致平均分布在平均值两侧的情况，特别是对于正态分布情形。其中，波动性指标可以采取如下公式计算得到：

$$\sigma=\sqrt{\frac{\sum_1^n[r_i-E(r)]^2}{n}} \tag{3-8}$$

夏普比率是度量风险常用的另一种波动性指标，又称为收益波动性比率。如果一项投资的风险溢价能够补偿要获得超额收益所承担的风险时，夏普比率衡量风险效果更佳。这一指标也常常被用作评估基金经理业绩的重要标准。

$$夏普比率=\frac{风险溢价}{超额收益率的标准差} \tag{3-9}$$

（三）概率类指标

概率类指标指某一结果发生的可能性。比如，明天股票亏损80%的概率为百分之一。

（四）极端风险类指标

极端风险类指标能够揭示极端负收益发生的风险测度，使用最普遍的是在险价值、预期损失缺口、下偏标准差和极端收益频率。

（1）在险价值，指在某一确定的置信水平下，在某一时间段内不利的市场变动可能给投资组合带来的最大损失。在险价值的另一个名称是分位数。一个概率分布的 q 分位数是指小于这一分位数的样本点占总体的比例为 q %。如果从业者估计 5% 的 *VaR*，这表明有 95% 的收益率都将大于该值。

（2）预期损失缺口，指损失敞口头寸，又称条件尾部期望（Conditional Tail Expectation，CTE）。在险价值关注的是最坏条件下收益率最高的情况，而预期损失缺口关注的是最坏条件下的预期损失。

（3）下偏标准差（Lower Partial Standard Deviation，LPSD），代表的是给定损失发生情况下的均方偏离。在现实中我们常用下偏标准差来替代标准差。因为在正态分布情况下用标准差作为风险的度量存在以下几个问题：①分布的非对称性要求我们独立地考察收益率为负的结果；②无风险投资工具是风险投资组合的替代投资，因此我们应该考虑收益对无风险投资收益的偏离而不是对平均投资收益的偏离。下偏标准差可以解决这两个问题，其计算方法和普通标准差的计算方法相似，但只使用相对无风险收益率负偏（而非对样本均值负偏）的那些收益率。

（4）极端收益频率，适用于股票价格发生大幅度变动时（又称为跳跃，Jumps）的风险度量。我们比较低于均值的 3 倍标准差以上的收益发生的样本数与正态分布下 -3σ 收益发生的相对频率。

【例 3–2】如果有一个 100 个数值的收益率序列，每种样本点发生的概率相同。求置信度为 95% 时的 *VaR* 和 *ES*①。假定最低的 5 个收益率为：−20.02%，−21.39%，−25.79%，−30.33%，−41.56%。

解：对 100 个数值的最后 5% 的观测的序列为 5。从下往上数的第 5 个观测值

① 关于 *VaR* 和 *ES* 的定义以及测算见第五章。

为 −20.02%，相对应的 *VaR* 为 −20.02%；而预期损失缺口需要求最底部的 5% 的观测的平均值，可以求得 *ES*=−27.82%，显著小于 *VaR*。

三、投资者的风险偏好

在某种程度上，投资者的风险分散化行为还受到投资者风险偏好的影响。在实践中，资产组合的风险管理与投资者的风险偏好息息相关。这一观点最早可以追溯到 1738 年由丹尼尔·伯努利提出的圣彼得堡悖论[①]，即大部分投资者都是厌恶风险的，但他们又渴望更高的收益率。事实上，"收益—风险关系"存在一定的内生均衡机制。在讲解该均衡机制之前，我们需要先了解投机与赌博的区别。

所谓投机是指投资者为了获得一定报酬而承担相对应风险的行为。一定报酬是指前面提过的事前风险溢价，即投资的期望收益高于无风险收益的部分。而相对应的风险水平是指进行该项投机行为的投资者面临的风险敞口。理性投资者会权衡风险敞口与投资潜在收益，以决定是否进行该项投资。

赌博是指投资者"为了一个不确定的结果下注"。投机与赌博的差异在于赌博者参与投资往往不是出于寻求风险溢价的主观动机，更多是为了冒险而去承担风险。当然，如果一场赌博中存在足够大的风险溢价则可以补偿风险，从而吸引更多的风险厌恶型（Risk Averse）投资者，此时，赌博就变成了投机。故此，投机并不是只限定在风险偏好者当中。如果一项投资活动的风险溢价为零，我们称其为公平赌局（Fair Game）。由此可见，风险偏好的差异决定着投资者面对公平赌局的行为。

风险厌恶型投资者不会选择参与公平赌局和比公平赌局更差的投资活动。相比之下，他们更青睐于有正风险溢价的投资标的，甚至是无风险资产。为了理解这一选择，我们引用效用函数的概念。如果某项无风险投资能给投资者带来一定效用，那么，为了使一项无风险投资能给投资者带来与风险投资相同的效用，则需计算出该项无风险投资的收益率。此时，该无风险收益率叫作确定性等价收益率（Certainly Equivalent Rate）。对于风险厌恶型投资者来说，只有当风险投资的确定性等价收益率超过真实的无风险收益率时，才有可能进行风险投资。但是如果投资者是极端厌恶风险的，那么，可能任何一项风险投资给他带来的效用都不及无风险投资。

风险中性型（Risk Neutral）投资者的确定性等价收益率就是风险投资的期望收益率，因此，他们仅仅靠比较风险收益率与无风险收益率就能做出投资决策。

风险偏好型（Risk Lover）投资者的确定性等价收益率往往高于无风险收益率，因此，他们会选择参与赌局，无论其是否是公平赌局。

总结，如果用个人的确定性等值和不确定性（风险投资的）期望值的关系来定义

① BERNOULLI D. Specimen theoriae novae de mensura sortis [J]. Commentarii academiae scientiarum imperialis petropolitanae, 1978(5):175–192.

个人对风险的态度，即

（1）确定性等值 < 风险投资的期望值，属于风险厌恶型投资者；

（2）确定性等值 = 风险投资的期望值，属于风险中性型投资者；

（3）确定性等值 > 风险投资的期望值，属于风险偏好型投资者。

由此可见，投资者的风险厌恶态度不仅会影响其投资行为，而且也与后续投资组合的风险管理息息相关。特别是，投资者依据投资组合风险的测量结果在进行投资决策时，很受投资者风险厌恶偏好的影响。

第三节　波动率与隐含波动率的定义

正如上一节提到的，波动率通常被定义为收益率的标准差，只体现价格波动的剧烈程度，而不显示价格变动的方向。在现实中，关于波动率，我们通常会用到两种不同的指标：实际波动率（Realized Volatility）和隐含波动率（Implied Volatility）。就像前文中对于事前、事后风险溢价两种角度的定义，当我们考虑某一资产的实际波动率时，实际上是指基于其历史数据计算出的波动率，而当我们考虑隐含波动率时，我们是立足于当下对该资产的波动率进行预测。常见的实际波动率有三种：标准差波动率、极差波动率和已实现波动率。三者分别选取每日收盘价、最高价和最低价为原始数据计算得到实际波动率。而预估隐含波动率可以参考期权定价，通过 Black- Scholes 定价模型推算得到。

一、实际波动率

我们将某项资产的实际波动率 σ 定义为该投资在单位时间内以连续复利的方式计算出的回报率的标准差。也就是说，如果资产收益是独立同分布的，那么该资产 T 日收益的标准差是日收益标准差的 $\sqrt{T}$ 倍。值得注意的是，我们通常使用实际交易的天数（252 天）而非日历天数（365 天）来计算波动率。这是因为波动率衡量的是交易中的“不确定性”，故我们使用实际交易的天数。

【例 3-3】假定 σ_{year} 为某一资产的年波动率，σ_{day} 为相应的每天波动率，连续复利收益率的标准差分别为 σ_{year} 和 $\sigma_{day}\sqrt{T}$，即：

$\sigma_{year}=\sigma_{day}\sqrt{252}$ 或 $\sigma_{day}=\sigma_{year}/\sqrt{252}$

若某一股票价格为 60 美元，其波动率为每年 25%，对应于每周价格百分比变化的标准差近似为：

$$25\% \times \sqrt{1/52} = 3.47\%$$

因此，股票价格周变化的标准差为 $60 \times 3.47\% = 2.08$ 美元。

（一）标准差波动率

标准差波动率是过去某一固定时间区间金融标的资产价格对数收益率的标准差，并作为该固定时间区间交易价格的波动率。假定第 i 时刻资产的价格为 S_i，其中 $i = 0,1,\cdots,n$；单位时间间隔长度为 τ；第 i 时刻资产相对前一时刻的对数收益率为 r_i，均值为 $\bar{r}$，则基于收益率样本的标准差为：

$$r_i = \ln(S_i / S_{i-1}),\ \ i = 0,1,\cdots,n \tag{3-10}$$

$$\bar{r} = \frac{1}{n}\sum_{i=1}^{n} r_i \tag{3-11}$$

$$\sigma = \sqrt{\frac{1}{n-1}\sum_{i=1}^{n}(r_i - \bar{r})^2} = \sqrt{\frac{1}{n-1}\sum_{i=1}^{n} r_i^2 - \frac{1}{n(n-1)}\left(\sum_{i=1}^{n} r_i\right)^2} \tag{3-12}$$

其中，r_i 的标准差为 $\sigma\sqrt{\tau}$，σ 为变量的波动率。由于使用最多的是标准差波动率，通常历史波动率指的是标准差波动率。但标准差波动率的计算只采用了收盘价数据，因此存在较大滞后问题。

（二）极差波动率

极差波动率作为历史波动率的一种形式，它的特点是囊括了交易中的开盘价、收盘价、最高价、最低价和隔夜价等指标，扩展了标准差波动率包含的信息，导致相同周期内极差波动率高于标准差波动率。极差波动率现多用于期货期权的对冲策略中。

1. Parkinson 波动率

Parkinson（1980）① 选取交易区间内最高价和最低价估算波动率。Parkinson 波动率的优点在于只需要较短的时间周期就能收敛于真实波动率，但是我们每天的交易不是连续的，资产价格可能发生跳空现象，导致波动率被严重低估，因此未必是无偏估计，可以看成是一种经验研究。

$$\sigma_{\text{Parkinson}} = \sqrt{\frac{1}{4N\ln 2}\sum_{i=1}^{N}\left(\ln\frac{H_i}{L_i}\right)^2} \tag{3-13}$$

其中，H_i 代表最高价，L_i 代表最低价，N 代表样本区间内的天数。

---

① PARKINSON M. The extreme value method for estimating the variance of the rate of return [J]. The journal of business, 1980, 53(1): 61–65.

2. Garman-Klass 波动率

Garman–Klass 将收盘价考虑进去，用交易区间内最高价、最低价和收盘价进行波动率估计[①]。Garman – Klass 波动率的突出优点在于加入了调整因子以纠正存在的偏差，由此可以得到方差的无偏估计，使 Garman – Klass 波动率比 Parkinson 波动率估计更加精确。但是此波动率模型仍然没有考虑隔夜、价格漂移、跳空等特征，并且由于取样比较离散，可能导致波动率被低估，误差会大于 Parkinson 波动率。

$$\sigma_{\text{Garman-Klass}} = \sqrt{\frac{1}{N}\sum_{i=1}^{N}\frac{1}{2}\left(\ln\frac{H_i}{L_i}\right)^2 - \frac{1}{N}\sum_{i=1}^{N}(2\ln 2-1)\left(\ln\frac{C_i}{C_{i-1}}\right)^2} \tag{3-14}$$

其中，H_i 代表最高价，L_i 代表最低价，C_i 代表收盘价，N 代表样本区间内的天数。

3. Rogers-Satchell 波动率

基于上述估计方法，Rogers 和 Satchell 考虑价格趋势效应，加入价格漂移率，构建 Rogers–Satchell 波动率估计模型[②]。估计量之所以能够提高估计效率，是因为它们依赖于一些并不适用于真实市场的假设，尤其是价格服从不带漂移项的几何布朗运动以及连续交易的假设，在一定程度上放宽了限制条件，引入带有漂移项的更优估计量。

$$\sigma_{\text{Rogers-Satchell}} = \sqrt{\frac{1}{N}\sum_{i=1}^{N}\left[\left(\ln\frac{H_i}{C_i}\right)\left(\ln\frac{H_i}{O_i}\right)+\left(\ln\frac{L_i}{C_i}\right)\left(\ln\frac{L_i}{O_i}\right)\right]} \tag{3-15}$$

其中，H_i 代表最高价，L_i 代表最低价，O_i 代表开盘价，C_i 代表收盘价，N 代表样本区间内的天数，$\ln(H_i/O_i)$ 和 $\ln(L_i/O_i)$ 代表价格漂移率。

4. Garman-Klass-Yang-Zhang 波动率

Garman，Klass 和 Yang，Zhang 考虑了隔夜对于波动率的影响，提出加入隔夜影响的波动率估计模型：

$$\sigma_{\text{Garman-Klass-Yang-Zhang}} = \sqrt{\frac{1}{N}\sum_{i=1}^{N}\left[\frac{1}{2}\left(\ln\frac{H_i}{L_i}\right)^2-(2\ln2-1)\left(\ln\frac{C_i}{O_i}\right)^2+\ln\frac{L_i}{C_{i-1}}\right]} \tag{3-16}$$

其中，H_i 代表最高价，L_i 代表最低价，O_i 代表开盘价，C_i 代表收盘价，N 代表样本区间内的天数，$\ln(L_i/C_{i-1})$ 代表已加入隔夜影响。

5. Yang-Zhang 波动率

Yang 和 Zhang 梳理了先前学者的研究成果，将上述各种估计量进行加权平均，构建一个同时考虑隔夜、跳空的预测波动率模型[③]：

---

① GARMAN M B, KLASS M J. On the estimation of security price volatilities from historical data［J］. The journal of business, 1980, 53(1): 67–78

② ROGERS L C G, SATCHELL S E. Estimating variance from high, low and closing prices［J］. The annals of applied probability, 1991, 1(4): 504–512.

③ YANG D, ZHANG Q. Drift–independent volatility estimation based on high low open and close prices［J］. The journal of business, 2000, 73(3): 477–492.

$$\sigma_{\text{Yang-Zhang}}=\sqrt{\sigma_o^2+k\sigma_c^2+(1-k)\sigma_{rs}^2} \tag{3-17}$$

$$\sigma_o^2=\frac{1}{N-1}\sum_{i=1}^{N}\left[\ln\left(\frac{O_i}{C_{i-1}}\right)-\text{Avg}\ln\left(\frac{O_i}{C_{i-1}}\right)\right]^2 \tag{3-18}$$

$$\sigma_c^2=\frac{1}{N-1}\sum_{i=1}^{N}\left[\ln\left(\frac{C_i}{O_i}\right)-\text{Avg}\ln\left(\frac{C_i}{O_i}\right)\right]^2 \tag{3-19}$$

$$k=\frac{0.34}{1+\frac{N+1}{N-1}} \tag{3-20}$$

$$\sigma_{rs}^2=\frac{1}{N}\sum_{i=1}^{N}\left[\left(\ln\frac{H_i}{C_i}\right)\left(\ln\frac{H_i}{O_i}\right)+\left(\ln\frac{L_i}{C_i}\right)\left(\ln\frac{L_i}{O_i}\right)\right] \tag{3-21}$$

其中，σ_o^2 表示隔夜波动率，σ_c^2 表示当天的波动率，σ_{rs}^2 表示 Rogers－Satchell 波动率，N 表示样本区间内的天数，O_i、H_i、L_i、C_i 分别代表第 i 天的开盘价、最高价、最低价、收盘价。

上述五种模型并无优劣之分。在实际应用中，我们需要结合特定的策略目标选取最恰当的历史波动率估计方法，以达到最优的估计效果。

（三）已实现波动率

Andersen，Bollerslev 和 Diebold 通过研究资产日内高频数据的特征，提出可将一天内连续时间收益率的平方和作为日波动率的估计值，即已实现波动率（Realized Volatility，RV）[①]。可将此波动率看成是积分波动，即在足够小的时间间隔下，波动相当于瞬时波动率在样本区间内的连续积分。

第 i 天内所有高频数据（通常为 5 分钟）的收益率平方和可视为第 i 天已实现波动率：

$$RV_i=\sum_{i=1}^{N}r_{i,t}^2 \tag{3-22}$$

其中，N 为日内时间间隔频率。

已实现波动率的优点在于它是由日内高频数据计算得到的，只要收益率的取值频率 N 足够高，这一估计值就能收敛于积分波动，相当于积分波动率的无偏估计，并且模型估计的参数较少，计算较为简单。但是，正是因为采用日内高频数据，已实现波动率受到的噪音扰动较大，而且无法准确测度隔夜风险，由此使得已实现波动率误差较为显著。

① ANDERSEN T G, BOLLERSLEV T, DIEBOLD F X. Parametric and nonparametric volatility measurement [R]. NBER working paper, 2002.

【例 3-4】假定根据某股票 21 天的历史价格可计算得：$\sum_{i=1}^{n} r_i=0.09431$，$\sum_{i=1}^{n} r_i^2=0.00314$。

解：$n=21$，从而运用公式可计算得出日收益率标准差的估计值为：

$$\sigma=\sqrt{\frac{0.00314}{20}-\frac{0.09431^2}{420}}=0.01165$$

即 1.165%，令 $\tau=1$，可计算每一天波动率为 $\sigma\sqrt{\tau}=0.01165\times\sqrt{1}=0.01165$，即 1.165%；令 $\tau=250$，可计算年化波动率为 $\sigma\sqrt{\tau}=0.01165\times\sqrt{250}=0.184$，即 18.4%。

二、隐含波动率

隐含波动率通过 Black-Scholes 定价模型结合期权价格计算得出。在获得期权价格、行权价格、标的资产价格、无风险利率和距离到期时间这些数值后，可以通过模型推导出隐含波动率。

欧式看涨期权定价公式为（证明见第二章第五节）：

$$C(t,S)=SN(d_1)-X\mathrm{e}^{-r(T-t)}N(d_2) \tag{3-23}$$

其中：

$$d_1=\frac{\ln(\frac{S}{X})+(r+\frac{\sigma^2}{2})(T-t)}{\sigma\sqrt{T-t}} \tag{3-24}$$

$$d_2=\frac{\ln(\frac{S}{X})+(r-\frac{\sigma^2}{2})(T-t)}{\sigma\sqrt{T-t}}=d_1-\sigma\sqrt{T-t} \tag{3-25}$$

或者写成：

$$C(t,s)=\mathrm{e}^{-r(T-t)}\left[SN(d_1)\mathrm{e}^{r(T-t)}-XN(d_2)\right] \tag{3-26}$$

其中，S 为期权标的在 t 这个时间点的价格，$T-t$ 为期权距离行权日的时间，σ 为标的资产的价格波动率，X 为期权的行权价格，r 为一年期无风险国债利率，$N(x)$ 为正态分布的概率分布函数。

由期权的平价公式：

$$C=S+P-X\mathrm{e}^{-r(T-t)} \tag{3-27}$$

以及正态分布函数性质 $N(d)+N(-d)=1$，可知欧式看跌期权的价格为：

$$P(t,s)=X\mathrm{e}^{-r(T-t)}N(-d_2)-SN(-d_1) \tag{3-28}$$

虽然我们不能够通过对上式反推得出波动率对期权价格的函数关系，但是，可采用牛顿迭代法，求出趋于收敛时的波动率数值，即隐含波动率。

【例 3-5】假定标的资产当前市价为 21 美元，期权行使价格为 20 美元，无风险利率为 10%，期权期限为 3 个月，期权的市价为 1.875 美元。求隐含波动率。

解：先假定波动率为20%，代入Black-Scholes则得出期权价格为1.76美元，小于1.875美元；由于期权价格是标的资产波动率的递增函数，令波动率为30%，则可求出对应的期权价格为2.1美元，这个值高于市价。由此可见，波动率所在区间为20%~30%。接下来假定波动率为25%，计算期权价格。如此反复，每次迭代都可以使得波动率所在区间减半，并最终计算出满足任意精度的波动率的近似值，最后得出隐含波动率为23.5%。隐含波动率被广泛应用于交易之中，但在风险管理领域，基于历史数据的实际波动率更为流行。

此外，由于Black-Scholes定价模型是建立在标的资产服从对数正态分布假定基础上，而这种假定与现实明显不同。于是人们就利用同一期限不同协议价格的期权价格求出对应的隐含波动率，并把它们绘制成曲线，这就是波动率微笑曲线（见图3-1）。

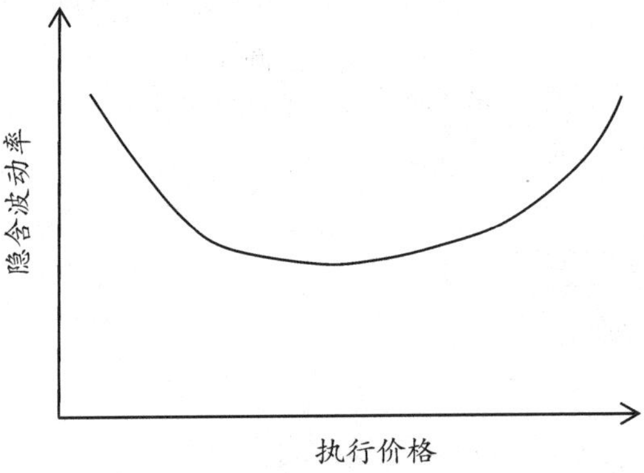

图3-1　波动率微笑曲线

第四节　资产风险的度量

一、单资产风险的度量

资产组合能分散非系统性风险，但资产组合的风险不是单资产风险的加总，因而分别讨论单资产和资产组合的风险度量方法。

单资产风险的大小是用方差或标准差来表示的。假设某种金融资产收益率r为随机变量，该资产的风险可用收益率标准差σ，即波动系数来度量。σ越大说明该资产面临的市场风险越大；反之，σ越小则表明该资产面临的市场风险越小。

首先，根据资产各种可能的收益率发生的权重进行加权平均，计算期望收益率：

$$\mu=\sum_{s=1}^{n}p_s r_s \tag{3-29}$$

其中，p_s 表示第 s 种情况发生的概率。

然后，根据各种可能的收益率偏离期望收益率的平均程度，计算标准差：

$$\sigma=\sqrt{\sum_{s=1}^{n}(r_s-\mu)^2 p_s} \tag{3-30}$$

对于两个期望收益率相同的项目，标准差越大，风险越大；标准差越小，风险越小。但对于两个期望收益率不同的项目，其风险大小就要用标准离差率（Coefficient of Variation，CV）来衡量。

标准离差率也称为方差系数，计算公式：

$$CV=\frac{\sigma}{r} \tag{3-31}$$

方差系数是单位期望收益所承担的风险，衡量的是一种相对风险，而非绝对值。

遗憾的是，在现实中我们往往不知道资产收益率的概率分布，此时我们可利用随机变量 r 的若干个历史样本的观测值来估计资产收益率的数学期望和标准差：

$$\hat{\mu}=\frac{1}{m}\sum_{i=1}^{m}r_i \tag{3-32}$$

$$\hat{\sigma}=\sqrt{\frac{1}{m-1}\sum_{i=1}^{m}(r_i-\hat{\mu})^2} \tag{3-33}$$

或 $$\hat{\sigma}=\sqrt{\frac{1}{m-1}\sum_{i=1}^{m}r_i^2-\frac{1}{m(m-1)}\left(\sum_{i=1}^{m}r_i\right)^2} \tag{3-34}$$

其中 $\hat{\mu}$ 为收益率的数学期望，$\hat{\sigma}$ 为单个资产收益率标准差，m 为观测样本个数，r_i 为收益率，其计算公式为：$r_i=\ln(S_i/S_{i-1})$。S_i 表示第 i 个时间区间结束时变量的价格。

二、资产组合风险的度量

资产组合的预期收益率是构成该组合的所有资产的预期收益率的加权平均，即

$$\mu_p=E(r_p)=\sum_{i=1}^{n}w_i\mu_i\text{，且}\sum_{i=1}^{n}w_i=1 \tag{3-35}$$

其中，w_i 为买入或卖空该资产的金额在初始投资总额中所占的比例，n 为资产的个数，μ_i 为资产 i 的预期收益率。

该资产组合的风险公式为：

$$\sigma_p^2=\sum_{i=1}^{n}\sum_{i=1}^{n}w_i w_j \mathrm{Cov}(r_i,r_j)=\sum_{i=1}^{n}\sum_{i=1}^{n}w_i w_j \rho_{ij}\sigma_i\sigma_j \tag{3-36}$$

$$\hat{\rho}_{ij}=\frac{\sum_{k=1}^{m}(r_{i,k}-\hat{\mu}_i)(r_{j,k}-\hat{\mu}_j)}{(m-1)\hat{\sigma}_i\hat{\sigma}_j} \tag{3-37}$$

其中，σ_p 为资产组合的风险；$\mathrm{Cov}(r_i,r_j)$，$\hat{\rho}_{ij}$ 分别是资产 i 和资产 j 的协方差与相

关系数。

组合协方差是用来衡量组合中两个证券的相关关系的统计量，用来体现两个证券收益率同向或反向变动的关系。如果两个证券的协方差为正值，则两个证券收益率呈同向变动，即一种证券收益率上升可能伴随着另一种证券收益率上升；如果两个证券的协方差为负值，则两个证券收益率呈反向变动，即一种证券收益率上升可能伴随着另一种证券收益率下降。组合协方差计算公式为：

$$\mathrm{Cov}(r_i,r_j)=E[(r_i-\bar{r}_i)][(r_j-\bar{r}_j)]=\frac{\sum_{i=1}^{n}w_i^2\sigma_i^2+\sum_{i=1}^{n-1}\sum_{j=1,j\neq i}^{n}w_iw_j\rho_{ij}\sigma_i\sigma_j}{n-1} \tag{3-38}$$

其中，r_i 是资产 i 的收益，$\bar{r}_i$ 是资产 i 的收益均值，r_i 是资产 j 的收益，$\bar{r}_j$ 是资产 j 的收益均值，w_i 是资产 i 的权重，w_j 是资产 j 的权重，σ_i 是资产 i 的标准差，σ_j 是资产 j 的标准差。

值得注意的是，在特殊情况下，两个证券呈完全相关关系，即 $\rho=1$ 时，组合的方差为：

$$\sigma^2=\sum_{i=1}^{n}w_i\sigma_i \tag{3-39}$$

同时，为了更好地衡量两种证券收益率之间的线性关系，引入了相关系数的概念。相关系数的计算公式如下：

$$\rho_{ij}=\frac{\mathrm{Cov}(r_i,r_j)}{\sigma_i\sigma_j} \tag{3-40}$$

相关系数的值在［–1，1］区间内。当相关系数为 1 时，两种证券收益率呈完全正相关；当相关系数为 –1 时，两种证券收益率呈完全负相关；当相关系数为 0 时，两种证券收益率之间不存在线性关系。

【例 3–6】假设存在由两种资产组成的投资组合，资产收益率分别为 3% 和 6%，标准差分别为 0.15 和 0.18，两种资产的相关性为 0.6，投资者对于两种资产的投资比例为 0.3 和 0.7，求投资组合的收益率和风险。

解：根据前面的介绍，我们可以计算出投资组合的收益率为：

$$r_p=0.3\times3\%+0.7\times6\%=5.1\%$$

投资组合的风险为：

$$\sigma=\sqrt{0.3^2\times0.15^2+0.7^2\times0.18^2+2\times0.6\times0.3\times0.7\times0.15\times0.18}=15.72\%$$

第五节　系统性风险与风险分散化

一、系统性风险的定义

系统性风险是指对整个市场中所有投资对象均会产生影响的风险。正是由于这种影响的同向性，系统性风险不能通过分散投资相互抵消或者消除，因此又称为不可分散风险。

系统性风险主要特征：

（1）往往是因为自然或整个经济发生剧烈波动而引起的，比如出现饥荒、地震等天灾或经济社会债务危机、恶性通货膨胀、政权更迭、军事战争等情形。

（2）对市场上所有的投资对象都有程度不同的影响，这种影响与行业、周期等因素相关。

（3）无法通过分散化投资来消除。

二、分散化

分散化（Diversifying）的概念来自美国经济学家哈里·马科维茨 1952 年首次提出的投资组合理论[①]。其提倡把资金分散投资在多个风险资产构成一个组合，而不是把所有资金投资于单一的风险资产，也就是我们常说的不要把鸡蛋放在同一个篮子里。

先举一个例子来演示分散化的含义：

假定初始资本 20 万元，可以选择投资研发两种药品 A 和 B。两种药品均有 50% 的概率研发成功，获得回报 50 万元；有 50% 的概率研发失败，没有回报。如果单独投资某种药品，预期收益为 25 万元，标准差为 25 万元。如果两种药品各投资一半，预期收益为 25 万元，此时标准差下降为 17.68 万元。从这个案例可以看到，通过分散化投资，可以在保持预期收益不变的情况下，降低标准差，即收益不变，风险下降。这个例子中的投资组合标准差为：

$$\sigma_{\text{portfolio}}=\frac{200000}{\sqrt{N}} \tag{3-41}$$

由此可以看出，组合风险会随着组合中的资产种类增加而降低。当 N 趋于无穷且组合中有足够多不相关的证券时，组合风险可以被完全分散掉。但现实情况是 N 通常是有限的，而且证券之间往往具有一定的相关性。

进一步拓展，我们假定同质证券（标准差为 σ ）具有正相关性且相关系数为 ρ ，

① MARKOWITZ H. Portfolio selection［J］. Journal of finance, 1952, 7(1):pp.77–91.

则根据公式（3-36）可得到组合风险的表达式为：

$$\sigma_{\text{portfolio}}^2=\sum_{i=1}^{N}\sum_{j=1}^{N}\frac{1}{N^2}\rho_{ij}\sigma^2=\frac{\sigma^2}{N^2}\sum_{i=1}^{N}\sum_{j=1}^{N}\rho_{ij}$$

讨论：（1）当 $\rho_{ij}=0\,(i\neq j)$ 时，则 $\sigma_{\text{portfolio}}^2=\sigma^2/N$。

（2）当 $\rho_{ij}=\rho$ 时，则

$$\sigma^2{}_{\text{portfolio}}=\frac{1}{N}\sigma^2+\frac{N-1}{N}\sigma^2\rho\underrightarrow{N\to\infty}\sigma^2\rho \tag{3-42}$$

由上式可知，随着 N 增加，组合风险整体是降低的。特别是，随着 N 趋于无穷，等式右边第一项趋于 0（即被分散），而第二项趋于常数 $\sigma^2\rho$。一般，第一项称为可分散风险（或个别风险），第二项称为不可分散风险（或系统性风险）。此外，当证券彼此完全相关，即 $\rho=1$，所有风险均无法被分散。由此可见，系统性风险是不可分散风险，而非系统性风险则被称为可分散风险。

【本章小结】

证券投资中收益与风险的权衡是一个困扰许多投资者的问题。在本章中我们介绍了收益率和风险的多种测算方法，并用特定风险组合的情境分析讲解了这些概念。本章的重点在于投资者风险偏好与风险分散化观点。想要在跌宕起伏的资本市场中立于不败之地，保持清醒的头脑，设定并执行风险警戒线非常重要。这需要投资者充分了解自身情况，恰当地配置资产组合，选择合适的投资策略。在投资中，投资者可以通过增加投资项目分散与对冲掉部分投资风险。但需要引起投资者注意的是，投资中影响最大的系统性风险无法通过分散化消除。

【课后习题】

1. 在恶性通货膨胀期间，某债券的名义持有期收益率为每年 92%，通货膨胀率为 77%。求该债券的实际持有期收益率，并与实际利率比较。

2. 假设某两项投资的任何一项都有 4% 的可能性触发损失 500 万元，有 3% 的可能性触发损失 90 万元，并且有 93% 的概率给投资者带来 120 万元的收入。这两项投资相互独立。

（1）在 95% 的置信水平下，任意一项投资的 *VaR* 是多少？

（2）在 95% 的置信水平下，任意一项投资的 *ES* 是多少？

（3）如果同时进行两项投资，在同样的置信水平下，求该投资的 *VaR* 和 *ES*。

（4）请说明该题中的 *VaR* 满足不可加性条件，但是 *ES* 满足次可加性条件。

3. 投资者投资 100 万元，通过下表计算投资权益的期望风险溢价。

	概率	期望收益（元）
投资	0.7	600000
权益	0.3	–200000
无风险短期国债	1.0	80000

4. 基于下表股票 X 和 Y 的情境分析，回答以下问题：

	熊市	正常	牛市
概率	0.1	0.7	0.2
股票 X（%）	–16	14	42
股票 Y（%）	–22	25	36

（1）求股票 X 和 Y 的期望收益率；

（2）求股票 X 和 Y 收益率的标准差；

（3）假设投资者投资 20000 元于股票 X，投资 10000 元于股票 Y。求组合的期望收益率和方差。

5. 假设某投资者用 A、B 两个公司的股票来构造其投资组合。A 公司占 35% 的份额，B 公司占 65% 的份额。已知 A 股票的期望收益率为 12%，方差为 9%；B 股票的期望收益率为 20，方差为 16%。求下面三种情况下，该投资组合的期望收益率和方差。

（1）A、B 两只股票的相关系数 $\rho_{AB}=1$；

（2）A、B 两只股票的相关系数 $\rho_{AB}=0$；

（3）A、B 两只股票的相关系数 $\rho_{AB}=-1$。

6. 假设有两种共同基金：股票基金 A，债券基金 B。其中股票基金 A 的期望收益率为 33%，标准差为 0.2；债券基金 B 的期望收益率为 15%，标准差为 0.12。风险基金之间的相关系数为 0.15。求使得两种风险基金组合方差最小的投资比例，并求出该组合的期望收益率和标准差。

7. 现知某资产组合中有两种资产：①短期国库券收益率为 11%；②风险资产收益率为 27%，标准差为 0.3。如果该组合的标准差为 0.3，求该组合的期望收益率。

8. 市场中三只股票的风险、收益特征如下表：

股票	期望收益率（%）	标准差（%）
A	6	9
B	15	12
C	15	12

已知股票 A 和其他两只股票之间的相关系数分别为 $\rho_{AB}=0.25$和$\rho_{AC}=-0.25$。

（1）根据投资组合理论，判断 AB 组合和 AC 组合哪一个能够获得更多的多样化好处。

（2）分别画出 A 和 B 以及 A 和 C 的投资可能性集。

（3）试判断 AB 中有没有哪一个组合相对于 AC 占优？如果有，请在风险 / 收益图上标出可能的投资组合。

9. 某公司持有由 A，B，C 三种股票构成的组合，它们的 β 系数分别为 3.2，1.5 和 0.7。已知它们在组合中所占的比重分别为 50%，30% 和 20%。如市场组合的风险溢价为 5%，求该投资组合的风险溢价。

10. 假设投资者初始财富为 10 元，其效用函数为对数形式。该投资者正面临一个赌局：有 80% 的概率亏损 5 元，有 20% 的概率获得 20 元。试判断该投资者对风险的态度并计算该投资者为避免赌博而愿意缴纳的罚金以及他的确定性等价财富。

11. 假设证券市场处于均衡状态。证券 A 和 B 的期望收益率分别为 18% 和 25%，而 β 系数分别为 0.6 和 1.2。如果无风险利率为 6%，请判断这两只股票是否存在套利机会并解释。

12. 假设有医药公司 A，去年每股股息为 0.6 元，预期今后每股股息将以每年 12% 的速度稳定增长。当前的无风险利率为 0.04，市场组合的风险溢价为 0.08，A 公司股票的 β 系数为 1.6。请根据以上信息，求出 A 公司股票当前的合理价格。

第四章

风险管理之市场波动率

本章阅读指引：

风险管理之波动率既是收益—风险关系的重要测量指标，也是量化投资策略构建考虑的一个核心变量。近年来，随着金融市场不断发展，金融产品创新层出不穷，市场波动率在资产定价和金融风险管理领域发挥了重要作用。波动率代表金融资产价格的波动程度，衡量了金融资产的风险水平。本章结合第三章波动率界定，考虑到金融资产收益率的时间序列具有非正态分布性和方差时变性，在介绍波动率建模步骤基础上，分内容介绍了 ARCH 模型、EWMA 模型、GARCH 模型、GARCH-MIDAS 模型、Jump-GARCH 模型、BEKK-GARCH 模型以及其他 GARCH 族类（包括刻画非对称杠杆效应的 EGARCH 模型和 TGARCH 模型），并基于上述模型设定，估计出不同模型设定条件下的市场波动率。最后，基于 Python 实验甄别最优估计波动率的方法。

第一节　波动率建模步骤

波动率衡量的是金融市场价格连续复利收益率的标准差。由于金融时间序列数据大多呈现自相关、条件异方差、波动聚集、厚尾和杠杆效应等特征，因此，对收益率序列采用特定的波动率模型进行建模至关重要。波动率建模在期权价格预测、区间预测精准度、参数估计有效性、投资组合配置和金融风险管理等方面具有深远的影响。

其中，基于金融资产收益率序列波动率构建的统计计量模型称为条件异方差模型。r_t代表金融资产在时刻t的对数收益率，基于给定的信息集Φ_{t-1}，t时刻r_t的条件均值μ_t和条件方差σ_t^2方程可以表示为：

$$\mu_t = E\left(r_t \mid \Phi_{t-1}\right) \tag{4-1}$$

$$\sigma_t^2 = \operatorname{Var}\left(r_t \mid \Phi_{t-1}\right) = E\left[\left(r_t - \mu_t\right)^2 \mid \Phi_{t-1}\right] \tag{4-2}$$

假设r_t服从一个平稳的ARMA（p, q）模型，r_t可以写成以下形式：

$$r_t = \mu_t + \alpha_i \sum_{i=1}^{p} r_{t-i} + \varepsilon_t + \beta_j \sum_{j=1}^{q} \varepsilon_{t-j} \tag{4-3}$$

其中，ε_t代表t时刻的“新息扰动”。结合上式可推导出：

$$\sigma_t^2 = \operatorname{Var}\left(r_t \mid \Phi_{t-1}\right) = \operatorname{Var}\left(\varepsilon_t \mid \Phi_{t-1}\right) \tag{4-4}$$

考虑到现实当中，金融资产收益率除了具有自回归性质外，还呈现出较为明显的波动聚集性，因此，对收益率序列建立波动率模型（即条件异方差模型）就显得非常重要，其中，该方程建立的主要目的是刻画σ_t^2如何随时间变化而变化。一般地，波动率建模有以下四个步骤：

一、建立均值方程

检验数据的序列相关性，构建一个均值方程，进一步地，可以对收益率序列建立一个ARMA模型来消除线性相关性。

二、ARCH效应检验

检验均值方程残差是否为白噪声序列，如若通过，则对均值方程的残差进行ARCH效应检验。设定残差序列服从以下式子：

$$\varepsilon_t^2 = \rho_0 + \rho_1 \varepsilon_{t-1}^2 + \cdots + \rho_p \varepsilon_{t-p}^2 + e_t,\ t = p+1, \cdots, T \tag{4-5}$$

其中，ρ_p为自相关系数，p事先指定的正整数，T为样本容量。当拒绝原假设H_0：$\rho_1 = \cdots = \rho_p = 0$时，表示残差序列存在ARCH效应；反之，不拒绝原假设，则表示不存在ARCH效应。

对残差进行 ARCH 效应检验一般有两种方法：

（1）对残差序列 $\{\varepsilon_t\}$ 做 Ljung-Box（1978）白噪声检验，检验残差平方序列 $\{\varepsilon_t^2\}$ 的自相关性。如果显著说明存在 ARCH 效应，反之，则不存在 ARCH 效应。其中 Ljung-Box 统计量（*LB* 统计量）为 $LB(p)=T(T+2)\sum_{l=1}^{p}\frac{\hat{\rho}_l^2}{T-l}\sim\chi^2(p)$，$p\approx\ln(T)$。

（2）Engel（1982）基于联合检验构建的 *F* 统计量和 χ^2 统计量的拉格朗日乘子检验法（LM 检验）。对残差序列做普通最小二乘估计，得到方差序列的残差 $\{\hat{e}_t\}$，由此计算得到其对应的残差平方和 $SSR_1=\sum_{t=p+1}^{T}\hat{e}_t^2$，残差序列的方差为 $SSR_0=\sum_{t=p+1}^{T}(\varepsilon_t^2=\bar{\omega})^2$，$\varepsilon_t^2$ 的样本均值为 $\bar{\omega}=\frac{\sum_{t=1}^{T}\varepsilon_t^2}{T}$，则联合检验统计量为 $F=\frac{(SSR_0-SSR_1)/p}{SSR_1/(T-2p-1)}\sim F(p,T-2p-1)$。当 *T* 很大时，$pF\sim\chi^2(p)$；当 $F>\chi_p^2(\alpha)$ 时，则拒绝原假设，认为残差序列存在 ARCH 效应。其中，$\chi_p^2(\alpha)$ 代表 χ_p^2 的上 $100(1-\alpha)$ 分位点。

三、设定波动率模型

如果 ARCH 效应在统计上是显著的，即存在 ARCH 效应，则设定一个波动率模型，并对条件均值方程和条件方差方程展开联合估计。

四、验证和改进模型

对估计模型做相关检验和验证，根据需要对设定模型作改进处理，如放宽至非对称性和非线性等。由此，可以构建刻画非对称杠杆效应的 EGARCH 模型和 TGARCH 模型等。

【例 4-1】ARCH 效应检验。选择的数据是沪深 300 指数 2005 年 4 月 8 日—2020 年 10 月 13 日的数据作为研究样本。其中，假定均值方程为：

$$r_t=0.0389+0.0277r_{t-1}-0.0256r_{t-2}+0.0323r_{t-3}+0.0472r_{t-4}+\hat{\varepsilon}_t$$

t (1.386) (1.702) (−1.575) (1.986) (2.896)

令 $a_t=\sigma_t\varepsilon_t$，则残差平方方程为：

$$\hat{a}_t^2=1.2220+0.094\hat{\varepsilon}_{t-1}^2+0.0737\hat{\varepsilon}_{t-2}^2+0.098\hat{\varepsilon}_{t-3}^2+0.0793\hat{\varepsilon}_{t-4}^2+0.0382\hat{\varepsilon}_{t-5}^2+0.0631\hat{\varepsilon}_{t-6}^2+$$

t (8.583) (5.775) (4.514) (6.028) (4.836) (2.326) (3.859)

$$0.0750\hat{\varepsilon}_{t-7}^2+0.0658\hat{\varepsilon}_{t-8}^2+\hat{e}_t$$

(4.595) (4.035)

检验结果：

$$p \approx \ln(T) = \ln(3770) \approx 8$$

$$LB(p) = T(T+2)\sum_{l=1}^{p}\frac{\hat{\rho}_l^2}{T-l} = 172.42\,,\quad F = \frac{(SSR_0 - SSR_1)/p}{SSR_1/(T-2p-1)} = 48.58\,,\quad pF = 183151.58$$

结论：残差平方序列具有较强的聚集性。从 LB、F 等统计量检验结果看，股指收益率存在 ARCH 效应，应该构建 ARCH 或 GARCH 族模型。事实上，从图 4-1 可以看出，收益率平方项具有较强的波动聚集性特征。

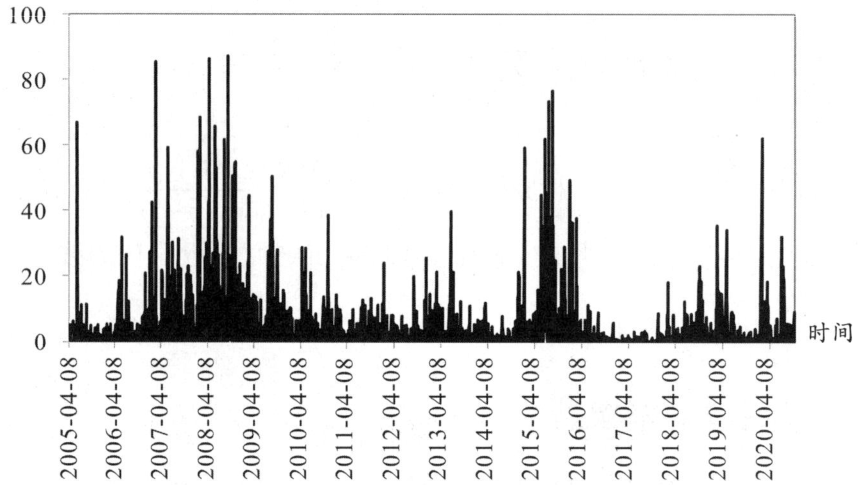

图 4-1　沪深 300 指数收益率平方指数走势

第二节　ARCH 模型构建

一、模型介绍

金融数据分析中，为了简化模型计算，人们一般将时间序列默认为服从正态分布假设。但在实际检验中，金融资产收益率序列的条件方差并非一成不变，会随着时间的推移而发生改变，即具有条件异方差的特性；资产收益率序列的波动会有持续的现象，即“波动性集群”效应；许多资产收益率序列，并不是有效市场假说所形容的正态分布，其极端值较多，具有“尖峰”“厚尾”的特征。这些特征是正态分布无法描

述的。为了刻画上述特性，Engel（1982）首次提出 ARCH 模型[①]，即自回归条件异方差模型。自回归指的是金融时间序列的前期值可以解释当期值，即方差受前一期方差观测值的影响，条件异方差描述的是“波动性集群”效应，即金融时间序列在不同期间具有不同程度的波动性，ARCH 模型可以描述波动率的统计特征。该模型的基本思想是：第一，股票收益率均值方程的扰动项 ε_t 前后不相关，但是前后不独立。第二，ε_t 不独立，即 $\mathrm{Var}(r_t|\Phi_{t-1})=\mathrm{Var}(\varepsilon_t|\Phi_{t-1})$ 可以由 ε_t 的滞后项线性表示。具体地说，ARCH(p) 模型的设定为：

$$\varepsilon_t=\sigma_t e_t \tag{4-6}$$

$$\sigma_t^2=\alpha_0+\alpha_1\varepsilon_{t-1}^2+\cdots+\alpha_p\varepsilon_{t-p}^2 \tag{4-7}$$

其中，$E(\varepsilon_t)=0$，$\mathrm{Var}(\varepsilon_t)=\sigma^2$，$e_t\sim N(0,1)$。实际上，通常假定 $\{e_t\}$ 服从标准正态分布、标准学生 t 分布、广义误差分布。以 ARCH（1）模型为例：

$$\varepsilon_t=\sigma_t e_t \tag{4-8}$$

$$\sigma_t^2=\alpha_0+\alpha_1\varepsilon_{t-1}^2 \tag{4-9}$$

当 $\alpha_0>0$ 及 $0<\alpha_1<1$ 时，满足方差有限性。

二、模型性质

我们以 ARCH（1）模型为例，研究 ARCH 模型的性质，以便对模型有更加深入的了解。

1. 无条件期望和方差

$$E(\varepsilon_t)=E\left[E\left(\varepsilon_t|\Phi_{t-1}\right)\right]=E\left[\sigma_t E(e_t|\Phi_{t-1})\right]=0 \tag{4-10}$$

$$\mathrm{Var}(\varepsilon_t)=E(\varepsilon_t^2)=E\left[E\left(\varepsilon_t^2|\Phi_{t-1}\right)\right]=E(\sigma_t^2)=E\left(\alpha_0+\alpha_1\varepsilon_{t-1}^2\right)=\alpha_0+\alpha_1 E(\varepsilon_{t-1}^2) \tag{4-11}$$

因为 ε_t 是平稳过程且 $E(\varepsilon_t)=0$，因此有：

$$\mathrm{Var}(\varepsilon_t)=\mathrm{Var}(\varepsilon_{t-1})=E(\varepsilon_{t-1}^2) \tag{4-12}$$

$$\mathrm{Var}(\varepsilon_t)=\alpha_0+\alpha_1\mathrm{Var}(\varepsilon_t) \tag{4-13}$$

$$\mathrm{Var}(\varepsilon_t)=\alpha_0/1-\alpha_1 \tag{4-14}$$

2. 具有尖峰厚尾特征

为了研究是否厚尾，需要计算峰度，故此需要计算残差序列的四阶矩：

$$E(e_t^4|\Phi_{t-1})=3 \tag{4-15}$$

$$E(\varepsilon_t^4|F_{t-1})=E(\sigma_t^4 e_t^4|\Phi_{t-1})=\sigma_t^4 E(e_t^4|\Phi_{t-1})=3\sigma_t^4 \tag{4-16}$$

故此，无条件的四阶矩为：

---

① ENGLE R F. Autoregressive conditional heteroskedasticity with estimates of the variance of United Kingdom inflation［J］. Econometrica, 1982(50): 987–1008.

$$E(\varepsilon_t^4)=E\left[E(\sigma_t^4\middle|\Phi_{t-1})\right]=3E\left[(\alpha_0+\alpha_1\varepsilon_{t-1}^2)^2\right]$$
$$=3\left[\alpha_0^2+2\alpha_0\alpha_1E(\varepsilon_{t-1}^2)+\alpha_1^2E(\varepsilon_{t-1}^4)\right] \quad (4\text{–}17)$$

因为ε_t是四阶平稳的，即$E(\varepsilon_t^4)=E(\varepsilon_{t-1}^4)$，则：

$$(1-3\alpha_1^2)E\left(\varepsilon_t^4\right)=3\left[\alpha_0^2+2\alpha_0\alpha_1\frac{\alpha_0}{1-\alpha_1}\right]\Rightarrow E\left(\varepsilon_t^4\right)=\frac{3\alpha_0^2(1+\alpha_1)}{(1-\alpha_1)(1-3\alpha_1^2)} \quad (4\text{–}18)$$

因为四阶矩大于零，则$1-3\alpha_1^2>0$，即$0<\alpha_1<\frac{\sqrt{3}}{3}$。

最后，可求得ε_t的超峰度为：

$$\frac{E\left(\varepsilon_t^4\right)}{\sigma^4}-3=\frac{E\left(\varepsilon_t^4\right)}{\left(\sigma^2\right)^2}-3=\frac{\dfrac{3\alpha_0^2(1+\alpha_1)}{(1-\alpha_1)(1-3\alpha_1^2)}}{\dfrac{\alpha_0^2}{(1-\alpha_1)^2}}-3=3\frac{1-\alpha_1^2}{1-3\alpha_1^2}-3=\frac{6\alpha_1^2}{1-3\alpha_1^2}>0 \quad (4\text{–}19)$$

由此可见，ε_t的超峰度大于零，$\{\varepsilon_t\}$序列呈现厚尾分布特征，这也与经验数据观察得到的结论相一致，即与正态随机变量序列相比，资产收益率序列中出现异常值的概率更高。

三、建模步骤

建立 ARCH 模型有以下几个步骤：

1. 确定模型阶数

若 ARCH 效应显著存在，则可以用ε_t^2的偏自相关函数（PACF）确定模型阶数p。在给定样本的情况下，ε_t^2是σ_t^2的无偏估计，因此，我们期望ε_t^2以p阶自回归模型方式与$\varepsilon_{t-1}^2,\cdots,\varepsilon_{t-p}^2$线性相关。

2. 估计模型参数

需要假定e_t服从标准正态分布、标准学生t分布或者广义误差分布。根据不同分布，用不同的似然函数估计模型参数。当e_t服从标准正态分布，ARCH（p）模型的似然函数为：

$$f\left(\varepsilon_1,\cdots,\varepsilon_T|\ \alpha\right)=f\left(\varepsilon_T|\ \Phi_{T-1}\right)f\left(\varepsilon_{T-1}|\ \Phi_{T-2}\right)\cdots f\left(\varepsilon_{p+1}|\ \Phi_p\right)f\left(\varepsilon_1,\cdots,\varepsilon_p|\ \alpha\right)$$
$$=\prod_{t=p+1}^{T}\frac{1}{\sqrt{2\pi\sigma_t^2}}\exp\left[-\frac{\varepsilon_t^2}{2\sigma_t^2}\right]\times f\left(\varepsilon_1,\cdots,\varepsilon_p|\ \alpha\right) \quad (4\text{–}20)$$

其中$\boldsymbol{\alpha}=\left(\alpha_0,\alpha_1,\cdots,\alpha_p\right)'$、$f\left(\varepsilon_1,\cdots,\varepsilon_p|\ \alpha\right)$是$\varepsilon_1,\cdots,\varepsilon_p$的联合概率密度函数。当样本容量较大且$f\left(\varepsilon_1,\cdots,\varepsilon_p|\ \alpha\right)$的表达式较复杂时，通常将其从式子中舍去。进一步地，可得出条件似然函数，并使用最大似然估计法（MLE）进行估计，其中$\sigma_t^2=\alpha_0+\alpha_1\varepsilon_{t-1}^2+\cdots+\alpha_p\varepsilon_{t-p}^2$可以递推地计算：

$$f\left(\varepsilon_{p+1},\cdots,\varepsilon_T \mid \alpha,\varepsilon_1,\cdots,\varepsilon_p\right)=\prod_{t=p+1}^{T}\frac{1}{\sqrt{2\pi\sigma_t^2}}\exp\left[-\frac{\varepsilon_t^2}{2\sigma_t^2}\right] \tag{4-21}$$

将上式取对数得到条件对数似然函数：

$$l\left(\varepsilon_{p+1},\cdots,\varepsilon_T \mid \alpha,\varepsilon_1,\cdots,\varepsilon_p\right)=\sum_{t=p+1}^{T}\left[-\frac{1}{2}\ln(2\pi)-\frac{1}{2}\ln\left(\sigma_t^2\right)-\frac{1}{2}\frac{\varepsilon_t^2}{\sigma_t^2}\right] \tag{4-22}$$

由于第一项 $\ln(2\pi)$ 中不含参数，条件对数似然函数可写为：

$$l\left(\varepsilon_{p+1},\cdots,\varepsilon_T \mid \alpha,\varepsilon_1,\cdots,\varepsilon_p\right)=-\sum_{t=p+1}^{T}\left[\frac{1}{2}\ln\left(\sigma_t^2\right)+\frac{1}{2}\frac{\varepsilon_t^2}{\sigma_t^2}\right] \tag{4-23}$$

假设 e_t 服从标准学生 t 分布，设随机变量 x_v 服从自由度为 v 的学生 t 分布，则 $v>2$ 时有 $\operatorname{Var}\left(x_v\right)=v/(v-2)$，记 $e_t=\frac{x_v}{\sqrt{v/(v-2)}}$， e_t 的概率密度函数为：

$$f\left(e_t \mid v\right)=\frac{\Gamma((v+1)/2)}{\Gamma(v/2)\sqrt{(v-2)\pi}}\left(1+\frac{e_t^2}{v-2}\right)^{-(v+1)/2}, \quad v>2 \tag{4-24}$$

其中 $\Gamma(x)=\int_0^{\infty} y^{x-1}e^{-y}\mathrm{dy}$。由 $\varepsilon_t=\sigma_t e_t$，可以得到 ε_t 的条件似然函数：

$$f\left(\varepsilon_{p+1},\cdots,\varepsilon_T \mid \alpha,A_p\right)=\prod_{t=p+1}^{T}\frac{\Gamma((v+1)/2)}{\Gamma(v/2)\sqrt{(v-2)\pi}}\frac{1}{\sigma_t}\left[1+\frac{\varepsilon_t^2}{(v-2)\sigma_t^2}\right]^{-(v+1)/2} \tag{4-25}$$

其中 $v>2$， $A_p=\left(\varepsilon_1,\cdots,\varepsilon_p\right)$。使用最大似然估计法进行估计，其自由度既可以提前赋值，也可以和其他参数一起估计出来。

如果学生 t 分布的自由度提前给定，那么条件对数似然函数为：

$$l\left(\varepsilon_{p+1},\cdots,\varepsilon_T \mid \alpha,A_p\right)=-\sum_{t=p+1}^{T}\left[\frac{v+1}{2}\ln\left(1+\frac{\varepsilon_t^2}{(v-2)\sigma_t^2}\right)+\frac{1}{2}\ln\left(\sigma_t^2\right)\right] \tag{4-26}$$

反之，则对数似然函数为：

$$l\left(\varepsilon_{p+1},\cdots,\varepsilon_T \mid \alpha,v,A_p\right)=(T-p)\left\{\ln\left[\Gamma\left(\frac{v+1}{2}\right)\right]-\ln\left[\Gamma\left(\frac{v}{2}\right)\right]-0.5\ln\left[(v-2)\pi\right]\right\}+l\left(\varepsilon_{p+1},\cdots,\varepsilon_T \mid \alpha,A_p\right) \tag{4-27}$$

3. 验证模型的设定

建立 ARCH 模型之后，求得标准化残差，这是一个独立同分布的随机过程：

$$\hat{\varepsilon}_t=\frac{\varepsilon_t}{\sigma_t} \tag{4-28}$$

$\left\{\hat{\varepsilon}_t\right\}$ 的 LB 统计量可用来检验均值方程的充分性，其偏度、峰度和 QQ 图可用来检验分布假定的正确性。$\left\{\hat{\varepsilon}_t^2\right\}$ 的 LB 统计量可用来检验波动率方程的正确性。

4. 预测

考虑一个 ARCH（p）模型。从预测原点 h 出发，σ_{h+1}^2 的向前一步、向前两步、向前 l 步的预测分别为：

$$\sigma_h^2(1)=\alpha_0+\alpha_1\varepsilon_h^2+\cdots+\alpha_p\varepsilon_{h+1-p}^2 \tag{4-29}$$

$$\sigma_h^2(2)=\alpha_0+\alpha_1\sigma_h^2(1)+\alpha_2\varepsilon_h^2+\cdots+\alpha_p\varepsilon_{h+2-p}^2 \tag{4-30}$$

$$\sigma_h^2(l)=\alpha_0+\sum_{i=1}^{p}\alpha_i\sigma_h^2(l-i) \tag{4-31}$$

其中，当$l-i\leqslant 0$，有$\sigma_h^2(l-i)=\varepsilon_{h+l-i}^2$。

【例 4-2】利用 ARCH 模型估算波动率。选取上证指数 2016 年 1 月 1 日到 2021 年 3 月 31 日的日收盘价，建立对数收益率序列，并估算波动率。首先，利用 Python 得到上证指数在样本区间内的日收益率，并绘制上证指数及其收益率图。

Python 代码如下所示：

```
import numpy as np
import pandas as pd
import matplotlib.pyplot as plt
from pylab import mpl
mpl.rcParams['font.sans-serif']=['SimHei']
mpl.rcParams['axes.unicode_minus']=False
SH=pd.read_excel('C:/Users/lenovo/Desktop/上证指数 2016-2021.xlsx')
SH.describe()
#得到上证指数 2016.1.1～2021.3.31 的收益率
SH_log=np.log(SH/SH.shift(1))
SH_log=SH_log.dropna()

plt.figure(figsize=(10,10))
#绘制上证指数收盘价及对数收益率
plt.subplot(211)
plt.plot(SH, label=u'上证指数收盘价')
plt.legend(loc='best')
plt.subplot(212)
plt.plot(SH_log, label=u'上证指数收盘价收益率')
plt.legend(loc='best')
plt.show()
```

运行结果如图 4-2 所示：

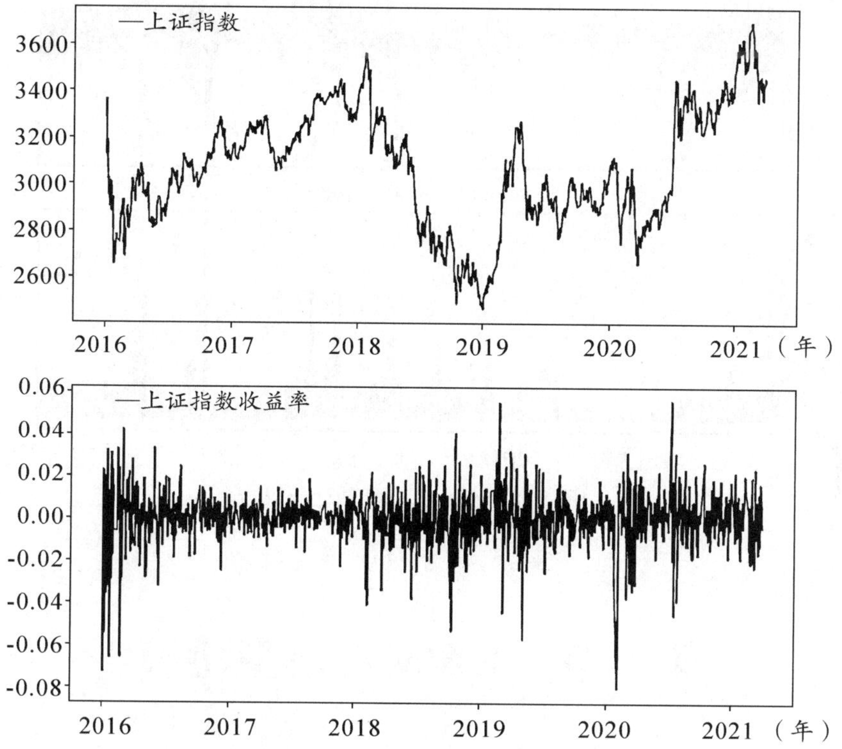

图 4-2　上证指数及其收益率

下面我们建立 ARCH（1）模型，估计结果如下所示：

$\sigma_t^2 = 0.25 + 0.0001024\varepsilon_{t-1}^2$

图 4-3 给出了基于 ARCH 模型估计得到的上证指数波动率走势。Python 代码如下所示：

```
#建立 ARCH(1)模型
arch=arch_model(y=SH_log,mean='Constant',lags=0,vol='ARCH',p=1,o=0,q=0,dist='normal')
#vol 参数可选波动率模型类型，除 ARCH、GARCH，还有 EGARCH、FIARCH、HARCH 等
archmodel=arch.fit()
archmodel.summary()
archmodel.plot()
```

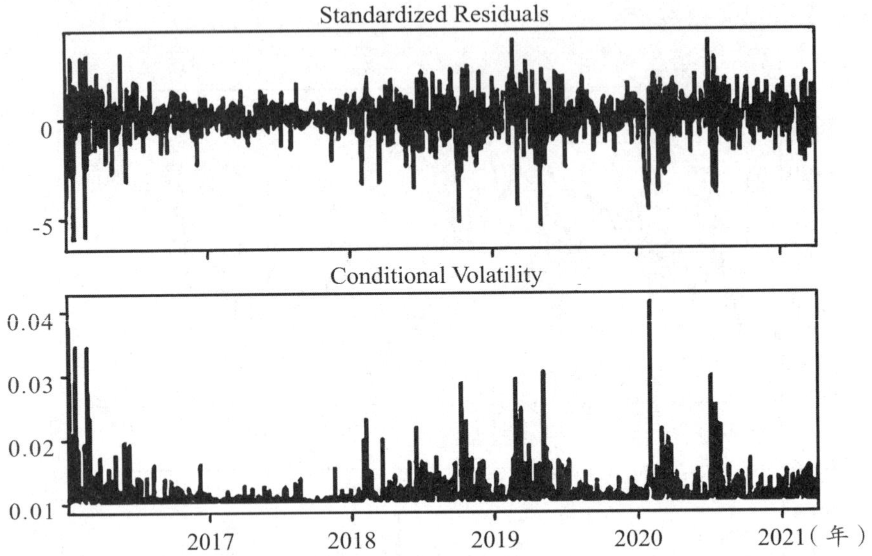

图 4-3　ARCH 模型估计结果

第三节　EWMA 模型建模

指数加权移动平均模型（Exponentially Weighted Moving-Average, EWMA 模型）也称指数平滑模型，该模型在简单移动平均模型的基础上，引入指数平滑过程，其基本思想是随着时间间隔的增大，各数值的权重呈指数式衰减，即当前数据所占权重较高，更看重近期观测的数据，从而有助于提高模型预测精准度。指数加权移动平均模型是动态模型中最简单的一种形式：

$$\sigma_t^2 = \lambda\sigma_{t-1}^2 + (1-\lambda)\varepsilon_{t-1}^2 \tag{4-32}$$

其中，常数 λ 为衰减因子，表示加权的程度。$0<\lambda<1$，一般设定在 0.94 ~ 0.97 之间。λ 越大，表示当前的信息对下一期波动率的影响越小，模型迭代速度逐渐变慢。因此，若要提高当前新信息的影响，就要降低 λ 值。采用递归形式，可得到：

$$\begin{aligned}\sigma_t^2 &= \lambda\left[\lambda\sigma_{t-2}^2 + (1-\lambda)\varepsilon_{t-2}^2\right] + (1-\lambda)\varepsilon_{t-1}^2 \\ &= (1-\lambda)(\varepsilon_{t-1}^2 + \lambda\varepsilon_{t-2}^2) + \lambda^2\sigma_{t-2}^2 \\ &= (1-\lambda)\sum_{i=1}^{m}\lambda^{i-1}\varepsilon_{t-i}^2 + \lambda^m\sigma_{t-m}^2\end{aligned} \tag{4-33}$$

其中，σ_t^2 代表第 t 天的波动率。当 m 很大时，$\lambda^2\sigma_{t-2}^2$ 项可以忽略。需要注意的一点，

利用EWMA模型计算波动率时，需要提前设定一个初始波动率σ_1，既可以取第一天的收益率作为初始波动率σ_1，也可以取全部样本数据的标准差作为初始波动率σ_1。

EWMA模型的优点在于考虑了历史数据的价值，并且赋予不同的权重。缺点在于计算方法过于简单，仅仅依赖一个参数，忽略了长期均值回归的特性，并且尚未找到一种最优估计衰减因子λ的方法。

【例4–3】EWMA模型应用。假定$\lambda=0.95$，在第$t-1$天，由市场变量所估测的波动率为每天2%，即$\sigma_{t-1}^2=0.02^2=0.0004$，市场变量增加了3%，即$\varepsilon_{t-1}^2=0.03^2=0.0009$，则：

$$\sigma_t^2=\lambda\sigma_{t-1}^2+(1-\lambda)\varepsilon_{t-1}^2=0.95\times0.0004+0.05\times0.0009=0.000425$$

因此，第t天波动率σ_t的估计为$\sqrt{0.000425}=2.06\%$。

第四节　GARCH模型建模

一、模型介绍

如果资产序列存在高阶ARCH效应，则需要采用较多的滞后项进行处理，但是ARCH（p）模型需要大量的参数估计，且很难保证所有的参数均满足参数约束条件。这时，使用ARCH模型就会存在参数估计不准确、条件方差非负性和运算效率低等问题。Bollerslev提出GARCH模型①，即广义自回归条件异方差模型。ARCH模型中残差的波动率σ_t^2仅与残差平方ε_t^2的滞后项有关，而GARCH模型在ARCH模型的基础上。假设残差项的条件方差不仅依赖于残差项的滞后期，同时还依赖于自身条件方差的滞后期，并且与EWMA模型的区别在于它考虑了长期平均方差V_L。对于收益率序列r_t，令$\varepsilon_t=r_t-\mu_t$为t时刻的新息，令ε_t服从GARCH（p,q）模型：

$$\varepsilon_t=\sigma_t e_t \qquad (4\text{–}34)$$

$$\sigma_t^2=\gamma V_L+\sum_{i=1}^{p}\alpha_i\varepsilon_{t-i}^2+\sum_{j=1}^{q}\beta_j\sigma_{t-j}^2 \qquad (4\text{–}35)$$

其中，$\{e_t\}$是均值为0、方差为1的独立同分布随机变量序列，且$0<\omega=\gamma V_L<1$

---

① BOLLERSLEV T. Generalized autoregressive conditional heteroskedasticity［J］. Journal of econometrics, 1986(31): 307–327.

，$\alpha_i \geqslant 0$，$\beta_j \geqslant 0$，$\sum_{i=1}^{p}\alpha_i + \sum_{j=1}^{q}\beta_j + \gamma = 1$。与前面一样，通常假定 e_t 是标准正态分布、标准学生 t 分布或者广义误差分布。GARCH（p, q）模型等价于高阶的 ARCH 模型，待估参数的个数却大为减少，从而解决了 ARCH 模型的参数估计过多问题。

在实证中，GARCH（1, 1）模型足以较好地模拟各种时序数据，可充分捕获数据中的时变特征。令 $\omega = \gamma V_L$，GARCH（1, 1）模型的均值方程和条件方差方程均为：

$$r_t = \mu_t + \varepsilon_t \tag{4-36}$$

$$\varepsilon_t = \sigma_t e_t \tag{4-37}$$

$$\sigma_t^2 = \omega + \alpha\varepsilon_{t-1}^2 + \beta\sigma_{t-1}^2 \tag{4-38}$$

对上式的估计，可得出 ω、α、β 的参数估计值，并可估计得出 $\gamma = 1 - \alpha - \beta$，同时长期方差为 $V_L = \omega / \gamma$。为了保持 GARCH（1, 1）模型稳定，要求 $\alpha + \beta < 1$，否则对应于长期平均方差的权重为负值。

二、权重设定

关于权重设定，对上式作递归处理，可得：

$$\begin{aligned}\sigma_t^2 &= \omega + \alpha\varepsilon_{t-1}^2 + \beta\sigma_{t-1}^2 \\ &= \omega + \alpha\varepsilon_{t-1}^2 + \beta(\omega + \alpha\varepsilon_{t-2}^2 + \beta\sigma_{t-2}^2) \\ &= \omega + \beta\omega + \alpha\varepsilon_{t-1}^2 + \alpha\beta\varepsilon_{t-2}^2 + \beta^2\sigma_{t-2}^2\end{aligned} \tag{4-39}$$

将 σ_{t-2}^2 代入继续递归可得：

$$\sigma_t^2 = \sum_{i=1}^{m}\beta^{i-1}\omega + \sum_{i=1}^{m}\alpha\beta^{i-1}\varepsilon_{t-i}^2 \tag{4-40}$$

可以看出 ε_{t-i}^2 对应的权重为 $\alpha\beta^{i-1}$，且以 β 指数速度下降，β 可被解释为衰减速度（Decay Rate）。

三、模型性质

GARCH（1，1）模型的性质体现在以下几个方面：

1. 条件均值和方差

$$E(\varepsilon_t) = 0 \tag{4-41}$$

$$\mathrm{Var}(\varepsilon_t) = E(\varepsilon_t^2) = E(\sigma_t^2) = E(\omega + \alpha\varepsilon_{t-1}^2 + \beta\sigma_{t-1}^2) \tag{4-42}$$

$$\mathrm{Var}(\varepsilon_t) = \frac{\omega}{1 - \alpha - \beta} \tag{4-43}$$

2. 波动性聚集

大的 ε_{t-1}^2 或者 σ_{t-1}^2 引起大的 σ_t^2，这意味着大的 σ_{t-1}^2 会紧跟着另一个大的 ε_t^2，这样就会产生时间序列中有名的“波动性集聚”现象。

3. 厚尾分布

$$\frac{E\left(\varepsilon_t^4\right)}{\sigma^4}-3=\frac{E\left(\varepsilon_t^4\right)}{\left(\sigma^2\right)^2}-3=\frac{3\left[1-(\alpha+\beta)^2\right]}{1-(\alpha+\beta)^2-2\alpha^2}>0 \tag{4-44}$$

因此，GARCH 模型的$\{\varepsilon_t\}$分布也具有厚尾特征。

四、模型预测

以 GARCH（1，1）模型为例，假定以 h 为预测原点，向前一步预测为：

$$\sigma_{h+1}^2=\omega+\alpha\varepsilon_h^2+\beta\sigma_h^2 \tag{4-45}$$

其中ε_h和σ_h^2在时间指标 h 处是已知的，因此，向前一步预测为：

$$\sigma_{h(1)}^2=\omega+\alpha\varepsilon_h^2+\beta\sigma_h^2 \tag{4-46}$$

由$\varepsilon_t^2=\sigma_t^2e_t^2$可知，向前多步预测为：

$$\sigma_{t+1}^2=\omega+(\alpha+\beta)\sigma_t^2+\alpha\sigma_t^2\left(e_t^2-1\right) \tag{4-47}$$

当$t=h+1$，有：

$$\sigma_{h+2}^2=\omega+(\alpha+\beta)\sigma_{h+1}^2+\alpha\sigma_{h+1}^2\left(e_{h+1}^2-1\right) \tag{4-48}$$

由于$E\left(e_{h+1}^2-1\mid F_h\right)=0$，故以 h 为预测原点的向前两步预测波动率方程满足：

$$\sigma_h^2(2)=\omega+(\alpha+\beta)\sigma_h^2(1) \tag{4-49}$$

一般地：

$$\sigma_h^2(l)=\omega+(\alpha+\beta)\sigma_h^2(l-1)，\ l>1 \tag{4-50}$$

对上式重复迭代，我们得到向前 l 步预测的波动率方程为：

$$\sigma_h^2(l)=\frac{\alpha_0\left[1-(\alpha+\beta)^{l-1}\right]}{1-\alpha-\beta}+(\alpha+\beta)^{l-1}\sigma_h^2(1) \tag{4-51}$$

只要满足$\alpha+\beta<1$，就有：

$$\sigma_h^2(l)\to\frac{\alpha_0}{1-\alpha-\beta}，当\ l\to\infty\ 时 \tag{4-52}$$

因此，只要ε_t的无条件方差$\mathrm{Var}(\varepsilon_t)$存在，当$l\to\infty$时，GARCH（1, 1）模型的向前多步波动率预测收敛于$\mathrm{Var}(\varepsilon_t)$。

【例 4-4】利用 GARCH 模型估计波动率。假定$\sigma_t^2=0.000002+0.14\varepsilon_{t-1}^2+0.84\sigma_{t-1}^2$，即参数估计值分别为$\omega=0.000002$，$\alpha=0.14$，$\beta=0.84$，由此可得$\gamma=1-\alpha-\beta=1-0.14-0.84=0.02$，长期方差为$V_L=\omega/\gamma=0.0001$，其对应的波动率为$\sqrt{0.0001}=1\%$。

假设对应于$t-1$天的日波动率估算值为 1.4%，即$\sigma_{t-1}^2=0.014^2=0.000196$，又假设$t-1$天市场价格下降 1%，即$\varepsilon_{t-1}^2=0.01^2=0.0001$，因此：

$\sigma_n^2=0.000002+0.14\times0.0001+0.84\times0.000196=0.00018064$

故最新估计的波动率为$\sqrt{0.00018064}=1.34\%$。

【例 4-5】利用 GARCH 模型估算波动率。选取上证指数 2016 年 1 月 1 日到 2021 年 3 月 31 日的日收盘价，建立对数收益率序列，并利用 GARCH（1, 1）模型估算波动率，结果如下所示：

$$\sigma_t^2 = 0.000002708 + 0.1\varepsilon_{t-1}^2 + 0.88\sigma_{t-1}^2$$

图 4-4 给出了基于 GARCH 模型估计得到的上证指数波动率走势。

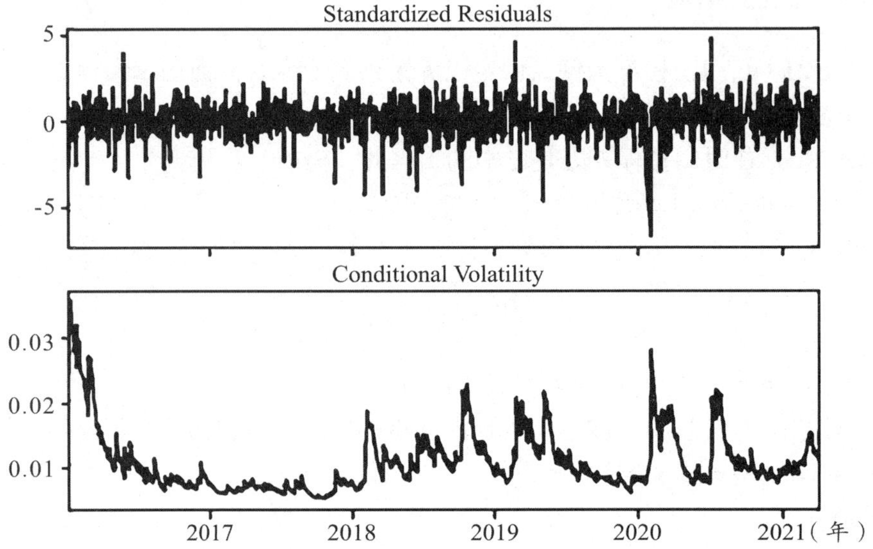

图 4-4　GARCH 模型估计结果

Python 代码如下所示：

```
import numpy as np
import pandas as pd
import matplotlib.pyplot as plt
from pylab import mpl
mpl.rcParams['font.sans-serif']=['SimHei']
mpl.rcParams['axes.unicode_minus']=False
SH=pd.read_excel('C:/Users/lenovo/Desktop/上证指数
2016-2021.xlsx','Sheet1',header=0,index_col=0)
SH.describe()
#得到上证指数 2016.1.1～2021.3.31 的日收益率
SH_log=np.log(SH/SH.shift(1))
SH_log=SH_log.dropna()
time=pd.read_excel('C:/Users/lenovo/Desktop/上证指数 2016-2021.xlsx').iloc[0:,[0]]
#建立 GARCH(1,1)模型
garch=arch_model(y=SH_log,mean='Constant',lags=0,vol='GARCH',p=1,o=0,q=1,dist='normal')
garchmodel=garch.fit()
garchmodel.summary()
garchmodel.plot()
```

第五节　GARCH-MIDAS 模型建模

Ghysels 等最早提出混频数据抽样模型（Mixed Data Sampling，MIDAS）[①②]，他将高频数据与低频数据联系在一起。其中，高频数据作为解释变量，低频数据作为被解释变量，并建立一个具有线性关系的混频模型。由于 MIDAS 模型能够充分利用已有信息，因此被广泛应用于股票市场、期货市场以及宏观经济等多方面的研究中。在此基础上，Engle 等将 MIDAS 模型运用到 GARCH 模型中，提出 GARCH-MIDAS 单因子模型。[③] 该模型区分了高频波动率的长期成分和短期成分，通过将波动率成分进行分解，为关联股市波动与宏观经济提供了新的研究视角。虽然 Engle 提出的 GARCH-MIDAS 单因子模型可以将高频波动率数据与低频宏观经济运行指标联系在一起，但其忽视了低频波动率与宏观经济运行指标对波动率长期成分的共同影响。Conrad 等在上述 GARCH-MIDAS 单因子模型的基础上，扩展并提出 GARCH-MIDAS 多因子模型[④]，避免了不同宏观变量与已实现波动率之间相互独立。与传统 GARCH 模型的不同之处在于：GARCH-MIDAS 模型的主要特点是增加了成分方程的设定，将金融资产波动分解为长期波动与短期波动，假定原有 GARCH 模型中 σ_t 表示为 $\sqrt{\tau_t g_{i,t}}$，从而可以得到新的方程：

$$r_{i,t} = \mu_t + \sqrt{\tau_t g_{i,t}} \mathrm{e}_{i,t},\quad i = 1,\ldots,N_t \tag{4-53}$$

其中，$r_{i,t}$ 表示在第 t 月（季度、年）第 i 天的对数收益率，即日度频率数据。假设在时期 t 内总共有 N_t 天，其中扰动项 $\mathrm{e}_{i,t} | \Phi_{i-1,t} \sim N(0,1)$，$\Phi_{i-1,t}$ 表示在 t 月第 $i-1$ 天时可获取的历史信息集。$g_{i,t}$ 是短期的日波动且假定服从 GARCH（1, 1）过程：

$$g_{i,t} = (1-\alpha-\beta) + \alpha\frac{(r_{i-1,t}-\mu)^2}{\tau_t} + \beta g_{i-1,t} \tag{4-54}$$

在 GARCH-MIDAS 模型中，τ_t 表示波动率的长期成分，其可由某个低频变量刻画。参考 Ghysels 等（2004，2007）提出的 MIDAS 回归方法，我们可以使用基于收益率的已实现波动率 RV_t 来刻画波动率的长期成分 τ_t（指通过 MIDAS 回归平滑已实现波动率 RV_t），RV_t 是金融资产的月度已实现波动率，即一个月当中所有交易日的日收益率平

---

① GHYSELS E, SANTA-CLARA P, VALKANOV R. The MIDAS youch: mixed data sampling regression[J]. Finance, 2004.

② GHYSELS E, ARTHUR S, ROSSEN V. MIDAS regressions: further results and new directions [J]. Econometric reviews, 2007, 26(1): 53-90.

③ ENGLE R F, GHYSELS E, SOHN B. Market volatility and macroeconomic fundamentals [R]. New York University Working Paper, 2009.

④ CONRAD C, LOCH K. Anticipating long-term stock market volatility [J]. Journal of applied econometrics, 2015, 30(7): 394.

方之和，则有：

$$\tau_t = m + \theta \sum_{k=1}^{K} \varphi_k(\omega_1, \omega_2) RV_{t-k} \tag{4-55}$$

$$RV_t = \sum_{i=1}^{N_t} r_{i,t}^2 \tag{4-56}$$

对 τ_t 取对数，使由宏观经济变量刻画的长期成分始终为正值，则有：

$$\ln\tau_t = m + \theta \sum_{k=1}^{K} \varphi_k(\omega_1, \omega_2) RV_{t-k} \tag{4-57}$$

K 表示低频变量的最大滞后阶数，而 $\varphi_k(\omega_1, \omega_2)$ 则是一个基于 Beta 函数的权重方程，即

$$\varphi_k(\omega_1, \omega_2) = \frac{f(k/K, \omega_1, \omega_2)}{\sum_{k=1}^{K} f(k/K, \omega_1, \omega_2)} \tag{4-58}$$

其中：

$$f(x, a, b) = \frac{x^{a-1}(1-x)^{b-1}\Gamma(a+b)}{\Gamma(a)+\Gamma(b)} \tag{4-59}$$

$$(a) = \int_0^{\infty} \mathrm{e}^{-x} x^{a-1} \mathrm{d}x \tag{4-60}$$

计算得到：

$$\varphi_k(\omega_1, \omega_2) = \frac{(k/K)^{\omega_1-1}(1-k/K)^{\omega_2-1}}{\sum_{j=1}^{K}(j/K)^{\omega_1-1}(1-j/K)^{\omega_2-1}} \tag{4-61}$$

长期成分 τ_t 与宏观经济变量密切相关，参照 Engle 等（2009）的做法，将宏观经济变量的原始值作为其响应的水平值，$X_{l,t-k}^{l}$ 代表某个宏观经济变量在当期 t 期滞后 k 期的水平值，K_l 表示变量 X 的水平值的最大滞后阶数。基于宏观经济变量水平值，GARCH-MIDAS 单因子模型为：

$$\ln\tau_t = m + \theta \sum_{k=1}^{K} \varphi_k(\omega_{1,l}, \omega_{2,l}) X_{t-k} \tag{4-62}$$

参考 Schwert 的做法①，使用自回归模型计算残差，并通过计算残差项的平方构造宏观经济变量波动率的代理变量。其中，依据信息准则选取最优滞后阶数，$X_{v,t-k}^{v}$ 表示某个宏观经济变量在当期 t 期滞后 k 期的波动率，K_v 表示变量 X 的波动率的最大滞后阶数。基于宏观经济变量波动率的 GARCH-MIDAS 单因子模型为：

$$\ln\tau_t = m + \theta \sum_{k=1}^{K} \varphi_k(\omega_{1,v}, \omega_{2,v}) X_{t-k} \tag{4-63}$$

将已实现波动率以及宏观经济变量共同放入模型中构成双因子模型：

$$\ln\tau_t = m + \theta_{RV} \sum_{k=1}^{K_{RV}} \varphi_k(\omega_{1,R}, \omega_{2,R}) RV_{t-k} + \theta_X \sum_{k=1}^{K_X} \varphi_k(\omega_{1,X}, \omega_{2,X}) X_{t-k} \tag{4-64}$$

① SCHWERT G, WILLIAM. Why does stock market volatility change over time? [J] Journal of finance, 1989(44): 1207–1239.

其中，θ_{RV} 和 θ_X 分别为已实现波动率和宏观经济变量对波动率的长期影响成分。以此类推，我们可以扩展上述模型，例如，构建一个基于已实现波动率和多个宏观经济变量的 GARCH-MIDAS 多因子模型，或者只基于多个宏观经济变量的 GARCH-MIDAS 多因子模型。

【例 4-6】利用 GARCH-MIDAS 单因子模型预测股市波动率。我们选取中国和 OEPC 国家（选出 25 个样本国家）1996 年 2 月 15 日至 2020 年 12 月 29 日股票的收益率作为样本数据，用名义 GDP 增长率和 M2 增长率之间的差额来衡量货币紧缩的程度，以此作为宏观经济变量，将 GARCH-MIDAS 单因子模型扩展到包括宏观经济货币政策变量在内的股市波动的 GARCH-MIDAS 多因子模型，实证分析宏观经济对股市波动的长期成分的动态影响。

表 4-1　GARCH-MIDAS 多因子模型参数估计结果

国家	μ	θ	φ	ρ	η	a	$RMSE$
中国	0.0004*	0.1036***	0.6864***	0.07071***	1.5164***	8.1014e-05***	1.033e-03
	(0.0002)	(0.0081)	(0.0299)	(0.0027)	(0.1574)	(6.7683e-06)	
美国	0.0007***	0.1044***	0.8768***	-0.0050***	1.0021***	0.0001***	6.334e-04
	(0.0002)	(0.0058)	(0.0062)	(0.0018)	(0.0228)	(2.2602e-05)	
英国	0.0005***	0.1230***	0.7853***	0.0497***	1.6993***	6.7171e-05	5.428e-04
	(0.0002)	(0.0108)	(0.0244)	(0.0049)	(0.3860)	7.6844e-06	
法国	0.0007***	0.1190***	0.7750***	0.0570	1.9872***	8.8068e-05***	8.196e-04
	(0.0002)	(0.0110)	(0.0271)	(0.0039)	(0.3177)	(9.2394e-06)	
德国	0.0010***	0.1178***	0.7927***	0.0588***	1.8727***	9.2975e-05***	9.045e-04
	(0.0002)	(0.0090)	(0.0228)	(0.0042)	(0.3082)	(1.106e-05)	
加拿大	0.0007***	0.1269***	0.7985***	0.0569***	1.8977***	5.1271e-05***	1.092e-03
	(0.0001)	(0.0095)	(0.0190)	(0.0039)	(0.2726)	5.7555e-06	
爱尔兰	0.0008***	0.1132***	0.7825***	0.0431***	1.2486***	0.0001***	8.330e-04
	(0.0002)	(0.0086)	(0.0223)	(0.0035)	(0.2294)	(9.265e-06)	
荷兰	0.0009***	0.1262***	0.7782***	0.0581***	2.8267***	7.6697e-05***	7.367e-04
	(0.0002)	(0.0097)	(0.0253)	(0.0047)	(0.4647)	(9.8933e-06)	
比利时	0.0008***	0.1563***	0.7265***	0.0503***	2.537***	8.1896e-05***	6.483e-04
	(0.0002)	(0.0077)	(0.0199)	(0.0048)	(0.4232)	(8.8472e-06)	
奥地利	0.0009***	0.1323***	0.7574***	0.0410***	2.04***	0.0001***	1.128e-03
	(0.0002)	(0.0088)	(0.0208)	(0.0038)	(0.4008)	(1.0341e-05)	
瑞士	0.0007***	0.1392***	0.7823***	0.0317***	1.0093***	0.0001***	6.148e-04
	(0.0002)	(0.0093)	(0.0160)	(0.0041)	(0.0183)	(9.2239e-06)	
挪威	0.0012***	0.1322***	0.7871***	0.0456***	1.0731***	0.0001***	8.253e-04
	(0.0002)	(0.0097)	(0.0157)	(0.0029)	(0.0775)	(6.8937e-06)	
冰岛	0.0008***	0.1561***	0.7936***	0.0830***	2.0607***	9.5777e-05***	1.169e-01
	(0.0001)	(0.0051)	(0.0063)	(0.0039)	(0.1019)	(4.6699e-06)	
丹麦	0.0011***	0.1040***	0.7776***	0.0335***	1.0035***	0.0001***	7.845e-04
	(0.0002)	(0.0084)	(0.0180)	(0.0027)	(0.0110)	(5.8964e-06)	

（续上表）

国家	μ	θ	φ	ρ	η	a	*RMSE*
瑞典	0.0010***	0.1211***	0.7879***	0.0513***	2.0783***	9.0048e-05***	7.256e-04
	(0.0002)	(0.0100)	(0.0237)	(0.0046)	(0.3602)	(1.0658e-05)	
西班牙	0.0007***	0.1286***	0.8173***	0.0527***	1.003***	0.0002***	1.497e-03
	(0.0002)	(0.0085)	(0.0117)	(0.0050)	(0.0118)	(1.282e-05)	
日本	0.0007***	0.1150***	0.8231***	0.0364***	1.0033***	0.0002***	7.473e-04
	(0.0002)	(0.0083)	(0.0149)	(0.0066)	(0.0177)	(2.0637e-05)	
芬兰	0.0008***	0.1018***	0.7985***	0.0696***	1.4475***	6.8332e-05***	1.261e-03
	(0.0002)	(0.0089)	(0.0255)	(0.0031)	(0.2481)	(7.3549e-06)	
澳大利亚	0.0008***	0.1115***	0.8668***	−0.0085***	2.0344***	0.0002***	4.484e-04
	(0.0001)	(0.0050)	(0.0062)	(0.0022)	(0.7003)	(1.6225e-05)	
墨西哥	0.0007***	0.0958***	0.8380***	0.0581***	1.0466***	7.828e-05***	8.158e-04
	(0.0002)	(0.0073)	(0.0142)	(0.0038)	(0.0282)	(8.4258e-06)	
捷克	0.0006**	0.1262***	0.7686***	0.0376***	2.4851***	0.0002***	1.727e-03
	(0.0003)	(0.0079)	(0.0205)	(0.0042)	(0.3953)	(2.0361e-05)	
匈牙利	0.0009***	0.0942***	0.7759***	0.0418***	2.1982***	0.0003***	2.221e-03
	(0.0003)	(0.0082)	(0.0252)	(0.0029)	(0.2857)	(1.784e-05)	
波兰	0.0005	0.0636***	0.8664***	0.0497***	1.0056***	0.0002***	1.965e-03
	(0.0003)	(0.0046)	(0.0100)	(0.0027)	(0.0083)	(1.6484e-05)	
韩国	0.0006***	0.1117***	0.7974***	0.0680***	1.001***	3.9268e-05***	1.365e-03
	(0.0002)	(0.0078)	(0.0151)	(0.0031)	(0.0066)	(5.5603e-06)	
斯洛伐克	7.9989e-05	0.0392***	0.9537***	−0.0386***	1.001***	0.0003***	7.853e-04
	(0.0002)	(0.0014)	(0.0016)	(0.0037)	(0.0064)	(2.1184e-05)	

注：***、**、* 分别表示 1%、5%、10% 的显著性水平。

由表中结果可知，在 GARCH-MIDAS 多因子模型中，所有系数都是统计显著的，这表明使用日度数据模型估计效果较为稳健。对于每个国家来讲，有 $\theta+\varphi<1$，这表明每个国家的 GARCH 效应是显著的，25 个国家股指的对数收益率的短期成分满足 GARCH（1, 1）过程。这也表明短期波动是稳定的，短期波动成分在长期内是趋同的。

ρ 是股指所有滞后的低频已实现波动对股市波动长期成分的总效应。ρ 如果大于零，则表明当本季度波动性增加时，股市波动的长期成分在下个季度也会增加。ρ 值越大，长期成分的波动性越大，金融市场本身就越脆弱。在 25 个国家中，ρ 值一般在 0.03 至 0.071 之间，这表明低频已实现波动受股市波动长期成分的影响较小，短期波动是影响总波动的主要因素。ρ 值最大的国家是中国和美国，英国和其他发达国家 ρ 值相对较小，这表明在金融市场相对完整的发达国家，长期波动更加稳定。

a 是 GARCH-MIDAS 多因子模型中的最优估计权重。荷兰的最优估计权重最大，斯洛伐克最小。根据 GARCH-MIDAS 多因子模型估计后获得的 *RMSE* 值来看，*RMSE* 值一般较小。*RMSE* 值最大的是冰岛，为 1.169e-01；最小的是澳大利亚，值为 4.484e-04。上述 *RMSE* 值都接近 0，说明模型的拟合效果较好。

第六节　Jump-GARCH 模型建模

虽然 GARCH 模型能够较好地刻画资产收益率的异方差性和波动的时变性与集聚性，但是 GARCH 模型只能反映波动率的连续平滑变化，无法解释金融资产价格非连续性的、非经常性的跳跃异常波动。但不考虑资产价格的跳跃性很可能存在定价偏差，也不能做出合适的对冲决策，因此大量国内外学者将研究重点聚焦在跳跃性上。Press 最先探索分析金融市场中存在的跳跃行为，他在模型中加入泊松过程，把金融资产收益率设定为连续波动和离散跳跃的结果，跳跃次数服从泊松分布，跳跃幅度是随机的且服从正态分布。① 在这类混合跳跃模型中，GARCH 模型用来解释波动率的光滑变动，Jump 模型则用来体现收益率的跳跃变动。本节参考 Chan 和 Maheu、Maheu 和 McCurdy 以及 Daal 等的做法，在 GARCH 成分的条件方差中加入反馈函数，以衡量跳跃行为对正常波动成分的反馈效应。②

假定 $t-1$ 时刻的信息集 Φ_{t-1} 是历史收益率的函数，$\Phi_{t-1}=\{r_{t-1},\cdots,r_1\}$，$r_t$ 可由公式（4-65）表达。其中 $\varepsilon_{1,t}$ 为平滑残差，体现收益率的平滑变动，是 GARCH 模型可以解释的部分，由正常消息事件的冲击引起，其中 $E\left[\varepsilon_{1,t}\mid \Phi_{t-1}\right]=0$。$\varepsilon_{2,t}$ 称为跳跃残差，体现资产收益率的跳跃变动，是前期信息不能解释的跳跃误差，由异常消息事件的冲击引起，$\varepsilon_{1,t}$ 和 $\varepsilon_{2,t}$ 相互独立。

$$r_t=\mu_t+\varepsilon_{1,t}+\varepsilon_{2,t} \tag{4-65}$$

$$\varepsilon_{1,t}=\sigma_t e_t,\quad e_t\sim N(0,1) \tag{4-66}$$

在给定信息集 Φ_{t-1} 前提下，跳跃次数 n_t 服从泊松分布，则 n_t 在 $(t-1,t)$ 期内发生 j 次跳跃的概率密度为：

$$P\left(n_t=j\mid \Phi_{t-1}\right)=\frac{\exp(-\lambda_t)\lambda_t^j}{j!},\ j=0,1,2,\cdots \tag{4-67}$$

跳跃强度 $\lambda_t\equiv E\left(n_t\mid \Phi_{t-1}\right)$，表示在信息集 Φ_{t-1} 下，对 $(t-1,t)$ 时间段内发生跳跃次数的事前预期，即在 $(t-1,t)$ 内发生跳跃的可能性大小，其动态表达式为：

$$\lambda_t=\lambda_0+\rho\lambda_{t-1}+\gamma\xi_{t-1} \tag{4-68}$$

---

① PRESS. A compound events model for security prices［J］. The journal of business, 1967(3): 317–335.

② CHAN W H, MAHEU J M. Conditional jump dynamics in stock market returns［J］. Journal of business & Economic statistics, 2002, 20(3): 377–389; MAHEU J M, MCCURDY T H. News arrival, jump dynamics and volatility components for individual stock returns［M］. Social science electronic publishing, 2004; DAAL E, NAKA A, YU J S. Volatility clustering, leverage effects, and jump dynamics in the US and emerging Asian equity markets［J］. Journal of banking & Finance, 2007, 31(9): 2751–2769.

其中，$0 \leqslant \lambda_0$；$\rho,\gamma<1$。ρ 解释了前期跳跃强度对下一期的影响，揭示跳跃的持续性或集聚性。γ 度量了预期偏差对跳跃强度的影响，揭示跳跃的持续程度。若 $\rho=\gamma=0$，就产生了一个恒定跳跃的跳跃密度（Jorion，1988）。ξ_{t-1} 为预期偏差，表达式为：

$$\xi_{t-1} \equiv E\left[n_{t-1} \mid \Phi_{t-1}\right]-\lambda_{t-1}=\sum_{j=0}^{\infty} jP\left(n_{t-1}=j \mid \Phi_{t-1}\right)-\lambda_{t-1} \tag{4-69}$$

其中，$P\left(n_{t-1}=j \mid \Phi_{t-1}\right)$ 是对 $(t-2,t-1)$ 时期发生 j 次跳跃的可能性的事后推断。n_{t-1} 是 $(t-2,t-1)$ 时期跳跃发生次数的事后推断。$\lambda_{t-1}=E\left(n_{t-1} \mid \Phi_{t-2}\right)$ 是 $(t-2,t-1)$ 时期跳跃发生次数的事前预期，$\xi_{t-1}=E\left[n_{t-1} \mid \Phi_{t-1}\right]-E\left[n_{t-1} \mid \Phi_{t-2}\right]$ 是跳跃发生次数的事前预期与事后推断之间的偏离，又称预期偏差，相当于 Φ_{t-1} 的边际差分。此时 $E\left[\xi_t \mid \Phi_{t-1}\right]=0$，从而 $E\left(\xi_t\right)=0$，$\operatorname{Cov}\left(\xi_t,\xi_{t-i}\right)=0$，$i>0$，说明跳跃强度偏差不存在自相关性。

若自回归跳跃强度（Auto-regressive Jump Intensity, ARJI）是平稳的，即 $|\rho|<1$，则无条件跳跃密度的均值为：

$$E\left[\lambda_t\right]=\frac{\lambda_0}{1-\rho} \tag{4-70}$$

对 λ_{t+i} 的多期预测：

$$E\left[\lambda_{t+i} \mid \Phi_{t-1}\right]=\begin{cases}\lambda_t & i=0 \\ \lambda_0\left(1+\rho+\cdots+\rho^{i-1}\right)+\rho^i \lambda_t & i \geqslant 1\end{cases} \tag{4-71}$$

当对于所有的 t，$\lambda_t>0$ 的充分条件是：$\lambda_0>0$。$\rho \geqslant \gamma$，$\gamma \geqslant 0$ 时，ARJI 模型可写为：

$$\lambda_t=\lambda_0+(\rho-\gamma) \lambda_{t-1}+\gamma E\left[n_{t-1} \mid \Phi_{t-1}\right] \tag{4-72}$$

假设跳跃幅度为 $Y_{t,k}$，$k=1,2,\cdots N_t$，每次跳跃彼此相互独立，且是正态分布的 $Y_{t,k} \sim N\left(\theta,\delta^2\right)$，则资产收益跳跃幅度过程 J_t 可表达为：

$$J_t=\sum_{k=1}^{n_t} Y_{t,k} \tag{4-73}$$

假设 n_t 和 $Y_{t,k}$ 独立，$\forall i \neq j$，$Y_{t,i}$ 与 $Y_{t,j}$ 独立，跳跃次数实现已知，则 J_t 的分布为 $J_t \sim N\left(\theta \lambda_t,\left(\theta^2+\delta^2\right) \lambda_t\right)$。$t$ 时刻的资产价格的跳跃残差为：

$$\varepsilon_{2,t}=J_t-E\left[J_t \mid \Phi_{t-1}\right]=\sum_{k=1}^{n_t} Y_{t,k}-\theta \lambda_t \tag{4-74}$$

显然，这是零均值扰动，即 $E\left(\varepsilon_{2,t}\right)=0$，$\operatorname{Var}\left(\varepsilon_{2,t}\right)=\left(\theta^2+\delta^2\right) \lambda_t$。

σ_t^2 是影响 $\varepsilon_{1,t}$ 的 GARCH 过程中的条件方差，即 $\sigma_t^2 \equiv \operatorname{Var}\left(\varepsilon_{1,t} \mid \Phi_{t-1}\right)$。$\varepsilon_{t-1}$ 为 $t-1$ 期的收益残差，包括平滑残差 $\varepsilon_{1,t-1}$ 和跳跃残差 $\varepsilon_{2,t-1}$ 两部分。

$$\sigma_t^2=\omega+g\left(\Lambda,\Phi_{t-1}\right) \varepsilon_{t-1}^2+\beta \sigma_{t-1}^2 \tag{4-75}$$

$$\varepsilon_{t-1}=\varepsilon_{1,t-1}+\varepsilon_{2,t-1} \tag{4-76}$$

$g\left(\Lambda,\Phi_{t-1}\right)$ 是关于参数向量集 Λ 的反馈函数，刻画了收益残差对条件方差的回馈效应。Maheu 和 McCurdy（2004）认为，由于已实现的扰动可能引发市场不同的交易策略，而这些交易策略的变化不仅会导致跳跃的发生，而且可能产生更大的“波动性集聚现象”，因此，有必要考虑这种反馈效应。其中参数向量 $\Lambda=\left\{\alpha,\alpha_j,\alpha_a,\alpha_{a,j}\right\}$，$g\left(\Lambda,\Phi_{t-1}\right)$

非负，$I(\varepsilon_{t-1})$为示性函数，当$\varepsilon_{t-1}<0$时，$I(\varepsilon_{t-1})=1$。

$$g(\Lambda,\Phi_{t-1})=\exp\left(\alpha+\alpha_j E\left[n_{t-1}|\ \Phi_{t-1}\right]+I(\varepsilon_{t-1})\left(\alpha_a+\alpha_{a,j}E\left[n_{t-1}|\ \Phi_{t-1}\right]\right)\right) \quad (4\text{-}77)$$

$g(\Lambda,\Phi_{t-1})$可以刻画好消息$\varepsilon_{t-1}>0$和坏消息$\varepsilon_{t-1}<0$的非对称性冲击，体现正常扰动和跳跃扰动的反馈效应。好消息$\varepsilon_{t-1}>0$对收益有正向影响，坏消息$\varepsilon_{t-1}<0$对收益有负向影响，这种影响最终呈现非对称性。参数α_a和$\alpha_{a,j}$则反映坏消息$\varepsilon_{t-1}<0$的附加影响。参数α_j和$\alpha_{a,j}$反映跳跃行为对波动预期非对称的反馈效应。$g(\Lambda,\Phi_{t-1})\varepsilon_{t-1}^2$表示消息冲击函数。如果最后一期有好消息且没有跳跃，则$g(\Lambda,\Phi_{t-1})=\exp(\alpha)$；若有一次跳跃，则$g(\Lambda,\Phi_{t-1})=\exp(\alpha+\alpha_j)$。如果最后一期是坏消息且没有跳跃，则$g(\Lambda,\Phi_{t-1})=\exp(\alpha+\alpha_a)$；若有一次跳跃，则$g(\Lambda,\Phi_{t-1})=\exp(\alpha+\alpha_j+\alpha_a+\alpha_{a,j})$。

资产收益的总条件均值和总条件方差分别为：

$$E\left[r_t|\ \Phi_{t-1}\right]=\mu \quad (4\text{-}78)$$

$$\mathrm{Var}(r_t|\ \Phi_{t-1})=\mathrm{Var}(\varepsilon_{1,t}|\ \Phi_{t-1})+\mathrm{Var}(\varepsilon_{2,t}\ |\ \Phi_{t-1})=\sigma_t^2+(\theta^2+\delta^2)\lambda_t \quad (4\text{-}79)$$

对 Jump-GARCH 模型参数估计，我们采用最大似然估计法，$f(r_t|\ n_t=j,\Phi_{t-1})$是在信息集$\Phi_{t-1}$下发生$j$次跳跃时，资产收益率的条件分布为正态分布的概率密度函数。

$$f(r_T,r_{T-1},\cdots,r_1)=\prod_{t=2}^{T}f(r_t|\ \Phi_{t-1}) \quad (4\text{-}80)$$

$$f(r_t\ |\ \Phi_{t-1})=\sum_{j=0}^{\infty}f(r_t|n_t=j,\Phi_{t-1})P(n_t=j|\Phi_{t-1}) \quad (4\text{-}81)$$

$$f(r_t\ |\ n_t=j,\Phi_{t-1})=\frac{1}{\sqrt{2\pi(\sigma_t^2+j\delta^2)}}\exp\left(-\frac{(r_t-\mu+\theta\lambda_t-\theta j)^2}{2(\sigma_t^2+j\delta^2)}\right) \quad (4\text{-}82)$$

$P(n_t=j\ |\Phi_{t-1})$称为滤子，分解信息集有：

$$P(n_t=j|\ \Phi_t)=P(n_t=j|r_t,\Phi_{t-1}) \quad (4\text{-}83)$$

根据贝叶斯法则，有：

$$P(n_t=j|\ \Phi_t)=\frac{f(r_t\ |\ n_t=j,\Phi_{t-1})P(n_t=j|\ \Phi_{t-1})}{f(r_t|\ \Phi_{t-1})},\ j=0,1,2,\cdots \quad (4\text{-}84)$$

滤子给出了跳跃次数n_t的事后分布，在模型参数估计的基础上，可根据滤子评价跳跃行为发生的事后概率，例如至少引发一次跳跃的概率为$P(n_t\geqslant 1|\ \Phi_t)=1-P(n_t=0|\ \Phi_t)$。

【例 4-7】采用 Jump-GARCH 模型研究比特币期货和现货的波动率。选取 2018 年 1 月 1 日到 2021 年 5 月 1 日的 CME 交易所比特币现货日结算价格和 BTC/USD 期货合约的日结算价格作为样本数据。使用 Jump-GARCH 类模型中的 ARJI 模型对参数进行估计，各模型基本表达式如下：

ARJI 常数模型为：

$$r_t=\mu_t+\phi_1 r_{t-1}+\phi_2\varepsilon_{1,t-1}+\varepsilon_{1,t}+\varepsilon_{2,t}$$

$$\varepsilon_{1,t}=\sigma_t e_t, e_t\sim N(0,1)$$

$$\varepsilon_{2,t}=J_t-E\left[J_t|\ \Phi_{t-1}\right]=\sum_{k=1}^{n_t}Y_{t,k}-\theta\lambda_t, Y_{t,k}\sim N\left(\theta,\delta^2\right)$$

$$\sigma_t^2=\omega+\alpha\varepsilon_{t-1}^2+\beta\sigma_{t-1}^2$$

$$P\left(n_t=j\ |\ \Phi_{t-1}\right)=\frac{\exp\left(-\lambda_t\right)\lambda_t^j}{j!}, j=01,2,\cdots$$

ARJI 模型为：

$$r_t=\mu_t+\phi_1 r_{t-1}+\phi_2\varepsilon_{1,t-1}+\varepsilon_{1,t}+\varepsilon_{2,t}$$

$$\varepsilon_{1,t}=\sigma_t e_t, e_t\sim N(0,1)$$

$$\varepsilon_{2,t}=J_t-E\left[J_t|\ \Phi_{t-1}\right]=\sum_{k=1}^{n_t}Y_{t,k}-\theta\lambda_t\ ,\ Y_{t,k}\sim N\left(\theta,\delta^2\right)$$

$$\sigma_t^2=\omega+\alpha\varepsilon_{t-1}^2+\beta\sigma_{t-1}^2$$

$$P\left(n_t=j\ |\ \Phi_{t-1}\right)=\frac{\exp\left(-\lambda_t\right)\lambda_t^j}{j!}, j=0,1,2,\cdots$$

$$\lambda_t=\lambda_0+\rho\lambda_{t-1}+\gamma\xi_{t-1}$$

ARJI-R^2 模型为：

$$r_t=\mu_t+\phi_1 r_{t-1}+\phi_2\varepsilon_{1,t-1}+\varepsilon_{1,t}+\varepsilon_{2,t}$$

$$\varepsilon_{1,t}=\sigma_t e_t, e_t\sim NID(0,1)$$

$$\varepsilon_{2,t}=J_t-E\left[J_t|\ \Phi_{t-1}\right]=\sum_{k=1}^{n_t}Y_{t,k}-\theta\lambda_t\ ,\ Y_{t,k}\sim N\left(\theta,\delta^2\right)$$

$$\sigma_t^2=\omega+\alpha\varepsilon_{t-1}^2+\beta\sigma_{t-1}^2$$

$$P\left(n_t=j\ |\ \Phi_{t-1}\right)=\frac{\exp\left(-\lambda_t\right)\lambda_t^j}{j!}, j=0,1,2,\cdots$$

$$\lambda_t=\lambda_0+\rho\lambda_{t-1}+\gamma\xi_{t-1}$$

$$\theta_0=\eta_0+\eta_1 R_{t-1}D\left(R_{t-1}\right)+\eta_2 R_{t-1}\left(1-D\left(R_{t-1}\right)\right)$$

$$\delta_t^2=\zeta_0^2+\zeta_1 R_{t-1}^2$$

ARJI-h_t 模型为：

$$r_t=\mu_t+\phi_1 r_{t-1}+\phi_2\varepsilon_{1,t-1}+\varepsilon_{1,t}+\varepsilon_{2,t}$$

$$\varepsilon_{1,t}=\sigma_t e_t,\ \ e_t\sim N(0,1)$$

$$\varepsilon_{2,t}=J_t-E\left[J_t|\ \Phi_{t-1}\right]=\sum_{k=1}^{n_t}Y_{t,k}-\theta\lambda_t\ ,\ Y_{t,k}\sim N\left(\theta,\delta^2\right)$$

$$\sigma_t^2=\omega+\alpha\varepsilon_{t-1}^2+\beta\sigma_{t-1}^2$$

$$P\left(n_t=j\ |\ \Phi_{t-1}\right)=\frac{\exp\left(-\lambda_t\right)\lambda_t^j}{j!}, j=0,1,2,\cdots$$

$$\lambda_t=\lambda_0+\rho\lambda_{t-1}+\gamma\xi_{t-1}$$

$$\theta_0 = \eta_0 + \eta_1 R_{t-1} D\left(R_{t-1}\right) + \eta_2 R_{t-1}\left(1 - D\left(R_{t-1}\right)\right)$$
$$\delta_t^2 = \zeta_0^2 + \zeta_1 \sigma_{t-1}^2$$

各模型的参数估计结果如表 4-2 所示。由表中结果可知，大部分参数是显著的。我们看到不管对于比特币现货还是期货，跳跃密度一阶自回归系数 ρ 的值较大，值基本在 0.95 附近，并且在 1% 的水平下是统计显著的，它用来衡量跳跃强度的持续性以及滞后影响。这说明跳跃强度存在高度自相关性，即集聚效应，当期大幅度的跳跃往往伴随着下一时段大幅度的跳跃。跳跃密度一阶移动平均系数 γ 代表跳跃密度 λ 过去期的跳跃强度偏差 ξ_{t-1} 的敏感性，系数 γ 的值在 1% 的水平下也是统计显著的。如表中第 4 列所示，跳跃强度偏差 ξ_{t-1} 增加一个单位，将对下期跳跃密度 λ 产生一个仅仅 0.17 倍的削弱效应。

表 4-2　ARJI-GARCH 模型参数估计结果

参数	Constant		ARJI		ARJI-R_2		ARJI-h_t	
	现货	期货	现货	期货	现货	期货	现货	期货
μ	0.1384*	0.0468	0.1364*	0.0662*	0.1414**	0.0680*	0.1373**	0.1170***
	(0.0638)	(0.1730)	(0.0640)	(0.1091)	(0.0477)	(0.0799)	(0.0383)	(0.0000)
Φ_1	−0.0723***	−0.0293***	−0.0824***	−0.0241***	−0.1089***	−0.0283*	−0.1135***	−0.0497***
	(0.0093)	(0.0000)	(0.0016)	(0.0000)	(0.0002)	(0.0602)	(0.0002)	(0.0000)
Φ_2	0.0468*	−0.0079	0.0521**	0.0191	0.0531**	0.0184	0.0521**	0.0181***
	(0.0754)	(0.2538)	(0.0245)	(0.3873)	(0.0223)	(0.2634)	(0.0267)	(0.0000)
ω	−0.0101	0.0027***	0.0092	−0.0039***	0.0091	−0.0040***	0.0112	0.0039***
	(0.5891)	(0.0000)	(0.6051)	(0.0000)	(0.5878)	(0.0000)	(0.5302)	(0.0000)
α	0.0286***	0.0000	0.0101**	0.0005***	0.0106**	0.0005***	0.0092	0.0005***
	(0.0000)	(0.0000)	(0.0111)	(0.0000)	(0.0169)	(0.0000)	(0.0514)	(0.0000)
β	0.9303***	0.9461	0.9496***	0.9849***	0.9482***	0.9852***	0.9480***	0.9848***
	(0.0000)	(0.9461)	(0.0000)	(0.0000)	(0.0000)	(0.0000)	(0.0000)	(0.0000)
ζ_0	5.4552***	3.1442***	4.2214***	3.7885***	4.2249***	3.6042***	3.8481***	3.2442***
	(0.0000)	(0.0000)	(0.0000)	(0.0000)	(0.0000)	(0.0000)	(0.0000)	(0.0000)
ζ_1					0.0119	0.1202	0.6108	0.7822**
					(0.6753)	(0.4897)	(0.4480)	(0.0310)
η_0	−0.1798		−0.0441	−0.1346**	−0.0767	−0.1833	−0.0799	0.3606**
	(0.6417)		(0.8113)	(0.0444)	(0.7707)	(0.3537)	(0.7398)	(0.0365)

（续上表）

参数	Constant		ARJI		ARJI-R_2		ARJI-h_t	
	现货	期货	现货	期货	现货	期货	现货	期货
η_1					0.0847	-0.0003	0.0926	0.0539
					（0.3040）	（0.9983）	（0.1970）	（0.5112）
η_2					0.0739	0.0230	0.0659	0.0698
					（0.4460）	（0.8016）	（0.4734）	（0.1755）
λ_0	0.2877***	1.2211***	0.0290**	0.0478***	0.0277***	0.0470***	0.0297**	0.0511***
	（0.0000）	（0.0000）	（0.0172）	（0.0037）	（0.0103）	（0.0000）	（0.0158）	（0.0000）
ρ			0.9564***	0.9550***	0.9572***	0.9427***	0.9578***	0.9455***
			（0.0000）	（0.0000）	（0.0000）	（0.0000）	（0.0000）	（0.0000）
γ			0.1719***	0.1501***	0.1611***	0.1316***	0.1563***	0.1637***
			（0.0008）	（0.0005）	（0.0016）	（0.0000）	（0.0017）	（0.0025）
L	-3174.27		-3168.40		-3167.23		-3167.04	

注：***、**、* 分别表示 1%、5%、10% 的显著性水平，括号中为 p 值，L 代表极大似然估计值。

第七节　BEKK-GARCH 模型建模

前几节主要介绍一元波动率模型，但是一元波动率模型已经不足以解释多元时间序列相关性问题。因此，本节将一元波动率模型进一步推广至多元情形，相较于传统的一元波动率模型，多元波动率模型更能捕捉到条件方差—协方差矩阵的信息，简化了多个资产收益率波动率之间的动态关系，并且能够检验波动率溢出效应，计算包括多个资产的金融头寸的风险值，在组合选择与资产配置中起到至关重要的作用。多元 GARCH 模型主要包括 BEKK-GARCH、DCC-GARCH、CCC-GARCH、VECH-GARCH 模型等。基于 Baba，Engle，Kraft 与 Kroner 的研究内容，Engle 和 Kroner 提出了一种多元 BEKK-GARCH 模型。①

以 BEKK-GARCH（1,1）模型为例，条件均值方程和方差方程分别为：

$$r_t = \beta_0 + \sum_{i=1}^{p} \beta_i r_{t-i} + \varepsilon_t,\quad \varepsilon_t \mid \Phi_{t-1} \sim N\left(0, H_t\right) \tag{4-85}$$

① ENGLE R, KRONER K. Multivariate simultaneous generalized ARCH［J］. Econometric theory, 1995, 11(1): 122-150.

$$H_t = C'C + A'\varepsilon_{t-1}\varepsilon'_{t-1}A + B'H_{t-1}B \tag{4-86}$$

其中，$r_t = (r_{1t}, r_{2t})'$ 代表收益率向量，β_0 代表常数矩阵，$\beta_1,\cdots,\beta_p$ 代表系数矩阵，p 为 VAR 模型滞后阶数，$\varepsilon_t = (\varepsilon_{1t}, \varepsilon_{2t})'$ 代表随机扰动项，F_{t-1} 代表 $t-1$ 时刻的信息集。

将 BEKK-GARCH（1,1）模型中的方差方程各矩阵展开可得：

$$H_t = \begin{bmatrix} h_{11,t} & h_{12,t} \\ h_{21,t} & h_{22,t} \end{bmatrix}，C = \begin{bmatrix} c_{11} & 0 \\ c_{21} & c_{22} \end{bmatrix}，A = \begin{bmatrix} a_{11} & a_{12} \\ a_{21} & a_{22} \end{bmatrix}，B = \begin{bmatrix} b_{11} & b_{12} \\ b_{21} & b_{22} \end{bmatrix} \tag{4-87}$$

进一步地，将模型中的方差方程写成方程组形式可得：

$$\begin{aligned} h_{11,t} = {} & c_{11}^2 + c_{21}^2 + \left(a_{11}^2\varepsilon_{1,t-1}^2 + 2a_{11}a_{21}\varepsilon_{1,t-1}\varepsilon_{2,t-1} + a_{21}^2\varepsilon_{2,t-1}^2\right) + \\ & \left(b_{11}^2 h_{11,t-1} + 2b_{11}b_{21}h_{12,t-1} + b_{21}^2 h_{22,t-1}\right) \end{aligned} \tag{4-88}$$

$$\begin{aligned} h_{22,t} = {} & c_{22}^2 + \left(a_{12}^2\varepsilon_{1,t-1}^2 + 2a_{12}a_{22}\varepsilon_{1,t-1}\varepsilon_{2,t-1} + a_{22}^2\varepsilon_{2,t-1}^2\right) + \\ & \left(b_{12}^2 h_{11,t-1} + 2b_{12}b_{22}h_{12,t-1} + b_{22}^2 h_{22,t-1}\right) \end{aligned} \tag{4-89}$$

$$\begin{aligned} h_{12,t} = {} & c_{21}c_{22} + \left[a_{11}a_{12}\varepsilon_{1,t-1}^2 + \left(a_{12}a_{21} + a_{11}a_{22}\right)\varepsilon_{1,t-1}\varepsilon_{2,t-1} + a_{21}a_{22}\varepsilon_{2,t-1}^2\right] + \\ & \left[b_{11}b_{12}h_{11,t-1} + \left(b_{12}b_{21} + b_{11}b_{22}\right)h_{12,t-1} + b_{21}b_{22}h_{22,t-1}\right] \end{aligned} \tag{4-90}$$

其中，矩阵 H_t 为协方差矩阵，矩阵 C 为常数矩阵，矩阵 A 为 ARCH 项系数矩阵，矩阵 B 为 GARCH 项系数矩阵，ARCH 项和 GARCH 项分别反映波动的集聚性与持续性。$h_{11,t}$ 和 $h_{22,t}$ 分别表示 r_{1t} 和 r_{2t} 的方差，$h_{12,t}$ 表示 r_{1t} 和 r_{2t} 的协方差。在矩阵 A 和矩阵 B 中，a_{11}，a_{22} 分别表示 r_{1t}，r_{2t} 波动中的 ARCH 效应；b_{11}，b_{22} 分别表示 r_{1t}，r_{2t} 波动中的 GARCH 效应。a_{12}，a_{21} 分别代表 r_{1t} 对 r_{2t}，r_{2t} 对 r_{1t} 的 ARCH 溢出效应；b_{12}，b_{21} 分别代表 r_{1t} 对 r_{2t}，r_{2t} 对 r_{1t} 的 GARCH 溢出效应。

【例 4-8】采用 BEKK-GARCH（1,1）模型研究中美股市波动溢出效应。本例题沿用陈创练和黄跃①的部分数据和结果，选取美国、中国、日本、中国香港股指期货近月合约的日结算价、现货市场股价指数各交易日的收盘价作为样本数据。对四个市场收益率残差序列建立 BEKK-MGARCH（1,1）-VAR 模型，误差项服从 t 分布，对模型参数的估计结果以及波动溢出效应极大似然比检验结果如表 4-3 和表 4-4 所示：

① 陈创练，黄跃．股指期货与现货市场溢出效应及动态关系研究——基于中、美、日、香港等市场的实证分析［J］．宏观经济研究，2014（6）．

表 4-3 BEKK-MGARCH（1,1）-VAR 模型参数估计结果

	美国		中国		日本		香港	
A	0.8005*	0.1917*	- 0.8546*	1.7831**	0.229*	- 0.0243	0.0513*	0.9401*
	(47.746)	(9.967)	(- 23.347)	(50.2854)	(18.9639)	(- 1.56)	(3.979)	(74.097)
	0.3851 **	0.6089*	- 1.6500*	2.5823*	0.045*	0.2301*	- 0.2585*	1.2512*
	(11.720)	(18.568)	(- 76.218)	(120.325)	(3.165)	(19.2351)	(- 35.468)	(182.545)
B	0.1943**	0.2543*	0.3485	0.0867	0.9644*	0.0010	- 1.7076*	1.7405*
	(2.309)	(2.772)	(1.255)	(1.288)	(313.6144)	(0.3882)	(- 18.425)	(20.487)
	- 0.1789**	0.6413*	- 0.1325	0.5698	- 0.0124 *	0.9669*	- 2.0401*	2.0756*
	(- 2.161)	(6.930)	(1.189)	(1.231)	(- 3.3779)	(32.0736)	(- 21.201)	(24.973)

注：**、* 分别表示 5%、10% 的显著性水平，括号中为 t 统计量。

表 4-4 波动溢出效应极大似然比检验结果

原假设	美国	中国	日本	香港
H_0: $a_{12}=0, b_{12}=0$	LR= 21916.44*	LR=15825.04*	LR=4321*	LR=10412.23*
H_0: $a_{21}=0, b_{21}=0$	LR= 23931.6*	LR=4208.503*	LR=21458*	LR=22028.76*
H_0: $a_{12}=0, b_{12}=0$ $a_{21}=0, b_{21}=0$	LR= 26736.33*	LR=5955.748*	LR=8765*	LR=20281.52*

注：* 分别表示 10% 的显著性水平。

首先，我们检验分析指数期货市场对现货市场是否存在波动溢出效应。假定参数矩阵 A 和 B 的非对角元素均为 0，即原假设为 $H_0: a_{12}=0$，$b_{12}=0$，极大似然比检验 LR 统计量表明，在 1% 的显著水平下拒绝原假设，从而可以认为美国、中国、日本、中国香港四个样本国家或地区的指数期货市场对现货市场均存在高度显著的波动溢出效应。其次，我们检验分析现货市场对指数期货市场是否存在波动溢出效应。设定原假设为 $H_0: a_{21}=0$，$b_{21}=0$，极大似然比检验 LR 统计量表明，在 1% 的显著水平下均可以拒绝原假设，因而说明美国、中国、日本、中国香港四个样本国家或地区的现货市场对指数期货市场同样存在高度显著的波动溢出效应。最后，我们检验分析指数期货市场与现货市场是否存在双向波动溢出效应。设定原假设为 $H_0: a_{12}=0$，$b_{12}=0$，$a_{21}=0$，$b_{21}=0$，极大似然比检验 LR 统计量表明，在 1% 的显著水平下仍然可以拒绝原假设，因此我们认为美国、中国、日本、中国香港四个样本国家或地区的指数期货市场与现货市场间均存在显著的双向波动溢出效应（详细结果请阅读原论文）。

第八节　其他 GARCH 族

一、IGARCH

Bollerslev 在 1986 年提出 IGARCH 模型（Integrated GARCH Model）来解决 GARCH 模型中约束过多的问题。[①]IGARCH 模型的形式与 GARCH 模型相似，但约束条件不同，IGARCH（p,q）模型为：

$$r_t = \mu_t + \varepsilon_t \tag{4-91}$$

$$\varepsilon_t = \sigma_t e_t,\ \varepsilon_t^2 / F_{t-1} \sim N(0,\sigma_t^2) \tag{4-92}$$

$$\sigma_t^2 = \omega + \sum_{i=1}^{p}\alpha_i\varepsilon_{t-i}^2 + \sum_{j=1}^{q}\beta_j\sigma_{t-j}^2 \tag{4-93}$$

其中要求 $\sum_{i=1}^{p}\alpha_i + \sum_{j=1}^{q}\beta_j = 1$。

以 IGARCH（1, 1）模型为例：$\sigma_t^2 = \omega + \alpha\varepsilon_{t-1}^2 + \beta\sigma_{t-1}^2$，当 $\alpha+\beta=1$ 时，上式重复迭代得到：

$$\sigma_h^2(l) = \sigma_h^2(1) + (l-1)\alpha_0,\ \ l \geqslant 1 \tag{4-94}$$

其中 h 为预测原点。由此，$\sigma_h^2(1)$ 对将来波动率的效应也是持续的，斜率为 α_0。对于 IGARCH（1, 1）模型，我们重点研究 $\alpha_0 = 0$ 的情形，对所有预测步长，波动率的预测值都是 $\sigma_h^2(1)$。该模型是风险度量系统 RiskMetrics 所用的波动率模型，可以用来度量 VaR，同时也是序列 $\{\varepsilon_t^2\}$ 的指数平滑模型。证明如下：

$$\begin{aligned}\sigma_t^2 &= (1-\beta_1)\varepsilon_{t-1}^2 + \beta_1\sigma_{t-1}^2 \\ &= (1-\beta_1)\varepsilon_{t-1}^2 + \beta_1\left[(1-\beta)\varepsilon_{t-2}^2 + \beta_1\sigma_{t-2}^2\right] \\ &= (1-\beta_1)\varepsilon_{t-1}^2 + (1-\beta_1)\beta_1\varepsilon_{t-2}^2 + \beta_1^2\sigma_{t-2}^2\end{aligned} \tag{4-95}$$

重复迭代得到：

$$\sigma_t^2 = (1-\beta_1)\left(\varepsilon_{t-1}^2 + \beta_1\varepsilon_{t-2}^2 + \beta_1^2\varepsilon_{t-3}^3 + \cdots\right) \tag{4-96}$$

由此得到贴现因子为 β_1 的指数平滑公式。因此，指数平滑方法可以用来估计 IGARCH（1, 1）模型。

① ENGLE R, BOLLERSLEV T. Modelling the persistence of conditional variances［J］. Econometric reviews, 1986, 5(1): 1–50.

二、TGARCH

金融资产收益率的条件方差对“利好”消息和“利空”消息的反应往往是不同的，这导致市场波动程度不同。当“利空”消息或者未预期到的损失出现时，收益率序列的条件方差可能会显著增大，这种现象可以看作不确定的“新息”对条件方差的一种非对称影响，这种非对称影响称为杠杆效应。因此，我们有必要利用非对称 GARCH 模型分析金融资产收益率的波动性问题，以处理波动率的杠杆效应。Zakoian（1993）提出了门限 GARCH 模型（Threshold GARCH，TGARCH）①，即通过设定一个指示变量，将其作为门限，以便探究正负冲击对条件波动率的影响。TGARCH（p, q）模型为：

$$r_t = \mu_t + \varepsilon_t \tag{4-97}$$

$$\varepsilon_t = \sigma_t e_t,\quad \varepsilon_t^2 / F_{t-1} \sim N(0, \sigma_t^2) \tag{4-98}$$

$$\sigma_t^2 = \omega + \sum_{i=1}^{p}(\alpha_i + \gamma_i N_{t-i})\varepsilon_{t-i}^2 + \sum_{j=1}^{q}\beta_j \sigma_{t-j}^2 \tag{4-99}$$

其中 N_{t-i} 是关于 ε_{t-i} 是否为负的指示变量，即

$$N_{t-i} = \begin{cases} 1, & \varepsilon_{t-i} < 0 \\ 0, & \varepsilon_{t-i} \geqslant 0 \end{cases} \tag{4-100}$$

α_i，γ_i 和 β_j 为非负参数，满足类似于 GARCH 模型的条件。从模型中可以看出，正的 ε_{t-i} 对 σ_t^2 的贡献为 $\alpha_i \varepsilon_{t-i}^2$，负的 ε_{t-i} 对 σ_t^2 的贡献为 $(\alpha_i + \gamma_i)\varepsilon_{t-i}^2$。其中，$\gamma_i > 0$，要大于 ε_{t-i} 为正时的值，描绘出了杠杆效应的非对称性。

三、EGARCH

Nelson 提出了另一种非对称的 EGARCH 模型（Exponential GARCH）。② 该模型能有效刻画金融时间序列的杠杆效应，允许在模型中体现正的和负的资产收益率的非对称效应。

以最简单的 EGARCH（1,1）模型为例：

$$r_t = \mu_t + \varepsilon_t \tag{4-101}$$

$$\varepsilon_t = \sigma_t e_t \tag{4-102}$$

$$\ln(\sigma_t^2) = \omega + \theta \frac{\varepsilon_{t-1}}{\sigma_{t-1}} + \alpha \frac{|\varepsilon_{t-1}|}{\sigma_{t-1}} + \beta \ln(\sigma_{t-1}^2) \tag{4-103}$$

其中，$\varepsilon_t^2 | F_{t-1} \sim N(0, \sigma_t^2)$，$e_t \sim N(0,1)$。EGARCH 模型的方差方程与传统波动率模

① GLOSTEN L R, JAGANNATHAN, R RUNKLE D E. On the relation between the expected value and the volatility of the nominal excess return on stocks［J］. The journal of finance, 1993(48): 1779–1801.

② NELSON D B. Conditional heteroskedasticity in asset returns: a new approach［J］. Econometrica, 1991(2): 347–70.

型不同，等式左边是 $\ln\left(\sigma_t^2\right)$。从上述模型可以看出，由于 $\sigma_t^2=\exp\left[\ln(\sigma_t^2)\right]$，因此可以保证方差 σ_t^2 始终为正值，即不需要对方差等式中的系数 $(\omega,\theta,\alpha,\beta)$ 进行约束就能保证方差永远为正值。

对于 EGARCH 模型中的 $\beta\ln(\sigma_{t-1}^2)$ 项，当 $\beta>0$ 时，能够捕捉到波动的持续性现象；并且模型中均值方程的扰动项 ε_{t-1} 与扰动项标准差 σ_{t-1} 之比 $\theta\dfrac{\varepsilon_{t-1}}{\sigma_{t-1}}$、绝对值 $|\varepsilon_{t-1}|$ 与扰动项标准差 σ_{t-1} 之比 $\alpha\dfrac{|\varepsilon_{t-1}|}{\sigma_{t-1}}$ 就是用来刻画非对称性影响的因子，它们可以衡量正负冲击对波动率的非对称性影响。值得注意的是，由于 $\varepsilon_t^2|F_{t-1}\sim N(0,\sigma_t^2)$，可得出 $\dfrac{\varepsilon_{t-1}}{\sigma_{t-1}}\sim N(0,1)$，即这种非对称性影响服从标准正态分布，是一种标准化后的随机扰动项。

进一步地，将 EGARCH 模型中的方差方程刻画的非对称性影响具体写为：

$$\begin{cases}\ln(\sigma_t^2)=\omega+(\alpha+\theta)\dfrac{|\varepsilon_{t-1}|}{\sigma_{t-1}}+\beta\ln(\sigma_{t-1}^2),\ \ \varepsilon_{t-1}>0\\ \ln(\sigma_t^2)=\omega+(\alpha-\theta)\dfrac{|\varepsilon_{t-1}|}{\sigma_{t-1}}+\beta\ln(\sigma_{t-1}^2),\ \ \varepsilon_{t-1}<0\end{cases}\tag{4-104}$$

因此，如果 $\theta=0$，风险因子对收益率序列的正负冲击是对称的，这说明收益率序列的波动性不会随着“利好”消息或者“利空”消息的出现产生差异化反应；如果 $\theta\neq0$，则非对称效应存在。我们注意到，由于标准差 $\sigma_{t-1}>0$，当 $\varepsilon_{t-1}>0$ 时代表出现“利好”消息，此时 $\dfrac{\varepsilon_{t-1}}{\sigma_{t-1}}>0$，经验研究表明，我们期望收益率的波动性下降，即 $\theta\dfrac{\varepsilon_{t-1}}{\sigma_{t-1}}<0$；反之，当 $\varepsilon_{t-1}<0$ 时代表出现“利空”消息，此时 $\dfrac{\varepsilon_{t-1}}{\sigma_{t-1}}<0$，经验研究表明，我们期望收益率的波动性上升，即 $\theta\dfrac{\varepsilon_{t-1}}{\sigma_{t-1}}>0$。据此，我们可以通过检验 θ 的符号间接验证 EGARCH 模型是否存在非对称性。原假设 $H_0:\theta=0$，备择假设为 $H_1:\theta<0$，如果拒绝原假设，则说明存在非对称效应。

将 EGARCH（1, 1）扩展为更一般的 EGARCH（p,q）模型，其方差方程可写为：

$$\ln(\sigma_t^2)=\omega+\sum_{k=1}^{m}\theta_k\frac{\varepsilon_{t-k}}{\sigma_{t-k}}+\sum_{i=1}^{p}\alpha_i\frac{|\varepsilon_{t-i}|}{\sigma_{t-i}}+\sum_{j=1}^{q}\beta_j\ln(\sigma_{t-j}^2)\tag{4-105}$$

四、APARCH

APARCH 模型（Asymmetric Power ARCH）是 Ding, Granger 和 Engle 于 1933 年提出的另一种用于刻画金融时间序列非对称性的扩展 GARCH 模型[①]，APARCH（1,1）模型

① DING Z X, GRANGER C W J, ENGLE R F. A long memory property of stock market returns and a new model［J］. Journal of empirical finance, 1993(1):pp. 83–106.

表示形式如下：

$$r_t = \mu_t + \varepsilon_t \tag{4-106}$$

$$\varepsilon_t = \sigma_t e_t,\ \ \varepsilon_t^2 \mid F_{t-1} \sim N(0, \sigma_t^2) \tag{4-107}$$

$$\sigma_t^h = \omega + \alpha(|\varepsilon_{t-1}| - \gamma\varepsilon_{t-1})^h + \beta\sigma_{t-1}^h \tag{4-108}$$

其中 h 表示幂的值，非对称性由 γ 捕捉。若 $\gamma=0$，则不存在非对称性。

将 APARCH（1,1）模型扩展到更一般的包含多个门限的 APARCH（p,q）模型：

$$r_t = \mu_t + \varepsilon_t \tag{4-109}$$

$$\varepsilon_t = \sigma_t e_t,\ \ \varepsilon_t^2 \mid I_{t-1} \sim N(0, \sigma_t^2) \tag{4-110}$$

$$\sigma_t^h = \omega + \sum_{i=1}^{p} \alpha_i (|\varepsilon_{t-i}| - \gamma_i \varepsilon_{t-i})^h + \sum_{j=1}^{q} \beta_j \sigma_{t-j}^h \tag{4-111}$$

其中 $k>0$，当 $i \leqslant r$ 时，$|\gamma_i| \leqslant 1$；当 $i>r$ 时，$\gamma_i = 0$，$1 \leqslant r \leqslant p$。$\gamma_i$ 是用来考察 $1 \sim r$ 期的非对称性，$\gamma_i \neq 0$ 则说明系统存在杠杆效应。若 $h=2$，$\gamma_i=0$ 则 APARCH 模型退化为 GARCH 模型。APARCH 模型具有一般 GARCH 模型的特点，但又比一般 GARCH 模型具有更大的灵活性。

【例 4–9】采用 EGARCH 模型分析中国股市杠杆效应。选取上证指数 2016 年 1 月 1 日到 2021 年 3 月 31 日的日收盘价，建立对数收益率序列，并利用 EGARCH（1,1）模型估算波动率，估计结果如下所示：

$$\ln(\sigma_t^2) = -0.1323 - 0.0061\frac{\varepsilon_{t-1}}{\sigma_{t-1}} + 0.1512\frac{|\varepsilon_{t-1}|}{\sigma_{t-1}} + 0.9846\ln(\sigma_{t-1}^2)$$

其中杠杆系数 θ 小于零，说明“利空”消息引起的波动程度比“利好”消息更大，即存在杠杆效应。“利好”消息造成了一个 $\alpha-|\theta|=0.1451$ 倍大小的冲击，“利空”消息造成了一个 $\alpha+|\theta|=0.1573$ 倍大小的冲击。由此得出，市场的波动对于利空消息的反应更加敏感。图 4–5 给出了基于 EGARCH 模型估计得到的上证指数波动率走势。

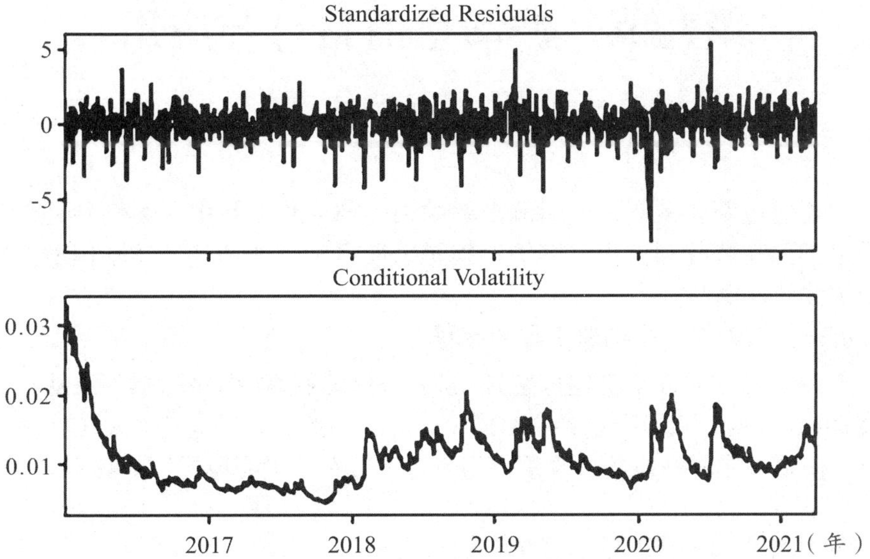

图 4–5　EGARCH 模型估计结果

Python 代码如下所示：

```
import numpy as np
import pandas as pd
import matplotlib.pyplot as plt
from pylab import mpl
mpl.rcParams['font.sans-serif']=['SimHei']
mpl.rcParams['axes.unicode_minus']=False
SH=pd.read_excel('C:/Users/lenovo/Desktop/上证指数
2016-2021.xlsx','Sheet1',header=0,index_col=0)
SH.describe()
#得到上证指数的 2016.1.1~2021.3.31 日收益率
SH_log=np.log(SH/SH.shift(1))
SH_log=SH_log.dropna()
time=pd.read_excel('C:/Users/lenovo/Desktop/上证指数 2016-2021.xlsx').iloc[0:,[0]]
#建立 EGARCH(1,1)模型
egarch=arch_model(y=SH_log,mean='Constant',lags=0,vol='EGARCH',p=1,o=1,q=1,dist='GED')
egarchmodel=egarch.fit()
egarchmodel.summary()
egarchmodel.plot()
```

第九节　波动率的估计与应用

本节主要通过两个案例来说明波动率的估计与应用。其中，案例一是讲解了整个波动率模型的构建步骤和流程；案例二则是采取多种方法估计波动率模型，并基于指标选取最优波动率模型。

【案例一：波动率模型构建步骤和流程】

根据上一章案例的数据描述性统计结果，样本的收益率序列都不服从正态分布，存在着波动聚集的特点，可能存在 ARCH 效应。为此，本节构建 GARCH 模型对数据进行拟合，使模型能较好地反映股票市场收益率分布“尖峰厚尾”的特点。

一、数据的选取及处理

案例一沿用第四章的案例。从沪深 300 指数成分股中随机选取了 30 只股票进行演示，分别为 S_1 (TCL 科技，000100)、S_2（上汽集团，600104）、S_3（泸州老窖，000568）、S_4（格力电器，000651）、S_5（中国重工，601989）、S_6（方大炭素，600516）、S_7（招商证券，600999）、S_8（鞍钢股份，000898）、S_9（长春高新，000661）、S_{10}（广发证券，000776）、S_{11}（沃森生物，300142）、S_{12}（国电电力，600795）、S_{13}（爱尔眼科，300015）、S_{14}（温氏股份，300498）、S_{15}（上海建工，600170）、S_{16}（海油工程，600583）、S_{17}（华域汽车，600741）、S_{18}（中金黄金，600489）、S_{19}（中国神华，601088）、S_{20}（兴业银行，601166）、S_{21}(南京银行，601009)、S_{22}（中煤能源，601898）、S_{23}（宁波银行，002142）、S_{24}（新城控股，601155）、S_{25}(海通证券，600837)、S_{26}（上海银行，601229）、S_{27}（上港集团，600018）、S_{28}（汇川技术，300124）、S_{29}（欧菲光，002456）、S_{30}（大华股份，002236）。由于股票市场具有良好的流动性，样本数据充足，因此以天作为数据频率。样本的时间区间为 2018 年 1 月 2 日至 2019 年 12 月 31 日，共计 487 个交易日，数据来源为 Wind 数据库。运用日收益率描绘股票价格变化，计算公式为：$R_t = \ln P_t - \ln P_{t-1}$。其中，$R_t$ 为第 t 日的收益率，P_t 为第 t 日的收盘价。

二、数据的检验

1. 序列平稳性检验

收益率波动分析必须满足样本时间序列是平稳的，因此，需在建模之前对序列进行平稳性检验。目前对时间序列平稳性进行检验的方法有很多种，其中应用比较广泛的有 ADF 检验法、曲线图法、自回归系数法和单位根检验法。本节采用在实践中被广泛运用的 ADF 检验法，检验结果如表 4–5 所示：

表 4–5　ADF 单位根平稳性检验结果

序号	ADF 检验	序号	ADF 检验	序号	ADF 检验
S_1	–22.27	S_{11}	–21.77	S_{21}	–21.92
S_2	–22.93	S_{12}	–22.24	S_{22}	–23.23
S_3	–22.77	S_{13}	–23.78	S_{23}	–23.22
S_4	–21.81	S_{14}	–21.93	S_{24}	–19.71
S_5	–21.49	S_{15}	–24.32	S_{25}	–20.98
S_6	–21.41	S_{16}	–22.08	S_{26}	–23.18
S_7	–22.19	S_{17}	–22.75	S_{27}	–19.58
S_8	–22.07	S_{18}	–23.00	S_{28}	–22.27
S_9	–21.86	S_{19}	–22.19	S_{29}	–20.87
S_{10}	–20.94	S_{20}	–22.00	S_{30}	–21.72

注：对应 1% 的显著性水平，t 统计量等于 –2.5705。

结果表明，样本中各序列的 t 统计量均小于对应 1% 显著性水平的临界值 –2.5705，因而这 30 只股票样本的收益序列是平稳的。

2. ARCH 效应检验

在进行 ARCH 效应检验之前需要确定滞后阶数 p。Tsay（2005）认为可以用收益率残差平方偏自相关函数（PACF）来确定 ARCH 模型的阶。因此需要先对序列残差平方进行自相关和偏自相关估计。以股票 S_1 为例，其收益率残差平方序列如图 4–6 所示。分别计算出其自相关函数（ACF）与偏自相关函数，如图 4–7 所示。通过图像，我们不难发现当滞后阶数为 1 时，ACF 与 PACF 均高于 bond 阈，故取滞后阶数为 1。

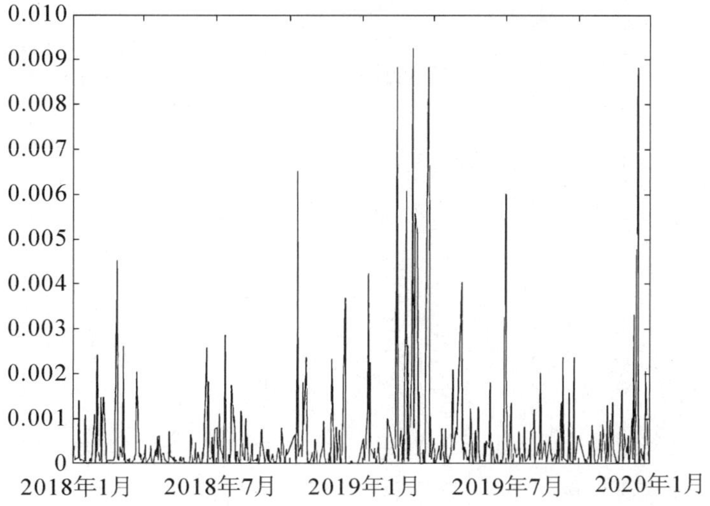

图 4–6　收益率残差平方序列

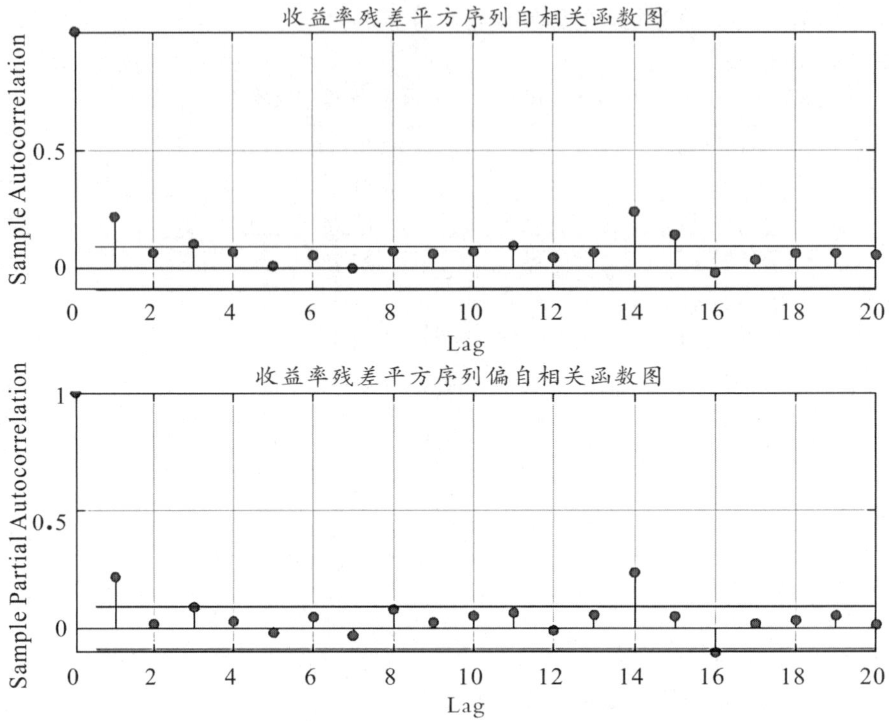

图 4-7　收益率残差平方序列自相关与偏自相关函数

30 只股票样本各自选取的滞后阶数如表 4-6 所示：

表 4-6　滞后阶数估计

序号	滞后阶数	序号	滞后阶数	序号	滞后阶数
S_1	1	S_{11}	3	S_{21}	3
S_2	1	S_{12}	1	S_{22}	5
S_3	3	S_{13}	1	S_{23}	2
S_4	1	S_{14}	1	S_{24}	1
S_5	1	S_{15}	1	S_{25}	3
S_6	1	S_{16}	9	S_{26}	1
S_7	1	S_{17}	5	S_{27}	1
S_8	3	S_{18}	1	S_{28}	2
S_9	1	S_{19}	5	S_{29}	1
S_{10}	1	S_{20}	4	S_{30}	12

在序列平稳的基础上，下面进行 ARCH 效应的检验。一般检验 ARCH 效应的方法为拉格朗日乘数检验法，即 ARCH-LM 检验。其检验结果如表 4-7 所示。由表中数据可知，样本序列在 5% 置信水平下 *F*- 统计量均大于临界值，存在显著的 ARCH 效应，即序列的残差存在显著的异方差现象。

表 4-7　收益率序列的 ARCH-LM 检验

	S_1	S_2	S_3	S_4	S_5	S_6
F- 统计量	22.904	12.280	9.343	14.411	8.767	10.462
临界值	3.841	3.841	7.815	3.841	3.841	3.841
p 值	0.000	0.000	0.025	0.000	0.003	0.001
	S_7	S_8	S_9	S_{10}	S_{11}	S_{12}
F- 统计量	5.289	14.405	12.054	6.207	8.161	11.050
临界值	3.841	7.815	3.841	3.841	7.815	3.841
p 值	0.021	0.002	0.001	0.013	0.043	0.001
	S_{13}	S_{14}	S_{15}	S_{16}	S_{17}	S_{18}
F- 统计量	6.625	53.169	13.742	18.848	19.274	9.702
临界值	3.841	3.841	3.841	16.919	11.070	3.841
p 值	0.010	0.000	0.000	0.027	0.002	0.002
	S_{19}	S_{20}	S_{21}	S_{22}	S_{23}	S_{24}
F- 统计量	18.741	37.509	64.536	13.540	11.098	40.701
临界值	11.070	9.488	64.001	11.070	5.991	3.841
p 值	0.002	0.000	0.012	0.019	0.004	0.000
	S_{25}	S_{26}	S_{27}	S_{28}	S_{29}	S_{30}
F- 统计量	8.313	7.987	32.955	10.148	4.279	27.204
临界值	7.815	7.815	3.841	5.991	3.841	21.026
p 值	0.003	0.000	0.000	0.006	0.039	0.007

注：5% 置信水平。

三、GARCH（p, q）模型参数估计

建立 GARCH（p, q）模型首先是通过 AIC 和 SIC 信息法则确定 p，q 的值。其次，

通过对数似然距离（Log-Likelihood）判断残差序列在正态分布、学生 t 分布和广义误差 GED 分布的拟合情况，选取最佳的分布函数。

本节从 1~5 枚举 p, q 值，同时估计所有情况下残差序列在正态分布、学生 t 分布和广义误差 GED 分布的拟合情况，最终确定最优的拟合参数均为 $p=1$，$q=1$，Distribution='t'。

构建 GARCH（1, 1）$-t$ 模型，其估计的参数如表 4-8 所示：

表 4-8　GARCH（1, 1）$-t$ 系数

	S_1	S_2	S_3	S_4	S_5	S_6
Constant	1.81E−04	1.32E−05	9.31E−06	2.33E−05	2.40E−05	1.90E−05
ARCH{1}/α	0.1581	0.0656	0.0465	0.0802	0.1179	0.0449
GARCH{1}/β	0.5602	0.8934	0.9406	0.8766	0.8461	0.9359
Offset	−0.00092	−0.000004	0.00029	0.00018	−0.00039	−0.00066
DOF	3.50	6.71	7.16	4.63	3.16	3.72
	S_7	S_8	S_9	S_{10}	S_{11}	S_6
Constant	1.73E−05	6.88E−06	1.05E−05	6.72E−06	4.41E−05	3.12E−06
ARCH{1}/α	0.0514	0.1029	0.0345	0.0604	0.0752	0.0525
GARCH{1}/β	0.9156	0.8881	0.9532	0.9302	0.8870	0.9240
Offset	−0.00023	−0.00064	0.00191	−0.00070	0.00051	−0.00046
DOF	3.45	4.34	6.03	3.61	3.47	4.44
	S_{13}	S_{14}	S_{15}	S_{16}	S_{17}	S_{18}
Constant	1.24E−05	1.31E−05	4.91E−06	2.30E−06	2.21E−05	6.50E−05
ARCH{1}/α	0.0550	0.0535	0.0722	0.0120	0.0521	0.1115
GARCH{1}/β	0.9277	0.9229	0.9095	0.9826	0.9053	0.7585
Offset	0.00179	0.00060	−0.00010	0.00026	0.00020	−0.00038
DOF	5.62	5.37	3.66	4.17	7.66	3.57
	S_{19}	S_{20}	S_{21}	S_{22}	S_{23}	S_{24}
Constant	1.29E−06	1.15E−05	7.42E−06	6.49E−05	2.86E−05	5.23E−05
ARCH{1}/α	0.0413	0.0596	0.0766	0.1310	0.0555	0.1363
GARCH{1}/β	0.9587	0.8947	0.9026	0.6492	0.8645	0.8176
Offset	0.00018	−0.00014	−0.00006	0.00014	0.00051	0.00268
DOF	3.71	3.87	4.40	3.68	7.67	6.34

（续上表）

	S_{25}	S_{26}	S_{27}	S_{28}	S_{29}	S_{30}
Constant	1.31E–05	1.95E–05	7.50E–06	3.29E–05	1.03E–03	2.66E–05
ARCH{1}/α	0.0480	0.1930	0.0516	0.0597	0.0270	0.0352
GARCH{1}/β	0.9355	0.7028	0.9316	0.8791	0.1176	0.9371
Offset	–0.00058	0.00070	–0.00013	0.00002	–0.00039	–0.00003
DOF	3.29	6.41	3.85	7.76	5.45	6.00

由上表可得出对数收益率条件方差模型为：

$$\begin{cases} r_t = Offset + \varepsilon_t \\ \varepsilon_t = \sigma_t e_t, \quad \dfrac{\varepsilon_t^{\ 2} / I_{t-1}}{\sigma_t} \sim t(m) \\ \sigma_t^{\ 2} = \omega + \alpha\varepsilon_{t-1}^{\ \ 2} + \beta\sigma_{t-1}^{\ \ 2} \end{cases}$$

以 S_1 为例检验拟合效果。对序列 S_1 做 GARCH（1, 1）–*t* 估计，其最大对数似然距离为 1185.19，*AIC* 为 –2360.39，*BIC* 为 –2339.46，在 5% 置信水平下各参数估计值均显著。

从图 4–8 可以看出，首先，经过 GARCH（1, 1）–*t* 模型拟合后的序列残差，其逆累积分布函数满足正态分布，说明该模型拟合效果较好。另外，本书还对残差进行 *LBQ* 检验和 *JB* 检验，计算结果显示，在 5% 置信水平下，*Q* 统计量为 12.4787，小于临界值 31.4104，接受原假设，即不存在序列自相关；*JB* 检验中 *p* 值为 0.1647，无法拒绝原假设，残差满足正态分布。

综上，模型拟合效果优越，分布选取较好。据此，我们估计了 GARCH（1, 1）模型。

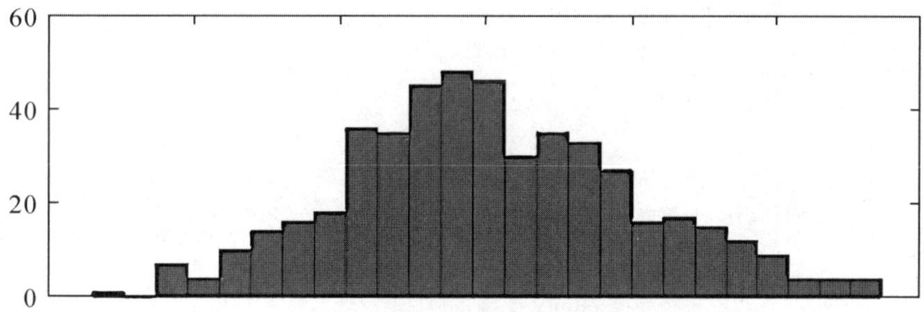

残差的逆累积分布函数柱状图

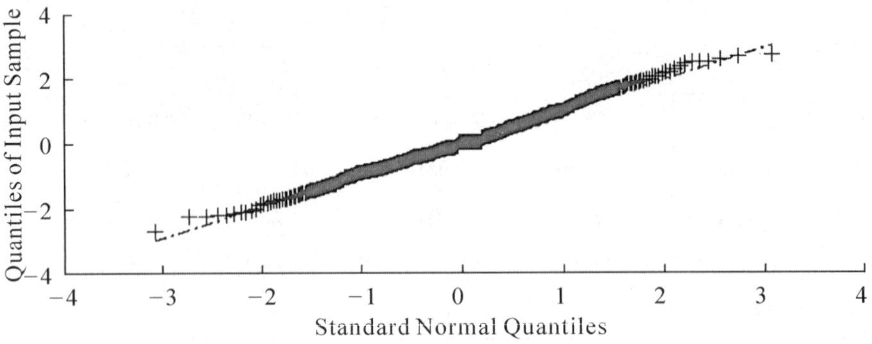

图 4-8 残差的逆累积分布函数柱状图及 QQplot 图

四、Python 程序

案例一中模型估计相关的 Python 程序如下：

```
#平稳性检验
for i in range(0,m):
    print(ts.adfuller(x.T[i]))#返回测试统计；MacKinnon 基于 MacKinnon 的近似 p 值；使用的滞后数量，用于 ADF 回归的观察数和临界值的计算；测试统计数据的临界值为 1%，5%和 10%；如果 autolag 不是 None，则最大化信息标准；一个虚拟类，其结果作为属性附加

#判断收益率序列自相关和偏相关阶数
at=np.zeros((m,n))
for i in range(0,m):
    at[i]=r[i]-mu[i]
acf=np.zeros((m,n))
for i in range(0,m):
    acf[i]=ts.acf(at[i]**2,nlags=n-1,fft=False)
plt.figure()
plt.plot(tradedate,at[0]**2)
plt.title("收益率残差平方序列图")
plt.show()
plt.figure()
plot_acf(at[0]**2)
plt.title("收益率残差平方序列自相关函数图")
plt.show()
plot_pacf(at[0]**2)
plt.title("收益率残差平方序列偏自相关函数图")
plt.show()

#ARCH 效应检验
LjungBox=np.zeros((m,1))
for i in range(0,m):
    LjungBox[i]=ts.q_stat(ts.acf(r[i]**2,nlags=n-1,fft=False)[0:m],len(r[i]))[1][-1]
```

```
print(LjungBox) #观测 p 值明显的小于 0.05，所以可以拒绝收益率的平方是白噪声。即原
序列存在 ARCH 效应

#依据 SIC 和 AIC 准则确定 GARCH 模型的 p 与 q 取值并确定最合适的残差分布
  minsic=ones(1,n).*realmax;
  bestp=zeros(1,n);bestq=zeros(1,n);dsb=zeros(1,n);mth=zeros(1,n);
  for i=1:n
    aic0=zeros(5,5);sic0=zeros(5,5);
    aic1=zeros(5,5);sic1=zeros(5,5);
    aic0t=zeros(5,5);sic0t=zeros(5,5);
    aic1t=zeros(5,5);sic1t=zeros(5,5);
    nis=size(r,1);
    for p=1:5
      for q=1:5
        Mdl=garch(p,q);Mdl.Offset=NaN;Mdl.Distribution='Gaussian';
        [EstMdl,EstParamCov,LLF,info]=estimate(Mdl,r(:,i),'display','off');
        aic0(p,q)=-2*LLF+2*(p+q);sic0(p,q)=-2*LLF+log(nis)*(p+q);
        if sic0(p,q)<minsic(i)
          minsic(i)=sic0(p,q);bestp(i)=p;bestq(i)=q;dsb(i)=1;mth(i)=1;
        end
        Mdl=arima('ARLags',1,'Variance',garch(p,q));
        Mdl.Distribution='Gaussian';
        [EstMdl,EstParamCov,LLF,info]=estimate(Mdl,r(:,i),'display','off');
        aic1(p,q)=-2*LLF+2*(p+q+1);sic1(p,q)=-2*LLF+log(nis)*(p+q+1);
        if sic1(p,q)<minsic(i)
          minsic(i)=sic1(p,q);bestp(i)=p;bestq(i)=q;dsb(i)=1;mth(i)=2;
        end
        Mdl=garch(p,q);Mdl.Offset=NaN;Mdl.Distribution='t';
        [EstMdl,EstParamCov,LLF,info]=estimate(Mdl,r(:,i),'display','off');
        aic0t(p,q)=-2*LLF+2*(p+q+1);sic0t(p,q)=-2*LLF+log(nis)*(p+q+1);
        if sic0t(p,q)<minsic(i)
          minsic(i)=sic0t(p,q);bestp(i)=p;bestq(i)=q;dsb(i)=2;mth(i)=1;
        end
        Mdl=arima('ARLags',1,'Variance',garch(p,q));Mdl.Distribution='t';
        [EstMdl,EstParamCov,LLF,info]=estimate(Mdl,r(:,i),'display','off');
        aic1t(p,q)=-2*LLF+2*(p+q+2);sic1t(p,q)=-2*LLF+log(nis)*(p+q+2);
        if sic1t(p,q)<minsic(i)
          minsic(i)=sic1t(p,q);bestp(i)=p;bestq(i)=q;dsb(i)=2;mth(i)=2;
        end
      end
    end
  end

#建立 GARCH(1,1)-t 模型
parm=np.zeros((m,6))
pvalue=np.zeros((m,6))
c_v=np.zeros((m,n))
rs=np.zeros((m,n))
for i in range(0,m):
    am=arch.arch_model(r[i]*100,p=1,q=1, dist='skewt')
    res=am.fit(update_freq=0)
    parm[i]=np.array(res.params)
    pvalue[i]=np.array(res.pvalues)
    c_v[i]=res.conditional_volatility
```

```
    rs[i]=res.resid

#以 S1 为例分析 GARCH（1,1）-t 拟合效果
am=arch.arch_model(r[0]*100,p=1,q=1, dist='skewt')
res=am.fit(update_freq=0)
res.plot()
plt.show()
sm.qqplot(rs[0],line='s')
plt.show()
lbtest=ts.q_stat(ts.acf(rs[0]**2,nlags=n-1,fft=False)[0:m],len(r[i]))[1][-1]
jbtest=stats.jarque_bera(rs[0]**2)

#t-copula 函数参数估计
degrees_of_freedom=5.5
t_cop=copulae.TCopula(dim=m,df=degrees_of_freedom)
data2=loadmat('pydata.mat')
C=data2['C']
eta=data2['eta']
rs=data2['rs']
```

【案例二：最优波动率估计甄别】

本章我们介绍了如何利用 ARCH 模型、EWMA 模型和 GARCH 模型测算市场波动率，这几种动态模型各有各的特点。为了更好地量化评价模型的优劣，我们将针对以上三种模型使用沪深 300 指数进行建模，分析波动率的走势并做出解释。

一、动态估计结果

从图 4–9 中三幅图的变化趋势可以看出，经历了 2008 年金融危机之后，市场保持了一段相对平稳的经济增长，股市虽偶有波动，但总体上趋于稳定。但从 2015 年开始，股市波动剧烈，基本上可以分为前波峰和后波峰，分别对应两段具有特殊意义的时期。前波峰是上升时期，后波峰则对应“股灾”时期，大盘呈现股灾式暴跌。市场经过的波动现象历史罕见，然而在股市的疯狂上涨中也埋藏着大量潜在的危机和风险，如市场风险、流动性风险、操作风险和价格风险等。因此我们通过科学地观察这些股市的波动现象，有效地估计未来股市波动率的走向，制定有效合理的金融风险管理制度，将有助于投资者清楚认识到投资风险分析的重要性。

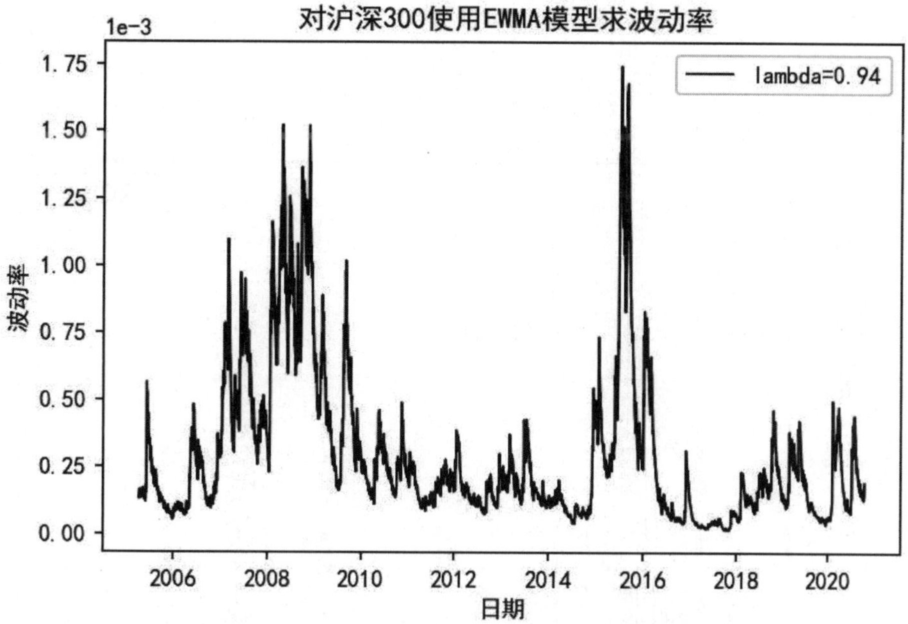
对沪深300使用EWMA模型求波动率
1e-3
lambda=0.94
波动率
日期
0.00
0.25
0.50
0.75
1.00
1.25
1.50
1.75
2006
2008
2010
2012
2014
2016
2018
2020

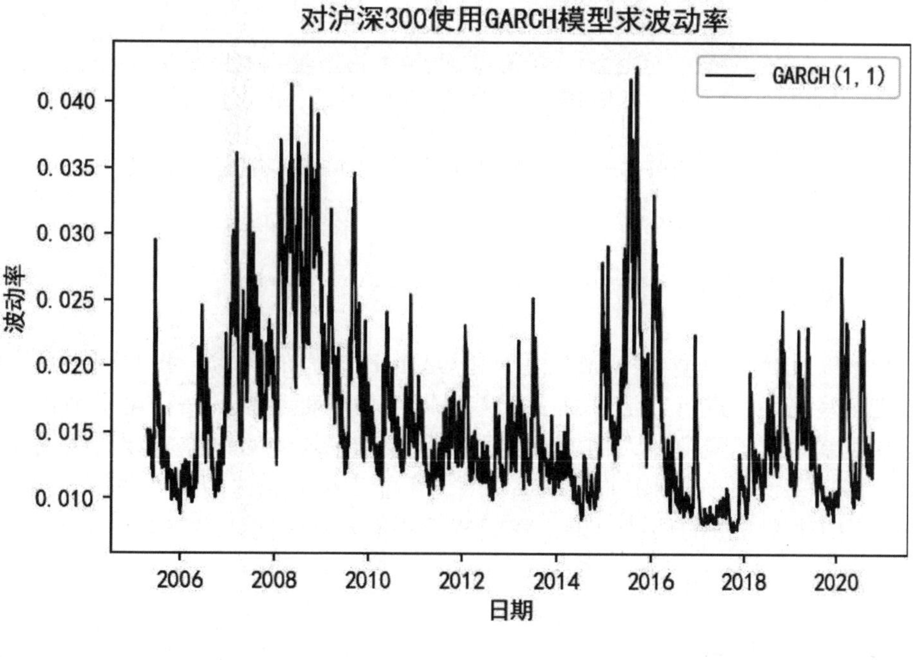
对沪深300使用GARCH模型求波动率
GARCH(1, 1)
波动率
日期
0.010
0.015
0.020
0.025
0.030
0.035
0.040
2006
2008
2010
2012
2014
2016
2018
2020

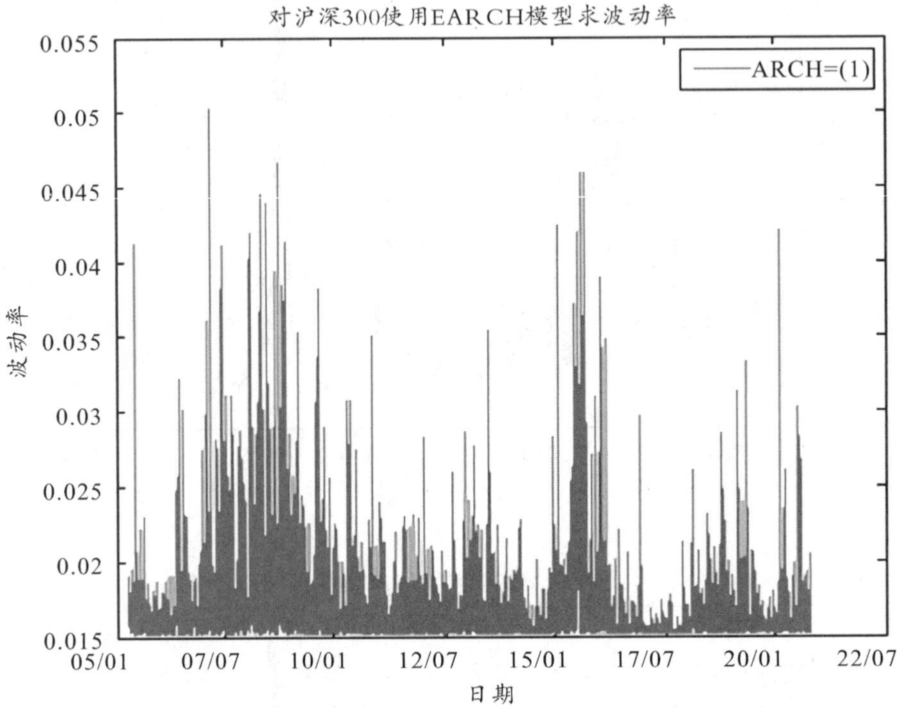

图 4-9　EARCH 模型、EWMA 模型、GARCH 模型估计结果

二、最优波动率估计甄别

为了评价 ARCH 模型、EWMA 模型和 GARCH 模型的优劣，我们利用真实值与预测值得到误差统计量进行方法评估。误差可以分为两种类型：一种是系数误差，另一种是残差误差。在实践中，人们经常用平均误差和平均绝对误差来评价波动率的估计能力。但是我们无法知道真实的波动率，因此不能直接采用这两种方法作为误差准则。为了比较不同建模方法的估计效果，我们基于评价方法对估计误差甄别最优波动率：

$$EMSE=\frac{1}{n}\sum_{i=1}^{n}\left(\sigma_i^2-u_i^2\right)^2$$

$$EMAE=\frac{1}{n}\sum_{i=1}^{n}\left|\sigma_i^2-u_i^2\right|^2$$

$$LINEX=\frac{1}{n}\sum_{i=1}^{n}\left\{\exp\left[-\lambda\left(\sigma_i^2-u_i^2\right)\right]+\lambda\left(\sigma_i^2-u_i^2\right)-1\right\}^2$$

EMSE 统计量、*EMAE* 统计量是对称的评价标准，波动的偏高和偏低的预测结果

相同。在实证分析中，波动预测低比预测高的后果更严重，因此应该给偏低预测更大的权重。*LINEX* 统计量就是为了解决这些问题而形成的非对称评价标准。*LINEX* 统计量中，$\lambda > 0$，组合一个偏低预测的指数函数，一个偏高预测的线性函数，即一个线性变化、一个指数变化，相当于给偏低预测一个更大的权重（见表 4-9）。

表 4-9　GARCH（1, 1）-*t* 系数

模型	*EMSE*		*EMAE*		*LINEX*	
	Value × 10^{-7}	Rank	Value × 10^{-4}	Rank	Value × 10^{-7}	Rank
ARCH	5.0172	2	3.5147	3	2.5005	2
EWMA	6.0725	3	2.9828	1	3.031	3
GARCH	3.6470	1	3.3068	2	2.3208	1

我们从表 4-9 的三个评价标准可知，GARCH 模型在各项指标中获得最优，是因为考虑到波动因素对参数的影响。沪深 300 指数在中国股票市场中极具代表性，这为中国股票市场的波动性估计提供了重要的实证参考，且在这三种指标下能取到较好的结果，特别是对经历了大起大落的 2015 年更具有特殊的意义。而 EWMA 模型较 ARCH 模型要好，这可能是因为 EWMA 模型是基于近期数据进行分析，数据更具有局域的时效性。因此，投资者可以构建正确的波动率模型对数据进行科学分析，并做出相应的预测。特别是，选择正确的波动率估计模型有助于后续投资者采取科学的方法对金融市场风险进行有效管理。

投资人可通过构建这些模型科学地分析数据，对市场做出合理的预测。

三、Python 程序

```
#对沪深 300 使用 EWMA 模型求波动率
import numpy as np
import scipy.io as scio
import datetime
from scipy import stats
import matplotlib.pyplot as plt
```

```
plt.rcParams["font.sans-serif"]=["SimHei"]
plt.rcParams["axes.unicode_minus"] = False
#正常显示画图时出现的中文和负号
data=scio.loadmat('vola.mat')
t0=[]
x=[]
for i in range(0,len(data['t0'])):
    t0=np.append(t0,data['t0'][i][0][0])
    x=np.append(x,datetime.datetime.strptime(t0[i],"%Y/%m/%d"))
x2=np.array(data['x0'])
r=np.diff(x2.T[0])/x2.T[0][:-1]
date=x[1:]
lamda=0.94
n=len(r)
s11=[np.var(r[0:9])]
for i in range(1,n):
    s11=np.append(s11,lamda*s11[i-1]+(1-lamda)*r[i-1]**2)
plt.xlabel("日期")
plt.ylabel("波动率")
plt.title("对沪深 300 使用 EWMA 模型求波动率")
plt.plot(date,s11,'r--',label='lambda=0.94')
plt.show()

#对沪深 300 使用 ARCH 模型求波动率
import numpy as np
import pandas as pd
import scipy.io as scio
import datetime
from scipy import stats
import arch
import matplotlib.pyplot as plt
import statsmodels.api as sm  # 统计相关的库
plt.rcParams["font.sans-serif"]=["SimHei"]
plt.rcParams["axes.unicode_minus"] = False
#正常显示画图时出现的中文和负号
data=scio.loadmat('vola.mat')
t0=[]
x=[]
for i in range(0,len(data['t0'])):
    t0=np.append(t0,data['t0'][i][0][0])
    x=np.append(x,datetime.datetime.strptime(t0[i],"%Y/%m/%d"))
x2=np.array(data['x0'])
r=np.diff(x2.T[0])/x2.T[0][:-1]
date=x[1:]
t=sm.tsa.stattools.adfuller(r)   # ADF 检验
print("p-value:    ",t[1])#p-value 小于显著性水平，拒绝原假设，因此序列是平稳的，接
下来我们建立 AR(p)模型，先判定阶次
fig = plt.figure(figsize=(20,5))
ax1=fig.add_subplot(111)
fig = sm.graphics.tsa.plot_pacf(r,lags = 20,ax=ax1)
order = (7,0)#AR(7)
model = sm.tsa.ARMA(r,order).fit()
#利用混成检验（Ljung-Box),检验序列 {a^2t} 的相关性，来判断是否具有 ARCH 效应
at = r-model.fittedvalues
at2 = np.square(at)
```

```
plt.figure(figsize=(10,6))
plt.subplot(211)
plt.plot(at,label = 'at')
plt.legend()
plt.subplot(212)
plt.plot(at2,label='at^2')
plt.legend(loc=0)
#然后对{a^2t}序列进行混成检验。原假设 H0:序列没有相关性，备择假设 H1:序列具有相关性
m = 25 # 我们检验 25 个自相关系数
[acf,q,p] = sm.tsa.acf(at2,nlags=m,qstat=True)   ## 计算自相关系数及 p-value
out = np.c_[range(1,26), acf[1:], q, p]
import warnings
warnings.filterwarnings("ignore")
output=pd.DataFrame(out, columns=['lag', "AC", "Q", "P-value"])
output = output.set_index('lag')
output
#p-value 小于显著性水平 0.05，我们拒绝原假设，即认为序列具有相关性。因此具有 ARCH 效应。
#ARCH 模型的建立
fig = plt.figure(figsize=(20,5))
ax1=fig.add_subplot(111)
fig = sm.graphics.tsa.plot_pacf(at2,lags = 30,ax=ax1)
plt.show()#看图粗略判断滞后 8 阶
am = arch.arch_model(r,mean='AR',lags=7,vol='ARCH',p=8)
res = am.fit()
res.summary()
res.params
res.hedgehog_plot()
plt.xlabel("日期")
plt.ylabel("波动率")
plt.title("对沪深 300 使用 ARCH 模型求波动率")
plt.show()

#对沪深 300 使用 GARCH 模型求波动率
import numpy as np
import pandas as pd
import scipy.io as scio
import datetime
from scipy import stats
import arch
import matplotlib.pyplot as plt
import statsmodels.api as sm   # 统计相关的库
plt.rcParams["font.sans-serif"]=["SimHei"]
plt.rcParams["axes.unicode_minus"] = False
#正常显示画图时出现的中文和负号
data=scio.loadmat('vola.mat')
t0=[]
x=[]
for i in range(0,len(data['t0'])):
    t0=np.append(t0,data['t0'][i][0][0])
    x=np.append(x,datetime.datetime.strptime(t0[i],"%Y/%m/%d"))
x2=np.array(data['x0'])
r=np.diff(x2.T[0])/x2.T[0][:-1]
date=x[1:]
```

```
t=sm.tsa.stattools.adfuller(r)  # ADF 检验
print("p-value:     ",t[1])#p-value 小于显著性水平，拒绝原假设，因此序列是平稳的，接
下来我们建立 AR(p)模型，先判定阶次
fig = plt.figure(figsize=(20,5))
ax1=fig.add_subplot(111)
fig = sm.graphics.tsa.plot_pacf(r,lags = 20,ax=ax1)
order = (7,0)#AR(7)
model = sm.tsa.ARMA(r,order).fit()
#利用混成检验（Ljung-Box),检验序列 {a^2t} 的相关性，来判断是否具有 ARCH 效应。
at = r-model.fittedvalues
at2 = np.square(at)
plt.figure(figsize=(10,6))
plt.subplot(211)
plt.plot(at,label = 'at')
plt.legend()
plt.subplot(212)
plt.plot(at2,label='at^2')
plt.legend(loc=0)
#然后对{a^2t}序列进行混成检验:原假设 H0:序列没有相关性，备择假设 H1:序列具有相
关性。
m = 25 #  我们检验 25 个自相关系数
[acf,q,p] = sm.tsa.acf(at2,nlags=m,qstat=True)   ## 计算自相关系数及 p-value
out = np.c_[range(1,26), acf[1:], q, p]
import warnings
warnings.filterwarnings("ignore")
output=pd.DataFrame(out, columns=['lag', "AC", "Q", "P-value"])
output = output.set_index('lag')
output
#p-value 小于显著性水平 0.05，拒绝原假设，即认为序列具有相关性。因此具有 ARCH
效应。
#GARCH 模型的建立
am = arch.arch_model(r,mean='AR',lags=7,vol='GARCH')
res = am.fit()
res.summary()
res.params
res.hedgehog_plot()
plt.xlabel("日期")
plt.ylabel("波动率")
plt.title("对沪深 300 使用 GARCH 模型求波动率")
plt.show()

#模型评价
function [EMSE EMAE LINEX]=pingjia(r,u)
    n=length(r);
    u=u(1:n);
    lambda=1;
    EMSE=0;
    EMAE=0;
    LINEX=0;
    EMSE=sum((r.^2-u.^2).^2);
    EMAE=sum(abs(r.^2-u.^2));
    LINEX=sum((exp(-lambda*(r.^2-u.^2))+lambda*(r.^2-u.^2)))-n;
end
```

【本章小结】

金融时间序列数据大多呈现自相关、条件异方差、波动集聚和厚尾等现象，因此，对收益率序列进行特定的波动率建模具有重要现实意义，其在期权价格预测、投资组合配置、风险管理和量化投资决策等方面具有深远的影响。本章主要介绍了几种波动率的估计方法，简单阐述了金融市场波动率建模的理论。随着金融研究的不断推进，市场的波动率估计模型也不断丰富，更多基于跳跃、混频的模型的出现，既为投资者和筹资者带来了更加多元化的选择，同时也增添了投资者在决策选择中的困难。本章为读者提供了当前主流的一些经典的波动率估计方法，而准确识别和估计波动率也能够为投资者后续的风险管理以及量化投资策略模型的构建提供重要的数据支持。

【课后习题】

1. 以中国平安股票为例，任意选取近 21 天的日度历史交易数据，并以此计算该只股票的标准差波动率。

2. 证明：GARCH 模型中的 ε_t 自相关系数为 0。

3. 以格力电器股票为例，选取 2011—2020 年的月度历史交易数据，计算出简单收益率和对数收益率，并回答以下几个问题：

（1）画出其对数收益率的时间序列图，判断是否为平稳序列，解释为什么要使用对数收益率。

（2）对数收益率是否存在显著的序列相关性？如果存在，如何解决序列相关性问题？

（3）对数收益率序列是否存在 ARCH 效应？请给出具体的证明过程。

（4）使用 ARCH 模型拟合数据，并写出拟合的模型。

4. 考虑一个强平稳的 ARCH（1）模型：$\varepsilon_t=\sigma_t e_t$，$\sigma_t^2=\alpha_0+\alpha_1\varepsilon_{t-1}^2$，其中 e_t 是一个白噪音，常数 $\alpha_0>0$，$\alpha_1\in\left(0,\frac{\sqrt{3}}{3}\right)$。

（1）求解 $E\left(\varepsilon_t^2\right)$ 和 $E\left(\varepsilon_t^4\right)$。

（2）将 ε_t^2 表示成 AR（1）的形式。

5. 以贵州茅台股票为例，选取 2011—2020 年的月度历史交易数据，计算简单对数收益率，对其建立一个 GARCH 模型，然后计算以 2015 年 12 月为预测原点的向前一步至五步的波动率预测值。

6. 考虑上证 50 指数、贵州茅台股票从 2011 年 1 月至 2020 年 12 月的月对数收益率，构建一个 BEKK-GARCH 模型用来拟合这个二元时间序列，并且画出动态相关系数图。

7. 选取比特币现货从 2015 年 1 月至 2020 年 12 月的日收益率数据作为样本，拟合一个 Jump-GARCH 模型，依次描述跳跃的幅度、跳跃集聚性、跳跃波动在总波动中所占的比例，跳跃强度对条件方差的反馈效应，并画出跳跃波动在总波动中所占比重的时变图。

8. 选取 2011 年 1 月至 2020 年 12 月上证综指日度数据和中国经济不确定性指数的月度数据，利用 GARCH-MIDAS 模型分析经济政策不确定性指标对我国股市波动率的影响，并解释其中的机理。

9. 以紫金矿业股票为例，选取 2011 年至 2020 年的日度历史交易数据，计算日对数收益率。

（1）该对数收益率序列是否存在 ARCH 效应?

（2）对序列建立一个 EGARCH 模型，杠杆效应在 5% 的显著性水平下是否显著?

（3）对序列建立一个 TGARCH 模型，并检验所拟合的模型是否存在杠杆效应。

10. 以上汽集团股票为例，选取 2011 年至 2020 年上证综指日度数据，构建一个 APARCH 模型，分别在标准正态分布、学生 *t* 分布、广义误差分布三种假设下计算上证综指波动率，然后计算 *VaR*，最后运用回测检验比较 GARCH 模型和 APARCH 模型的拟合优度。

11. 选择任一股票，完成 MA、EWMA、ARCH、GARCH 或非线性 GARCH 族的波动率估计，完成基于上述不同波动率测度的 *VaR* 估计。

12. 选择任一股票，采用本章方法估计波动率，评价哪种波动率最适合，并解释为什么。

第五章

风险管理之市场风险度量

本章阅读指引：

在量化投资中，最备受关注的风险管理技术是 *VaR* 和 *ES* 方法。而传统市场风险衡量技术，例如标准差、股票的 β 系数、希腊字母、债券的持续期或修正持续期等方法都只能适用于特定的金融产品或特定的范围。虽然上述风险度量对交易员十分重要，但仍然太过片面，在现实中金融机构的交易组合往往取决于成千上万个市场变量，因此并不能为金融机构的高管以及监管人员提供一个关于整体风险的完整图像。在这样的背景之下，JP Morgan 在 1994 年开发出世界上第一个 *VaR* 模型，用于测量不同交易组合的整体风险。在 1995 年巴塞尔银行监管委员会将 *VaR* 纳入商业银行的资本充足性要求之后，*VaR* 开始逐渐成为新的衡量金融风险的标准。本章将首先对 *VaR* 定义以及优缺点进行介绍，随后过渡到另一个同样衡量交易组合整体风险的重要指标——*ES*，该指标具有比 *VaR* 更优秀的特质。作为扩展，本章也会对系统性金融风险指数（*SRISK*）进行介绍。为了方便读者了解如何在实际操作中计算 *VaR* 和 *ES*，本章在最后一节给出了基于 Python 的实现案例。

第一节　VaR 概述

一、VaR 的定义

在险价值（Value at Risk, VaR）按字面意思理解就是“处于风险的价值”，其具体含义是投资者的金融资产或证券组合在未来资产价格波动下所造成的可能或潜在的最大损失，即在正常的市场条件下，投资者的金融资产或者投资组合在某一特定置信水平下未来特定展望期内期望亏损的最大值，用数学语言可表示为：

$$Prob(\Delta P < -VaR) = (100 - X)\ \% \qquad (5\text{–}1)$$

公式（5–1）中的 ΔP 表示的是在 T 时间段中资产价格的变化。公式（5–1）主要表述的意思是：我们有 $X\%$ 的把握在 T 时间段损失不会大于 VaR。

VaR 可以由交易组合在 T 时间段内的收益概率分布得出，也可以由损失概率分布得出（对于前者，损失可以认为是负收益，见图 5–1；对于后者，收益可以认为是负损失，见图 5–2）。例如，当 T 为 10 天，X=99% 时，VaR 对应于交易组合在 10 天后收益分布中第 1 个分位数对应的损失，或者 VaR 对应于交易组合在 10 天后损失分布中第 99 个分位数对应的损失。更一般的情况下，当采用收益分布时，VaR 为如图 5–1 所示收益分布的第 100–X 分位数的负值（当采用损失分布时，VaR 则为损失分布的第 X 分位数的值）。

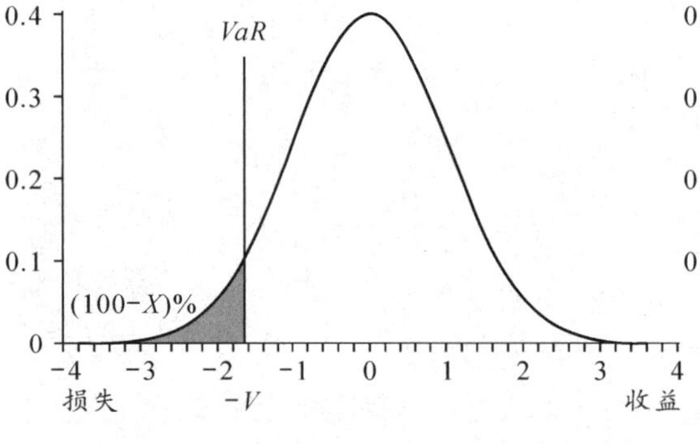

图 5–1　交易组合在 T 时间段的收益分布

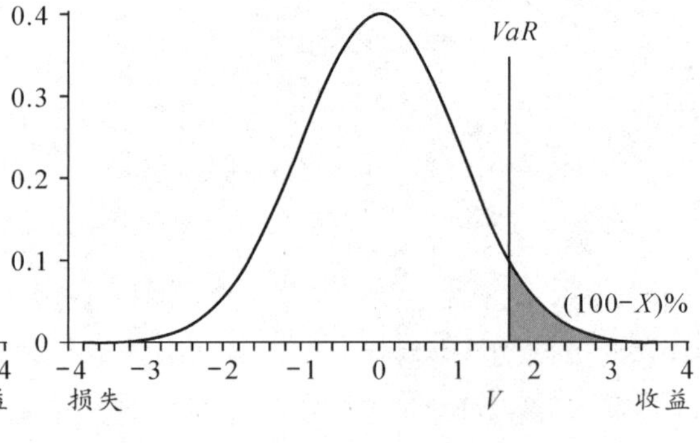

图 5–2　交易组合在 T 时间段的损失分布

【例 5–1】当 T 为 10 天，X=99% 时，VaR 对应于交易组合在 10 天后收益分布中第 1 个分位数的负数；另外一种情况是，VaR 对应于交易组合在 10 天后损失分布中第 99 个分位数的负数。为了更好地理解 VaR，本节给出另外一个具体的例子。假设一个基金经理希望在接下来的 10 天时间内其所管理的基金价值损失不超过 1000000 元的概率为 95%，则可以将其写作数学公式：

$$Prob(\Delta V < -1000000) = 5\%$$

其中，ΔV 为投资组合价值的变动。本例的置信度为 95%。

二、VaR 的计算

VaR 的计算方法大体上可分为两种：局部估值法（Local-valuation Method）和完全估值法（Full-valuation Method）。

局部估值法是指在投资组合的特定状态进行一次估值，并利用局部的数学分析来推测变化趋势进而求出 *VaR*。方差—协方差法是最典型的局部估值法。当投资组合的市场价值与风险因子呈线性相关时，该估值法非常有效。

完全估值法需要通过模拟各种情境下资产组合的收益并重新定价来全面评估衡量资产组合的风险。历史模拟法和蒙特卡罗模拟法是典型的完全估值法。

（一）方差—协方差法

VaR 计算中最常见的方法便是方差—协方差法，该方法先计算资产收益的标准差和相关系数，再根据这些方差和协方差计算得到组合的标准差，从而确定 *VaR* 的值。该方法的不足之处在于假定了资产价格服从正态分布，其准确性和可信性有待考究；其优点在于简化了 *VaR* 的运算，为普通投资者和管理者提供了便利的风险管理工具。接下来将向读者介绍方差—协方差中的线性和非线性计算方法。

1. 线性计算方法

具体而言，假设资产的价值为 S，持有期限为 T，要求的置信度为 X，那么单一资产的 *VaR* 可以简单地表示为：

$$VaR = S\sigma_{\text{day}} N^{-1}(X\%)\sqrt{T} \qquad (5\text{-}2)$$

因此，*VaR* 是资产价值（S）、持有期限（T）、波动率（σ_{day}）与置信水平（$X\%$）的函数。这种方法可以推广到正态分布和其他累积概率函数，其中所有的不确定性都体现在 σ 上，其他的分布会得到不同置信水平下的对应临界值。

对于较长的时间度量，此时应考虑对资产价值的漂移加以修正，即采用收益率的漂移来进行修正。如果漂移率为 μ，则上式修正为：

$$VaR = S[\mu T + \sigma_{\text{day}} N^{-1}(X\%)\sqrt{T}] \qquad (5\text{-}3)$$

【例 5-2】投资者 A 持有一价值 500 万元的 B 公司的股票头寸，B 公司股票的日波动率为 3%，假定该资产的价值变动呈正态分布，并且该股票的预变动即漂移率为 0（这对于很短的持有期限是正确的）。计算该资产持有期限 10 天、置信水平为 99% 的 *VaR*。

解：

$$VaR = S\sigma_{\text{day}} N^{-1}\left(X\%\right)\sqrt{T} = 500 \times 0.03 \times N^{-1}\left(0.99\right) \times \sqrt{10} = 110.522 \text{ 万元}$$

假设资产组合由 M 个资产构成，第 i 个资产的价值为 α_i，波动率为 σ_i，而第 i 个资产和第 j 个资产之间的相关系数为 ρ_{ij}，则该资产组合的 *VaR* 的计算公式为：

$$VaR = \sigma_P N^{-1}(X\%)\sqrt{T} = N^{-1}(X\%)\sqrt{T}\sqrt{\sum_{i=1}^{M}\sum_{j=1}^{M}\alpha_i\alpha_j\sigma_i\sigma_j\rho_{ij}} \tag{5-4}$$

其中，α_i 就是投资组合初始价值分解后各风险因子对应的头寸，可以解释为投资组合价值对各风险因子的敏感性。

可以看到，在正态分布的假设条件下，只要我们根据资产的历史数据计算得到资产的标准差，便可以利用公式（5–2）、（5–3）和（5–4）估计得到资产的 *VaR*。

【例 5–3】某投资基金的资产组合由价值 100 万元的 X 公司股票和价值 200 万元的 Y 公司股票构成。X 公司股票的日波动率为 3%，Y 公司股票的日波动率为 2%，且 X 公司股票和 Y 公司股票收益率之间的相关系数为 0.5。计算该组合持有期限为 30 天、置信水平为 99% 的 *VaR*（单位：百万元）。

解：

$$\begin{aligned} VaR &= N^{-1}\left(X\%\right)\sqrt{T}\sqrt{\sum_{i=1}^{M}\sum_{j=1}^{M}\alpha_i\alpha_j\sigma_i\sigma_j\rho_{ij}} \\ &= N^{-1}\left(99\%\right)\sqrt{30}\sqrt{1^2 \times 0.03^2 + 2^2 \times 0.02^2 + 2 \times 1 \times 0.03 \times 2 \times 0.02 \times 0.5} = 0.78 \text{百万元} \end{aligned}$$

2. 资产组合的非线性 *VaR* 模型

以上讨论的是在正态分布假设和线性假设下的 *VaR* 模型。如果资产组合中出现期权等具有非线性性质的金融产品，则上述线性模型就无法使用，需要使用非线性模型。

学术界一般假设资产价格 S 服从最简单的几何布朗运动：

$$\frac{\mathrm{d}S_t}{S_t} = \mu_t \mathrm{d}t + \sigma_t \mathrm{d}z_t \tag{5-5}$$

参数 μ_t 和 σ_t 分别表示收益率的漂移率和波动率，根据伊藤引理可以求出期权价值变动的微分方程式如下（忽略利率和收益波动率的变动）：

$$\mathrm{d}f = \frac{\partial f}{\partial S}\mathrm{d}S + \frac{1}{2}\frac{\partial^2 f}{\partial S^2}\left(\mathrm{d}S\right)^2 + \frac{\partial f}{\partial t}\mathrm{d}t + \cdots \tag{5-6}$$

其中 $\frac{\partial f}{\partial S} = Delta$，$\frac{\partial^2 f}{\partial S^2} = Gamma$。由于 *Gamma* 项的存在，资产组合与风险因子的关系不再是简单的线性关系。在这种情况下，上述线性模型的准确性就大大降低，因而必须采用非线性模型来估计，接下来将对常见的两种非线性模型进行介绍。

（1）Delta 近似法。

考虑一个由单一的标的证券的衍生证券组成的投资组合。期权或期权投资组合对标的证券的敏感度为 *Delta*，用 Δ 表示，则有 $\Delta=\frac{\partial f}{\partial S}$，即 $\partial f=\Delta\partial S$，其中 f 是期权的价值，S 是标的证券的价值。令 $\mathrm{d}x=\frac{\mathrm{d}S}{S}$，近似地我们有 $\mathrm{d}f=\Delta\mathrm{d}S=S\Delta\mathrm{d}x$。如果标的证券价格变动分布的标准差为 $\sigma S\sqrt{T}$，那么期权价格变动分布的标准差为 $\sigma S\Delta\sqrt{T}$。

对于存在着多个标的证券的期权组合来说，组合价值的变动和方差计算如下：

$$\mathrm{d}f=\sum_{i=1}S_i\Delta_i\mathrm{d}x_i \tag{5-7}$$

$$\sigma_{\mathrm{d}f}^2=\sum_i\sum_j\rho_{ij}\Delta_i\Delta_jS_iS_j\sigma_i\sigma_j \tag{5-8}$$

式中 Δ_i 代表第 i 个证券的 Delta 值，σ_i 代表第 i 个证券的标准差，ρ_{ij} 代表第 i 个证券和第 j 个证券之间的相关系数。此时便可以求解出该投资组合在展望期为 1 天和 $X\%$ 置信度下的 *VaR* 为：

$$VaR=N^{-1}(X\%)\sqrt{T}\sqrt{\sum_i\sum_j\rho_{ij}\Delta_i\Delta_jS_iS_j\sigma_i\sigma_j} \tag{5-9}$$

【例 5-4】Delta 近似的 *VaR* 计算

假定一交易组合由标的资产康泰生物股票以及科士达股票的期权所组成，康泰生物期权的 *Delta* 为 1000，科士达期权的 *Delta* 为 20000，康泰生物股票以及科士达股票的价格分别为 120 元和 30 元，由于 $\mathrm{d}f=\sum_{i=1}S_i\Delta_i\mathrm{d}x_i$，我们可得该组合价值变化的方程：

$$\begin{aligned}\mathrm{d}f&=120\times1000\times\Delta x_1+30\times20000\times\Delta x_2\\&=120000\times\Delta x_1+600000\times\Delta x_2\end{aligned}$$

式中 Δx_1 和 Δx_2 分别为康泰生物股票和科士达股票的日收益率，则 $\mathrm{d}f$ 是股票收益率所触发交易组合一天的价值变化（这一组合等价于 120000 元的康泰生物投资与 600000 元的科士达投资的组合）。假定康泰生物价格每天的波动率为 2%，科士达价格每天的波动率为 1%，康泰生物价格变化与科士达价格变化的相关系数为 0.3，我们得出该投资组合的标准差（以千元计）为：

$$\sqrt{VaR\left(\sum_{i=1}^{T}\Delta P_i\right)}=\sqrt{(120\times0.02)^2+(600\times0.01)^2+2\times120\times0.02\times600\times0.01\times0.3}=7.099$$

则 5 天展望期下 95% 置信度的 $VaR=N^{-1}(95\%)\sqrt{5}\times7.099=26193$ 元

（2）Delta-Gamma 近似法。

Delta 近似法只考虑了资产价值变化的一阶导数，因此，对于基本标的证券价格的微小移动，Delta 近似值是令人满意的。而对于较大的变动，更高阶的近似可以达到更好的效果，此时就要将 Gamma 效应或凸性效应结合进去，这就是以下将要介绍的另一种方法——Delta-Gamma 近似法。

图 5-3 中有三条不同的分布曲线：

第一条曲线显示的是基本标的证券的分布。它是一个具有 $\sigma S\sqrt{\Delta t}$ 的标准差的正态分布，在图中用粗线表示。

第二条曲线显示的是假定只用 Delta 近似得到的期权投资组合价值分布。它是一条具有 $\Delta\sigma S\sqrt{\Delta t}$ 标准差的正态分布曲线。

第三条曲线显示的是假定用 Delta-Gamma 近似得到的期权投资组合价值分布。

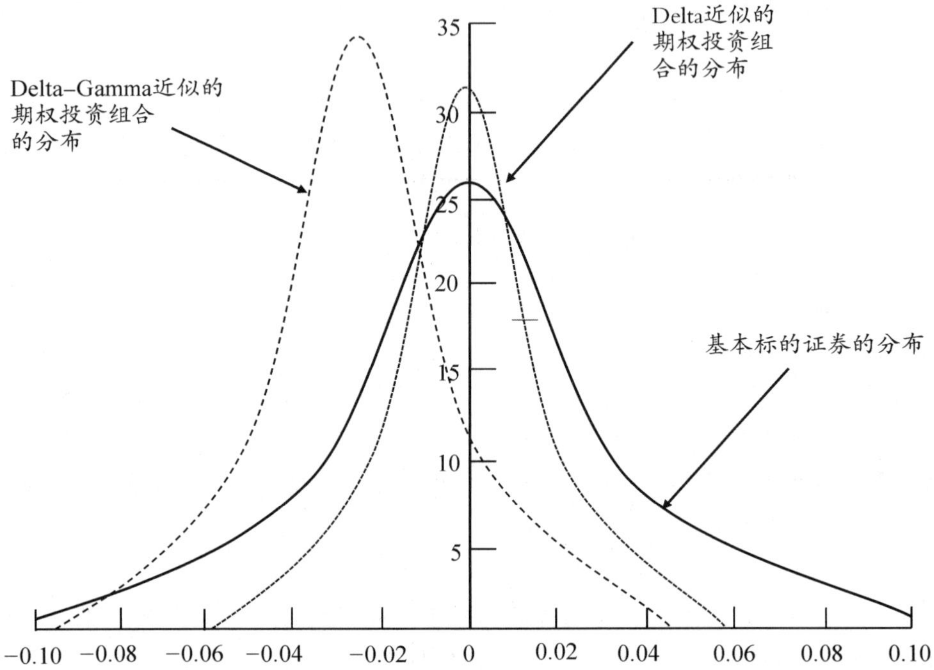

图 5-3　不同组合的价值分布

从图 5-3 可以发现由于受到 Delta 和 Gamma 效应的影响，投资组合的价值分布不再是一条正态分布的曲线。对于包含非线性性质金融产品的资产组合，线性估算方法将会产生较大偏差。

为了讲清楚如何使用 Delta-Gamma 近似法计算组合的 *VaR*，考虑一个仅包含单个资产的期权组合，设该资产价格为 S，投资组合的 Delta 为 Δ，Gamma 为 Γ，使用 Taylor 展开式计算资产价格的变化：

$$df = \frac{\partial f}{\partial S}dS + \frac{1}{2}\frac{\partial^2 f}{\partial S^2}(dS)^2 \approx \Delta dS + \frac{1}{2}\Gamma(dS)^2 \tag{5-10}$$

设该资产的收益率为 $dx=\frac{dS}{S}$，则公式（5–10）可以表示为：

$$df=S\Delta dx+\frac{1}{2}S^2\Gamma dx^2 \quad (5\text{–}11)$$

可将公式（5–11）扩展到包含多个资产的组合情形下：

$$df=\sum_{i=1}^{M}S_i\Delta_i dx_i+\frac{1}{2}\sum_{i=1}^{M}S_i^2\Gamma_i dx_i^2 \quad (5\text{–}12)$$

公式（5–12）可以用于计算 df 的高阶矩，运用这些高阶矩可以估算所要求的 *VaR* 对应的投资组合概率分布的分位数。但是这种方法不像线性模型那么好用，并且需假定投资组合价值的变化是正态分布的。这个公式的实际应用意义在于它可以与模拟法相结合，利用模拟法来估计 *VaR*。

（二）历史模拟法

根据 *VaR* 的定义，我们只要知道了资产的收益分布，就可以很容易求得某个资产的 *VaR*。因此，如果我们假设资产的收益分布不会发生变化（过去和现在的分布保持相同），那么我们就可以根据资产的历史数据来得到资产的收益分布，进而计算出 *VaR*，这种方法就叫历史模拟法，其核心在于资产价格过去与未来的收益分布不会发生变化。

使用历史模拟法计算 *VaR* 的步骤具体可以概括为三步：第一步，计算组合中第 i 只证券在时间 t 的收益率 $R_{i,t}$；第二步，计算出投资组合时间序列的收益率 $R_{p,t}=\sum_{i=1}^{N}W_{i,t}R_{i,t}$；第三步，将历史收益率数据按从小到大的顺序进行排列，根据给定的置信水平找到特定的排序（假设我们使用了 1000 个历史数据，95% 置信度下的 *VaR* 即为根据收益率大小排序的第 50 个位置的收益率数值）。

历史模拟法其本质是利用资产的历史收益率数据来估计该资产未来收益的概率分布，因此该方法简单方便，不需要对收益分布做出假设，也不用对资产收益的波动性、相关性等参数进行估计。与方差—协方差法相比，该方法的优势之处在于不需要对资产的收益分布进行假设。不过该方法也存在明显的弊端，其隐含的假设是未来的市场环境与历史相一致，而该假设在现实当中不一定成立。比如 2000 年前后在美国金融市场上发生的“互联网泡沫”，由于互联网属于新兴科技，在历史上出现的时间比较短，此前的美国金融市场并没遭遇过这样的泡沫，若要拿以前的数据来预测未来，结果可能会损失惨重。与此同时，历史模拟法需要的样本数据一般不能少于 1500 个，若数据太少可能会遗失重要信息，导致 *VaR* 估计的波动性和不精确性；但是如果数据太多、时间太过久远，则对于预测未来没有太大的帮助。

（三）蒙特卡罗模拟法

在 VaR 的计算方法中，方差—协方差法等局部估值法具有高灵敏度与简洁的优点。但因其对分布进行了正态或其他形式的特定假设，且方差等波动指标具有局部性的特点，面对真实证券市场中常见的尖峰厚尾、时变等非正态与非线性现象时，往往显得无能为力，或者出现较大的估计偏差。而基于模拟理论的完全估值法却能较好地解决此类问题。从随机理论可知，我们可以将任何资产的价格决定视作随机过程。那么，在对该随机过程进行模拟时，针对基金或基金组合的价格及收益等随机变量，我们都可以获得一个对应的可能值。当模拟的次数与频率足够大时，我们可以认为该项模拟已接近收敛于真实的分布情况。这就是模拟法的思想。我们可以就此进行 VaR 的计算。所不同的是，历史模拟法是在历史观察值的基础上，对未来损益的可能性进行模拟，从而得到估计的分布、分位数与 VaR；而蒙特卡罗模拟法对价格与收益的模拟并非基于历史数据，而是通过获得伪随机数、随机数来计算出 VaR。

作为一种完全估值法，蒙特卡罗模拟法的优点在于不仅能够分析度量非线性金融资产的市场风险甚至信用风险，而且可以有效处理收益率时间序列的高幅波动及尖峰厚尾问题。蒙特卡罗模拟法的操作同样包括三个主要步骤：第一步，选择适合描述资产价格途径的随机过程以及过程参数，比如，对于股价或汇率的随机过程，大多用几何布朗运动模型来描述；第二步，依据随机过程模拟虚拟的资产价格的所有可能路径情形；第三步，综合模拟结果，构建资产组合收益率分布，并以此计算投资组合的 VaR。

蒙特卡罗模拟法的缺点在于：一方面，需要我们对资产收益的分布进行设定，如果设定的分布不符合现实，同样会导致风险计算结果出现偏差；另一方面，需要繁杂的电脑技术和大量的复杂抽样，如果为了提高准确性则需要进行更多模拟，由此导致估计速度变慢，譬如一个因素的准确性要提高 10 倍，就必须将模拟数增加 100 倍以上。

在第六节中将会以案例的形式，向读者展现这三种方法在计算 VaR 方面的差异。

三、VaR 参数选择

正如前文所述，采用方差—协方差法时，我们通常假定交易组合的价值变化在某指定展望期服从正态分布，交易组合价值变化的期望值通常被假定为零。在这些假定之下，VaR 的计算变得较为简便，其计算公式为：

$$VaR = \sigma N^{-1}\left(X\right)\sqrt{T} \tag{5-13}$$

其中，X 为置信度；σ 为对应展望期的交易组合价值变化的标准差；$N^{-1}(\cdot)$ 为累积标准正态分布的反函数。公式（5–13）显示，无论对应于什么样的展望期以及置信度，VaR 与 σ 成正比。

【例 5–5】假定某交易组合在 30 天展望期上的价值变化服从正态分布，分布的期望值为 0，标准差为 1000 万元，30 天展望期的 99% *VaR* 为：$1000N^{-1}(0.99)=2325$ 万元。

由公式（5–13）可知，在计算单个资产的 *VaR* 时需设定两个参数：展望期及置信度。而在计算多个资产的 *VaR* 时，还需设定另外一个重要的参数，即资产之间的自相关系数，这些系数将会对资产组合的 *VaR* 估计结果造成不同程度的影响。

1. 展望期

计算 *VaR* 时，通常要根据不同的目的而选取特定的展望期。当资产组合的流动性较高、交易比较活跃时，则通常需要选取较短的展望期。这是因为在一个较长的展望期内，交易组合的成分往往已经发生较大的变化，此时的 *VaR* 将不具备参考价值。

对于一些交易频率较低的投资组合来说，常常需要选取较长的展望期。养老基金投资组合的管理人员往往会选择一个较长的展望期。这是因为此类投资组合的交易行为往往不太活跃，而且组合内的某些资产的流动性也不一定很好。

无论什么样的场合，在考虑市场风险时，风险管理人员往往要首先计算一天展望期的 *VaR* 或者 *ES*。对于其他的展望期，一个较为常用的假设为：

$$N-Day\ \ VaR=1-Day\ \ VaR\times\sqrt{N} \tag{5–14}$$

特别是，当交易组合价值变化在每天之间相互独立，并且服从正态分布以及期望值为零时，公式（5–14）是正确的，主要原因在于：

（1）N 个相互独立并且具有同等分布的变量的标准差等于 $\sqrt{N}$ 乘以任意一个分布的标准差。

（2）多个相互独立正态分布总和仍服从正态分布。

在金融机构中，内部 *VaR* 的计算最常选用 1 天的展望期。国际清算银行规定的作为计算银行监管资本的 *VaR* 的展望期为 10 天。置信水平通常选择 95%~99%。

2. 自相关性的影响

实际的投资环境十分复杂，因此，投资组合每天的价值变化之间并不总是独立的，定义 ΔP_i 为投资组合在第 i 天的价值变化。为了简化，假设投资组合每天的价值变化呈一阶自相关关系，并假定 ΔP_i 和 ΔP_{i-1} 的相关系数为 ρ，可得到 $\Delta P_i+\Delta P_{i-1}$ 的方差为：

$$\sigma^2+\sigma^2+2\rho\sigma^2=2(1+\rho)\sigma^2 \tag{5–15}$$

同时令 ΔP_{i-j} 和 ΔP_i 的相关系数为 ρ_j，则可以计算投资组合在 T 时期内的方差为：

$$\begin{aligned}VaR(\sum_{i=1}^{T}\Delta P_i)&=\sum_{i=1}^{T}\sigma^2+2\sum_{i>j}\rho_{ij}\sigma_i\sigma_j\\&=\sigma^2\left[T+2(T-1)\rho+2(T-2)\rho^2+\cdots+2\rho^{T-1}\right]\end{aligned} \tag{5–16}$$

表 5–1 展示当存在一阶自相关性时 T 天的 *VaR* 与一天的 *VaR* 的比率。

表 5-1 当存在一阶自相关性时 T 天的 VaR 与一天的 VaR 的比率

ρ 值	T=1	T=2	T=5	T=10	T=50	T=250
0	1.0	1.41	2.24	3.16	7.07	15.81
0.05	1.0	1.45	2.33	3.31	7.43	16.62
0.1	1.0	1.48	2.42	3.46	7.80	17.47
0.2	1.0	1.55	2.62	3.79	8.62	19.35

根据表 5-1 的结果可知，随着展望期越来越长，资产之间的自相关性对于 VaR 的估值影响越来越大。对于相同的展望期来说，一阶自相关性越大，则对于 VaR 的估值影响也会越大。

【例 5-6】假定某交易组合每天价值变化的标准差为 500 万元，每天价值变化的一阶自相关系数为 0.1，由公式（5-16）计算可得在今后 5 天交易组合价值变化的方差为：

$$500\times\left[5+2\times(5-1)\times0.1+2\times(5-2)\times0.1^2+\cdots+2\times0.1^{4-1}\right]\approx 879630$$

因此，该投资组合在 5 天后价值变化的标准差为 $\sqrt{879630}\approx 938$ 万元，同时 5 天展望期下的 95% $VaR=938\times N^{-1}(0.95)=1542$ 万元。可以发现 5 天后价值变化的标准差与一天价值变化的标准差的比率为 938/500=1.876。可见，在假设条件下，VaR 与标准差成正比。

3. 置信区间

计算 VaR 时选用的置信区间受许多因素影响。例如有一家银行想保持自己的 AA 信用评级，该银行通过计算得出，具有 AA 信用评级的公司在 1 年展望期内只有 0.01% 的破产可能，因此，银行在内部管理过程中可以采用 99.99% 置信区间，并且采用 1 年的展望期来计算资本金。例如，如果对所有敞口，展望期为 1 年、置信度为 99.99% 的 VaR 为 100 亿元，则意味着如果银行拥有 100 亿元资本金，在 1 年内破产（即将所有股本损失掉）的可能性只有 0.01%。银行也可将这一信息传达给评级公司，这一信息表明银行有资格得到 AA 信用评级。

由于对应于高置信区间 VaR 的估计会非常困难，因此在实际计算中所采用的置信区间往往比在银行报告中采用的置信区间要小得多，常用的置信度通常为 95%、97.5% 或 99%。对于不同置信区间 X 的 VaR 通常可以互相进行转换，例如假设已知置信区间为 X 的 VaR，则可以用该 VaR 来求出置信区间为 X^* 的 VaR，该公式为

$$VaR(X^*)=VaR(X)\frac{N^{-1}(X^*)}{N^{-1}(X)} \tag{5-17}$$

【例 5-7】假定一交易组合一天的 95% *VaR* 为 200 万元，同时假定交易组合的价值变化服从正态分布，期望值为 0，由公式（5-17）得出，1 天展望期的 *VaR* 为 282.8 万元。

第二节　边际 *VaR*、增量 *VaR*、成分 *VaR*

尽管 *VaR* 可以有效地描述组合的整体风险状况，但对投资者或组合管理者来说可能还远远不够，因为实际投资中的投资组合可能由若干子组合组成，且每个子组合对应不同的资产类别（如国内股票、国外股票、固定收益和衍生品等）。它们可能对应着不同的业务部门（如零售银行、投资银行和自营交易），甚至还可能对应一笔独立的交易。由于组合投资的分散化效应，组合中各资产独立计算得到的 *VaR* 之和一般不等于分散化后组合的 *VaR*。对于一个投资组合的风险计量和管理，如果只关注组合 *VaR*，就会忽略组合中各资产间的相关性。这就需要投资者或组合管理者进一步了解构成组合的每项资产头寸以及每项资产头寸的调整变化对整个组合风险的影响，也就是需要对组合 *VaR* 进行分解。接下来，本节将会对这些分解方法进行介绍。

一、边际 *VaR*（Marginal VaR，M-VaR）

第一个对组合 *VaR* 进行分解的方法为 *M-VaR*。所谓的 *M-VaR* 是指资产组合中资产的头寸变化而导致的组合 *VaR* 的变化。通过使用 *M-VaR*，我们可以获知投资组合中单个资产对分散化组合 *VaR* 的边际效应，换句话说，当组合 *VaR* 异常高时，应该怎样调整投资组合的持仓头寸才可以降低投资组合的总体风险敞口。设一个包含 n 个资产的投资组合，权重向量 $w=\left(w_1,\cdots,w_n\right)^{\mathrm{T}}$，则该组合的 *M-VaR* 为：

$$M-VaR_i=\frac{\partial VaR\left(w\right)}{\partial w_i} \tag{5-18}$$

M-VaR 刻画了各个资产对投资组合 *VaR* 的边际贡献，反映的是组合中资产头寸变化的灵敏度，为投资者决定下一笔资金投向哪里可以获得更好的效益提供了有效信息。另外，当投资者计划减仓并尽量多地降低风险时，可以通过选取 *M-VaR* 最大的资产头寸进行操作。

假设资产组合的收益率向量服从 n 维正态分布 $N\left(\mu,\sigma\right)$，可得到该投资组合在置信区间 X 下的 *VaR* 为：

$$VaR(w)=N^{-1}(X)\sigma_p\sqrt{\Delta t} \tag{5-19}$$

公式（5-19）中的 σ_p 代表资产组合收益的波动率，根据组合方差的定义可以推出：

$$\frac{\partial\sigma_p}{\partial w_i}=\frac{\mathrm{Cov}(R_i,R_p)}{\sigma_p^2}\sigma_p=\beta_i\sigma_p \tag{5-20}$$

结合公式（5-18）和公式（5-20），有 $M-VaR_i=\frac{\partial VaR(w)}{\partial w_i}=N^{-1}(X)\frac{\partial\sigma_p}{\partial w_i}\sqrt{\Delta t}=\beta_i VaR$，故此，可知 *M-VaR* 同资本资产定价模型的贝塔系数二者呈正相关关系。

二、增量 *VaR*（Increment VaR，I–VaR）

I–VaR 是一种标准的投资管理工具，可以用来制定提高收益和控制风险的投资策略。投资者通常关注投资组合中某些资产头寸所增加或减少的投资组合风险，或者是它们对当前组合风险的贡献。投资者通过研究因增加或去掉一种资产头寸所导致的整个组合 *VaR* 的净变，来确定该资产头寸预期的风险调整收益，或是测试它作为“对冲”风险的有效性。交易员通常对新交易的 *I–VaR* 感兴趣。

简言之，*I–VaR* 是指当一个资产头寸加入组合时新增的 *VaR*，或者说，从原组合删去一个头寸所减少的 *VaR*。在理论上，计算 *I–VaR* 最直接的方法是建立一个新投资组合，其包含该资产头寸，然后再评估新组合的 *VaR*，最后把它与原先的进行比较。

假设在原来的资产组合 $w=(w_1,\cdots,w_n)^{\mathrm{T}}$ 的基础之上，新增另外一个资产组合 $\mathrm{d}w=(\mathrm{d}w_1,\cdots,\mathrm{d}w_n)^{\mathrm{T}}$，并将调整后的资产组合的 *VaR* 记为 $VaR(w+\mathrm{d}w)$，于是 $\mathrm{d}w$ 的 *VaR*，亦即 *I–VaR* 可以定义为：

$$I\text{–}VaR\ (\mathrm{d}w)=VaR(w+\mathrm{d}w)-VaR(w)=\frac{\partial VaR(w)}{\partial w_i}\mathrm{d}w_i \tag{5-21}$$

I–VaR 提供了许多有用的信息。当 $I\text{–}VaR>0$，代表新增交易增加了当前组合的风险；当 $I\text{–}VaR<0$，代表新增交易起到了对冲的作用；当 *I–VaR*=0，代表新增交易是中性的。

三、成分 *VaR*（Component VaR，C–VaR）

若某资产组合 $w=(w_1,\cdots,w_n)^{\mathrm{T}}$ 中资产 i 的 *VaR*（记为 $C-VaR_i$）满足 $VaR(w)=\sum_{i=1}^{n}C-VaR_i$，则称 $C-VaR_i$ 为该资产 i 的 *C–VaR*。根据欧拉定理，如果有 $VaR=\sum_{i=1}^{n}\left(\frac{\partial VaR(w)}{\partial w_i}w_i\right)$，则第 i 个子交易组合的 *C–VaR* 被定义为 $C_i=\frac{\partial VaR(w)}{\partial w_i}w_i$。在日常风险管理中，通常用 *C–VaR* 来衡量一个组合中各个头寸的风险。

当 $C-VaR<0$，代表该资产可以对冲组合其余部分的风险；当 $C-VaR>0$，代表该资产增加了组合的风险；当 $C-VaR=0$，则表示该资产对组合的风险没有贡献，删除它并不影响 *VaR* 估计值。

根据定义，可以推出 *C–VaR* 具有以下特性：

（1）组合中所有资产的 *C–VaR* 之和恰好等于投资组合的 *VaR*；

（2）资产 *i* 的 *C–VaR* 恰好为资产 *i* 对投资组合 *VaR* 的贡献份额；

（3）若某资产的 *C–VaR* 为负，则该资产可对冲组合其余部分的风险，且对冲量为 *C–VaR*；

（4）当资产组合的 *n* 维收益率向量 *R* 服从 *n* 维正态分布 $N(\mu,\Sigma)$ 时，资产 *i* 的 *C–VaR* 为：

$$C-VaR_i=w_i\frac{\partial VaR(w)}{\partial w_i}=w_i\times M-VaR_i=w_i\times\beta_i\times VaR \tag{5–22}$$

【例 5–8】假设有一个由英镑和人民币两种货币构成的投资组合，两种资产的投资金额分别为 200 万元和 100 万元。为了简化问题，假设两种货币的相关系数为 0，且相对于美元的波动率分别为 6% 和 10%。试计算 95% 置信水平下该组合的 *VaR*、*M–VaR* 和 *C–VaR*。

解：根据题目所给信息，可求得该组合的波动率：

$$\sigma_p=\sqrt{(200\times6\%)^2+(100\times10\%)^2}=15.62$$

此时，可求得这一组合的 *VaR* 为 $1.645\times15.62=25.70$ 万元。为了求 *M–VaR*，可分别求出英镑和人民币的贝塔系数 β_1 和 β_2：

$$\beta_1=\frac{200\times6\%^2}{15.62^2}=0.003$$

$$\beta_2=\frac{100\times10\%^2}{15.62^2}=0.004$$

因此，英镑和人民币的 *M–VaR* 分别为 $0.003\times25.70=0.0771$ 万元和 $0.004\times25.70=0.1028$ 万元。利用公式（5–22）可以算出英镑和人民币的 *C–VaR* 分别为 $200\times0.0771=15.42$ 万元和 $100\times0.1028=10.28$ 万元。

第三节　*VaR* 的优点与局限性

一、*VaR* 的优点

由于 *VaR* 计算方便且容易理解，在金融市场上得到了广泛的应用。在 *VaR* 理论诞生之前，传统的金融风险管理工具只能对风险源进行片面的计算，对风险进行完整全面的定量分析在 *VaR* 理论提出以后才成为可能。一般来说，*VaR* 具有如下优点：

（1）*VaR* 适用面广，不仅适用于衡量包括利率风险、外汇风险、股价风险、商品价格风险和衍生金融工具风险在内的各种市场风险，而且适用于衡量不同金融工具构成的投资组合的市场风险和不同业务部门的总体市场风险。在过去，风险度量方法五花八门，例如希腊字母、久期和波动率等，但几乎没有令人满意的。尽管这些方法可以提供关于风险的直观理解，但是由于没有考虑市场之间波动率的差异和风险因素发生不利变动的概率以及风险因子之间的相关性，因而无法度量出总体投资组合在不利情况下的潜在损失。

VaR 模型的魅力就在于一个数字就可以反映整个投资组合所面临的风险，考虑组合的杠杆和风险分散效应以及提供一个与概率相联系的风险度量。常见的风险度量方法（如久期、波动率）等无法综合考虑各个不同市场中的风险。

（2）*VaR* 有利于比较不同业务部门之间的风险大小，有利于进行基于风险调整的绩效评估、资本配置和风险限额设置等。由于 *VaR* 描述的是组合的整体风险，因此，对于不同业务部门，仅需要计算出每个业务的 *VaR* 便可以对每个部门的风险有一个直观的感受。

（3）*VaR* 可以度量资产集中度风险，并为总量控制提供依据，有利于经济主体的决策高层对整个企业风险情况的判断，当然也有助于监管部门监测风险规模。*VaR* 的一个重要应用便是监控银行的资本充足率。巴塞尔银行监管委员会规定了商业银行覆盖它们交易组合市场风险的最低资本要求。这种规则定义了市场风险资本要求（Market Risk Charge，MRC），它是基于银行内部的 *VaR* 度量。巴塞尔银行监管委员会最初在 1996 年要求银行内部的 *VaR* 度量要满足以下三个条件：

（1）时期为 10 个交易日或者两周。

（2）置信水平为 99%。

（3）需要至少一年的历史数据，而且历史数据必须至少每个季度更新一次。

在内部模型法（Internal Models Approach，IMA）下，MRC 一般由市场风险资本要求加上其他部分计算得到，其计算公式如下：

$$GMRC_t = \max\left(k\frac{1}{60}\sum_{i=1}^{60}VaR_{t-i}, VaR_{t-1}\right) \quad (5\text{–}23)$$

公式（5–23）告诉我们金融机构的市场风险资本要求为：资产组合过去两个月内的 *VaR* 的平均值乘以一个事先给定的因子 k（最小值为 3）与前一个交易日 *VaR* 二者之间的最大值。

【例 5–9】在 95% 置信水平下 1 天的银行交易组合的 *VaR* 为 10000 元，那么下列哪个金额最接近市场风险资本要求？

（1）3000000 元。

（2）9500000 元。

（3）4200000 元。

（4）13400000 元。

根据题目所给的信息，先将置信水平从 95% 转换为 99%，并假设银行交易组合的收益符合正态分布，利用公式（5–23），可以计算出该银行应满足的市场风险资本金应该为 $3\times VaR\times\sqrt{10}=3\times100000(2.33/1.65)\times\sqrt{10}=13396000$ 元。

二、*VaR* 的局限性

尽管 *VaR* 看上去十分完美，但是该风险度量方法仍然存在一些不足。考虑一种特殊情况，如某一家银行的交易员的投资组合在某一特定展望期的 99%*VaR* 值为 5000 万元，交易员可以构造一个有 99.1% 的可能性每天的损失小于 5000 万元的投资组合，但是该组合却有 0.9% 的可能性损失超过 1 亿元。因此 *VaR* 实际上告诉我们的是尾部风险的均值，它没有告诉我们当市场陷入最糟糕的情况时的损失是多少。总结来说，*VaR* 这一风险度量方法的不足之处有以下五点：

（1）*VaR* 主要适用于正常市场条件下对市场风险的衡量，对市场价格的极端变动导致的资产组合的损失却无能为力。简单来说就是 *VaR* 没有给出关于损失分布的左尾的描述，它仅仅说明了这个损失值发生的概率，并没有提供任何关于损失分布的左尾信息。但是，对于两个相同的 *VaR* 数值来说，其收益的尾部分布可能是不相同的。举个简单的例子，对于一个收益呈正态分布的资产和一个收益呈尖峰厚尾分布的资产来说，其 *VaR* 数值很有可能是相同的，但是这两种资产市场价格发生极端变化的概率却是不同的。

（2）*VaR* 模型对历史数据的依赖性较大，如历史模拟法就直接依赖于大量的历史数据，同时 *VaR* 的度量结果会受到样本变化的影响。如果我们使用不同时期的数据，或者改变抽样时期的长度，我们都会得到一个不同的 *VaR*。不同的统计方法或者不同的简化处理都会导致不同的 *VaR*。通过试验可以发现，样本时期长度以及使用的统计

方法都可以影响 *VaR* 的精度。

（3）运用 *VaR* 进行风险衡量和分析时存在着所谓的模型风险（Model Risk），同样 *VaR* 模型往往会因为使用历史模拟法、蒙特卡罗模拟法等不同方法而得到不同资产收益的概率分布。这可能导致同样的资产组合却有不同的 *VaR* 值，*VaR* 的可靠性难以把握。

（4）正如第二点所提到的，对于 *VaR* 的估计一般需要资产过去大量的历史数据，因此 *VaR* 更适用于衡量流动性强且价格数据容易获取的资产的风险状况。但对于那些流动性较差的资产，如银行的长期贷款，*VaR* 衡量风险的能力则受到一定的限制。另外，*VaR* 度量和所有基于近期历史数据的风险度量都面临一个相同的问题。理论上，过去的数据应该能反映未来结果的范围。如果不行，那么，基于最近历史数据的风险度量方法就会产生误导。

（5）*VaR* 方法不满足一致性公理。一方面，*VaR* 不满足次可加性。当投资组合分布函数不满足椭圆分布假设时，则所测量的组合风险将可能大于单个资产风险的累加值，违背投资组合分散风险的理念，与实际情况不符。另一方面，*VaR* 指标不一定满足凸性，可能存在多个局部极值。因此，当使用 *VaR* 方法对证券组合进行优化建模时，可能会出现多个局部极值，无法在数学上进行整体优化。

事实上，根据 Artzner 等人[①] 的研究，理想指标满足的基本条件如下：

（1）单调性（Monotonicity）：如果在任何情形下，第一个交易组合的回报均低于另外一个交易组合的回报，那么第一个交易组合的风险度一定要比另外一个更小。

（2）平移不变性（Translation Invariance）：如果我们在交易组合中加入 K 数量的现金，那么交易组合所对应的风险度要减少 K 数量。

（3）同质性（Homogeneity）：假定一个交易组合内含资产品种和相对比例不变，但内含资产的数量增至原来数量的 λ 倍，那么此时新交易组合的风险度应是原来风险度的 λ 倍。

（4）次可加性（Subadditivity）：两个交易组合相加所组成的一个新交易组合的风险度小于或等于最初两个交易组合风险度的和。

第四个条件说明分散可以降低风险，即将两个交易组合叠加在一起，新的交易组合的风险应该减少，或至少保持不变，即分散投资能降低风险。

VaR 满足前三个条件，但不一定满足第四个条件。通过仔细阅读下面的例子，我们能对这一点有更加深刻的体会。

【例 5-10】假定某两项投资的任何一项都有 4% 的概率会引发 2000 万元损失，有 2% 的概率会引发 100 万元损失，有 94% 的概率会盈利 200 万元，两项投资相互独立。

---

① ARTZNER P , et al. Coherent measures of risk［J］. Mathematical finance, 1999: 203–228.

根据题目的信息我们可以计算出，95% 置信度下任一项投资的 *VaR* 值为 200 万元。两项投资叠加的组合 *VaR* 的计算过程如表 5-2 所示：

表 5-2　两项投资叠加的组合 *VaR* 的计算

概率	盈利金额（万元）	累计概率
4% × 4%=0.0016	–4000	0.0016
2 × 4% × 2=0.0016	–2200	0.0032
2 × 4% × 94%=0.0752	–1800	0.0784
2% × 2%=0.0004	–400	0.0788
2 × 2% × 94%=0.0376	0	0.1164
94% × 94%=0.8836	400	1

故在 95% 置信水平下，该组合 *VaR*=1800 万元。由于 1800 > 200+200=400，可见，这一投资组合的 *VaR* 竟然比两项投资各自的 *VaR* 之和还要大，这显然不满足次可加性。因此，在该例题中，*VaR* 方法不满足理想指标的第四个条件。

第四节　预期亏损

一、*ES* 的定义

一种比 *VaR* 更能使交易员产生合理交易动机去控制风险的风险度量方法是预期亏损（Expected Shortfall, ES），也被称为条件风险价值度（Conditional VaR）、条件尾部期望（Conditional Expectation）或尾部损失（Tail Loss）。*VaR* 度量的目的是展示损失会糟糕成什么样子，而 *ES* 是回答当市场条件变糟糕而触发损失时，我们的预期亏损是多少。*ES* 度量的是在损失超出 *VaR* 值的条件下的均值，其数学表示为：

$$ES = -E\left[V \mid V < VaR\right] \text{或} ES = E\left[V \mid V > VaR\right] \tag{5-24}$$

其中，V 代表损失。因此，*ES* 代表了超额损失的平均水平，反映了损失超过 *VaR*

阈值时可能遭受的平均潜在损失的大小，较之 *VaR* 更能体现潜在的风险价值。如图 5-4 所示，事实上，*ES* 也可以看作是小概率发生时 *VaR* 的期望值，故此，在 *X*% 置信水平下，*ES* 永远大于 *VaR* 的估计值。

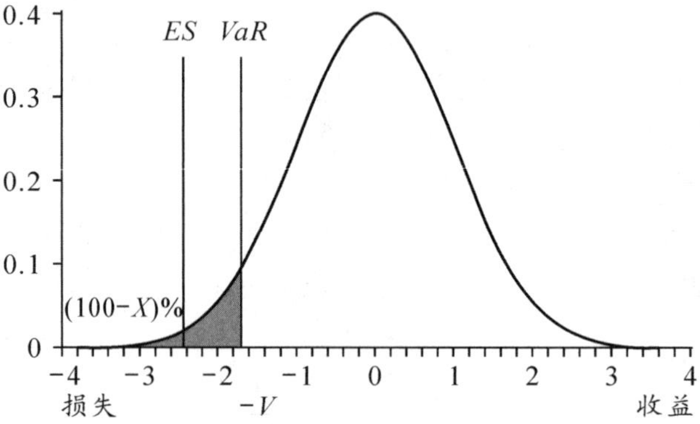

图 5-4　预期损失缺口

为了能够更加直观看出 *ES* 和 *VaR* 之间的区别，假定收益率随机变量 $X \sim N(\mu,\sigma^2)$，由此将其标准化为 $Z \sim N(0,1)$，则 $X=\mu+\sigma Z$。

$$P(X \leqslant Y)=P(\mu+\sigma Z \leqslant Y)=P(Z \leqslant \frac{Y-\mu}{\sigma})=\Phi\left(\frac{Y-\mu}{\sigma}\right)=\alpha \tag{5-25}$$

其中，$\Phi(\cdot)$ 是标准正态分布的累积密度函数。故此，置信区间 α 下的 *VaR* 可表示为:

$$VaR_\alpha(X)=\{Y|P(X \leqslant Y)=\alpha\}=Y=\sigma\Phi^{-1}(\alpha)+\mu \tag{5-26}$$

结合以上分析，*ES* 可表示为：

$$\begin{aligned} ES_\alpha &= \frac{1}{1-\alpha}\int_\alpha^1 VaR_u(X)\mathrm{d}u=\frac{1}{1-\alpha}\int_\alpha^1\left[\sigma\Phi^{-1}(u)+\mu\right]\mathrm{d}u \\ &=\frac{1}{1-\alpha}\int_\alpha^1\sigma\Phi^{-1}(u)\mathrm{d}u+\frac{1}{1-\alpha}\int_\alpha^1\mu\mathrm{d}u=\frac{1}{1-\alpha}\int_\alpha^1\sigma\Phi^{-1}(u)\mathrm{d}u+\mu \end{aligned} \tag{5-27}$$

采用替换变量，令 $\mu=\Phi(y)$ 和 $y=\Phi^{-1}(\mu)$，其中，$\Phi(y)=\frac{1}{\sqrt{2\pi}}\exp\left(-\frac{y^2}{2}\right)$ 是标准正态密度函数。故此，可以得到：

$$\begin{aligned} \int_\alpha^1\sigma\Phi^{-1}(u)\mathrm{d}u &= \int_{\Phi^{-1}(\alpha)}^{\Phi^{-1}(1)}\sigma\Phi(y)\Phi^{-1}\left(\Phi(y)\right)\mathrm{d}y=\int_{\Phi^{-1}(\alpha)}^{\infty}\sigma\Phi(y)\Phi^{-1}\left(\Phi(y)\right)\mathrm{d}y \\ &=\int_{\Phi^{-1}(\alpha)}^{\infty}\sigma\Phi(y)y\mathrm{d}y=\int_{\Phi^{-1}(\alpha)}^{\infty}\frac{\sigma y}{\sqrt{2\pi}}\exp\left(-\frac{y^2}{2}\right)\mathrm{d}y \\ &=-\frac{\sigma}{\sqrt{2\pi}}\int_{\Phi^{-1}(\alpha)}^{\infty}-y\exp\left(-\frac{y^2}{2}\right)\mathrm{d}y=-\frac{\sigma}{\sqrt{2\pi}}\left[\exp\left(-\frac{y^2}{2}\right)\right]_{\Phi^{-1}(\alpha)}^{\infty} \\ &=\frac{\sigma}{\sqrt{2\pi}}\exp\left(-\frac{\Phi^{-1}(\alpha)^2}{2}\right)=\sigma\Phi\left(\Phi^{-1}(\alpha)\right) \end{aligned} \tag{5-28}$$

结合公式（5-26）和（5-27），可以求出 $ES_\alpha=\mu+\sigma\frac{\Phi\left(\Phi^{-1}(\alpha)\right)}{1-\alpha}$，同时，可以得到投资组合的 ES 为：

$$ES_\alpha=\vartheta\left[\mu+\sigma\frac{\Phi\left(\Phi^{-1}(\alpha)\right)}{1-\alpha}\right] \tag{5-29}$$

其中，ϑ 表示投资组合价值。因此根据公式（5-29），只要知道投资组合收益率的均值和标准差，我们就可以计算出投资组合的 ES 值。

【例 5-11】假定某交易组合在 10 天展望期上的价值变化服从正态分布，分布的期望值为 0，标准差为 2000 万元，10 天展望期的 95% 的 VaR 和 ES 分别为：

$$VaR_\alpha=\mu+\sigma\Phi^{-1}(\alpha)=0+2000\Phi^{-1}(0.95)=2000\times1.645=3290\text{ 元}$$

$$ES_\alpha=\mu+\sigma\frac{\Phi\left(\Phi^{-1}(\alpha)\right)}{1-\alpha}=0+2000\frac{\Phi\left(\Phi^{-1}(0.95)\right)}{1-95\%}=2000\frac{\Phi(1.645)}{1-95\%}$$

$$=2000\frac{\frac{1}{\sqrt{2\pi}}\exp\left(-\frac{1.645^2}{2}\right)}{1-95\%}=4124.43\text{元}$$

从计算结果看，ES 大于 VaR。

二、ES 的性质及相关例子

对 ES 的计算一般有两种途径，对应着解决 ES 计算问题的两大类方法。第一条途径是通过利用功能函数，将计算 ES 的问题转化为线性规划问题；另一条途径是参数法，这种途径的方法十分多样，包括 ARCH、GARCH、分位数回归和 Copula 等，其核心是通过对资产的历史收益率序列分布特征进行拟合，得到相关参数后，再得出 VaR 值，接下来获得对应该分布和一定置信水平的条件分位数，最后求出 ES 值。

在上节我们曾说过 VaR 并不满足次可加性，因此该指标并不满足一致性公理，而 ES 则正好弥补了 VaR 的这一缺陷。因此，ES 是一个满足一致性公理的风险度量指标。

【例 5-12】接例 5-10，单项投资在 95% 置信区间下的预期亏损：

$$\frac{4\%}{5\%}\times2000+\frac{1\%}{5\%}\times200=1640$$

两项投资叠加的组合在 95% 置信区间下的预期亏损：

$$\frac{0.16\%}{5\%}\times4000+\frac{0.16\%}{5\%}\times2200+\frac{4.68\%}{5\%}\times1800=1883.2$$

因此在 95% 置信区间下，由于 1640+1640=3280 > 1883.2，可见两项投资相加的 ES 要大于组合的 ES，这反映了 ES 满足次可加性。

不仅如此，学者还发现 ES 满足凸性，因此，在使用 ES 管理金融风险时，计算问题可以简化为凸函数优化问题，而凸函数优化问题在数学上相对容易得多。

在考虑市场风险时，风控人员往往需要先计算出一天展望期下的 VaR 或 ES，而当我们要计算其他展望期下的 ES 时，与计算其他展望期的 VaR 类似，一个常用的假设为：

$$T-days\ ES = 1-day\ ES\times\sqrt{T} \tag{5-30}$$

值得注意的是，只有当投资组合价值的每日变化相互独立且均服从期望值为 0 的正态分布时，公式（5–30）才完全正确，在其他情形下这一公式只是一个近似式。

【例 5–13】假设某投资组合在一个月内的变化服从正态分布，均值为 0，标准差为 200 万元，若某交易员想要求出该组合三个月展望期下的 ES，则具体的计算步骤如下：

第一步，计算一个月展望期的 ES 为 $200\times\dfrac{\dfrac{1}{\sqrt{2\pi}}\exp\left(-\dfrac{2.054^2}{2}\right)}{1-98\%}\approx 483$ 万元

第二步，使用公式（5–30）算出三个月展望期下的 ES 为 $483\times\sqrt{3}\approx 839$ 万元

三、ES 的优点与局限性

尽管 VaR 在对风险进行度量上的作用毋庸置疑，但是在一致性风险度量体系下其并非一个测度金融风险的理想指标。相比较之下，ES 是一个更为优秀的风险度量指标。运用 ES 技术进行风险度量可以避免 VaR 的内在缺陷，起到金融风险优化的作用。具体来说，ES 的优点可以总结为如下三点：

第一，可以为管理者和投资者提供金融风险的评判标准，也可以用于测算不同市场因子、不同金融工具、不同业务部门及不同金融机构投资组合的风险敞口。在数学上，ES 的计算问题实际就是一个凸函数优化问题，而凸函数优化问题在数学上的求解已经十分便捷。因此，金融机构使用 ES 对金融风险进行管理十分便利。

第二，ES 测度指标具有次可加性。次可加性意味着具有组合风险分散化效应，违背次可加性将使风险资本金的分配和风险管理模型的设计更加困难，给全面风险管理带来很大的障碍。同时，由于风险分散化效应使得金融机构能用比理论潜在损失少得多的资本来运作的好处不复存在。

第三，可以精确度量尾部风险。根据 ES 的定义，我们知道 ES 表示的实际是组合损失超过 VaR 的潜在损失，也就是市场最糟糕时候的预期亏损，因此该指标可以帮助金融机构预测到在极端事件发生时所面临的金融风险大小。过于依赖 VaR 进行风险管理而忽略 ES 将可能会给金融机构带来沉重的灾难。历史上有很多例子，例如长期资本管理公司（LSTM）过于依赖于 VaR 来衡量其风险状况，最终压垮了自己。

任何风险度量指标都无法做到完美，ES 这一指标同样具有不足之处，具体如下：

第一，与 *VaR* 相同，对 *ES* 的估计同样需要建立在大量历史数据基础上，但基于历史数据预测未来可能因条件变化而不再适用，故存在一定的模型风险。

第二，只能用于刻画可交易资产和负债的市场风险，但需要市场价格具有连续性历史记录才可以建模估计。对于不可交易资产不再适用。

第三，*ES* 与 *VaR* 一样存在一个重大缺陷，即计算 *ES* 值时通常假定资产收益的分布符合正态分布，然而在实际情况当中，资产收益的分布往往具有尖峰厚尾的特征，并不满足正态分布的假设（在第三章的案例应用中可以看到这一事实）。如果简单地根据该假设去计算将会导致严重低估 *ES* 值，因此，在实际操作当中，令收益率服从 *T* 分布计算得到的 *VaR* 和 *ES* 值的准确性优于假定收益率服从正态分布的情形。

四、其他分布设定的 *VaR* 和 *ES* 测度

在数学上，*T* 分布具有足够的灵活性，其分布形状可以根据自由度的大小变化而发生变化，因此在许多时候可以使用 *T* 分布来刻画出资产价格呈尖峰厚尾的这一特征。为了使读者对这一问题有更加深刻的认识，下面简单介绍在 *T* 分布下如何计算 *VaR* 以及 *ES*，并与正态分布下的计算进行对比。

首先，假设 X 表示资产收益率，其均值和波动率分别为 μ 和 σ，对资产收益率进行标准化：

$$Z_t = \frac{X_t - \mu}{\sigma} \tag{5-31}$$

根据定义，我们知道在置信水平为 α 时的 *VaR* 计算公式为：

$$VaR_\alpha\left(X\right) = \mu + \sigma\Phi^{-1}\left(\alpha\right) \tag{5-32}$$

公式（5–32）的 $\Phi^{-1}(\cdot)$ 为标准正态函数的反函数。按照同样思路，假设存在两个常数 μ 和 σ 使得 $\dfrac{X_t - \mu}{\sigma}$ 是一个自由度为 n 的标准 *T* 分布。由于标准 *T* 分布的均值和方差分别为 0 和 $\dfrac{n}{n-2}$，可求得在 *T* 分布下置信水平为 α 的 *VaR* 计算公式为：

$$VaR_\alpha\left(X\right) = \mu + \sigma\sqrt{\frac{n}{n-2}}t_n^{-1}\left(\alpha\right) \tag{5-33}$$

其中，$t_n^{-1}(\cdot)$ 为标准 *T* 分布的反函数。根据 *ES* 的定义，可知其计算公式为：

$$ES_\alpha = \frac{1}{1-\alpha}\int_\alpha^1 VaR_u(X)\mathrm{d}u \tag{5-34}$$

将公式（5–33）代入公式（5–34）中，可得：

$$ES_\alpha\left(X\right) = \mu + \frac{\sigma}{1-\alpha}\sqrt{\frac{n}{n-2}}\int_\alpha^1 t_n^{-1}\left(u\right)\mathrm{d}u \tag{5-35}$$

为了求解公式（5–35），令 $k = t_n^{-1}\left(u\right)$，则有 $u = t_n\left(k\right)$，因此，公式（5–35）可改写为：

$$ES_\alpha(X)=\mu+\frac{\sigma}{1-\alpha}\sqrt{\frac{n}{n-2}}\int_\alpha^1 k\mathrm{d}\left(t_n(k)\right) \tag{5-36}$$

由于 T 分布的概率密度函数为：

$$p_n(x)=\frac{\Gamma\left(\frac{n+1}{2}\right)}{\Gamma\left(\frac{n}{2}\right)}\frac{1}{\sqrt{n\pi}}\left(1+\frac{x^2}{n}\right)^{-\left(\frac{n+1}{2}\right)}=\mathrm{d}\left(t_n(k)\right) \tag{5-37}$$

则公式（5–35）可以进一步写成：

$$ES_\alpha(X)=\mu+\frac{\sigma}{1-\alpha}\sqrt{\frac{1}{(n-2)\pi}}\frac{\Gamma\left(\frac{n+1}{2}\right)}{\Gamma\left(\frac{n}{2}\right)}\int_{t_n^{-1}(\alpha)}^{+\infty}k\left(1+\frac{k^2}{n}\right)^{-\left(\frac{n+1}{2}\right)}\mathrm{d}k \tag{5-38}$$

为了求解公式（5–38），令 $z=1+\frac{k^2}{n}$，则公式（5–38）中的积分下限可以写为 $1+\frac{\left(t^{-1}(\alpha)\right)^2}{n}$。故此，公式（5–38）可以改写为：

$$ES_\alpha(X)=\mu+\frac{\sigma}{1-\alpha}\sqrt{\frac{1}{(n-2)\pi}}\frac{\Gamma\left(\frac{n+1}{2}\right)}{\Gamma\left(\frac{n}{2}\right)}\frac{n}{2}\int_{1+\frac{\left(t^{-1}(\alpha)\right)^2}{n}}^{+\infty}z^{-\left(\frac{n+1}{2}\right)}\mathrm{d}z \tag{5-39}$$

积分项 $\frac{n}{2}\int_{1+\frac{\left(t^{-1}(\alpha)\right)^2}{n}}^{+\infty}z^{-\left(\frac{n+1}{2}\right)}\mathrm{d}z$ 可求解如下（注意 T 分布的自由度 $n>2$）：

$$\frac{n}{2}\left[\frac{z^{\frac{1-n}{2}}}{\frac{1-n}{2}}\right]_{z=1+\frac{\left(t^{-1}(\alpha)\right)^2}{n}}^{z\to+\infty}=0-\frac{n}{1-n}\left(1+\frac{\left(t^{-1}(\alpha)\right)^2}{n}\right)^{\frac{1-n}{2}}=\frac{n}{n-1}\left(1+\frac{\left(t^{-1}(\alpha)\right)^2}{n}\right)^{\frac{1-n}{2}} \tag{5-40}$$

因此公式（5–39）的求解结果为：

$$ES_\alpha(X)=\mu+\frac{\sigma}{1-\alpha}\sqrt{\frac{n}{(n-2)}}p_n\left(t_n^{-1}(\alpha)\right)\left(\frac{n+\left(t^{-1}(\alpha)\right)^2}{n}\right) \tag{5-41}$$

为了直观上对两个假设的区别有所了解，请考虑以下的这个例子。假定存在一个收益率均值和标准差分别为 0 和 20%，且当前价值为 100 万元人民币的资产，在正态分布的假定下利用公式（5–31）可以容易求得该资产 95% 置信区间下的 *ES* 值为 $100\times20\%\times\frac{\Phi(1.645)}{1-95\%}=41.244$万元。而如果在 T 分布的假定下，根据不同的自由度求得的 *ES* 值则都比正态分布情况下的更大（见表 5–3），在自由度为 3 的时候，二者的差距竟达到两倍之多，但二者之间的差距随着自由度的逐渐增加而逐渐变小（见表 5–3）。由此可见，错估资产收益的分布会让我们低估可能发生的风险，从而造成不可挽回的后果。事实上，金融市场上有许多资产的收益分布呈现偏斜形状（如外汇），而 *T* 分布的形状与标准正态分布一样均为对称分布。因此，尽管 *T* 分布可以对金融资产收益的厚尾特征进行刻画，在测度诸如外汇等金融工具的市场风险时却并非是一个很好的假设。[①]

表 5-3　不同分布下的 *ES* 值

自由度	正态分布下的 *ES* 值（万元）	*ES* 值（万元）	与正态分布之比
n=3	41.23	89.47	2.17
n=4	41.18	67.94	1.65
n=5	41.17	59.7	1.45
⋮	⋮	⋮	⋮
n=50	41.24	42.48	1.03

虽然 *ES* 模型具有上述缺点，但是与 *VaR* 相比在测算金融机构尾部风险上还是具有较为明显的优势。在金融风险管理当中，该指标通常都会与 *VaR* 同时被报告出来。最后必须指出的是，若没有考虑金融机构的规模和负债水平等财务指标，可能导致规模较小或者负债率较低的金融机构，其 *ES* 值反而更大，即具有更大的系统性金融风险。正因如此，Acharya 等（2017）在动态 *MES* 基础上，引入了金融机构的负债和规模因素，并考虑了审慎资本比率，提出并发展了系统性风险指标 *SRISK*。目前该指标被视为当前测算系统性金融风险的最佳方法。

第五节　*SRISK* 测算方法

美国在 2007 年发生的次贷危机，戳破长期积累的资产泡沫，给美国金融市场带来了巨大的冲击，“大而不倒”的金融机构土崩瓦解。后来由于美国与世界各国经济的高度关联性，危机迅猛地跨国传染，最终爆发了全球性金融危机，破坏了世界金融市场

① 赫尔 . 期权、期货及其他衍生产品［M］. 王勇，索吾林，译 . 北京：机械工业出版社，2009.

的稳定并严重阻碍了各国实体经济的发展。这场危机让人们再次意识到各国尾部金融风险和系统性金融风险之间的溢出效应。

在这样的背景下，许多学者都对如何测试系统性金融风险的传染效应进行了研究。Adrian 和 Markus 在 *ES* 的基础上提出 $\Delta CoVaR$ 这一指标来计算金融系统中机构或市场之间的传染效应和负面溢出①。Benoit 等运用 Adrian 和 Markus（2011）提出的 $\Delta CoVaR$ 对美国系统性金融风险进行检验，发现 $\Delta CoVaR$ 很好地刻画了美国系统性金融风险的特征②。然而基于 *ES* 来计算金融风险的溢出效应其本质是通过设定金融资产收益的概率分布，这种方法在极端市场环境下很有可能会失效。为了弥补以上的不足，Sylvain Benoit 给出了另一种系统性金融风险测度指标——*SRISK*（Systemic Risk Analysis），该方法能够很好地识别各国系统性金融风险，并捕捉了金融机构的规模大小以及杠杆率等重要特征因素对系统性金融风险的影响③。

正如前文所述，*SRISK* 是从资本短缺的角度来度量系统性金融风险的大小的。为了理解 *SRISK* 的计算过程，我们首先需要介绍 *MES*（边际期望损失）。

MES 衡量的是单个金融机构对系统性金融风险的边际贡献，Acharya 等人（2010）从 *ES* 的边际量的角度定义 *MES*，即

$$MES_{it} = \frac{\partial ES_{mt}(C)}{\partial w_{it}} = E(r_{it} \mid r_{mt} < C) \tag{5-42}$$

从中可以看出 *MES* 实际是 *ES* 在特定异常事件发生时关于金融系统中单个机构所占权重 w_{it} 的一个边际量。在 *MES* 的基础之上，Benoit 等人（2013）给出了 *SRISK* 的定义：

$$\begin{aligned} SRISK_{it} &= \max\left[0; k\left(D_{it} + (1 - LRMES_{it})W_{it}\right)\right] - (1 - LRMES_{it})W_{it} \\ &= \max\left[0; kD_{it} - (1-k)W_{it}(1 - LRMES_{it})\right] \end{aligned} \tag{5-43}$$

式中，k 为审慎资本比率，指的是金融机构为满足监管要求所必须留存的资本与市场价值的比值；D_{it} 为金融机构总负债的账面价值；W_{it} 为金融机构的市场价值，根据 Acharya 等人（2012）的实证研究有 $LRMES_{it} \approx 1 - \exp(-18MES_{it})$。

由上面 *SRISK* 的估算可以看到，*SRISK* 既体现了金融市场的实时数据特征，也体现了金融机构本身资产负债表的数据特征。其从高频监测与有效性监测两方面衡量系统性金融风险的动态特征。

图 5-5 给出了基于 *SRISK* 对中国三家重要的股份制商业银行（交通银行、招商银行和兴业银行）的月系统性金融风险进行的估计。从图 5-5 中可以看出，在 2016 年之前，

---

① ADRIAN, TOBIAS, MARKUS. *CoVaR*. No. w17454 [R]. National bureau of economic research, 2011.

② BENOIT, SYLVAIN, GILBERT COLLETAZ, CHRISTOPHE HURLIN, et al. A theoretical and empirical comparison of systemic risk measures [R]. HEC Paris research paper, 2013.

③ SCAILLET O. Nonparametric estimation and sensitivity analysis of expected shortfall [J]. Mathematical finance: an international journal of mathematics, statistics and financial economics, 2004(1): 115–129.

这三家股份制银行的系统性金融风险呈逐渐增强的态势，随着中央在 2016 年开始实行“去杠杆”政策之后，系统性金融风险开始有所回落，并在 2017 年一整年基本保持不变。但是在 2017 年以后这三家银行的系统性金融风险走势开始出现差异，交通银行和招商银行的系统性金融风险在近些年变得越来越高（高于“去杠杆”政策实施之前的水平），而兴业银行的系统性金融风险在近些年来则有比较明显的减弱趋势。由此可见，近年来三家银行的系统性金融风险出现较为明显的分化迹象。

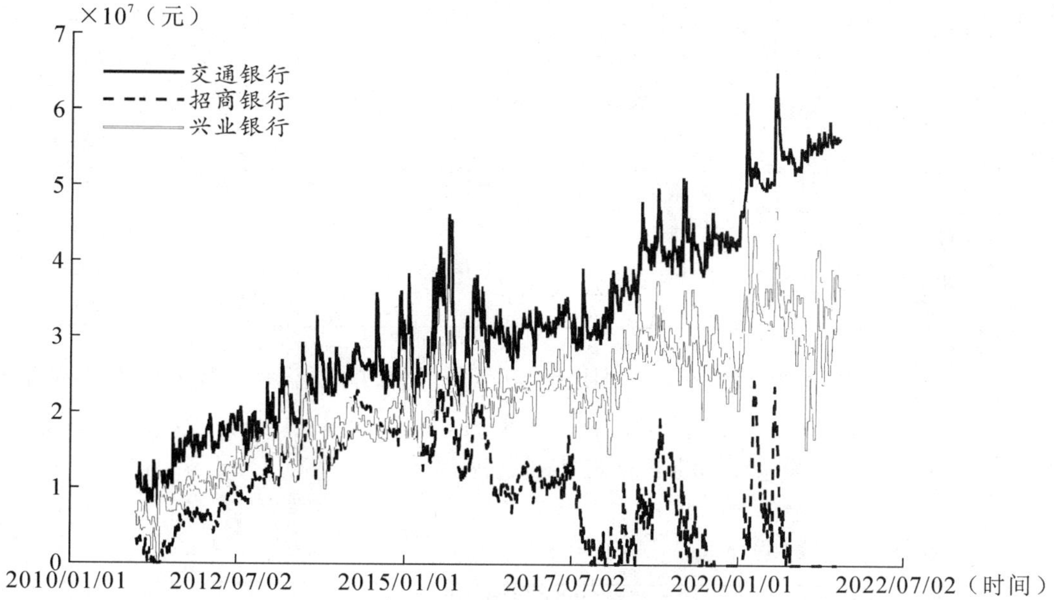

图 5–5　基于 *SRISK* 的中国三家银行系统性金融风险估计结果

第六节　*VaR* 和 *ES* 估计应用

VaR 和 *ES* 在金融风险管理领域得到了广泛的应用。因此，对于金融专业的学生来说，仅仅了解这两种风险测度工具的理论是远远不够的，更要了解在实际操作中应该如何计算出这两个数值。本节将向读者介绍如何使用 Python 来实现对 *VaR* 和 *ES* 的估计。

一、使用历史模拟法计算 *VaR*

正如上文所介绍的那样，*VaR* 的计算方法大体上可分为局部估值法和完全估值法。在完全估值法当中主要有历史模拟法和蒙特卡罗模拟法。在本节中，将介绍如何使用历史模拟法来计算一个投资的 *VaR* 以及其他各种经过分解后的 *VaR*。

为了说明具体计算过程，假设持有本金 100 万元人民币，投资标的为中国农业银行（601288）、中国工商银行（601398）和招商证券（600999）这三种股票，考虑如下四种不同投资情景（见表 5–4）：

表 5–4　不同投资情景

（单位：万元）

	情景 1	情景 2	情景 3	情景 4
中国农业银行	100	0	0	根据均值—方差理论确定各自权重
中国工商银行	0	100	0	
招商证券	0	0	100	

根据表 5–4 中的这四种场景，利用近五年每日股票的收益率，我们可以分别算出这三只股票单独的 *VaR* 和边际 *VaR*、增量 *VaR*、成分 *VaR*，以及由这三只股票所构成的投资组合的 *VaR*。下面是具体的 Python 实现过程：

范例程序 5–1：数据处理

```
#数据日期为 2016 年 10 月 25 日到 2021 年 10 月 25 日
# nyyh, gsyh 和 zszq 分别代表农业银行、工商银行和招商证券股票
#首先导入需要使用到的包
import numpy as np
import pandas as pd
import scipy.stats as st

#分别导入需要使用到的股票收益率数据
gsyh_data= pd.read_excel ('601398.xls') .iloc[:,[3]]
nyyh_data= pd.read_excel ('601288.xls') .iloc[:,[3]]
zszq_data= pd.read_excel ('600999.xls') .iloc[:,[3]]

#对数据进行转置
zszq_ret=np.array(zszq_data[0:len(zszq_data)].T)
nyyh_ret=np.array(nyyh_data[0:len(nyyh_data)].T)
gsyh_ret=np.array(gsyh_data[0:len(gsyh_data)].T)
```

为了在后面的应用中更加方便，本书将计算 *VaR*、边际 *VaR*、增量 *VaR*、成分 *VaR* 的代码包装为 tailrisk 函数，具体代码如下：

范例程序 5-2：编写计算函数

```
def tailrisk(r,alpha,w):
#  计算 VaR 的函数
# r: 包含股票收益率数据的矩阵
# alpha: 收益分布的分位数
# w: 投资组合中每个资产的投资权重
  if len(r)==len(w):
    N=len(w)
    T=len(r[0])
    class res(object):
        __metaclass__ = ... #
    pass
    VaR_univariate=np.zeros((1,N))
    for i in range(0,N):

    #计算单个资产的 VaR 值
    VaR_univariate[0][i]=(np.mean(r[i])+np.std(r[i],ddof=1)*st.norm.ppf(alpha))*100
    r=np.array(r).T

    #计算投资组合的收益率和方差
    ERp=np.mean(r@w)
    Sig=np.cov(r.T)
    VRp=w.T@Sig@w
    #计算投资组合的 VaR
    VaRRp=ERp+np.sqrt(VRp)*st.norm.ppf(alpha)*100

    #下面三条代码分别计算边际 VaR，增量 VaR 以及成分 VaR
    MVaR=np.array([np.mean(r.T,1)]).T+st.norm.ppf(alpha)/np.sqrt(VRp)*Sig@w*100
    IVaR=MVaR*w
    CVaR=MVaR*w/VaRRp*100 #对某只股票

    res.alpha=alpha
    res.returns=r
    res.N=N
    res.VaRRp=VaRRp
    res.MVaR=MVaR
    res.CVaR=CVaR
    res.ERp=ERp
    res.VRp=VRp
    res.VaR_univariate=VaR_univariate
    return res
```

在使用 tailrisk 函数来计算资产组合各个资产的 *VaR*、*M-VaR*、*I-VaR* 和 *C-VaR* 以及组合的整体 *VaR* 之前，我们需要先确定投资组合中各个资产的投资权重，这里我们根据均值—方差理论来完成这项任务，将置信水平设为 99%，随后将得到的数据代入 tailrisk 函数便可以求得 *VaR* 值。

范例程序 5-3：*VaR*、边际 *VaR*、增量 *VaR*、成分 *VaR* 计算

```
# 第一步，计算收益率均值和协方差
#用 cov 计算协方差，用 mean 计算均值
zszq_v=np.cov(zszq_ret.tolist())
nyyh_v=np.cov(nyyh_ret.tolist())
gsyh_v=np.cov(gsyh_ret.tolist())
ret=[zszq_ret.tolist()[0],nyyh_ret.tolist()[0],gsyh_ret.tolist()[0]]
covariances=np.cov(ret)
returns=np.mean(ret,1)covariances=np.cov(ret)
returns=np.mean(ret,1)

#第二步，资产配置
ovaariances=np.cov(ret)
colunms=len(ret)
L=np.ones((colunms,1))
A=L.T@np.linalg.inv(covariances)@L
miu=np.array([returns]).T
miu0=0. 00001
B=L.T@np.linalg.inv(covariances)@miu
C=miu.T@np.linalg.inv(covariances)@miu
delta=np.linalg.det(A*C-B*B)
lamdda=(C-miu0*B)/delta
gamma=(miu0*A-B)/delta
weight=lamdda*np.linalg.inv(covariances)@L+gamma*np.linalg.inv(covariances)@miu

# 第三步，VaR、边际 VaR、增量 VaR、成分 VaR 计算
alpha=0.99
r=ret
w=weight
res=tailrisk(r,alpha,w)
```

根据上述代码估计出的结果如表 5–5 所示。

表 5–5　99% 置信水平下的 *VaR* 估计结果

股票	*VaR*（万元）	*M–VaR*（万元）	*I–VaR*（万元）	*C–VaR*（%）
中国农业银行	2.47	2.46	2.31	94.63
中国工商银行	2.78	2.21	0.05	1.93
招商证券	5.08	2.04	0.08	3.45
组合 *VaR*（万元）		2.44		

根据表 5–5 的估计结果，投资 100 万元于中国农业银行在未来一天内损失超过 2.47 万元的可能性为 1%，而中国工商银行和招商证券有 1% 的可能性分别损失超过 2.78 万元和 5.08 万元。另外可以观察到，在这三只股票中，*M–VaR* 值、*I–VaR* 值和 *C–VaR* 值最大的股票为中国农业银行，这意味着如果投资者计划减仓并尽量多地降低组合的 *VaR* 时，可以通过减持中国农业银行的股票实现这一目标。

从上述案例中可以很直观地感受到 *VaR* 及分解 *VaR* 方法在投资管理中的作用。然而正如前文所述，*VaR* 有时候并不是一个很好的测度指标（具体原因请见本章第三节关于 *VaR* 局限性的讨论）。因此在实际投资管理当中仅仅使用 *VaR* 来测度投资风险是远远不够的，我们还需要用到其他一些指标，在这些指标当中就包括 *ES*。接下来将会对如何使用 Python 计算 *ES* 进行介绍。

二、使用历史模拟法计算 *ES*

根据 *ES* 的定义，我们知道该指标实际测度的是在损失超出 *VaR* 值的条件下的均值。我们根据资产的历史数据计算出资产的 *VaR* 数值后，就可以很容易地计算出其 *ES*。

为了计算资产组合的 *ES*，我们对范例程序 5-2 中的代码进行补充。

范例程序 5-4：使用历史模拟法计算 *ES*

```
def tailrisk(r,alpha,w):
# 计算 VaR 的函数
# r: 包含股票收益率数据的矩阵
# alpha: 收益分布的分位数
# w: 投资组合中每个资产的投资权重
  if len(r)==len(w):
    N=len(w)
    T=len(r[0])
    class res(object):
        __metaclass__ = ... #
    pass
    VaR_univariate=np.zeros((1,N))
    ES=np.zeros((1,N))
    for i in range(0,N):

    #计算单个资产的 VaR 值和 ES 值
    VaR_univariate[0][i]=-np.mean(r[i])-np.std(r[i],ddof=1)*st.norm.ppf(alpha)
    r=np.array(r).T
    ES[0][i]=np.mean(r[i])+st.norm.pdf(VaR_univariate[0][i])*np.std(r[i],ddof=1)/alpha

    #计算投资组合的收益率和方差
    ERp=np.mean(r@w)
    Sig=np.cov(r.T)
    VRp=w.T@Sig@w

    #计算投资组合的 VaR 以及 ES
    VaRRp=(ERp+np.sqrt(VRp)*st.norm.ppf(alpha))*100
    ESp=(ERp+st.norm.pdf(st.norm.ppf(alpha))*np.sqrt(VRp)/(1-alpha))*100
```

```
#下面三条代码分别计算边际 VaR，增量 VaR 以及成分 VaR
MVaR=np.array([-np.mean(r.T,1)]).T-st.norm.ppf(alpha)/np.sqrt(VRp)*Sig@w*100
IVaR=MVaR*w
CVaR=MVaR*w/VaRRp*100

res.alpha=alpha
res.returns=r
res.N=N
res.VaRRp=VaRRp
res.MVaR=MVaR
res.CVaR=CVaR
res.ERp=ERp
res.VRp=VRp
res.VaR_univariate=VaR_univariate
return res
```

范例程序 5–4 与范例程序 5–2 中的代码基本一致，其区别在于我们增加了对单个资产和资产组合的 *ES* 值进行计算的代码。为了与 *VaR* 的结果进行比较，使用范例程序 5–1 中的数据以及相同的置信水平，将数据代入 tailrisk 函数当中可以得到资产的 *ES* 估计结果。表 5–6 给出了三只股票及其组合的 *VaR* 和 *ES* 计算结果。

表 5–6　99% 置信水平下的估计结果

（单位：万元）

股票	*VaR*	*ES*
中国农业银行	2.47	2.83
中国工商银行	2.78	3.19
招商证券	5.08	5.82
投资组合 *VaR*	2.44	
投资组合 *ES*	2.79	

根据表 5–6 可以发现，每个资产的 *ES* 值均高于 *VaR* 值，而由三只股票所构成的组合（本金同样为 100 万元）的 *ES* 值却小于任意一只股票单独的 *ES* 值。以上两点说明作为风险测度指标，*ES* 相较于 *VaR* 具有更为明显的优势：考虑资产价格发生极端变动的可能性和满足次可加性。

三、不同计算方法之间的比较

本章的第一节曾介绍过 *VaR* 主要有三种计算方法，分别为方差—协方差法、历史模拟法和蒙特卡罗模拟法。一般来说根据 *VaR* 与 *ES* 之间的关系，上述三种方法也同样可以用来求解资产的 *ES* 值。这三种方法最重要的区别在于，方差—协方差法以及蒙特卡罗模拟法均要对资产的收益分布进行假设，而历史模拟法则不需要。本节将会以中国农业银行股票为例，展示不同假设对估算 *VaR* 和 *ES* 造成的影响。

在这里我们使用对数收益率来描绘中国农业银行股票的价格变化，计算公式为：$R_t = \ln(P_t/P_{t-1})$。其中，R_t 为第 t 日的对数收益率，P_t 为股票第 t 日的收盘价。在对中国农业银行股票的 *VaR* 值和 *ES* 值进行计算之前，我们先观察该股票的对数收益率是否服从正态分布。

范例程序 5-5：数据处理和正态分布性检验

```
#数据日期为 2016 年 10 月 25 日到 2021 年 10 月 25 日
# nyyh 代表中国农业银行股票
#首先导入需要使用到的包
import numpy as np
import pandas as pd
import random
import matplotlib.pyplot as plt
import scipy.stats as stats

#导入中国农业银行股票的对数收益率数据
nyyh_data=pd.read_excel('nyyh.xls')
tradedate=nyyh_data['日期']
nyyh _ret=np.array( nyyh _data.iloc[:,[3]])
n=len( nyyh _ret)-1
r= nyyh _ret.tolist()[1:]

#正态分布性检验
r_skew=stats.skew(r,1)#偏度
r_kurt=stats.kurtosis(r,1)#峰度
#jarque_bera
  print(stats.jarque_bera(r))

#输出结果
偏度：[ -0.0811531458869407 ]
峰度：[ 9.101689837122157 ]
Jarque_beraResult(statistic= 4198.599795325124，pvalue=0.0)
```

根据输出结果我们可以看到，中国农业银行股票的偏度和峰度分别为 –0.08（不等于 0）和 9.10（大于 3），同时 *JB* 正态性检验的结果告诉我们中国农业银行股票的 *JB* 统计值为 4198.60，该值远大于 1% 显著性水平下的临界值 10.7922。因此，该股票的收益率分布并不是一个标准正态分布，这也意味着在这种情况下方差—协方差法失效。范例程序 5-6 给出了使用这三种方法计算中国农业银行股票 *VaR* 和 *ES* 的代码。

范例程序 5-6：使用方差—协方差法、历史模拟法和蒙特卡罗模拟法计算 *VaR* 和 *ES*（*C–VaR*）

```
#基于方差-协方差法计算 VaR 与 ES
def fun_norm(x,alpha,M):
        n=len(x)
        VaR=np.zeros((1,n-M))[0]
        CVaR=np.zeros((1,n-M))[0]
        for i in range(0,n-M):
            R=x[i:i+M+1]
            mu=np.mean(R)
            sigma=np.std(R)
            q_alpha=sigma*stats.norm.pdf(alpha)
            VaR[i]=q_alpha
            CVaR[i]=-(mu-sigma*stats.norm.pdf((q_alpha-mu)/sigma,0,1)/alpha)
        return VaR,CVaR

#基于历史模拟法计算 VaR 与 ES
def fun_HS(x,alpha,M):
    n=len(x)
    VaR=np.zeros((1,n-M))[0]
    CVaR=np.zeros((1,n-M))[0]
    for i in range(0,n-M):
        R=x[i:i+M+1]
        mu=np.mean(R)
        sigma=np.std(R)
        VaR[i]=-np.percentile(R,alpha*100)
        r=np.array([])
        for j in range(0,len(R)):
            if R[j]<=-VaR[i]:
                r=np.append(r,R[j])
        CVaR[i]=-np.mean(r)
    return VaR,CVaR

#基于蒙特卡罗模拟法计算 VaR 与 ES
def fun_MC(x,alpha,M):
    n=len(x)
    v=np.var(x)
    u=np.mean(x)
    xnew=[]
    for _ in range(n):
     xnew.append(random.normalvariate(u,v))#在这里我们假设收益服从标准正态分布
    VaR,CVaR=fun_HS(xnew,alpha,M)
    return VaR,CVaR

#VaR 与 ES 计算并制图  以中国农业银行为例
wl=30
alpha=1-0.95
```

```
VaR1,CVaR1=fun_norm(r,alpha,wl)
VaR2,CVaR2=fun_HS(r,alpha,wl)
VaR3,CVaR3=fun_MC(r,alpha,wl)
plt.figure()
plt.plot(tradedate[0:n-wl],VaR1,'r')
plt.plot(tradedate[0:n-wl],VaR2,'b')
plt.plot(tradedate[0:n-wl],VaR3,'m')
plt.legend(['VaR-方差协方差法','VaR-历史模拟法','VaR-蒙特卡罗模拟法'])
plt.show()
plt.figure()
plt.plot(tradedate[0:n-wl],CVaR1,'r')
plt.plot(tradedate[0:n-wl],CVaR2,'b')
plt.plot(tradedate[0:n-wl],CVaR3,'m')
plt.legend([' CVaR -方差协方差法',' CVaR -历史模拟法','C VaR -蒙特卡罗模拟法'])
    plt.show()
```

最终的估计结果如图 5–6 所示。

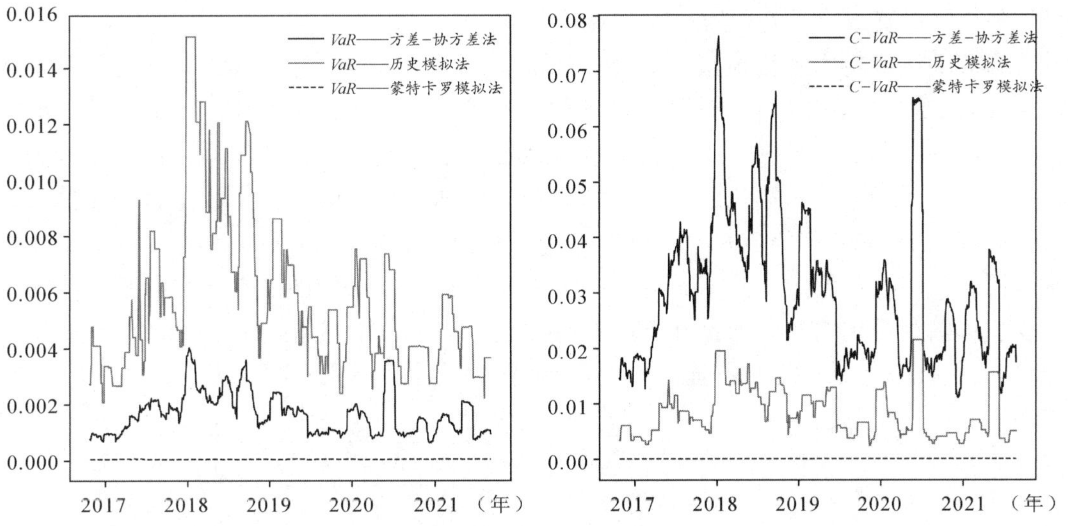

图 5–6　三种不同计算方法下的 *VaR* 和 *ES*

从图 5–6 中可以发现，根据方差—协方差法计算出的 *VaR* 值远小于根据历史模拟法计算出的数值，而根据方差—协方差法计算出的 *ES* 值情况则相反。另外，蒙特卡罗模拟法的计算结果与前两种方法有较大出入，原因是在该模拟当中收益服从标准正态分布，然而前面通过实证已经证明收益率显然不服从标准正态分布。国内许多学者的研究表明 GARCH 族模型在刻画资产收益厚尾特性方面十分出色[①]。接下来，我们将蒙

① 陈学华，杨辉耀 .*VaR*–APARCH 模型与证券投资风险量化分析［J］. 中国管理科学，2003(1):22–27；龚锐，陈仲常，杨栋锐 .GARCH 族模型计算中国股市在险价值 (*VaR*) 风险的比较研究与评述［J］. 数量经济技术经济研究，2005(7):67–81，133.

特卡罗模拟法与 GARCH 模型结合来解决这一问题。

四、基于蒙特卡罗模拟法的 Copula-GARCH-*VaR* 及 Copula-GARCH-*ES* 计算

在上面案例中，我们运用 GARCH（1,1）模型估计了各序列的自由度和独立同分布标准化残差序列，并将其代入标准 t 分布累积分布函数进行概率积分转换，得到各个样本的边缘分布函数。

由于金融市场风险成因的复杂性，不同资产收益率之间存在非线性的相关关系，而传统的相关系数却只能描述随机变量之间的线性相关关系。因此，本节运用 t-Copula 函数来描述不同股票间的相关性。该理论将多元变量的联合分布函数分解为 N 个边缘分布函数和一个刻画各变量相依结构的分布函数。Copula 函数拥有众多函数族，能灵活地刻画各个随机变量的相依关系，同时又能避免线性和正态性假设，因此能有效、可靠地刻画投资组合中复杂的相依关系。

本节采用蒙特卡罗模拟法，结合 t-Copula 连接函数模型和 GARCH（1, 1）-t 模型对 *VaR* 与 *ES*（*C-VaR*）进行估计，步骤如下：第一，运用拟合的 t-Copula 参数生成符合分布的随机数 u_t；第二，通过随机数得到各样本收益率的模拟序列，计算公式为：$r_t = Offset + t^{-1}\left(\mu_t\right)\sigma_t$；第三，根据模拟收益率序列计算，取 p 分位数作为 *VaR* 估值，取收益率低于 -*VaR* 部分的期望作为 *C-VaR* 的估值。以 S_1（TCL 科技，000100）、S_2（上汽集团，600104）为例，其 *VaR* 与 *ES*（*C-VaR*）计算结果如图 5-7 所示。基于蒙特卡罗模拟法估计得到的各股 *VaR* 和 *ES* 是对传统基于 GARCH 模型估计得到的波动率用于测算 *VaR* 和 *ES* 方法的重要补充。上面案例提供了估计的具体实操过程。

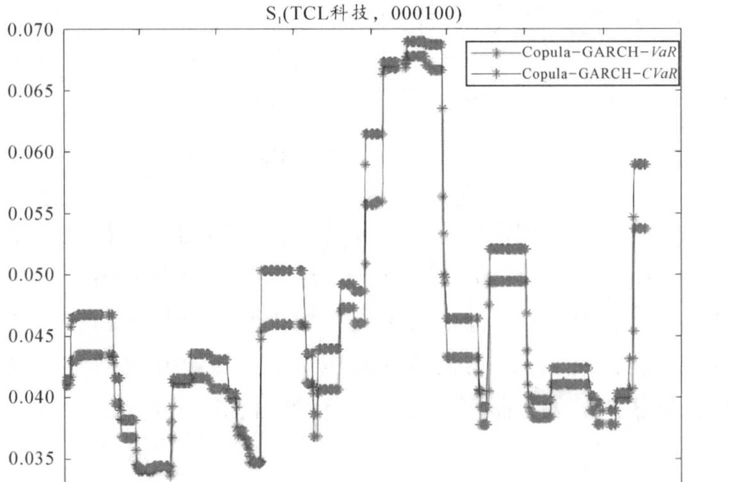

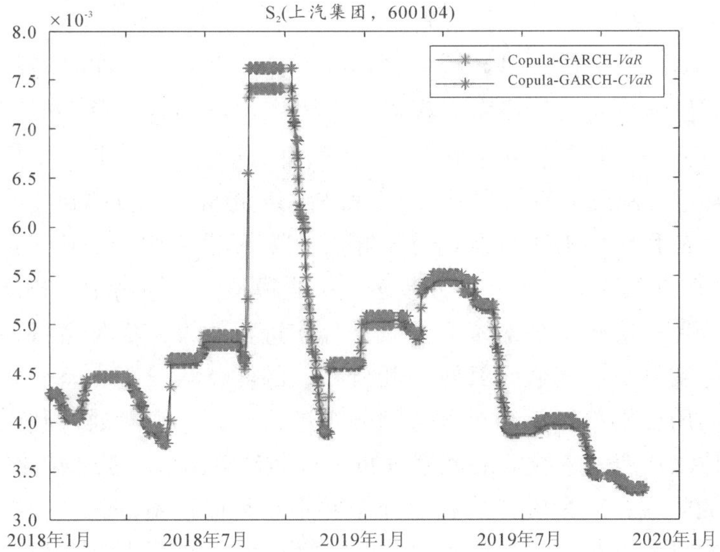

图 5-7　S_1(TCL 科技，000100) 和 S_2 (上汽集团，600104) 的 *VaR* 及 *C-VaR*

范例程序 5-7　基于蒙特卡罗模拟法的 Copula-GARCH -*VaR* 及 Copula-GARCH -*ES*

```
#基于蒙特卡罗模拟法计算单个资产的 VaR 及 ES
    wl=30
VaR0=np.zeros((n-wl,m))
CVaR0=np.zeros((n-wl,m))
alpha=1-0.95
for k in range(0,m):
    for i in range(0,n-wl):
        RRR=rs[i:i+wl][k]
        VaR0[i][k]=-np.quantile(RRR,alpha)
        Cr=[]
        for j in range(0,len(RRR)):
            if -RRR[j]>VaR0[i][k]:
                Cr=np.append(Cr,-RRR[j])
        CVaR0[i,k]=np.mean(Cr)
plt.figure()
plt.plot(tradedate[0:n-wl],VaR0.T[0],'r')
plt.plot(tradedate[0:n-wl],CVaR0.T[0],'b')
plt.legend(["Copula-Garch-VaR","Copula-Garch-CVaR"])
plt.title("S1(TCL 科技，000100)")
plt.show()
plt.figure()
plt.plot(tradedate[0:n-wl],VaR0.T[1],'r')
plt.plot(tradedate[0:n-wl],CVaR0.T[1],'b')
plt.legend(["Copula-Garch-VaR","Copula-Garch-CVaR"])
plt.title("S2(上汽集团，600104）")
plt.show()
```

【本章小结】

VaR 测算提供的一个信息是，投资者在 *X*% 置信水平下，在时间段 *T* 内投资的损失不会超过 *V*。虽然它能够给投资者提供一个投资组合损益的直观概念，但是当收益率不满足椭圆分布时，该指标不满足次可加性，由此可知它并非一个理想的风险测算指标。为了弥补这一缺陷，我们引入了 *ES* 和 *SRISK* 指标。在此基础上，我们讲解了边际 *VaR*、增量 *VaR* 和成分 *VaR* 以及这三个指标在实际投资中的应用。此外，计算 *VaR* 和 *ES* 的方法通常有三种：方差—协方差法、历史模拟法和蒙特卡罗模拟法。方差—协方差法和蒙特卡罗模拟法均要对资产的收益分布进行假设，但是蒙特卡罗模拟法可以根据资产的具体实际情况来假设其收益的分布，因此，相较于方差—协方差法来说其适用性更强。而历史模拟法无须对收益的分布进行假设，它是通过利用资产的历史收益率数据来估计该资产未来收益的概率分布，从而计算出资产的 *VaR* 和 *ES*。不过该方法也存在明显的弊端，因为资产的收益分布并不总是保持不变的。最后，我们通过案例讲解在不同模型设定下的 *VaR* 和 *ES* 测度，这为后续的量化投资策略的优劣判断提供了指标标准。

【课后习题】

1. 简述 *VaR* 和 *ES* 之间的区别与联系，*ES* 在理论上的优势是什么？

2. 一个投资经理的公告声明，其管理的基金在半年展望期 99% 的 *VaR* 等于资产组合价值的 6%，假设你在基金中有 100 万元投资，你将如何理解投资经理的公告。

3. 如果某交易组合由若干资产组成，请详细解释边际 *VaR*、增量 *VaR* 以及成分 *VaR* 之间的区别。

4. 假定某两项投资的任何一项都有 2% 的概率会引发 1000 万元的损失，有 2% 的概率会引发 100 万元的损失，有 96% 的概率会盈利 100 万元，两项投资相互独立，请回答下面两个问题：

（1）对应于 95% 的置信水平，任意一项投资的 *VaR* 是多少？

（2）对应于 95% 的置信水平，任意一项投资的 *ES* 是多少？

5. 假设某投资组合在 3 个月内的收益变化服从正态分布，均值为 50 万元，标准差为 300 万元，计算 99.5% 置信度下，该投资组合 3 个月展望期的 *VaR* 和 *ES*。

6. 假设交易组合在半年内的收益变化服从正态分布，均值为 0，标准差为 200 万元，计算 98% 置信度下，一年展望期的 *VaR* 和 *ES*。

7. 假设某两项投资中的任何一项都有 0.9% 的可能引发 1000 万元损失，而有 99.1% 的可能引发 100 万元的损失，这两项投资相互独立：

（1）对应于 99% 的置信水平，任意一项投资的 *VaR* 是多少？

（2）对应于 99% 的置信水平，任意一项投资的 *ES* 是多少？

（3）将两项投资叠加在一起所产生的投资组合对应于99%置信水平的*VaR*是多少？

（4）将两项投资叠加在一起所产生的投资组合对应于99%置信水平的*ES*是多少？

（5）请说明此例中的*VaR*不满足次可加性条件，但是*ES*满足次可加性条件。

8. 一个关于ABC银行的报告称ABC银行的每月*VaR*在95%的置信水平下为1000万元。下列哪一项是关于这份报告最恰当的解释。

（1）如果我们收集ABC银行100个月的损益数据，那么我们总是看到有大约5个月的损失会超过1000万元。

（2）该银行有95%的概率在一个月内的损失值低于1000万元。

（3）该银行有5%的概率在一个月内的收益值低于1000万元。

（4）该银行有5%的概率在一个月内的损失值低于1000万元。

9. 假设一个流动性资产的损失收益分布为正态分布。该头寸95%置信水平下的每日*VaR*为100000元。估计相同头寸99%置信水平下的10天*VaR*。

（1）100000元；（2）450000元；（3）320000元；（4）220000元。

10. 假定一个交易组合的每天价值变化的一阶自相关系数为0.06，由一天*VaR*乘以$\sqrt{10}$而产生的10天的*VaR*为200万元，将自相关考虑在内时，*VaR*的最佳估计为多少？

11. 任选一只股票，分别采用上述方法，计算每天、每周、每月、每年的在现值用于评估股票的*VaR*。

12. 构建一个投资组合，测度其尾部风险（*ES*）以及*VaR*，并分别计算出边际*VaR*、增量*VaR*、成分*VaR*。

13. 基于中国股市实际数据，结合第四章的ARCH、EWMA、GARCH、TGARCH、EGARCH、Jump-GARCH和GARCH-MIDAS模型，评估由上述模型估计得到波动率用于计算*VaR*和*ES*的结果有何差异。

第六章

债券投资的风险管理

本章阅读指引：

随着金融一体化和经济全球化的发展，金融风险日趋复杂化和多样化，风险管理的重要性也日益凸显，而债券作为一个重要的投资品种，备受投资者关注和青睐。本章首先介绍债券投资主要面临的风险，接着从债券线性风险管理——久期、债券非线性风险管理——凸性以及债券投资组合风险管理三个方面对债券的风险管理展开详细的介绍，最后介绍了债券投资的 *VaR* 计算及其 Python 应用。

第一节　债券线性风险管理——久期

债券的市场价格以及实际收益率受许多因素影响，这些因素的变化都可能使投资者的实际利率发生变化，从而使投资行为产生各种风险。债券投资者的投资风险主要包括利率风险、通货膨胀风险、经营风险、期限风险、流动性风险、汇率风险等。而在债券线性风险管理上利率就是一个重要的测量指标。

所谓利率久期（Duration）是指用于衡量交易组合对于利率曲线的风险敞口，久期指根据某一金融资产的现金流计算的收回本息的加权平均时间。本部分主要展开介绍三种久期，即美元久期（Dollar Duration）、麦考利久期（Macaulay’s Duration）和修正久期（Modified Duration）及其之间的联系。

一、美元久期

美元久期是指利率变动导致的债券价值变动的金额，换言之，美元久期即债券价格对收益率的一阶导数的负数。假设债券到期收益率为 y，债券价格为 B，t_i 期的现金流为 c_i，则美元久期（DD）可以表示为：

$$DD=-f'(y_0)=-\frac{\Delta B}{\Delta y}=-\frac{\mathrm{d}B}{\mathrm{d}y}=-\frac{\mathrm{d}\left(\sum_{i=1}^{n}\frac{c_i}{(1+y)^i}\right)}{\mathrm{d}y} \tag{6-1}$$

整理以后可以表示为：

$$DD=-\frac{1}{1+y}\left(\sum_{i=1}^{n}\frac{(-t_i)\times c_i}{(1+y)^i}\right)=\frac{1}{1+y}\sum_{i=1}^{n}\frac{t_i\times c_i}{(1+y)^i} \tag{6-2}$$

二、麦考利久期

在 1938 年，麦考利（Macaulay）提出使用加权平均数的形式计算债券现金流的平均到期时间，因此，我们称之为麦考利久期。具体而言，麦考利久期表示的是债券在未来产生现金流的时间的加权平均，权重用各期现金流的现值在债券价格中所占的比重，麦考利久期（D）可以用公式（6-3）表示：

$$D=\sum_{i=1}^{n}(t_i\times\omega_i)=\sum_{i=1}^{n}\left(t_i\times\frac{\frac{c_i}{(1+y)^i}}{B}\right)=\sum_{i=1}^{n}\left(t_i\times\frac{\frac{c_i}{(1+y)^i}}{\sum_{i=1}^{n}\frac{c_i}{(1+y)^i}}\right) \tag{6-3}$$

其中，ω_i 表示每一期现金流所占债券的比重，即 $\omega_i = \frac{c_i}{(1+y)^i} \Big/ \sum_{i=1}^{n} \frac{c_i}{(1+y)^i}$。

特别地，对于零息债券来说，由于其各期不产生现金流，因此，零息债券的麦考利久期等同于其到期时间 T。

三、修正久期

从定义上，修正久期是收益率微小变动与债券价格相对变动之比和其麦考利久期的比值，这一近似比例关系的前提为收益率的变动是微小的。因此，修正久期可以作为一种度量债券价格对收益率变化的敏感性指标。我们用 D^* 来表示修正久期，其计算公式为：

$$D^* = -\frac{1}{B}\frac{\Delta B}{\Delta y} = -\frac{1}{B}\frac{\mathrm{d}B}{\mathrm{d}y} = \frac{1}{B}\frac{\sum_{i=1}^{n}\frac{t_i \times c_i}{(1+y)^i}}{1+y} = \frac{1}{B}\frac{\sum_{i}^{n} t_i v_i}{1+y} \tag{6-4}$$

其中，$v_i = \frac{c_i}{(1+y)^i}$ 表示的是现金流 c_i 以 y_i 为贴现率从 t_i 时间贴现到当前的值。

上式等价于：$\Delta B = -BD^*\Delta y$，即债券收益率微小的变化会相应引起债券价格的变化。从式子中可以看到当收益率发生微小变动时，债券价格的变动与修正久期之间存在着固定的比例关系。从上式可以发现，当修正久期较大时，利率上升会使得债券价格下降较多，利率下降时债券价格的波动会更小一点。因此，当投资者认为未来利率将会上升，那么应该更多选择投资于久期更短的投资品。反之，当修正久期较短时，利率上升使得债券价格下降较少，利率下降时债券价格会波动更大。因此，当投资者认为未来利率将会下降时，会投资于久期更长的投资品，以此来获得更高的收益。

四、各类久期之间的联系

对比前文美元久期、麦考利久期和修正久期的计算公式，可以发现三者之间存在如下关系：

美元久期等于修正久期乘以债券价格，用公式表示为：$DD = D^* \times B$，修正久期等于麦考利久期除以贴现率，用公式表示为：$D^* = \frac{D}{1+y}$，特别地，如果一年复利 m 次，则公式变为：$DD = \frac{D \times B}{1+\frac{y}{m}}$，由此，可以得到麦考利久期与美元久期关系为：$DD = \frac{D \times B}{1+y}$。

五、久期法则

久期在日常生活中的运用十分广泛，一是衡量金融资产的加权平均到期期限，二是衡量利率变化对资产价格的影响。利用久期可以对债券风险进行度量，久期越长，债券的利率风险越大。根据久期的含义和计算公式，总结如下几条法则：

（1）零息债券由于中间各期不付息，久期等于它的到期时间；

（2）到期时间不变，当息票率越高时，债券久期越短；

（3）如果票面利率不变，债券久期通常会随着期限增加而增加；

（4）保持其他因素都不变，当债券到期收益率较高时，息票债券的久期会较短；

（5）终身年金的久期是：$\frac{1+y}{y}$。

【例 6-1】三种久期计算的应用。假设存在某种面值为 100 美元、债券利息为 10% 的 3 年期债券，该债券连续复利的年收益率为 10%，每 6 个月付息一次，因此，每期利息为 5 美元，请计算该债券的久期。

解：表 6-1 为有关债券修正久期计算的步骤，第一步，计算出每一期可以获得的现金流，即表的第二列；第二步，将每一期现金流以收益率为贴现率进行折现，每一期现值为表的第三列（如第一次付息的现值为 $5e^{-0.10\times0.5}$），则第三列的数字之和即为债券的价格 99.358 美元；第三步，将第三列每一行数字除以债券价格即为每年现金流的权重（如第一次付息的权重 4.756 / 99.358=0.048），各行权重加总，和应为 1；第四步，将各行权重与时间相乘即得到第五列数字（如第五列一行计算方法为 $0.5\times0.048=0.024$）；第五步，将第五列数字相加即可以得到债券的修正久期 2.663 年。由于在连续复利下修正久期与麦考利久期相同，因此，该债券的麦考利久期也为 2.663 年，即 $D=D^{*}=2.663$；而美元久期即为 $DD=2.663\times99.358=264.59$。

表 6-1　久期的计算

期限（年）	现金流（美元）	现值（美元）	权重	时间 × 权重（年）
0.5	5	4.756	0.048	0.024
1.0	5	4.524	0.046	0.046
1.5	5	4.304	0.043	0.065
2.0	5	4.094	0.041	0.082
2.5	5	3.894	0.039	0.098
3.0	105	77.786	0.783	2.349
总计	130	99.358	1.000	2.663

紧接着，分析收益率微小的变化对于债券价格的影响。利用前文公式，可以计算得到，当收益率增加 0.1% 时，债券价格变化为：

$$\Delta B = -99.358 \times 2.663 \times 0.001 = -0.2646$$

因此，通过久期公式计算的预计债券价格会下降到：

$$B' = 99.358 - 0.2646 = 99.093$$

为了验证利用久期公式计算的债券价格的准确性，计算收益率增加 10 个基点到 10.1% 时债券的真正价格，计算公式如下：

$$B' = 5e^{-0.101\times0.5} + 5e^{-0.101\times1.0} + 5e^{-0.101\times1.5} + 5e^{-0.101\times2.0} + 5e^{-0.101\times2.5} + 105e^{-0.101\times3.0} = 99.093$$

通过对比，我们可以看到利用久期计算的债券价格与实际法下计算的债券价格相同，由此可知，当债券收益率变化较小时，利用修正久期计算债券价格变化是非常精确的（精确到了小数点后三位）。

最后，考虑离散复利的情形，如果一年复利 2 次，连续复利收益率仍然为 10%，则所对应的每年复利两次的收益率为 10.25%［其计算公式为 $\left(1+\frac{y}{2}\right)^2 = e^{10\%\times1}$］，一年复利 2 次的修正久期为：

$$D^* = 2.663 / (1 + 0.1025 / 2) = 2.5332$$

相应地，美元久期为：

$$DD = 2.5332 \times 99.358 = 251.69$$

此时，当收益率增加 10 个基点时，债券价格变化为：

$$\Delta B = -99.358 \times 2.5332 \times 0.001 = -0.2517$$

第二节　债券非线性风险管理——凸性

一、定义

如前文所示，收益率曲线较小的移动可以用久期来度量债券价格的变化，那么，当收益率曲线有一个较大的移动时，久期是否仍然能够准确度量债券价格的变化？答案是否定的（后文将用例子予以证明）。这是因为即使是两个具有相同久期的债券，收益率曲线的移动导致的债券价格的变化可能是不同的。换言之，债券价格与收益率之间的关系具有非线性特征，而不是简单的线性关系。这就意味着，当利率变化较大时，两个债券面临的市场风险就不一样了，故此，不能再简单地用久期来度量债券价格的变化，而需要一个更为精准地衡量债券价格变化的工具。

此时，引入一个新的概念——凸性（Convexity）又称曲率来度量债券价格—收益率曲线的凹凸变化程度，它可以被用来改善用久期计算债券价格近似式的准确性。

从公式上，债券的凸性（C）可以通过计算债券价格对收益率的二阶导数与债券价格之比得到，具体如公式（6–5）所示：

$$C=\frac{1}{B}\frac{\mathrm{d}^2B}{\mathrm{d}y^2} \tag{6–5}$$

将公式（6–5）左右两边同时乘以债券价格 B，可以得到债券价格对收益率的二阶导数：

$$f''(y)=C\times B \tag{6–6}$$

利用凸性可以得到收益率曲线变动关于债券价格的二阶近似式：

$$\Delta B=\frac{\mathrm{d}B}{\mathrm{d}y}\Delta y+\frac{1}{2}\frac{\mathrm{d}^2B}{\mathrm{d}y^2}\Delta y^2 \tag{6–7}$$

由此，可以得到收益率变动相应引起的债券价格变动百分比，可以表示为：

$$\frac{\Delta B}{B}=-D\Delta y+\frac{1}{2}C(\Delta y)^2 \tag{6–8}$$

从上式，可以发现由于凸性的存在，当收益率下跌的幅度较大时，久期往往低估了债券价格的上涨程度；反之，当收益率上升幅度较大时，久期往往高估了债券价格的下跌程度。进一步地，还可以得出一个结论，应该选择持有凸性更大的债券，其具有更高的抗风险作用。

二、离散与连续复利下的凸性

在具体的应用中，可以将凸性分为离散复利债券凸性和连续复利债券凸性，分别进行计算。在离散复利下，债券价格为 $B=\sum_{i=1}^{n}\frac{c_i}{(1+t_{\mathrm{i}})^i}$，因此，离散复利债券凸性可表示为：

$$C=\frac{1}{B}\frac{\mathrm{d}^2B}{\mathrm{d}y^2}=\frac{1}{B}\frac{\sum_{i=1}^{n}t_i\times(t_i+1)\times c_i}{(1+y)^{i+2}} \tag{6–9}$$

而在连续复利下，债券价格为 $B=\sum_{i=1}^{n}c_i\mathrm{e}^{-yt_i}$，因此，连续复利债券凸性可以表示为：

$$C=\frac{1}{B}\frac{\mathrm{d}^2B}{\mathrm{d}y^2}=\frac{\sum_{i=1}^{n}c_it_i^2\mathrm{e}^{-yt_i}}{B}=\sum_{i=1}^{n}t_i^2\times\omega_i \tag{6–10}$$

由此，可以发现债券的凸性是未来收到现金流的时间平方的加权平均值，权重为债券现金流的现值与债券价格之比。

三、凸性的性质

（1）凸性是用来衡量债券价格—收益率曲线的弯曲程度的指标。凸性越大，债券价格—收益率曲线的弯曲程度越大，用修正久期计算的收益率变动对债券价格影响的误差也更大，这时候就需要用凸性的债券价格的二阶近似式来计算债券价格的变化。

（2）对于正常付息债券来说，凸性大的债券其收益率风险较小。对于相同久期的两个债券，应该选择凸性更大的债券，这是因为，当两个债券的久期相同时，收益率增加相同单位时，凸性大的债券价格下降幅度更小一点；在收益率减少相同单位时，凸性大的债券价格增加幅度更大一点。

（3）并不是任何时候都需要利用债券凸性进行计算的，只有在认为收益率将有一个较大的变动时才将凸性作为一个重要的考虑对象。

（4）对于具有固定息票的债券来说，凸性一定是正值。

【例 6–2】继续前文例子，并且假设此时市场上该类债券的收益率上涨到 12%，即收益率增加了 2%，请计算此时债券的凸性以及估计收益率变动对债券价格的影响。

解：凸性的计算如表 6–2 所示。

表 6–2　凸性的计算

期限（年）	现金流（美元）	现值（美元）	权重	时间 ^{2}× 权重
0.5	5	4.756	0.048	0.012
1.0	5	4.524	0.046	0.046
1.5	5	4.304	0.043	0.097
2.0	5	4.094	0.041	0.165
2.5	5	3.894	0.039	0.245
3.0	105	77.786	0.783	7.046
总计	130	99.358	1.000	7.611

首先，利用前文对于凸性的定义和计算公式，计算债券的凸性：

$$C = 0.048\times 0.5^2 + 0.046\times 1.0^2 + 0.043\times 1.5^2 + 0.041\times 2.0^2 + 0.039\times 2.5^2 + 0.783\times 3.0^2$$
$$=7.611$$

其次，根据公式（6–8），当收益率变化 2% 所引起的债券价格的变化用凸性方法计算时，即：

$$\Delta B = -DB\Delta y + \frac{1}{2}CB\left(\Delta y\right)$$
$$= -2.663\times 99.358\times 0.02 + \frac{1}{2}\times 7.611\times 99.358\times 0.02^2$$
$$= -5.1415$$

当用久期的方法计算债券的价格变化时，结果为：

$$\Delta B = -DB\Delta y$$
$$= -99.358 \times 2.663 \times 0.02$$
$$= -5.2719$$

可以看到，通过凸性和久期这两种计算方法得到的债券的价格变化并不相同。那么到底通过这两种方法计算的结果哪个与债券实际价格变化更为接近呢?

让我们计算一下当收益率为 14% 时债券的真实价值：

$$B_{12\%} = \sum_{t=0.5}^{3} 5\mathrm{e}^{-0.12\times t} + 100\mathrm{e}^{-0.12\times 3} = 94.213$$

$$\Delta B = B_{12\%} - B_{10\%} = 94.213 - 99.358 = -5.145$$

通过对比，我们不难发现与用久期计算的债券价格变化相比，用凸性计算的债券价格变化与债券真实价格变化更为接近，亦即用凸性计算的价格更为精准。

通过上面的例子，我们可以得到这样的结论，当利率变化较小时，债券价格变化可以通过久期来衡量，但是当收益率变化较大时，用久期计算债券价格变化就不太合适，这是由于具有不同凸性的债券在收益率变化幅度较大时，其债券价格变化差异会较大，这时候应该用考虑凸性的方法来计算债券价格的变化。

四、久期与凸性的推广

前面都是采用久期和凸性来分析收益率变动对于单只债券价格的影响，实际上，久期和凸性也可以被推广到计算其他债券组合的价格变动。

现在，假设 P 代表债券组合的价格，将债券价格—收益率曲线平行移动 Δy，将债券组合价格的变化记为 ΔP，则债券组合的久期可以定义为：

$$D = -\frac{1}{P}\frac{\Delta P}{\Delta y} \tag{6–11}$$

易得债券价格变动的百分比等于组合的久期与收益率变动的乘积，即 $\frac{\Delta P}{P} = -D\Delta y$。

现在，假定债券组合是由多种跟收益率相关的资产组成的，第 i 个资产价格为 V_i，则债券组合的价格可以表示为 $P = \sum_{i=1}^{n} V_i$，假设每个资产对应的久期为 $D_i\left(i = 1, 2, \cdots, n\right)$。进一步地，定义 ΔV_i 为收益率变化 Δy 时资产 V_i 的价值相应变化量，那么债券组合价格的总变化量可以表示为 $\Delta P = \sum_{i=1}^{n} \Delta V_i$，根据公式（6–11），整个债券组合的久期为：

$$D = -\frac{1}{P}\sum_{i=1}^{n}\frac{\Delta V_i}{\Delta y} \tag{6–12}$$

那么，关于第 i 个单一资产的久期可以表示为：

$$D_i = -\frac{1}{V_i}\frac{\Delta V_i}{\Delta y} \tag{6–13}$$

因此，

$$D=-\frac{1}{P}\sum_{i=1}^{n}\frac{\Delta V_i}{\Delta y}=\frac{1}{P}\sum_{i=1}^{n}V_iD_i=\sum_{i=1}^{n}\frac{V_i}{P}D_i=\sum_{i=1}^{n}\omega_iD_i \tag{6-14}$$

其中，$\omega_{\mathrm{i}}=\frac{V_i}{P}$，$i=1,2,\cdots,n$。

从公式（6–14）说明债券组合的久期是由构成组合的单一债券的久期的加权平均，权重等于构成债券与整体组合价值的比率。

类似地，凸性的概念也可以被推广，债券组合的凸性也是单个债券凸性的加权平均：

$$C_P=\sum_{i=1}^{N}\frac{V_i}{P}\times C_i=\sum_{i=1}^{N}C_i\omega_i \tag{6-15}$$

与单个债券类似，如果债券组合的债券价格—收益率曲线有一个较小的平行移动（不适用于非平行移动），用久期计算的债券组合的价格变化为：

$$\Delta P\approx -D^*\times P_0\times\Delta y \tag{6-16}$$

当债券价格—收益率曲线有一个较大的平行移动时，应该用凸性计算的债券组合价格变化：

$$\Delta P\approx -D^*\times P_0\times\Delta y+\frac{1}{2}CP(\Delta y)^2 \tag{6-17}$$

上式表明资产组合的凸性等于构成组合的各项资产的凸性的加权平均，其权重为构成的各项资产的价格占整体组合价格的比值。此外，当资产组合的久期为某一特定值时，如果现金流分布在较短的时间内，则表明资产组合的凸性较小，反之，当现金流分布在一段较长的时间，表明资产组合的凸性较大。

第三节　债券投资组合风险管理

债券的组合管理从管理的策略上可以分为消极管理策略和积极管理策略。

一、消极管理策略

消极的资产管理者认为债券定价是合理的，不再积极寻求交易的可能性去战胜市场，仅试图控制他们持有的固定收益资产组合的风险。在固定收益市场中，投资者经常使用两种消极管理的策略：一种是指数策略，另一种是免疫策略。

对于第一种方法即指数策略，债券管理者首先选定一个指数作为依据，然后构造债券投资组合以复制指数的走势，仿照债券指数构造债券组合有三种方法，主要包括区格方法、最优化方法和方差最小化方法。

第二种方法为大众所熟知的免疫策略，广泛应用于各类金融机构，例如保险公司和养老基金等。这种方法主要是指债券组合管理者通过选择久期等于他们负债的到期期限的证券组合来抵消由于收益率变化所带来的风险；此外，还可以构建现金流搭配策略，这是一种特殊类型的免疫策略，债券组合管理者需要建立一个现金流用于支付每一个到期的负债现金流的专用证券组合。

尽管指数策略和免疫策略在采取消极的态度，在接受市场价格是合理的这一观点上是相似的，但是在处理风险敞口方面，它们则非常不同。一个债券指数资产组合的风险—回报与其所复制的市场指数的风险—回报状况是相当的。而免疫策略寻求建立的是一种几乎是零风险的资产组合，其中收益率变动对债券组合的价值是没有任何影响的。

（一）债券指数基金

理论上，债券市场指数与股票市场指数相似，因此，可以创建一个能代表指数结构的资产组合，而该指数正好能够反映股市。但是，指数债券投资组合面临一个问题：指数包含了数千只债券，这使得按它们的市值比重购买很困难。此外，很多债券交易量小，这意味着很难找到它们的所有者，也很难以一个公平的市场价格购买它们。

在实践中，完全复制总体债券指数是不可行的。因此，作为替代，在指数基金的复制中常常采用分层取样或分格方法。表 6–3 表明了分格方法的思想。具体步骤如下：第一步，将债券市场分为若干类别如国债、按揭抵押、金融类、公用事业等以及相应的到期期限；第二步，计算每个网格中资产占总资产的百分比；最后，债券组合管理者建立一种债券资产组合，该资产组合中每一单元债券所占的比例与该单元在全部债券中所占的比例相匹配。通过这种方法，使得资产组合在期限、票面利率、信用风险和债券所属行业等方面的特征与指数相匹配，那么该资产组合的业绩将与指数业绩相类似。

表 6–3 债券指数复制分格法

（单位：%）

剩余期限类别	国债	机构	按揭抵押	工业	金融	公用事业	扬基债券
< 1 年	12.20						
1~3 年	5.50						
3~5 年			4.20				
5~7 年							

（续上表）

剩余期限类别	国债	机构	按揭抵押	工业	金融	公用事业	扬基债券
7~10 年		0.20					
10~15 年							
15~30 年			9.30			3.50	
30 年以上							

除了债券个数过多的难题外，债券指数基金还面临着比股票指数基金更难的再平衡问题。具体而言，当有新的债券发行时，不得不考虑将新的债券加入指数当中，而当前期发行的债券到期时，就需要考虑将该债券从指数中提出。由于债券不断变化，管理者需要不断地进行再平衡来保证资产组合的构成和指数中所包含的债券相匹配。此外，债券产生的大量利息收入必须进行再投资的事实，也使得管理者的工作更为复杂。

（二）免疫策略

与指数策略不同，很多机构投资者试图使它们的资产组合免于受到整个利率风险的影响，并不积极寻求交易的可能性以战胜市场。一般而言，对这种风险主要有两种观点，第一种是像银行之类的机构，它们致力于保护净现值或公司的净现值不受利率波动的影响；第二种是像养老基金之类的投资者，它们可以合理预期在一定的期限后将面临的支付义务，因此，这些投资者更关心保护其资产组合的未来价值。

但是，银行机构和养老基金面临的共同问题是利率风险。无论是公司的净现值还是基金资产未来兑现的能力都会随着利率波动而受到影响。免疫策略是指这类投资者用来使整个金融资产免受利率风险影响的策略。免疫背后的思想是久期匹配的资产和负债可以使得资产组合免受利率波动的影响。

故此，可以从一个更为一般的角度来理解免疫策略，采取免疫策略的管理者主要是通过构造相匹配的资产和负债来使得组合的久期为零，当组合的久期为零，这就意味着该资产组合不再受利率风险的影响，从而达到了资产组合对利率的免疫。当然，当预计利率的波动较小时，免疫策略采取的是久期为零的免疫策略，当认为利率会有一个较大的波动的时候，免疫策略则采取保证久期和凸性均为零的策略以达到免疫。

由前文可知，资产价格变化的公式为 $\Delta P = -(D^* \times P_0) \times \Delta y$，其中，$D^* \times P_0$ 是美元久期，Δy 是收益变动率。因此，资产发生损失可能是由于风险因子如美元久期的风险暴露或者是风险因子自身的变动（对组合来说是外部变量）。当利率和资产久期变化时，管理者必须再平衡资产组合使得资产和债务的久期一致，从而保证资产的久期为零。

此外，即使利率不变，资产的久期也会仅仅因为时间的推移而发生相应的变化。因此，即使开始时资产与负债形成免疫，随着时间推移，在不同的利率水平下，资产和负债的久期也会以不同的比率下降。此时，如果没有进行资产组合的再平衡，资产组合不再免疫，久期不再匹配。由此可见，免疫所指的消极策略仅仅只是说管理者并不试图去识别低估的证券。实际上，采取免疫策略的管理者时刻关心和监控他们的头寸，以保证免疫的实现。在实践中，需要在完美免疫（需要不断再平衡）和控制交易费用（规定频率较低的再平衡）之间建立恰当的妥协。

【例 6–3】与前文类似，这里通过一个建立久期对冲风险的案例以助于理解免疫策略。假设一投资者持有一个修正久期为 7.0，价值为 1000 万美元的投资组合 P，该投资组合需要对冲 3 个月时间。已知当前国债期货合约价格是 93–02（$93\frac{2}{32}$=93.0625），名义金额为 100000 美元，假定它的久期是 9.5 年，请计算该投资者应该购买的最优对冲的期货合约数量。

首先，计算一份期货合约的价值为：

$$V = 93.0625\% \times 100000 = 93062.5 \text{ 美元}$$

其次，计算市场利率上升 1 个基点时，一份期货合约的价值变动为：

$$\Delta P_T = -9.5 \times 93062.5 \times 0.01\% = -88.41 \text{ 美元}$$

再次，计算当市场利率上升 1 个基点时，投资者持有的债券组合的价值变动为：

$$\Delta P_P = -7.0 \times 10^7 \times 0.01\% = -7000 \text{ 美元}$$

最后，假设持有 N 份期货合约才能对冲市场利率波动的风险，当市场利率上升 0.01% 时，在免疫策略下新组合的价值变动应该为零（利率变动对于债券价值影响为零），即：

$$\Delta P_P + N \times \Delta P_T = 0$$

因此，投资者需要持有的期货合约的份数：

$$N = -\frac{\Delta P_P}{\Delta P_T} = -\frac{D_P^* \times P_P}{D_T^* \times P_T} = -\frac{7000}{88.41} = -79.18$$

结论：在当前时刻，投资者需要卖出 79 份国债期货合约才能使得手中持有的 1000 万美元资产组合不受利率波动的影响。

那么，当购买 N 份对冲资产后，市场利率波动给新组合带来价值变动可以表示为：

$$\Delta V = \Delta P_P + N \times \Delta P_T = [(-D_P^* \times P_P) + N \times (-D_T^* \times P_T)] \times \Delta y$$
$$= -[(D_P^* \times P_P) + N \times (D_T^* \times P_T)] \times \Delta y$$

当 $(D_P^* \times P_P) + N \times (D_T^* \times P_T)$ 为零时，此时，无论利率波动有多大，新资产组合受利率影响而产生的价值变动均为零。以上过程就是免疫策略的原理，最优对冲就是负的现货美元久期与对冲工具的美元久期的比值。

二、积极管理策略

积极管理策略是通过积极交易证券组合以试图得到附加收益的一种策略。积极管理策略要求投资者能够准确预测利率未来的走向（否则可能会造成巨大损失），然后选择债券和决定进入市场时机（择时择机），或者识别错误估值的债券。

一般而言，积极债券管理中有两种潜在价值来源。第一种是利率预测，试图预计固定收益市场范围的利率动向。如果预计利率下降，债券价格将会提高，投资组合的管理者将增加投资组合的久期；反之，如果预计利率上升，债券价格将会下降，投资组合的管理者将会减少投资组合的久期。第二种是在固定收益市场内识别错误估值的债券，以低价购买该债券，当该债券价格被市场正确定价后再卖出，以赚取其中的买卖差价。例如，如果分析师认为某一特定债券的违约溢价没必要很大，那么这就意味着该债券价格被低估了，是一个获利的机会。因此，只有分析师具有超越市场的信息或者洞察力，才能从中获得超额收益。如果价格已经反映了这个信息，利率将要如何变动的信息就不会使管理者获得利润。这从对市场效率的讨论中可以知道一点，有价值的信息是差异信息。

积极管理策略主要包括应变免疫、水平分析和债券换值。

1. 应变免疫

应变免疫指资产组合的管理者事先确定了一个最小目标利率（也称安全净收益），然后通过积极管理策略免疫证券组合以确保达到最小目标利率。如果证券组合的收益下跌到安全净收益这一点，管理者就进行积极的操作，使得该证券组合免疫并锁定安全净收益，免疫收益与安全净收益之差被称为安全缓冲。

2. 水平分析

利率预测是一种形式的水平分析。这种方法是指，分析师首先确定一个特定的持有资产的期限并且预测其期末的收益率曲线。由此，对于给定持有到期时限债券的到期时间，它的收益可以从预测的收益率曲线和计算的期末价格中得出。最后，分析师把利息收入和预期的债券收益加起来得到持有期间债券的总收益。

3. 债券换值

债券换值指管理者通过辨别市场中债券是否被暂时错误定价，然后购买或者出售同等数量的类似债券以增加债券的投资组合的积极管理策略，通常有以下几种：

（1）替代互换：一种债券与几乎相同的替代品的交换。被替代的债券应该基本上有相同的票面利率、期限、质量、赎回条款、偿债基金条款等。如果人们相信市场中这两种债券的价格暂时失衡，而债券价格的不一致可以带来获利的机会，那么这种互换方式就会出现。

（2）市场间差价互换：投资者认为在债券市场两个部门之间短暂存在利差，并进行套利的行为。例如，公司和政府之间的利差太大并预计利差会收窄，投资者将从购买政府债券转向购买公司债券。这是因为，如果利差确实收窄，公司债券的表现将比政府债券要好。

（3）利率预期互换：这是投资者采取钉住利率的预测方法。在这种情况下，如果投资者认为利率会下降，他们会互换成久期更长的债券。反之，当预计利率上升，投资者会互换成久期更短的债券。

（4）纯收益获得互换：这种方法是出售较低息票率或较低到期收益率或两者皆是的债券而购买相对较高的债券，其目的是获得较高的回报。当收益率曲线向上倾斜时，纯收益获得互换是指买入长期债券。这种行为被看作在高收益债券中尝试获得期限风险溢价。投资者愿意承受这种策略带来的利率风险。只要持有期收益率曲线不发生上移，投资者把短期债券换成长期债券就会获得更高的收益率。当然，如果收益率曲线上移，长期债券会遭受较大的资本损失。

第四节　债券投资 *VaR* 和 *ES* 测度及应用

一、债券组合 *VaR* 和 *ES* 测度

债券投资 *VaR* 估值是指在投资组合的特定状态进行一次估值，并利用局部的数学分析来推测估计变化趋势进而求出 *VaR*，局部估值法部分反映了风险因子对组合价值的影响。方差—协方差法（又称德尔塔—正态分布法）是最典型的局部估值法。

VaR 度量的局部估值可以表示为：

一阶条件下：

$$VaR(\mathrm{d}p)=\left|-D^{*}\times P_0\right|\times VaR(\Delta y)=\left|-D^{*}\times P_0\right|\times\sigma\times N^{-1}(X) \tag{6-18}$$

二阶条件下：

$$VaR(\mathrm{d}p)=\left|-D^{*}\times P_0\right|\times VaR(\Delta y)-\frac{1}{2}C\times P\times VaR(\Delta y)^2 \tag{6-19}$$

ES 度量的局部估值可以表示为：

一阶条件下：

$$ES(\mathrm{d}p)=\left|-D^{*}\times P_0\right|\times ES(\Delta y)=\left|-D^{*}\times P_0\right|\sigma\frac{\phi\left(N^{-1}(X)\right)}{1-X} \tag{6-20}$$

二阶条件下：

$$ES(\mathrm{d}p)=\left|-D^{*}\times P_0\right|\times ES(\Delta y)-\frac{1}{2}C\times P\times ES(\Delta y)^2 \tag{6-21}$$

其中，σ 表示投资组合收益率的标准差；$N^{-1}(X)$ 表示在标准正态分布下置信度为 X 对应的分位数，如 X=95，$N^{-1}(95)$=1.65；$\phi(\cdot)$ 是标准正态分布的累积密度函数，$\phi(y)=\frac{1}{\sqrt{2\pi}}\exp\left(-\frac{y^2}{2}\right)$。

显然，*VaR* 和 *ES* 的计算取决于持有期和置信度这两个重要的参数，针对不同的投资对象和风险管理者，选择不尽相同。通常情况下，在持有期方面，银行等金融机构倾向于按日计算 *VaR* 和 *ES*；但对于一般投资者而言，可按周或月计算 *VaR* 和 *ES*。国际清算银行（Bank for International Settlements, BIS）规定的作为计算银行监管资本的 *VaR* 持有期为 10 天。置信度通常选择 95%~99%。95% 的置信度意味着预期 100 天里只有 5 天所发生的损失会超过相应的 *VaR* 值和 *ES* 值；而 99% 的置信度意味着预期 100 天里只有 1 天所发生的损失会超过相应的 *VaR* 值和 *ES* 值。

局部估值法的优点在于大大简化了计算量，但是缺点在于其具有很强的假设。对于大多数金融资产的收益率而言，其收益分布都表现出厚尾性，即尾部分布的概率比正态分布所描述的要高，导致方差—协方差法下 *VaR* 的值会被低估，具有局部测量性等不足。此外，方差—协方差法不适用于测量非线性金融工具的风险，如期权、住房抵押贷款等，它只能衡量线性风险（一阶导）。对于非线性风险（二阶导），可以使用历史模拟法或蒙特卡罗模拟法，这类方法通常被列入全值估值法。

二、债券组合 *VaR* 和 *ES* 测度的 Python 应用

【例 6-4】局部估值法的案例应用。现假设一个投资组合包括两只零息债券，当前价值均为 10 美元。第一只债券的修正久期为 4 年，第二只债券的修正久期为 12 年。收益率曲线是水平的，收益率均为 5%。假设所有的收益率曲线平行移动。给定每日收益率的波动率为 1%，求债券组合的 *VaR* 和 *ES*。

解：收益率的 *VaR* 为：

$$VaR(\Delta y)=\sigma\times N^{-1}(X)=1\%\times N^{-1}(95)=0.01\times 1.64=0.0164$$

收益率的 *ES* 为：

$$ES(\Delta y)=\sigma\frac{\phi\left(N^{-1}(X)\right)}{1-X}=1\%\times\frac{\frac{1}{\sqrt{2\pi}}\mathrm{e}^{-\frac{N^{-1}(95\%)^2}{2}}}{1-95\%}=0.0206$$

组合的修正久期为：

$$D^*=4\times\frac{10}{20}+12\times\frac{10}{20}=8$$

该投资组合的美元久期为组合的修正久期与组合价值的乘积，即 $8\times 20=160$ 美元。

该债券组合的 *VaR* 为：

$$VaR(\mathrm{d}p)=\left|-D^*\times P_0\right|\times VaR(\Delta y)=\left|-8\times 20\right|\times 0.0164=2.62$$

该债券组合的 *ES* 为：

$$ES(\mathrm{d}p)=\left|-D^*\times P_0\right|\times ES(\Delta y)=\left|-8\times 20\right|\times 0.0206=3.30$$

以下为该题 *VaR* 和 *ES* 测度的 Python 应用：

```
from scipy import stats
import numpy as np

#计算 VaR（dy）
def VaR_dy(sigma=0.01,X=0.95):
    return sigma*stats.norm.ppf(X)

#计算分位数
def Quantile(X):
    return stats.norm.ppf(X)

#计算积累密度函数
def phi(X):
    return 1/np.sqrt(2*np.pi)*np.exp(-(Quantile(0.95))**2/2)

#计算 ES（dy）
def ES_dy(sigma=0.01,X=0.95):
    return sigma*phi(X)/(1-X)

#计算 D*
def D_star(value=[10,10],stat=[4,12]):
    sum_value=np.sum(value)
    res=0
    for i in range(len(value)):
        res+=stat[i]*value[i]/sum_value
    return res

#计算 VaR(dp)
def VaR_dp(value=[10,10],stat=[4,12],sigma=0.01,X=0.95):
   P0=np.sum(value)
   D_=D_star(value,stat)
   return np.abs(P0*D_)*VaR_dy(sigma=0.01,X=0.95)

#计算 ES(dp)
def ES_dp(value=[10,10],stat=[4,12],sigma=0.01,X=0.95):
    P0=np.sum(value)
    D_=D_star(value,stat)
    return np.abs(P0*D_)*ES_dy(sigma=0.01,X=0.95)

print('分位数:\t',Quantile(0.95))
print('VaR(dy)\t:',VaR_dy(0.01,0.95))
print('ES(dy)\t:',ES_dy(sigma=0.01,X=0.95))
print('D*:\t',D_star())
print('VaR(dp)\t:',VaR_dp())
```

```
print('ES(dp)\t:',ES_dp())

#代码运行结果
分位数：1.6448536269514722
VaR(dy)：0.016448536269514723
ES(dy)：0.020627128975074257
D*：8.0
VaR(dp)：2.631765803122356
ES(dp)：3.3003404920118813
```

【本章小结】

本章在债券投资风险基础上，介绍了债券风险管理的三种方法：第一种为债券风险的线性管理，测算指标包括美元久期、麦考利久期以及修正久期，并从数学的角度讨论三者之间的区别与联系。第二种为债券风险的非线性管理，介绍了债券凸性的定义、性质、应用以及与久期的联系。第三种为债券投资组合的风险管理，包括消极管理策略和积极管理策略，其中，消极管理策略主要介绍了债券指数基金和免疫策略，而积极管理策略主要介绍了债券组合 *VaR* 和 *ES* 的测度及其 Python 实现。

【课后习题】

1. 考虑某只面值为 100 美元、券息为 12% 的 5 年期债券，该债券连续复利的年收益率为 12%：

（1）债券的美元久期、麦考利久期以及修正久期分别为多少？

（2）假设市场上该类债券的收益率上涨到 14%，利用久期公式计算此时债券价格。

（3）假设市场上该类债券的收益率上涨到 14%，利用凸性公式计算此时债券价格。

（4）重新计算年收益率为 14% 时的债券价格，并比较（2）和（3）的结果。

2. 假定年初时，一家创业企业向某银行以 13% 的利率贷款 100 万元，贷款期限为 1 年，为了控制风险，该银行要求该公司在 6 个月先偿还半年利息和 50% 的贷款本金，其余在年底归还，试求该资产的久期。

3. 现在假设有 A、B、C 三种债券，每种债券的期限、票面利率、售价以及利息支付频次如下表所示。现在，债券市场分析人员预测 5 年后 25 年期的债券将以 8% 的收益率出售，15 年期的债券将以 7.5% 的收益率出售，5 年期的债券将以 7% 的收益率出售。同时由于收益率曲线向上倾斜，因此债券分析人员认为利息投资与短期债券的收益率为 6%。试讨论在这 5 年内哪种债券预期收益率更高？

债券类型	期限（年）	票面利率（%）	售价（美元）	利息支付
A 债券	30	7.0	1000	每年一次
B 债券	20	6.5	*b*	每年一次
C 债券	10	6.0	*c*	每年一次

4. 假设一个债券组合包括两只零息债券，当前价值均为 20 美元。第一只债券的修正久期为 5 年，第二只债券的修正久期为 15 年。收益率曲线是水平的，收益率均为 8%。假设所有的收益率曲线平行移动，给定每日收益率的波动率为 1%，试计算该债券组合的 *VaR* 和 *ES*。

5. 假设市场上存在四只债券，分别为 A、B、C、D，四只债券的每年年末支付如下表所示，收益率为 15%。试回答：

（单位：元）

年末支付	债券 A	债券 B	债券 C	债券 D
1 年	12	6	0	0+100
2 年	12	6	0	0
3 年	12+100	6+100	0+100	0

（1）四只债券的价格分别为多少？

（2）试计算每只债券的久期。

（3）哪只债券对收益率变化最为敏感？并且说明理由。

（4）假设第 2 年年末，投资者有一笔 200 万元的债务需要偿还，他决定使用债券 C 和另外一只债券进行免疫。那么他应该选择哪只债券？两只债券的金额各是多少？

6. 假设现在有 A 和 B 两种类型的债券，试着比较 A 和 B 债券的久期长短，并说明理由。

（1）A 债券：不可赎回，息票利率为 7%，10 年到期，按照面值出售；B 债券：可赎回，息票利率为 10%，10 年到期，按照面值出售。

（2）A 债券：息票利率为 7%，10 年到期，按照面值出售；B 债券：息票利率为 7%，10 年到期，折价出售。

7. 假设在今后三年的每年年末你需要支付债务 10000 元，目前债券的即期收益率为 10%，请回答下列问题：

（1）你的债务现值和修正久期为多少？

（2）期限多久的零息债券可以使你的债务完全免疫？

（3）假定你购买一零息债券使其价值与久期完全等于你的债务。现在假设利率迅速上升至12%，那么你的净头寸将如何变化？即你的债务的价值与债券价值之间的差额是多少？

8. 某高新技术企业CFO预计企业在未来8年将面临一笔债务流，债务流的金额、即期利率具体如下表所示：

年	金额（万元）	即期利率（%）
1	600	7.67
2	1000	8.27
3	600	8.81
4	500	9.31
5	200	9.75
6	100	10.16
7	100	10.52
8	50	10.85

该公司财务经理决定投资于两种债券以对债务流进行免疫，求两只债券的购买数量。两只债券的期限、价格和修正久期如下：

债券类型	期限（年）	票面利率（%）	价格（元）	修正久期
债券A	12	6	65.95	7.07
债券B	5	10	101.66	3.80

9. 假设一个投资组合经理持有一个修正久期为6.8的1000万的债券组合，该投资组合需要对冲3个月。当前的国债期货合约价格是93–02（$93\frac{2}{32}$=93.0625），名义金额为100000美元，我们假定它的久期是9.2年，请计算最优对冲的期货合约数量。

10. 假设某银行目前具有如下资产负债表：

资产				负债与权益			
项目	金额（百万元）	久期	价值久期	项目	金额（百万元）	久期	价值久期
现金	100	0	0	存款	600	0	0
短期贷款	300	0.8	240	短期债务	400	0.5	200
中期贷款	500	3	1500	中期债务	400	4	1600
长期贷款	1600	12	18000	长期债务	400	8	3200
总计	2500		19740	总计	1800		5000
				权益	700		14740

请回答下列问题：

（1）计算该银行的久期缺口。

（2）当收益率曲线向上平移 1% 时对该银行会产生怎样的影响？

（3）当收益率曲线向下平移 1% 时对该银行又会产生怎样的影响？

（4）分析说明该银行应该如何应对收益率曲线变动带来的影响。

11. 一个由两只债券组成的资产组合，其中一只债券的价格为 99.52 元，收益率为 7%，另一只债券的价格为 91.37 元，收益率为 8.8%，计算这一资产组合的久期。

12. 当收益率为 10% 时，债券价格为 589.66 美元，当收益率下降或上升 50 个基点后，其价格分别为 612.91 美元和 567.46 美元，则该债券的收益率为 10%，计算其久期。

第七章

证券投资组合理论与策略

本章阅读指引：

量化投资的核心就是践行投资理念，应用自然科学技术方法去构建最优的投资组合，以期获得一个稳定的收益流。而投资者在金融市场上进行投资时，需要考虑如何搭配资产才能使得风险与收益之间效用最大化。正如西方谚语所言：“不要把鸡蛋放在同一个篮子里”，这也说明分散化投资的思想早已有之。那么，对投资者而言，如何进行资产配置？构建投资组合的原则是什么？如何在证券及组合间分配资金？本章将通过介绍作为资本市场理论重要组成部分的投资组合理论，对这些问题进行解释。本章第一节介绍证券投资组合理论发展历史，让读者对于资产组合有一个概念上的认识，并了解投资组合理论的演进；第二节讲述多种情形下有效投资组合的确定；第三节和第五节分别介绍了资本资产定价模型以及多因素套利定价理论；作为扩展，第四节对 CML 与 SML 的关系进行了介绍。

第一节　证券投资组合理论发展历史

从证券投资组合理论发展历史看，马科维茨的均值—方差投资组合选择理论已经发展了70年，中间产生资本资产定价模型、有效市场假说、套利定价理论、多期动态资产配置模型和现代投资组合理论模型等。证券投资组合理论与应用成果可谓是越来越丰富。总结来看，证券投资组合理论经历了如下三大阶段：

一、初创阶段：20世纪50年代以前

19世纪末至20世纪30年代初是西方证券市场特别是股票市场蓬勃发展的时期，出现了不少现代投资理论的早期萌芽思想。欧文·费雪在1986年提出当前资产价格等于其未来现金流贴现值之和的观点，对现代资产定价理论的形成具有启蒙作用。巴契里耶在1900年的《投机理论》一文中开创性地为股票收益预测引入概率，为后续现代投资理论中的随机过程、布朗运动中的数学计算提供铺垫。然而，新分析领域时代的到来应是在20世纪30年代初的全球经济大危机之后，其中，主要代表成果有：Marschak提出不确定条件下的序数选择理论，后来被Tobin和CAPM所发展，因此该理论被认为在风险和不确定下行动的市场理论道路上有里程碑的作用①。Williams提出了分散折价模型（Dividend Discount Model），认为通过投资于足够多的证券，就可以消除风险，并假设总存在一个满足收益最大化和风险最小化的组合，同时能通过法律保证使得组合的事实收益和期望收益一致②。Leavens等指出大多数文章都是在一般意义上讨论分散化，但没有清晰地论证为什么值得分散化。基于此，他在假定风险都是独立的基础上，论证了分散化的好处③。但20世纪50年代以前活跃的资本理论富有争议，在风险分散化和独立性方面存在认知问题，且无统一的衡量方法，仅停留在纯文字论述或表达上，缺乏一个计量的模型来做进一步精确的论证。

---

① MARSCHAK J. Money and the theory of assets［J］. Econometrica, journal of the econometric society, 1938(4): 311–325.

② WILLIAMS J B. The theory of investment value［M］. Cambridge: Harvard University Press, 1938.

③ LEAVENS, DICKSON H. Diversification of investments. Trusts and Estates 80.5 (1945): 469–473.

二、产生阶段：20 世纪 50 年代

马科维茨在 1952 年发表的《证券组合选择》（*Portfolio Selection*）[①] 一文和 1959 年同名专著的出版标志着现代证券投资组合理论（Modern Portfolio Theory，MPT）的创立和兴起。马科维茨的现代资产组合理论假设理性投资者期望效用最大化和风险厌恶，利用资产组合收益率偏离均值的方差测度风险，因此能得到不同收益率和风险的资产组合，他还给出有效资产组合边界。马科维茨将线性代数、概率论与数理统计的方法应用于证券投资组合理论的研究，探讨了不同的、运动方向各异的证券之间的相关性，解答了如何使多元化证券组合最有效的问题，论述了“证券组合”的基本原理，从而为现代西方证券投资组合理论奠定了基础[②]。除此之外，该时期的 Roy 提出安全首要模型，将投资组合均值和方差作为整体进行选择[③]；Tobin 又提出 Tobin 分离定理，构造多种风险资产和一种无风险资产的选择理论，并假设无借入且持有非消极[④]。该理论主要揭示投资者实际遵循准则的方法等经济理论。总之，在 1952 年和 1959 年马科维茨两篇著作的问世，意味着现代证券投资组合理论的产生，而后 Roy（1952）、Tobin（1958）等人也对现代证券投资组合理论做出了贡献。

三、发展阶段：20 世纪 50 年代之后

（一）20 世纪 60—70 年代：以 CAPM 模型为代表的投资组合理论的完善

20 世纪 60—70 年代，以 CAPM 模型为代表的投资组合理论对马科维茨理论的计算方法进行了简化。在马科维茨等人的基础上，Sharpe 提出单一指数模型，该模型假定资产收益只与市场总体收益有关，从而大大简化了马科维茨理论中所用到的复杂计算[⑤]。马科维茨模型中以方差刻画风险，并且收益分布对称，一些学者对此提出了各自不同的见解。如 Mao 等认为下半方差更能准确刻画风险，因此讨论了均值 — 下半方差模型[⑥]。此外，当马科维茨模型中证券数目较多时，生成有效前沿所需要的计算工作量

---

① MARKOWITZ H Z,HARRY.The utility of wealth［J］.Journal of political economy,1952,60(2): 151–158.

② MARKOWITZ H Z.Portfolio selection:efficient diversification of investments［M］.New York:John Wiley and Sons,1959.

③ ROY A D.Safety first and the holding of assets［J］.Econometrica, 1952,20(3): 431-449.

④ TOBIN J.Liquidity preference as behavior towards risk［J］.Review of economic studies,1958,25(1): 65–86.

⑤ SHARPE W F.A simplified model for portfolio analysis［J］.Management science,1963,9(2): 277–293.

⑥ MAO,JAMES C T.Models of capital budgeting, EV vs ES［J］.Journal of financial and quantitative analysis,1970(4): 657–675.

也十分巨大。因此，Sharpe 引入任何时间资产价格将随资产需求和供给变化的假设条件，建立 CAPM 模型，以证券收益率与整个市场证券组合的收益率的协方差测度风险，极大地简化了计算量[①]。后续 Lintner 和 Mossin 分别提出了各自的 CAPM 模型，这些模型是在不确定条件下探讨资产定价的理论，对投资实践具有重要的指导意义[②]。Treynor 通过论证风险溢价在资本市场行为和投资组合选择理论中的重要性，得出了与夏普等学者相同的结论。CAPM 模型是一个单因素模型，认为资产的收益仅取决于市场组合的收益[③]。但在实际应用中影响资产收益的因素远不止一个，由此金伯格（1967）提出了多因素模型，除市场收益因素之外，还将利率的变动、通货膨胀的变动等多因素纳入模型，该模型为套利定价理论奠定了基础。故此，该时期的投资组合理论日趋完善。

（二）20 世纪 70—80 年代：理论模型的不断发展成型

20 世纪 70—80 年代，投资组合理论在 CAPM 模型的基础上进一步修正和发展。经典的 CAPM 假设条件极为严格，如证券市场是无摩擦的竞争市场、投资者具有理性预期等，这些条件均脱离了实际，使其在应用中受到一定局限。如罗斯认为，CAPM 模型对证券资产收益率因素的论述过于简单，单只证券的收益率除了受市场组合这一因素影响外，还受其他因素影响。为了突破这种局限，斯蒂芬·罗斯（Stephen Ross，1976）提出了套利定价理论（APT），认为在未达到均衡状态的情况下市场上存在无风险的套利机会，投资者可以充分利用套利机会以谋求最大收益。APT 不需要像 CAPM 那样有着严格的假设，且比 CAPM 模型更加全面、更加符合实际，从而突破性地推动了资产定价理论的发展。布莱克和斯科尔斯（Black，Scholes，1973）放松了无风险利率假设，通过引入零 β 资产或资产组合替代 CAPM 中的无风险资产，推导出期权定价公式。莫顿（Merton，1973）对该定价公式进行了发展和深化，由此提出跨际资本资产定价模型（ICAPM），将 CAPM 由单周期扩展至多周期。20 世纪 70 年代后期，哈里森（Harrison）和克雷普斯（Kreps，1979）发展了证券定价的鞅理论（Theory of Martingale Pricing），这个理论目前仍是金融研究的前沿课题。Kahneman 和 Tversky 等建立了人类风险决策过程的心理学理论，成为行为金融学（BF）发展史上的一个里

---

① SHARPE W F.Capital asset prices:a theory of market equilibrium under conditions of risk［J］. Journal of finance,1964(19): 425–442.

② LINTNER J.Security prices,risk,and maximal gains from diversification［J］. Journal of finance,1965,20(4): 587–615; TREYNOR J L.How to rate management of investment funds［J］. Harvard business review,1965(43): 63–75.

③ MOSSIN J.Equilibrium in a Capital Asset Market［J］. Econometrica,1966, 34(4):pp.768–783.

程碑[①]。一般认为截至1980年，经典的投资理论大厦已基本建成。

（三）20世纪80年代至今：现代投资组合理论的不断完善

20世纪80年代以后是现代投资组合理论不断完善的阶段。由于各种新技术方法的应用，现代投资组合理论的发展速度空前加快，人们分析问题的视角和工具也不断拓宽，从而诞生了一系列新的理论成果。在这些理论进展中主要存在几个方向：一是方差修正的投资组合选择理论，学者们相继提出均值—下半方差模型、均值—绝对偏差模型等风险测度方法，其中Roman和Mitra比较分析了多种风险测度和收益—风险模型[②]；二是考虑固定交易成本下的最优组合管理，代表性学者如Liu还考虑了比较交易成本，给出存在固定交易成本时的最优投资比率的显示解[③]；三是引入流动性的投资组合理论，其中流动性指标度量可以使用相对买卖价差比率（Jacoby, et al.，2000）[④]；四是贝叶斯投资组合理论，Avramov和Zhou从收益率分布和可预测性，以及随机波动率角度详细梳理了该理论的发展[⑤]；五是行为投资组合理论，它认为部分投资者是非理性的，有时会过度自信，损失厌恶并从众。由Shefrin和Statman提出的行为资本资产定价模型（BAPM）是对传统CAPM的修正，反映出市场理性行为的基本风险和非理性行为的噪声交易者风险[⑥]。后续Shefrin和Statman提出行为投资组合理论（BPT），对现代投资组合理论进行改进[⑦]。总之，现代投资组合理论的发展方向都是将经典资产组合选择模型的严格假设条件逐步放松，使模型尽可能贴近实际。

综上所述，虽然现代投资组合理论在20世纪50年代才诞生，但在短短的半个多世纪里，该理论体系得到了飞速发展，并逐渐成为现代证券投资学和现代金融经济学理论体系中的主流理论之一。从对该理论模型的梳理中，我们可以看到，现代投资组合理论是在一系列严格的假设条件下建立和发展起来的，这表明这些理论与纷繁复杂

---

① KAHNEMAN D,TVERSKY A.Prospect theory:an analysis of decision under risk［J］.Econometrica,1979,47(2): 263-291.

② ROMAN D,MITRA G.Portfolio selection models: a review and new directions［J］.Wilmott journal,2009,1(2): 69-85.

③ LIU H.Optimal consumption and investment with transaction costs and multiple risky assets［J］.The journal of finance,2004,59(1): 289-338.

④ JACOBY G,FOWLER D,GOTTESMAN A.The capital asset pricing model and the liquidity effect:a theoretical approach［J］.Journal of financial markets,2000,3(1): 69-81.

⑤ AVRAMOV D,ZHOU G.Bayesian portfolio analysis［J］.Annual review of financial economics,2010,2 (1).

⑥ SHEFRIN H,STATMAN M.Behavioral capital asset pricing theory［J］.Journal of financial and quantitative analysis,1994,29(3): 323-349.

⑦ SHEFRIN H,STATMAN M.Behavioral portfolio theory［J］.Journal of financial and quantitative analysis,2000,35(2): 127-151.

的现实情况还有一定的距离，其对现实的适用性也存在很大的局限，因此对该理论体系的研究还需进一步深入，但现有的研究成果已经为后人建立了一个很好的理论框架，理论的突破和方法的创新都应该建立在此基础之上。

第二节　有效投资组合的确定

马科维茨的最优投资组合理论，其根本内容就是在均值—方差框架下构建了证券投资组合的效率前沿。本节我们将介绍两个风险资产构成的组合特征，并通过几何图形介绍有效边界。通过分析两个风险资产构成的组合，我们可以扩展到多个风险资产构成的投资组合。另外，对投资者是否卖空股票及是否存在借贷情形的假设不同，有效边界的形状也不同。进一步地，本节将对存在卖空和借贷假设下的有效边界进行介绍。

一、两个资产构成的投资组合的风险——收益状况

本小节我们考虑由两个资产构成的投资组合的风险—收益状况。两个资产的相关系数在 –1 至 +1 之间，相关系数为 –1 时代表两个资产呈相反变动，相关系数为 +1 时代表两个资产波动一致。例如我们考虑两只股票，其期望收益和标准差特征如表 7–1 所示：

表 7–1　股票 A 和股票 B 的期望收益及标准差

（单位：%）

	期望收益	标准差
股票 A	15	6
股票 B	8	3

如表 7–1 所示，股票 A 在拥有更高期望收益的同时，也有着更大的标准差。下面我们将讨论两个资产相关系数分别为 –1 和 1 时，由两个资产构成的投资组合的风险—收益状况。

（一）两个资产完全正相关（$\rho=1$）

【例 7–1】当表 7–1 中股票 A 和股票 B 的相关系数为 1，即完全正相关时，求出该投资者所有投资组合的风险与收益，同时在直角坐标系中画出收益与风险的关系图，并分析是否能够分散和降低风险。

解：若投资者将 X_A 比例投资于股票 A，那么投资组合风险 σ_p 为：

$$\sigma_p = 6X_A + 3(1 - X_A)$$

可得 $X_A = \frac{\sigma_p}{3} - 1$。

此时，投资组合的期望收益为 $\bar{R}_p = 15X_A + 8(1 - X_A)$。

结合上两式，可得 $\bar{R}_p = \frac{\sigma_p - 3}{6 - 3}15 + \left(1 - \frac{\sigma_p - 3}{6 - 3}\right)8$。

可得 $\bar{R}_p = 1 + \frac{7}{3}\sigma_p$。

由此，可以画出投资组合的期望收益 $\bar{R}_p$ 与风险 σ_p 的关系曲线图，如图 7–1 所示。若投资者全部投资于股票 A，即 $X_A = 1$，此时投资组合的期望收益和风险就是股票 A 的期望收益与标准差，图中对应点 *A*；若投资者全部投资于股票 B，即 $X_A = 0$，此时投资组合的期望收益和风险就是股票 B 的期望收益与标准差，图中对应点 *B*；若投资者部分投资于股票 A，即 $X_A \in (0,1)$，此时投资组合的期望收益和风险处于 *AB* 线段之间的某一点。总之，两个资产组成的投资组合的收益率和风险是单个资产收益率和风险的加权平均，持有这样的两个资产不能降低风险，也即分散化投资并无额外效果。

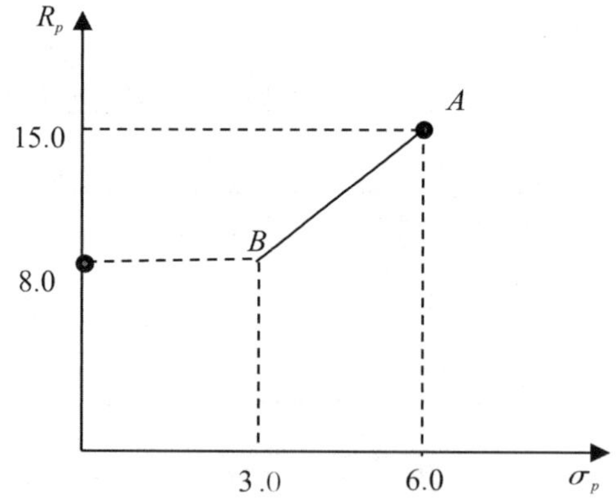

图 7–1 当 $\rho=1$ 时期望收益与风险的关系

（二）两个资产完全负相关（$\rho=-1$）

【例 7–2】当表 7–1 中股票 A 和股票 B 的相关系数为 –1，即完全负相关时，求出该投资者所有投资组合的风险与收益，同时在直角坐标系中画出收益与风险关系图，并分析是否能够分散和降低风险。

解：当两个资产一起波动但方向完全相反（$\rho=-1$）时，有

$$\sigma_p=\left[X_A^2\sigma_A^2+(1-X_A)^2\sigma_B^2-2X_A(1-X_A)\sigma_A\sigma_B\right]^{1/2}$$

此时 $\sigma_p=X_A\sigma_A-(1-X_A)\sigma_B$ 或 $\sigma_p=-X_A\sigma_A+(1-X_A)\sigma_B$，即 $\sigma_p=6X_A-3(1-X_A)$ 或 $\sigma_p=-6X_A+3(1-X_A)$。

若想消除风险，可令上式为 0，得 $X_A=\sigma_B/(\sigma_B+\sigma_A)=3/(3+6)=1/3$。

故当 $X_A=1/3$ 时，投资者将 1/3 的资产投资于股票 A，2/3 的资产投资于股票 B，组合就可以完全分散风险。令 X_C 表示股票 A 和股票 B 构成的投资组合。

此时，$\bar{R}_p=8+7X_C$，$\sigma_p=6X_C-3(1-X_C)$，$X_A\geqslant 0.3$ 或 $\sigma_p=-6X_C+3(1-X_C)$，$X_A\leqslant 0.3$。重新整理后，得

$$\bar{R}_p=\begin{cases}\dfrac{7}{9}\sigma_p+\dfrac{31}{3}, & X_A\geqslant 0.3\\ -\dfrac{7}{9}\sigma_p+\dfrac{31}{3}, & X_A\leqslant 0.3\end{cases}$$

由此，我们可画出投资组合的期望收益 $\bar{R}_p$ 与风险 σ_p 的关系曲线图，如图 7–2 所示。它是个分段函数，当投资组合风险为 0 时，投资组合收益等于 31/3。总之，当 $\rho=-1$ 时，由两个证券组成的组合是可以达到零风险的，这也印证了分散化投资可以降低风险的说法。

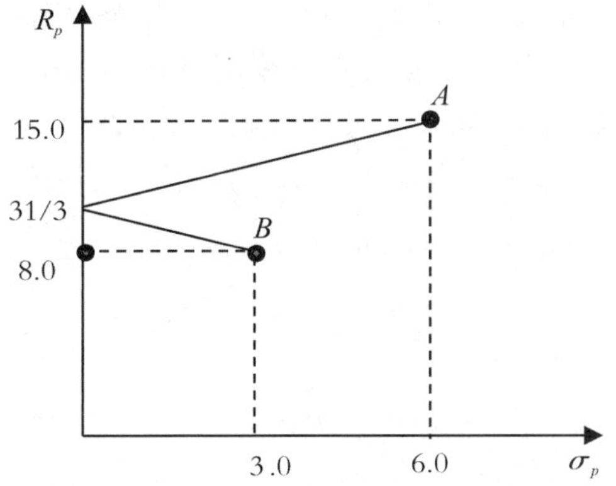

图 7–2　当 $\rho=-1$ 时期望收益与风险的关系

（三）两个资产介于完全正相关与完全负相关之间（$-1<\rho<1$）

【例 7–3】当表 7–1 中股票 A 和股票 B 的相关系数介于 −1 和 1 之间时，求出该投资者所有投资组合的风险与收益，同时在直角坐标系中画出收益与风险的关系图，并分析是否能够分散和降低风险。假设投资组合中的相关系数为 −0.5，求该组合标准差的最小值。

解：当 $-1<\rho<1$ 时，组合风险—收益状况如图 7–3 所示。线段 CG 表示相关系数 ρ 从 1 减到 −1 时，投资组合的风险—收益点的轨迹。从中可以看出相关系数取中间值时，两个资产所构成的全部投资组合一定位于 $\rho=-1$ 与 $\rho=+1$ 围成的图形之间。保持资产的相关系数不变而改变两个资产的权重，将得到一系列的组合：其轨迹类似于椭圆弧线，以股票 B 为起点（组合全部由股票 B 组成），经过上面提到的两个资产权重相等时的点，最后以股票 A 为终点（组合全部由股票 A 组成）。

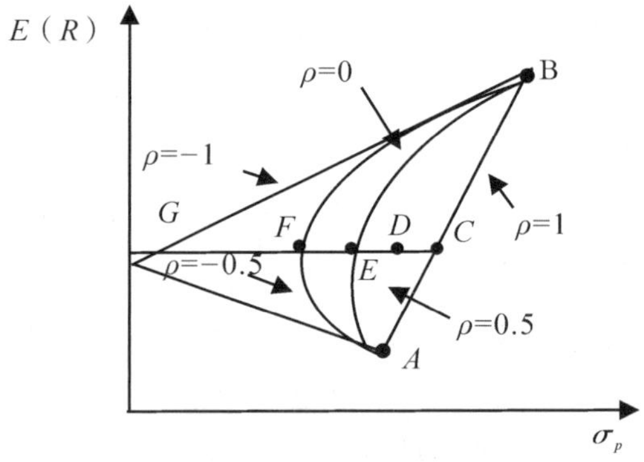

图 7–3　两个资产构成的投资组合的风险—收益状况

由此可见，当相关系数从 −1 变化到 1 时，证券组合的风险逐渐增大。除了相关系数等于 1 时，股票 A 和股票 B 的证券投资组合风险始终小于单独投资股票 A 或股票 B 的风险加权平均数，即通过证券组合，可以降低投资风险。

对 $\sigma_p{}^2=X_A^2\sigma_A^2+(1-X_A)^2\sigma_B^2+2X_A(1-X_A)\sigma_A\sigma_B\rho_p$ 求一阶导数，令其等于 0，有

$$X_{\min(A)}=\left(\sigma_B^2-\sigma_A\sigma_B\rho_p\right)/\left(\sigma_A^2+\sigma_B^2-2\sigma_A\sigma_B\rho_p\right)$$

$$=(9+18\times0.5)/(36+9+36\times0.5)=2/7$$

$$X_B=1-2/7=5/7$$

这个最小化方差的资产组合的标准差为：

$$\sigma_{p\min}=\left[(2/7)^2 36+(5/7)^2 9+2(2/7)(5/7)18(-0.5)\right]^{0.5}=1.9640$$

该组合为相关系数确定下的最小标准差的资产组合。

这一组合的期望收益为：

$$\bar{R}_p = \frac{2}{7} \times 15 + \frac{5}{7} \times 8 = 10$$

二、卖空假设下的有效边界

（一）无卖空条件下的有效边界

可行集（Feasible Set）：投资者利用金融市场上的资产构成的所有可能投资组合。其风险收益状况都可以在可行集中找到对应的点。

有效边界（Efficient Frontier）：对每一风险水平，提供最大的预期收益（见图 7-4 中的 C 点），而对每一预期收益水平提供最小风险（见图 7-4 中的 B 点）的证券组合。理性投资者会选择这样的组合，它是可行集的一个子集，是一条边界。

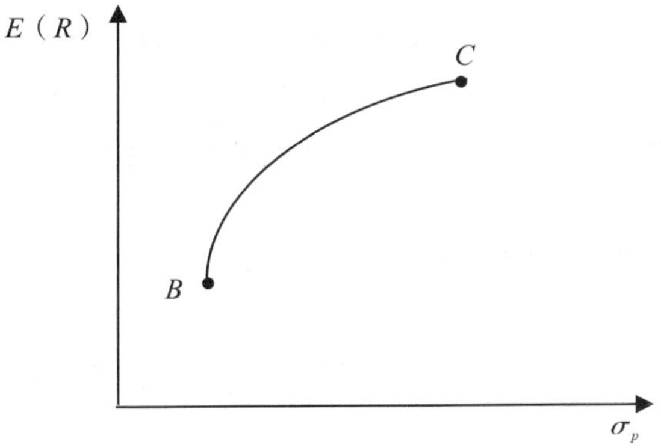

图 7-4　无卖空条件下的有效边界

有效边界具有以下几个特点：①一条向右上方倾斜的曲线；②反映了高风险高收益原则；③一条向上凸的曲线；④不可能有凹陷的地方。有效集是客观存在的，完全由证券市场决定，因此投资者需要结合自己的风险偏好（一般用效用函数或无差异曲线来分析投资者的风险偏好），在证券市场的有效集中选择自己的“最优组合”。

我们知道，投资者往往会选择满足在风险相同的情况下提供更大收益率的投资组合或在收益率相同的情况下提供更低风险的投资组合。在无卖空条件下，不存在与 B 点风险相同但期望收益最高或期望收益相同但风险更低的组合，B 点也被称为全局最小方差组合（Global Minimum Variance Portfolio）。而 C 点代表的是所有可能的组合中提供最高收益率的投资组合。因此无卖空条件下，有效边界为介于全局最小方差组合及最大收益率组合之间的所有组合的包络曲线。

（二）允许卖空条件下的有效边界

卖空是指当股票投资者认为某种股票价格将会下跌时，能够卖掉其并不拥有的一只股票，以此获得收益的过程。由于 A 股等许多市场不能进行卖空，卖空情况仅作为前面分析的扩展。事实上，卖空不仅在预期股票价格下跌时有意义，当预期投资于其他股票能取得更高的期望收益时，卖空较低期望收益的股票而将资金投资于较高收益的股票也能获取超额收益。例如表 7–1 中，股票 A 的期望收益为 15%，股票 B 的期望收益为 8%。若不允许卖空，投资者可以将全部资金用于投资股票 A 以获得最大收益 15%。而允许卖空时，投资者可以通过卖空股票 B，将所获资金以及初始资金全部投资于股票 A 从而获得更高收益。在允许卖空的条件下，投资组合可以提供无限的期望收益。下面还是使用表 7–1 的股票组合举例说明：假设投资者拥有 10 美元用于投资，在允许卖空的情形下，投资者可以卖空 1000 美元的股票 B，同时加上原有的自有资金 10 美元，共 1010 美元投资于股票 A，期末获得收益 151.5 美元，减去卖空股票 B 的成本 1000 × 8%=80 美元，组合收益为 151.5–80=71.5 美元。此时期望收益从全部投资于股票 A 的 15%（不允许卖空时）提升到 715%（允许卖空时），从该例子我们可感受到卖空的威力之大！进一步地，我们可通过减少本金或者加大卖空的金额，以提高期望收益，而这一收益理论上是无上限的。如图 7–5 所示，允许卖空条件下，有效边界仍是从全局最小方差组合开始，但无上限。

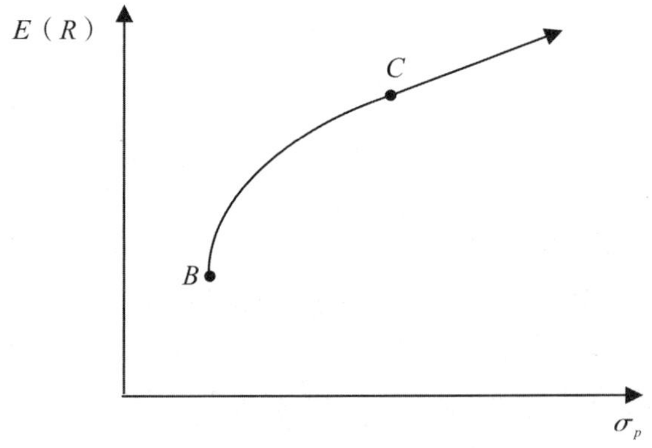

图 7–5　允许卖空条件下的有效边界

三、无风险借贷假设下的有效边界

（一）存在无风险借贷情况的有效边界

前面介绍的是风险资产的投资组合，而在投资组合中引入无风险资产可以简化我们的分析，也更符合现实情况。收益率确定且不存在违约风险的资产称为无风险资产。由于无风险资产的期末价值没有任何不确定性，因此，其标准差应为零。同样，无风险资产收益率与风险资产收益率之间的协方差也等于零。严格地说，只有到期日与投资期相等的国债才是无风险资产。但在现实中，为方便起见，人们常将 1 年期的国库券或者货币市场基金当作无风险资产。无风险贷出可视为投资于无风险资产，而无风险借入可视为卖空无风险资产。

假设风险资产 S（S 可为资产组合，也可为单个资产）和无风险资产在投资组合中的比例分别为 X_1 和 X_2，预期收益率分别为 $\bar{R}_1$ 和 r_f，标准差分别为 σ_1 和 σ_2，协方差为 σ_{12}。根据 X_1 和 X_2 的定义，我们有 $X_1+X_2=1$，且 X_1，$X_2>0$。根据无风险资产的定义，其中 σ_2 和 σ_{12} 都等于 0。

我们可以算出该组合的预期收益率为：

$$\bar{R}_p=\sum_{i=1}^{n}X_i\bar{R}_i=X_1\bar{R}_1+X_2r_f \tag{7-1}$$

我们可以算出该组合的标准差为：

$$\sigma_p=\sqrt{\sum_{i=1}^{n}\sum_{j=1}^{n}X_iX_j\sigma_{ij}}=X_1\sigma_1 \tag{7-2}$$

由上式可得：$X_1=\dfrac{\sigma_p}{\sigma_1}$，$X_2=1-\dfrac{\sigma_p}{\sigma_1}$。

代入公式（7–1）：

$$\bar{R}_p=r_f+\frac{R_1-r_f}{\sigma_1}\times\sigma_p \tag{7-3}$$

显然公式（7–3）为一条直线的方程。由无风险资产与风险资产构成的所有组合均在该直线上，且该直线斜率为 $(R_1-r_f)/\sigma_1$，截距为 r_f。如图 7–6 所示，该直线经过点 S（σ_1，R_1），S 点左侧是由无风险资产与风险资产组成的组合，表示投资者投资于无风险资产（无风险贷出）与风险资产；S 点右侧是由借款和风险资产构成的组合，表示投资者卖空无风险资产，并将全部资金（包括卖空所得）用于投资风险资产。

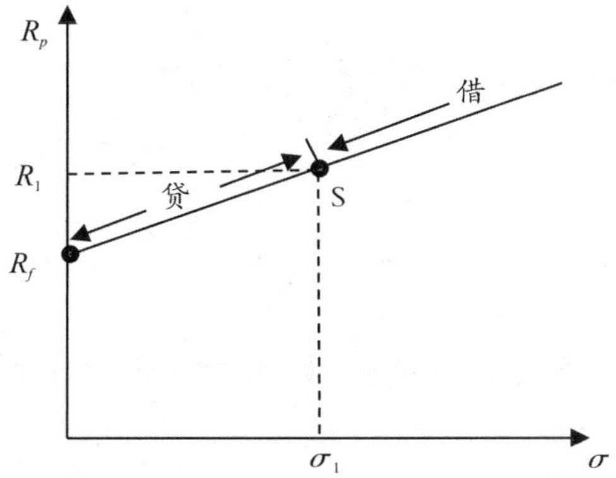

图 7–6　无风险资产与风险资产组合时的期望收益和风险

下面我们介绍引入无风险借贷后有效边界将发生何种变化。我们知道，任何资产（组合）与无风险资产组合都位于它们两点所连成的一条直线上。如图 7–7 所示，引入无风险贷款后，相比没引入无风险贷款前投资于 OA 线段代表的投资组合，投资于由无风险资产及资产组合 A 组成的资产组合 R_fA 更优，因为 R_fA 在拥有相同标准差的同时有更高的预期收益。而组合 R_fB 又明显优于 R_fA，显然，我们通过逆时针旋转经过 R_f 的直线，能找到经过 R_f 对有效边界的切线 R_fG，此时 R_fG 的斜率最大，而切点 G 点被称为最优风险资产组合（Optimal Risky Portfolio）。对于风险厌恶者而言，倾向将资金分别投资于无风险资产和风险资产组合 G。而对于在引入无风险借款后的风险偏好者而言，更愿意将初始资金连同借入资金全部投资于风险资产组合 G。也就是说，引入无风险借贷后，投资者持有的投资组合都与组合 G 的构成相同。因此，投资者对风险收益的偏好程度不影响最优风险资产组合的构成，我们称之为分离定理（Separation Theorem）。故当存在无风险借贷情况时，有效边界变为 R_fH。

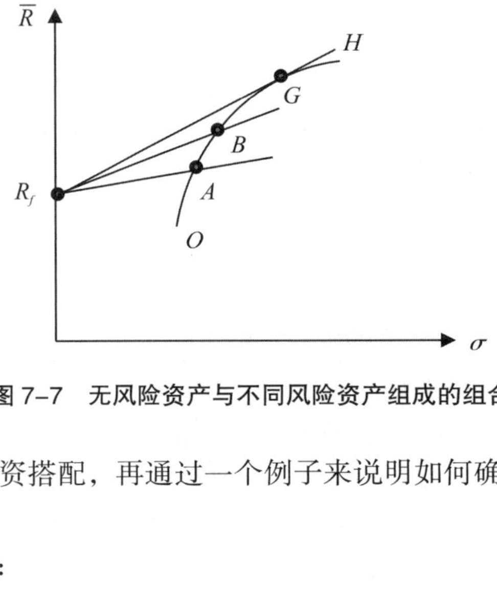

图 7–7　无风险资产与不同风险资产组成的组合

下面先证明最优投资搭配，再通过一个例子来说明如何确定最优风险资产组合和有效边界。

最优投资搭配证明：

证明：有效前沿是凹函数，无风险资产（A 点）与风险资产组合的连线斜率（即 $\dfrac{\bar{R}_p - r_f}{\sigma_1}$）存在最大值。

$$\max_{\{X_a, X_b\}} \frac{R_p - R_f}{\sigma_p} = \max_{\{X_a\}} \frac{X_a R_A + (1 - X_a) R_B - R_f}{[X_a^2 \sigma_a^2 + (1 - X_a)^2 \sigma_b^2 + 2 X_a (1 - X_a) \rho \sigma_a \sigma_b]^{\frac{1}{2}}}$$

将目标函数对 X_a 求一阶导数，使其等于 0，即可求得最优解：

$$(R_A - R_B)[X_a^2 \sigma_a^2 + (1 - X_a)^2 \sigma_b^2 + 2 X_a (1 - X_a) \rho \sigma_a \sigma_b]$$

$$f'(\cdot)\big|_{X=X_a}=\frac{[X_aR_A+(1-X_a)R_B-R_f][X_a\sigma_a^2+(X_a-1)\sigma_b^2+(1-2X_a)\rho\sigma_a\sigma_b]}{[X_a^2\sigma_a^2+(1-X_a)^2\sigma_b^2+2X_a(1-X_a)\rho\sigma_a\sigma_b]^{\frac{3}{2}}}$$

因为分母恒为正，则需分子等于零：

$$(R_A-R_B)[X_a^2\sigma_a^2+(1-X_a)^2\sigma_b^2+2X_a(1-X_a)\rho\sigma_a\sigma_b]$$
$$=[X_aR_A+(1-X_a)R_B-R_f][X_a\sigma_a^2+(X_a-1)\sigma_b^2+(1-2X_a)\rho\sigma_a\sigma_b]$$

化简得：

$$(1-X_a)\sigma_b^2R_A+X_a\rho\sigma_a\sigma_bR_A$$
$$=X_a\sigma_a^2R_B+(1-X_a)\rho\sigma_a\sigma_bR_B-R_f[X_a\sigma_a^2+(X_a-1)\sigma_b^2+(1-2X_a)\rho\sigma_a\sigma_b]$$

$$X_a[-\rho\sigma_a\sigma_bR_A+\sigma_b^2R_A+\sigma_a^2R_B-\rho\sigma_a\sigma_bR_B-R_f\sigma_a^2-R_f\sigma_b^2+2R_f\rho\sigma_a\sigma_b]$$
$$=\sigma_b^2R_A-R_f\sigma_b^2+R_f\rho\sigma_a\sigma_b-R_B\rho\sigma_a\sigma_b$$

因此：$X_a=\dfrac{(R_A-R_f)\sigma_b^2-(R_B-R_f)\rho\sigma_a\sigma_b}{(R_A-R_f)\sigma_b^2+(R_B-R_f)\sigma_a^2-(R_A+R_B-2R_f)\rho\sigma_a\sigma_b}$，$X_b=1-X_a$。

【例 7–4】假设市场上有 A、B 两种证券，其预期收益分别为 10% 和 12%，标准差分别为 12% 和 20%。A、B 两种证券的相关系数为 0.3。市场无风险利率为 6%。某投资者决定用这两种证券组成最优风险资产组合。

解：从图 7–7 可以看出，最优风险资产组合实际上是使无风险资产（A 点）与风险资产组合的连线斜率（即 $\dfrac{\bar{R}_p-r_f}{\sigma_1}$）最大的风险资产组合，其中 $\bar{R}_p$ 和 σ_1 分别代表风险资产组合的预期收益和标准差，r_f 代表无风险利率。我们的目标是求 $\max_{X_A,X_B}\dfrac{\bar{R}_p-r_f}{\sigma_1}$，其中：

$$\bar{R}_1=X_A\bar{R}_A+X_A\bar{R}_B$$
$$\sigma_1^2=X_A^2\sigma_A^2+X_B^2\sigma_B^2+2X_AX_B\rho\sigma_A\sigma_B$$

约束条件是：$X_A+X_B=1$。这是标准的求极值问题。通过将目标函数对 X_A 求偏导并令偏导等于零，我们就可以求出最优风险资产组合的权重如下：

$$X_A=\frac{(\bar{R}_A-r_f)\sigma_B^2-(\bar{R}_B-r_f)\rho\sigma_A\sigma_B}{(\bar{R}_A-r_f)\sigma_B^2+(\bar{R}_B-r_f)\sigma_A^2-(\bar{R}_A-r_f+\bar{R}_B-r_f)\rho\sigma_A\sigma_B}$$

$$X_B=1-X_A$$

将数据代进去，就可得到最优风险资产组合的权重为：

$$X_A=0.67,X_B=0.33$$

该最优风险资产组合的预期收益和标准差分别为：

$$\bar{R}_1 = 10.66\%, \sigma_1 = 1.4\%$$

该最优风险资产组合的单位风险报酬 $= \dfrac{10.66\% - 6\%}{1.4\%} = 3.33$

有效边界的表达式为：

$$\bar{R}_1 = 6\% + 3.33\sigma_p$$

（二）允许无风险贷款但不允许无风险借款时的有效边界

经过上述分析，当投资者能按无风险利率贷款，但不能按无风险利率借款时，有效边界将发生重大变化。在图 7–8 中，弧线 *CD* 代表马科维茨有效集，R_f 点表示无风险资产。我们可以在马科维茨有效集中找到一点 *T*，使 R_fT 直线与弧线 *CD* 相切于 *T* 点。*T* 点所代表的组合称为切点处投资组合。引入 R_fT 线段后，*CT* 弧线将不再是有效集。由于 R_fT 线段上的组合是可行的，因此引入无风险贷款后，新的有效边界由 R_fT 线段和 *TD* 弧线构成。此时，投资者是在 *T* 点与 *D* 点间持有风险资产组合（不持有无风险资产组合），而只要投资者持有无风险资产组合，则剩余资金将全部投资于最优风险资产组合（即 *T* 点所代表的组合）。

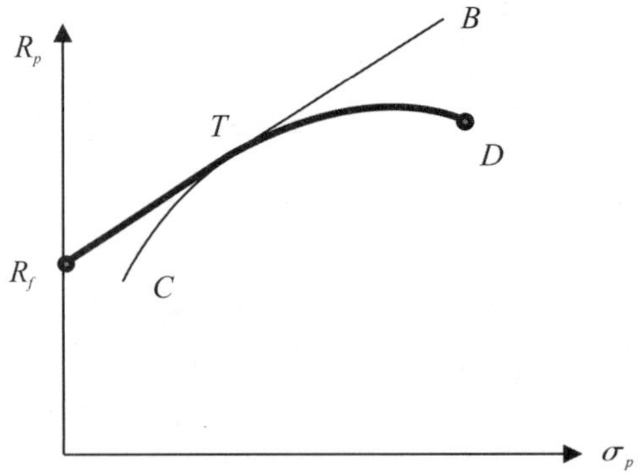

图 7–8　允许无风险贷款但不允许无风险借款时的有效边界

（三）允许无风险借款但不允许无风险贷款时的有效边界

允许无风险借款但不允许无风险贷款时，投资者可借入资金，并将初始资金连同借入资金全部投资于最优风险资产组合（即 *T* 点所代表的组合）。在图 7–9 中，弧线 *CD* 仍代表马科维茨有效集，*T* 点仍表示 *CD* 弧线与过 R_f 点直线的相切点。在允许无风险借款但不允许无风险贷款的情形下，投资者可以通过将风险借款投资于最优风险资产组合使有效集由 *CTD* 弧线变成 *CT* 以及 *TB* 线段向右边的延长线。

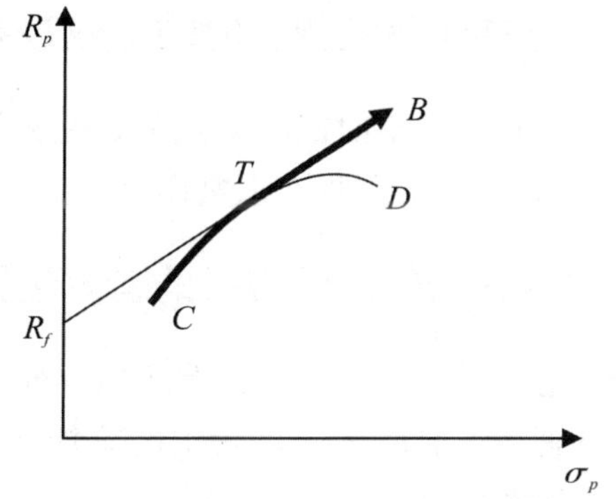

图 7–9　允许无风险借款但不允许无风险贷款时的有效边界

四、多种情形下的有效边界

在第二和第三小节中我们讨论了卖空条件下以及无风险借贷假设下的有效边界有何变动，那么，将二者结合起来，有效边界又是什么情况？本小节将分别考虑四种扩展情形下的有效边界情况，以供参考。这四种情况分别是：①允许卖空且可以无风险借贷；②允许卖空但不允许无风险借贷；③不允许卖空但存在无风险借贷；④既不允许卖空也不允许无风险借贷。

（一）允许卖空且可以无风险借贷时的有效边界

从第二小节中我们知道，允许卖空条件下，有效边界仍是从全局最小方差组合开始，但无上限。而从第三小节我们得知，允许无风险借贷条件下，有效边界变为过无风险资产 R_f 点与最优风险资产组合 T 点的一条直线 R_fB。因此，允许卖空且可以无风险借贷时，T 点左侧的有效边界从 CT 弧线变为 R_fT，总有效边界为 R_fB，如图 7–10 所示。

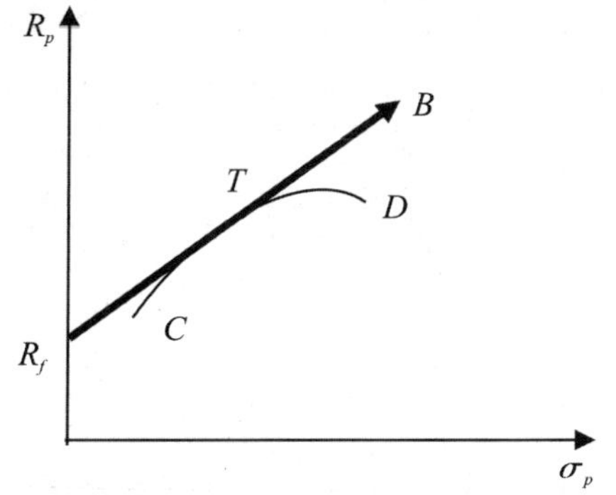

图 7–10　允许卖空且可以无风险借贷时的有效边界

（二）允许卖空但不允许无风险借贷时的有效边界

在第二小节中已分析得出允许卖空时的有效边界，允许卖空但不允许无风险借贷时的有效边界与其一致，可见图 7–5，在此不再赘述。

（三）不允许卖空但存在无风险借贷时的有效边界

从第三小节得知，允许无风险借贷条件下，有效边界变为过无风险资产 R_f 点与最优风险资产组合 T 点的一条直线。此时不允许卖空的附加条件并不会对有效边界产生影响，有效边界仍为图 7–7 中的 R_fH 。

（四）既不允许卖空也不允许无风险借贷时的有效边界

在第二小节中已分析得出，既不允许卖空也不允许无风险借贷时，有效边界为介于全局最小方差组合及最大收益率组合之间的所有组合的包络曲线，如图 7–4 所示。

五、考虑投资者偏好后的投资组合确定

（一）无差异曲线

假定投资者均是风险厌恶的，对某一具体投资者而言，根据他对期望收益率和风险的厌恶程度，按照期望收益率对风险补偿的要求，得到一条曲线。同一条无差异曲线上的每一个点所代表的商品组合所提供的总效用是相等的，因此无差异曲线也叫作等效用线。不同消费者的无差异曲线反映着他们不同的偏好。

对于每个具体投资者而言，只要客观存在的有效集无法确定其投资的最优组合，还应该引入反映投资者主观偏好的无差异曲线。投资者的风险偏好决定了无差异曲线的具体形状，无差异曲线与有效集的切点即为最优投资组合。

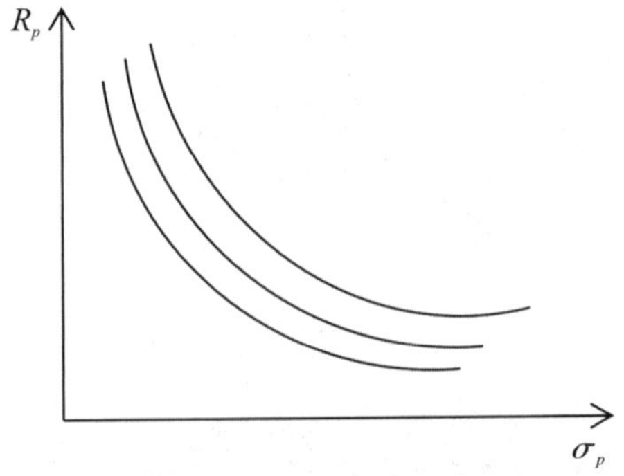

图 7–11　无差异曲线

（二）无风险借款对投资组合选择的影响

1. 无风险借款对不同风险偏好投资者投资组合选择的影响

对于不同的投资者而言，因为风险偏好不同，无风险借款影响着投资组合的选择。对于不太厌恶风险从而选择位于 *DT* 弧线上的投资组合的投资者而言，由于代表其原来最大满足程度的无差异曲线 I_1 与 *AT* 直线相交，因此不再符合效用最大化的条件。故而，该投资者将选择其无差异曲线与 *AT* 直线切点所代表的投资组合，如图 7–12 所示。对于该投资者而言，他将进行无风险借款并投资于风险资产。

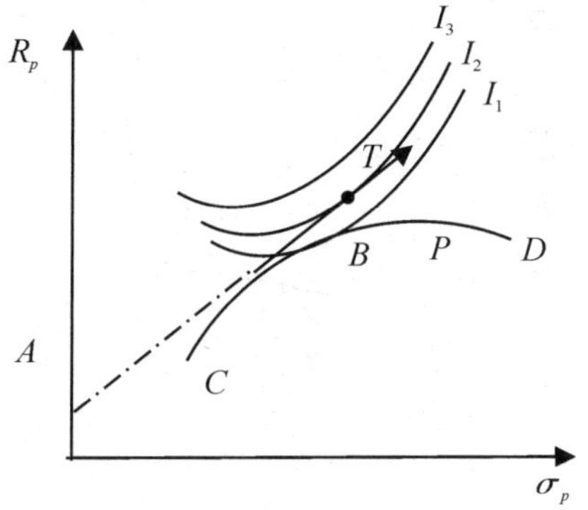

图 7–12　无风险借款下的投资组合选择：进行无风险借款

对于较厌恶风险从而选择的投资组合位于 *CT* 弧线上的投资者而言，其投资组合的选择将不受影响。因为只有 *CT* 弧线上的组合才能使投资者获得最大的满足程度，如图 7–13 所示。对于该投资者而言，他只会用自有资产投资于风险资产，而不会进行无风险借款。

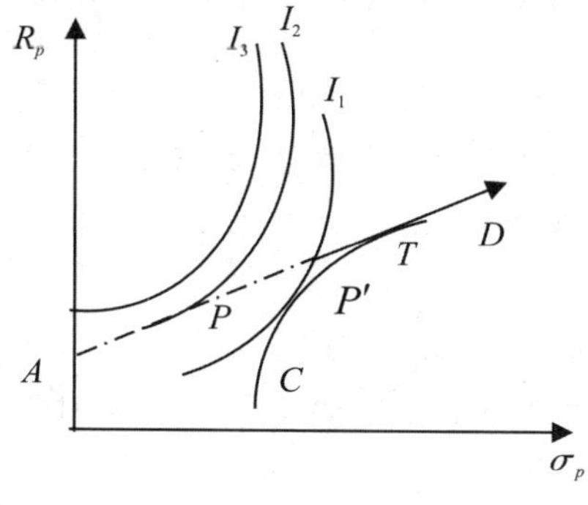

图 7–13　无风险借款下的投资组合选择：不进行无风险借款

2. 无风险借款下投资组合的确定

确定无风险借款下的投资组合，其实就是求投资者效用函数（I）与有效边界（$BCED$）相切的点（见图 7–14）。设投资者的效用函数为：

$$\max U = ER_1 - \frac{1}{2}\gamma\sigma_1^2 \tag{7–4}$$

其中，$R_1 = \bar{\omega}_1 R_p + \bar{\omega}_2 R_f$，$\sigma_1^2 = \bar{\omega}_1^2\sigma_p^2$，$\bar{\omega}_1 + \bar{\omega}_2 = 1$。$\gamma$ 表示投资者的风险厌恶系数。对目标函数最大化，其实就是把约束条件代入，然后目标函数求一阶偏导等于零，可得：

$$\bar{\omega}_1 = \frac{R_p - R_f}{\gamma\sigma_p^2}, \bar{\omega}_2 = 1 - \bar{\omega}_1 \tag{7–5}$$

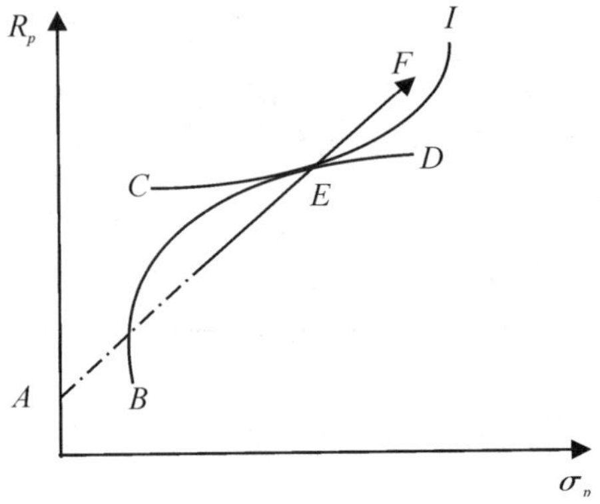

图 7–14　无风险借款下的投资组合确定

【例 7–5】如果例 7–1 中投资者的风险厌恶系数等于 3，求该投资者的最优资产配置比例，组合的预期收益率及标准差。

解：由 $\bar{\omega}_1 = \dfrac{R_p - R_f}{\gamma\sigma_p^2}$，$\bar{\omega}_2 = 1 - \bar{\omega}_1$，他的最优资产配置比例 $y^* = \dfrac{11\% - 5\%}{3 \times 14.2\%^2} = 1.4878$。也就是说，该投资者应借入 48.78% 的无风险资金，加上自有资金全部投资于最优风险资产组合。这样他的整个资产组合的预期收益为 18.80%（0.4878 × 5%+1.4878 × 11%），标准差为 21.13%（1.4878 × 14.2%）。

由上例我们可对投资者的资金配置顺序总结如下：

（1）先计算不同证券的收益率和波动率，然后采用各种策略选股，并采取上述策略进行配股。

（2）采用上述策略在无风险资产和风险资产组合中进行配股。

下面举没有进行无风险借款的案例进行说明。

【例 7–6】假设市场上有 A、B 两种证券，其预期收益率分别为 7% 和 10%，标准差分别为 8% 和 25%。A、B 两种证券的相关系数为 0.5，市场无风险利率为 6%。一个投资者的风险厌恶系数为 3，求该投资者的资产配置状况。

解：依据风险资产配置原理可知：

$$X_{\mathrm{A}}=\frac{\left(\overline{R}_{\mathrm{A}}-r_f\right)\sigma_{\mathrm{B}}^2-\left(\overline{R}_{\mathrm{B}}-r\right)\rho\sigma_{\mathrm{A}}\sigma_{\mathrm{B}}}{\left(\overline{R}_{\mathrm{A}}-r_f\right)\sigma_{\mathrm{B}}^2+\left(\overline{R}_{\mathrm{B}}-r_f\right)\sigma_{\mathrm{A}}^2-\left(\overline{R}_{\mathrm{A}}-r_f+\overline{R}_{\mathrm{B}}-r_f\right)\rho\sigma_{\mathrm{A}}\sigma_{\mathrm{B}}}$$

$$=\frac{(7\%-6\%)\times0.25^2-(10\%-6\%)\times0.5\times0.08\times0.25}{(7\%-6\%)\times0.25^2+(10\%-6\%)\times0.08^2-(7\%-6\%+10\%-6\%)\times0.5\times0.08\times0.25}$$

$$=59\%$$

$$X_{\mathrm{B}}=1-X_{\mathrm{A}}=41\%$$

依次代入可得：

$$R_p=X_{\mathrm{A}}R_{\mathrm{A}}+X_{\mathrm{B}}R_{\mathrm{B}}=59\%\times7\%+41\%\times10\%=8.23\%$$

$$\sigma_p^2=X_{\mathrm{A}}^2\sigma_{\mathrm{A}}^2+X_{\mathrm{B}}^2\sigma_{\mathrm{B}}^2+2X_{\mathrm{A}}X_{\mathrm{B}}\rho\sigma_{\mathrm{A}}\sigma_{\mathrm{B}}$$

$$=59\%^2\times8\%^2+41\%^2\times25\%^2+2\times59\%\times41\%\times0.5\times8\%\times25\%\approx1.76\%$$

因此，可得：

$$\overline{\omega}_1=\frac{R_p-R_f}{\gamma\sigma_p^2}=\frac{8.23\%-6\%}{3\times1.76\%}=42\%$$

$$\overline{\omega}_2=1-\overline{\omega}_1=58\%$$

综上，投资者可以把全部资产的 42% 投资于无风险资产，再把 58% 投资于风险资产，其中，这部分风险资产又可以把 59% 投资于 A 证券，41% 投资于 B 证券。同时如果计算出来的 $\overline{\omega}_2$ 大于 1，则表示投资者以无风险利率借入无风险资产，并将其投资于风险资产。

第三节　CAPM 与应用：风险与期望收益的关系

投资组合理论属于规范经济学的范畴，它在本质上是告诉投资者应怎样构造最优证券组合，以实现规避风险和收益最大化之间的平衡。与投资组合理论不同，本节的 CAPM 理论则属于实证经济学的范畴。它以投资组合理论为基础，研究的是如果投资者都按照前述方法进行投资，使得证券市场达到均衡时，证券价格和投资收益率如何决定的问题。这种方法是描述性的，它用一般均衡模型刻画所有投资者的集体行为，揭示在均衡状态下，证券（组合）的收益率风险和价格之间的数理经济关系。

一、CAPM 的假设

1964 年威廉·夏普建立了 CAPM 模型，该模型在马科维茨理论的基础上，描述了均衡价格如何在收益风险的权衡中形成。CAPM 模型的前提假设有以下六点：

（1）影响投资决策的因素是期望收益率和用标准差表示的风险，并依据马科维茨投资组合选择模型进行投资决策。

（2）投资者均是理性的，在风险相同条件下选择收益率较高的证券，或收益率相同条件下选择风险较小的证券。

（3）所有投资者均事前知悉证券收益率的概率服从正态分布，且对证券收益率概率分布看法一致，即有效前沿只有一条。所有投资者的投资期限相同且只有一期。

（4）所有证券投资可以无限制细分，且投资者可以无风险收益率无限制地借贷。

（5）资本市场是完全有效的市场，税收交易费用不需要考虑且所有投资者可以免费获得市场上所有的信息。

（6）投资者对预期收益率、标准差和证券之间的协方差具有相同的预期值。

由于 CAPM 是建立在投资组合理论的基础上，因此其假设前提比马科维茨投资组合理论还要严苛。通过这些理想化的假设，CAPM 将研究单个投资者投资行为的难题转化为研究具有相同投资方式的投资者投资行为对证券价格的影响，从而理清均衡价格如何在收益风险的权衡中形成。

二、CAPM 模型公式

夏普认为，当资本市场达到均衡时，风险的边际价格将不再变化，任何改变市场组合的投资所带来的边际效果均相同，即增加一个单位的风险所得到的补偿相同。按照 β 的定义，代入均衡的资本市场条件可以得到 CAPM 模型，其期望收益率由无风险收益率和风险溢价组成，公式如下：

$$E_{(R_i)} = R_f + \beta_i \left[E(R_M) - R_f \right] \tag{7-6}$$

其中，β_i 为资产 i 的相关 β 值，表示资产的回报率对市场变动的敏感程度，也即资产 i 的系统性风险大小；$E_{(R_i)}$ 为资产 i 的必要报酬率；$E(R_M)$ 为市场资产组合的期望收益率；$E(R_M) - R_f$ 是市场风险溢价，这是投资者由于承担与股票市场相关的不可分散风险而预期得到的回报。这一公式是金融领域最重要的发现之一，也被称为证券市场线（Security Market Line）。

该模型的主要观点为如果股票投资者期望在无风险回报率的基础上获得更多溢价，那么他需要承受额外的风险。因此，股票市场溢价（Equity Market Premium）就等于市场期望回报率减去无风险回报率，而证券风险溢价就是股票市场溢价和一个β系数的乘积。

CAPM模型能用简单易懂的公式表示风险资产价格，故而受到广大投资者的青睐，但CAPM模型本身也存在一定缺陷，特别是前提假设过于苛刻，很难在现实中实现。

【例7–7】假设某一公司股票的β为1.05，无风险利率为4%，市场期望收益率为10%，计算股票的预期收益率及风险报酬。

解：股票的预期收益率为：

$$E_{(R_i)} = R_f + \beta_i\left[E\left(R_M\right) - R_f\right] = 4\% + 1.05 \equiv (10\% - 4\%) = 10.3\%$$

股票的风险报酬为：

$$E_{(R_i)} - R_f = \beta_i\left[E\left(R_M\right) - R_f\right] = 1.05 \times (10\% - 4\%) = 6.3\%$$

三、CAPM模型的应用

CAPM模型主要应用于资产估值与资产配置两方面。

（一）资产估值

在资产估值方面，CAPM模型主要被用来判断证券是否被市场错误定价，投资者通过卖出证券或买入证券获得资本利得。

根据CAPM模型，每一证券的期望收益率应等于无风险利率加上该证券由β系数测定的风险溢价，而实际上，投资者获得的实际报酬率为：

$$R_{i,r+1} = \frac{p_{i,r+1} - p_{i,r+}D_{i,r+1}}{p_{i,r}} \tag{7–7}$$

根据CAPM模型，市场均衡时有

$$R_f + \beta_i\left[E\left(R_M - R_f\right)\right] = \frac{E\left(p_{i,r+1} - p_{i,r} + E\left(D_{i,r+1}\right)\right)}{p_{i,r}} \tag{7–8}$$

若等式左边大于等式右边，则表明证券价格被高估，此时的投资策略应为等待价格下降后再继续投资持有；反之，则表明证券价格被低估，此时的投资策略应为买入或继续持有该证券，以赚取价格上升的资本利得。

【例7–8】假设某分析师对股票A和股票B未来1年的相关估计值如表7–3所示，并已知市场的预期收益率为20%，无风险利率为5%，试分析股票A和股票B的当前投资价值。

表 7-3　股票相关信息

股票	当前价格（元/股）	预计一年后价格（元/股）	预计一年后股利（元/股）	β 值
A	10	16	0.4	0.8
B	20	25	0.5	1.2

$$E(R_A)=R_f+\left[E\left(R_M-R_f\right)\right]\beta_A=5\%+(20\%-5\%)\times 0.8=17\%$$

$$E(R_B)=R_f+\left[E\left(R_M-R_f\right)\right]\beta_B=5\%+(20\%-5\%)\times 1.2=23\%$$

但根据预测计算出的预期投资收益率分别为

$$R_A=\frac{(16-10)+0.4}{10}\times 100\%=64\%>17\%$$

$$R_B=\frac{(25-20)+0.5}{20}\times 100\%=27.5\%>23\%$$

所以股票 A 和股票 B 的价值被当前市场低估了，可以买入或继续持有。

（二）资产配置

CAPM 模型在资产配置方面的应用，即利用 CAPM 模型预测市场走势、计算资产的 β 值，从而根据不同的市场走势选取不同 β 值的资产配置。前面我们说到，β 值表示资产回报率对市场变动的敏感程度。具体来看，当投资者预测市场价格上升时，预期资本利得收益将会增加，投资者应买入更多高 β 值资产进行配置；反之，当投资者预测市场价格下降时，预期资本利得收益将会减少，投资者应买入低 β 值资产进行配置。换言之，投资者在牛市应尽量买高 β 值资产进行配置，在熊市应尽量买低 β 值资产进行配置。

四、CAPM 模型的评价

（一）CAPM 模型的优点

CAPM 模型作为现代金融投资理论的核心，在投资决策和公司金融中得到了广泛运用。该模型的优点可以总结如下：

（1）简单、明确。此为 CAPM 模型最大的优势。该模型将任何风险证券价格影响因素简单地归纳为无风险收益率、风险的价格及风险的计算单位，并创造性地提出了证券价格的定价公式，在资产配置及资产估值方面得到了广泛应用。

（2）实用性。虽然投资者无法用 β 值预测单只股票的变化趋势，但其可通过 β 值判断股票的波动大小，从而在不同的市场形势中选择不同 β 值的股票进行资产配置。这一实用发现在今天仍为广大投资者所用。

（二）CAPM 模型的缺点

事实上，CAPM 模型并不是完美的，它本身也有一定的局限，具体表现在：

（1）前提假设难以实现。由于 CAPM 是建立在投资组合理论的基础上，因此其假设前提比马科维茨投资组合理论的假设还要严苛。比如资本市场是完全有效的市场的假设就与现实不符，我们知道现实市场往往存在信息不对称，投资者难以获得全部有效信息。再比如投资者也不可能具有相同的预期，因为投资者所接收到的信息不一致，这种情况下显然投资者无法形成一致的预期。市场不存在交易费用、投资者能无限以无风险利率借贷等假设也与现实不符。

（2）难以确定 β 值大小。一方面某些证券缺乏历史数据，不易估计其 β 值；另一方面，市场是瞬息万变的，各种证券的 β 值也会随之发生变化。根据历史数据估算出的 β 值对未来证券买卖前瞻性的指导作用不足。

（3）难以进行实证检验。对于 CAPM 的定量检验，也存在大量的检验结果不支持该理论。对 CAPM 模型持最激烈批评态度的经济学家是罗尔（Richard Roll）。1977 年，罗尔在《金融经济学学刊》上发表了《对资产定价理论检验的批判，第一部分：论该理论的过去与潜在可检验性》一文，对 CAPM 的适用性提出了质疑。他认为，CAPM 是一个以市场资产组合的存在为前提的一般均衡理论模型，但市场资产组合是一个不明确、不可预测且没有明确定义的概念，因此，以此为基础进行实证检验当然无法验证 CAPM 的正确性。

第四节　CML 与 SML 的关系

一、资本市场线

回顾本章第二节，在引入了无风险资产且有借贷情形下，有效集变成了一条直线，且该直线经过了无风险资产 F 点与投资组合 E 点。对于不同投资者而言，投资组合不同，但投资组合中的风险资产构成相同。根据投资者的风险偏好不同，投资于无风险资产与风险资产组合的比例不同。风险厌恶程度较高的投资者可以多投资于无风险资产，风险厌恶程度较低的投资者可以多投资于风险资产组合。值得注意的是，投资者对风险收益的偏好程度不影响最优风险资产组合的构成。这就是分离定理。

资本市场线（Capital Market Line，CML）是在托宾分离定理的基础上发展起来的，它将资产组合看作是无风险资产和市场组合的组合（见图 7–13）。构造一个包含市场组合和无风险资产的资产组合，其期望收益率也即资本市场线可表示如下：

$$E\left(R_p\right)=R_f+\frac{E_{(R_M)-R_f}}{\sigma_M}\sigma_p \qquad (7\text{–}20)$$

其中，R_M 和 σ_M 分别为市场组合的期望收益和风险，R_f 为无风险收益，R_p 和 σ_p 分别为资产组合的期望收益和风险。

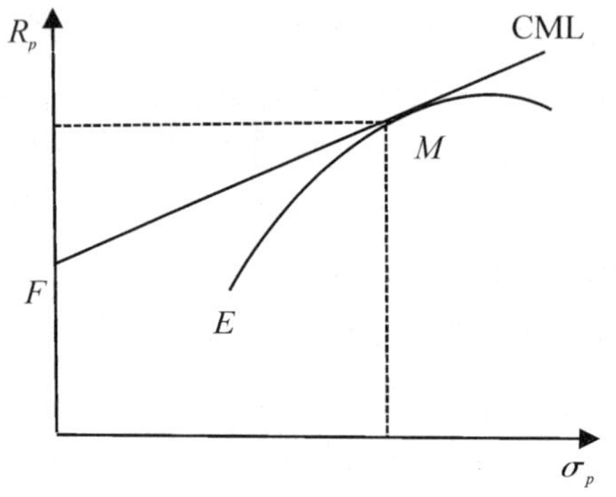

图 7–13　资本市场线

由图 7–13 的直线可以看出，在存在无风险证券的条件下，市场中的所有投资者均是在无风险资产和市场组合之间进行资产组合，即都可以用从 *F* 点出发且经过与风险资产组合有效边界相切的切点 *M* 之间的射线来表示，即所有的有效资产组合都在该射线上。由于切点 *M* 也是市场中所有风险证券的组合，因此被称为市场组合，那么该直线被称为资本市场线。当证券市场达到均衡状态时，投资组合 *E* 点被市场组合 *M* 点代替。市场组合就是资本市场上所有风险证券所构成的组合。在这个市场组合中，每一种证券的投资比重都是它的相对市场市值。在证券市场均衡条件下，所有投资者的有效前沿均相同。综上，有效组合的风险和收益之间的关系可以用一条直线表示，它通过无风险资产 *F* 点与市场组合 *M* 点。

二、证券市场线

资本市场线只能反映有效投资组合的预期收益率与风险之间的关系，无法反映单只证券预期收益率与风险之间的关系。我们为了研究预期收益率与风险之间的关系，进一步引入证券资产线（Security Market Line，SML）。单只证券的预期收益率计算公式如下：

$$E_{(R_i)}=R_f+\beta_i\left[E\left(R_M\right)-R_f\right] \qquad (7\text{–}9)$$

其中，$\beta_i=\dfrac{\text{Cov}_{im}}{\sigma_m^2}$。

从公式中可以看出，单只证券的收益率一部分源于无风险资产收益率，另一部分因为承担了非系统性风险而得到了风险报酬。在图像中可看到横坐标是 β（系统性风险），而纵坐标则是预期收益率。

比较资本市场线与证券市场线，可以发现资本市场线是证券市场线的一个特例，即 ρ=1。

证券市场线主要用来衡量证券定价是否合理（见图 7-14），当证券的期望收益率位于证券市场线上时，证券定价合理，无偏离。当证券的期望收益率高于证券市场线时，即证券价格低于合理价格，应该买入；反之应该卖出。

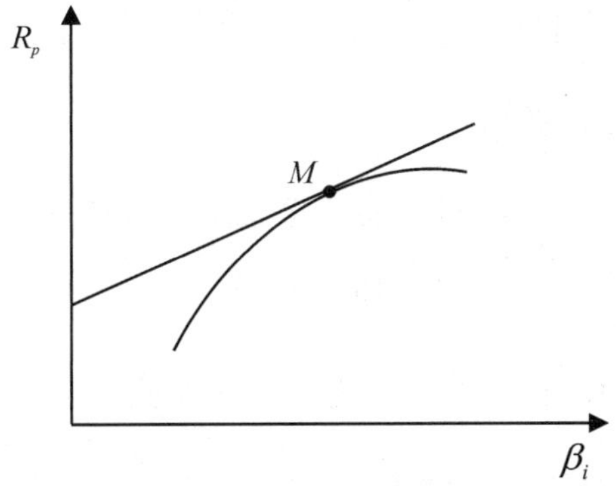

图 7-14　证券市场线

三、CML 与 SML 关系

CML 与 SML 也存在一定的联系，即落在 CML 上和线外的组合都会落在 SML 上，CML 可看作是 SML 的特例。当一只证券或一个证券组合是有效组合时，该证券或证券组合与市场组合的相关系数等于 1，此时 CML 与 SML 相同，因为：

$$\begin{aligned}R_p&=R_f+(R_M-R_f)\frac{\text{Cov}_{pM}}{\sigma_M}=R_f+(R_M-R_f)\frac{\rho_{pM}\sigma_p\sigma_M}{\sigma_M^2}\\&=R_f+(R_M-R_f)\frac{\rho_{pM}\sigma_p}{\sigma_M}=R_f+(R_M-R_f)\frac{\sigma_p}{\sigma_M}\end{aligned}\tag{7-10}$$

而 $R_p=R_f+\left(R_M-R_f\right)\dfrac{\sigma_p}{\sigma_M}$ 就是 CML。

（一）CML 与 SML 的区别

CML 与 SML 的区别主要在于：

（1）纵坐标不同。CML 的纵坐标是组合的期望收益率，反映投资者在投资后期望获得的收益。而 SML 的纵坐标是单只证券或单个组合的要求收益率，反映投资者在投资前要求得到的最低收益率。

（2）横坐标不同。CML 的横坐标是标准差，既包括系统性风险，又包括非系统性风险；SML 的横坐标是系数，只包括系统性风险。

（3）作用不同。CML 的作用是确定投资组合的比例；SML 的作用是根据必要收益率，利用股票估价模型来计算股票的内在价值。

（4）线上组合不同。对于 CML，只有有效组合才落在上面；对于 SML，任何组合（包括非有效组合）都落在上面。

（二）CML 与 SML 的联系

CML 与 SML 也存在一定的联系，即落在 CML 上和线外的组合都会落在 SML 上，CML 可看作是 SML 的特例。

第五节　多因素套利定价理论

回顾本章第四节，CAPM 模型基于严格的假设条件，例如证券市场是无摩擦的竞争市场、投资者具有理性预期等，这都是脱离实际的，使其在应用中有一定局限。如斯蒂芬·罗斯（Stephen A. Ross）认为，CAPM 模型对证券资产收益率因素的论述过于简单，单只证券的收益率除了受市场组合这一因素的影响外，还受其他因素影响。为了突破这种局限，罗斯于 1976 年提出了套利定价理论（Arbitrage Pricing Theory，APT）。本节将对多因素套利定价理论进行介绍。

一、多因素模型

作为一种统计模型，因素模型把经济周期、力量、技术革新以及劳动力成本和原材料等经济因素视为一系列宏观经济指示器，并假定这些因素的变化影响着整个证券市场，进而是影响证券之间相关性的经济来源。随着非预期的变化的发生，这些因素也会变化，进而引起整个证券市场的收益率发生非预期的变化。

因素模型可以分为单因素模型和多因素模型。单因素模型较为简单，即把证券收益率的非预期变化看作是某一宏观经济事件变化的结果（如市场组合指数收益率、GDP 增长率等），可写成：

$$r_i = E(r_i) + \beta_i F + e_i \tag{7–23}$$

其中，F 为宏观因素的非预测成分；β_i 为证券 i 对宏观经济事件的敏感度；e_i 为非预期的公司特有事件的影响，其期望为 0。

多因素模型相对较为复杂，它把证券收益率的决定看作是多种经济因素集合作用的结果，如行业生产的变动率、预期通货膨胀的变动率、长期公司债券对长期政府债券的超额收益率、长期政府债券对短期政府债券的超额收益率等，用公式表示就是：

$$r_i = \alpha_i + \sum_{m=1}^{N} \beta_{i,m} F_m + e_i \tag{7–11}$$

（一）多因素套利定价理论的假设

（1）市场完美无摩擦，无套利机会。

（2）有足够多的证券来分散不同的风险。

（3）证券收益能用因素模型表示。

（4）投资者追求效用最大化，且有同质预期。

（5）证券 i 的随机干扰项与其他证券的随机干扰项相互独立。

（6）证券 i 的随机干扰项与所有影响因子相互独立。

（二）多因素套利定价模型

罗斯认为，CAPM 模型对证券资产收益率因素的论述过于简单，单只证券的收益率除了受市场组合这一因素影响外，还受其他因素影响，如利率的变动、通货膨胀的变动等，基于这些因素对预期收益的影响，以及套利定价理论的假设和实现条件，我们可以得出以下套利定价模型：

$$R_i = E_{(R_i)} + \beta_{i1} F_1 + \beta_{i2} F_2 + \cdots + \beta_{in} F_n + e_i \tag{7–12}$$

其中，R_i 表示资产 i 在某一时间 t 的收益率，$E_{(R_i)}$ 表示证券 i 的期望收益率，β_i 表示证券 i 对某一因素的敏感程度，F 表示影响因素 i 与理论值的偏差，e_i 表示任意误差项。

若组合高度分散化，非系统性风险被分散，系统性风险给予补偿，证券 i 预期收益率可表示为：

$$E(R_i) = \lambda_0 + \beta_{i1}\lambda_1 + \beta_{i2}\lambda_2 + \cdots + \beta_{in}\lambda_n \tag{7–13}$$

其中，λ_0 为无风险因素得到的补偿，也即无风险收益率 R_f；λ_n 为因承担第 n 个风险因素所得到的补偿额。假设资产组合 p 只与因素 I 有一单位敏感度，即 $\beta_{i1}=1$，其他 β 值均为 0，则有

$$E\left(R_p\right)=\lambda_0+\lambda_1 \tag{7-14}$$

那么：

$$\lambda_1=E\left(R_p\right)-\lambda_0 \tag{7-15}$$

即风险补偿为预期收益率减去无风险收益率。

以此类推，可得到多因素套利定价模型为：

$$E\left(R_{pI}\right)=\lambda_0+\beta_{i1}\left[E\left(R_{p1}\right)-\lambda_0\right]+\beta_{i2}\left[E\left(R_{p2}\right)-\lambda_0\right]+\cdots+\beta_{ik}\left[E\left(R_{pk}\right)-\lambda_0\right] \tag{7-16}$$

【例 7–9】假设某股票的收益受到行业状态 I，市场利率 R 和经济增长率 G 三种因素的影响，且 $E\left(R_I\right)=13\%$，$E\left(R_R\right)=9\%$，$E\left(R_G\right)=11\%$，$\beta_I=1$，$\beta_R=0.5$，$\beta_G=0.75$，无风险收益率为 7%，请用多因素套利定价模型求解该股票的均衡收益率。

解：

$$\begin{aligned}E(R)&=\lambda_0+\beta_I\left[E\left(R_I-\lambda_0\right)\right]+\beta_R\left[E\left(R_R-\lambda_0\right)\right]+\beta_G\left[E\left(R_G-\lambda_0\right)\right]\\&=7\%+1(13\%-7\%)+0.5(9\%-7\%)+0.75(11\%-7\%)\\&=17\%\end{aligned}$$

（三）多因素套利定价模型在投资组合策略中的应用

投资者在进行投资时通常会选择投资到股票和债券市场，两者对于系统性风险的敏感度存在差异。如果投资者能够知道每一项资产对系统性风险的敏感度，那么组合的效果会大大改进。套利定价理论对系统性风险进行了细分，同时其测量每项资产对各种系统因素的敏感系数，因而可以使投资组合的选择更准确。

对于处于不同市场的投资者，他们的经济状况和特征存在差异，主要包括费用支出的方式、受益人除了基金投资之外的其他收入来源、宏观经济状况等。对于基金的管理者而言，选择最佳的风险模式就是选择最佳的因素敏感系数的组合。在了解投资者的经济状况后，就可以构建其愿意持有组合的整体风险模式。

对已经确定的组合策略，投资者可以直接通过投资来实现，也可以通过选择合适的投资基金来实现。采用多因素套利定价模型可以帮助投资者选择和评价合适的基金经理。不同的基金经理存在特定的风险模式，在进行选择时还要关注他是否做到最小成本投资和最低风险投资。

（四）多因素套利定价模型的评价

1. 多因素套利定价模型的优点

（1）APT 的假设大大少于 CAPM，更加接近现实。

（2）APT 考虑了影响收益的多个因素，解释了 CAPM 的反例。

（3）APT 比 CAPM 更容易进行实证检验。

（4）APT 比 CAPM 更加普遍适用，在特定的条件下，CAPM 是 APT 的特例。

2. 多因素套利定价模型的缺点

（1）对资产定价的因素无法确认，或其确认通常缺乏经济学解释。换言之，APT 只确认了一个定价原则，具体模型的构建则五花八门。

（2）系统风险因素个数越多，套利的盈利分析就越复杂，且操作也越复杂。

（3）利用单因素证券市场中的无套利条件，可以保持充分分散投资组合的期望收益—贝塔关系，但少量证券可能会例外。

二、APT 与 CAPM 的关系

（一）APT 与 CAPM 的区别

APT 与 CAPM 的区别主要表现在以下几个方面：

（1）对风险的解释程度不同。CAPM 模型中使用 β（单只证券或单个组合对市场收益变动的敏感程度）衡量风险。它是一个单因素模型，只能反映投资风险大小，却无法表达投资风险来源。APT 模型则是一个多因素模型，它不仅告诉投资者具体的系统性风险是什么，而且还清楚表达了具体系统性风险的影响程度。

（2）均衡不同。CAPM 模型是均衡定价模型，APT 模型是非均衡定价模型，此为两者间的本质区别。除此之外，两者达到均衡的方式也不同，CAPM 模型强调理性的投资者与同质预期，因此人们在选择证券时只会接受相同风险收益率最高的或相同收益率风险最低的证券，同时放弃高风险低收益的项目，直到项目达到市场的平均收益水平。APT 模型则是一种套利均衡机制，认为市场上的理性投资者只占一部分，他们会利用市场存在的套利机会获取无风险收益，最终实现市场均衡。

（3）假设不同。CAPM 模型对证券收益率的分布以及个体的效用函数做了假设，而 APT 模型并没有这方面的假设。

（4）适用性与实用性不同。CAPM 模型适用范围较广，特别是适用于一些对资本成本数额精确度要求较低的企业，但实用性较弱，因为对风险的解释程度低且假设条件较为苛刻。APT 模型适用性较弱，但实用性较强。

（二）APT 与 CAPM 的联系

APT 与 CAPM 的联系主要表现在以下两个方面：

（1）部分假设相同。二者均包含以下假设：第一，投资者有相同预期；第二，投资者追求效用最大化；第三，资本市场是完备的。

（2）表达式在特定情况下相同。当市场收益率为唯一因子时，APT 模型的表达式与 CAPM 模型相同。因此，CAPM 模型可以看作是添加了部分约束后的 APT 模型的一个特例。

【本章小结】

投资组合理论是指研究投资者对市场上的证券进行选择并组合的理论。投资组合理论的核心思想是利用组合分散风险，追求收益最大化和风险最小化。本章较为系统地梳理了证券投资组合理论的发展及演进。在介绍资产组合效率前沿的基础上，分别介绍了 CAPM 模型以及 APT 模型。CAPM 模型基于严格的假设条件，而 APT 模型则放宽了假设，实用性更强。读者需熟练掌握几个重要理论的假设、内容、评价以及各自的区别与联系。此外，读者还需着重掌握资产配置相关计算，如计算最优风险资产组合构成、计算超额收益、判断是否存在套利机会等，这些是量化投资策略构建的最基本条件。

【课后习题】

1. 现代投资组合理论与传统投资组合理论有哪些异同？

2. 资本资产定价模型的假设是什么？它与套利定价模型有何区别与联系？

3. 试比较 CML 与 SML 有何异同。

4. 如何评价资本资产定价模型？

5. 假设有一投资者计划投资于某一市场，市场上有 A、B 两种证券，其预期收益率分别为 11% 和 13%，标准差分别为 15% 和 20%。A、B 两种证券的相关系数为 0.25，市场无风险利率为 6%。求该投资者的最优风险资产组合构成。

6. 下表给出了一证券分析家预期的两个特定市场收益情况下的两只股票的收益情况，如下：

（单位：%）

市场收益	激进型股票	防守型股票
5	–2	5
25	30	12

（1）两只股票的 β 值是多少？

（2）如果市场收益为 5% 和 25% 的可能性相同，两只股票的预期收益率是多少？

（3）如果国库券利率为 6%，市场收益为 5% 和 25% 的可能性相同，请画出这个经济体系的证券市场线。

7. 一种风险资产组合的年末现金流可能为 60000 元或 20000 元，概率相同，均为 0.5；市场无风险利率为 5%。

（1）若投资者要求 7% 的风险溢价，则投资者愿意支付多少钱去购买该资产组合？

（2）若投资者可以购买（1）中的资产组合，该投资的期望收益率为多少？

（3）假定现在投资者要求 12% 的风险溢价，则投资者愿意支付的价格是多少？

（4）比较（1）和（2）的答案，关于投资所要求的风险溢价与售价之间的关系，投资者有什么结论？

8. 某基金经理考虑投资于三只共同基金：股票基金 A、债券基金 B，以及短期国债货币基金，风险组合的期望收益率、标准差如下所示：

（单位：%）

	期望收益率	标准差
股票基金 A	20	30
债券基金 B	12	15
短期国债货币基金	8	0

基金收益率之间的相关关系为 0.1，请回答如下问题：

（1）两种风险基金 A 和 B 的最小方差投资组合比例是多少？

（2）上述投资组合的期望收益率和标准差各是多少？

（3）如果投资者的投资组合的期望收益率是 14%，是有效的，并且在最优可行资本市场线上，请问该投资组合的标准差是多少？

9.假定股票收益以市场指数作为共同因素，经济体系中所有的股票对市价的指数的贝塔值为 1.0，个股的非系统性风险（标准差）为 30%。证券分析师研究了 20 只股票，结果发现一半股票的阿尔法值为 2%，另一半为 –2%。分析师买进 100 万美元的等权重正阿尔法的股票资产组合，同时卖空 100 万美元的等权重负阿尔法的股票资产组合。

（1）该投资组合的期望收益是多少？

（2）该投资组合是否还存在系统性风险？简述理由。

（3）该投资组合的标准差是多少？

10. 在两个给定市场状况下，市场收益率以及两只股票（A 和 B）的期望收益率，如下表所示：

（单位：%）

	市场收益率	激进型股票 (A) 期望收益率	保守型股票 (B) 期望收益率
市场状态 1	5	–2	6
市场状态 2	25	38	12

（1）两只股票的 β 值各是多少？

（2）如果两种市场状况的可能性相同，请问两只股票的期望收益率各是多少？

（3）如果国债利率为 6%，两种市场状况的可能性相同，请给出整个市场状态的证券市场线。

（4）两只股票的 α 值各是多少？

11. 假定无风险收益率 R_f 为 7%，投资人最优风险资产组合的预期收益率 $E(R_t)$ 为 16%，标准差为 20%，试求：

（1）投资人承担一单位风险需要增加的预期收益是多少?

（2）假设投资人需要构造标准差 9% 的投资组合，则投资于最优风险资产组合的比例是多少? 构建后的投资组合的预期收益率是多少?

（3）假设投资人需要构造预期收益率 20% 的投资组合，则如何分配最优风险资产组合和无风险证券的比例?

12. 假设单个资产的收益由如下两因子模型产生，即

$$R_{it} = E\left(R_{it}\right) + \beta_{1t}F_{1t} + \beta_{2t}F_{2t}$$

其中，R_{it} 是资产 i 在 t 期的收益率；F_{1t} 和 F_{2t} 是两个预期收益率和方差均为 0 的市场因子。此外，假设一个资本市场上存在如下两种资产 A 与 B，不考虑交易成本。

	$E(R_{it})$	β_1	β_2
A	10%	1	0.6
B	10%	1.4	0.8

（1）假设该资本市场允许卖空，请构建一个包含资产 A 和资产 B 的资产组合，使得组合收益与市场因子 F_{it} 无关。计算该组合的预期收益率与 β_2 系数。

（2）假设存在这样一个无风险资产，其预期收益率为6%，$\beta_1 = \beta_2 = 0$，基于问题（1）中求出的资产组合，判断是否存在套利机会并描述。

13. 假设市场上有 A、B 两种证券，其预期收益率分别为 8% 和 13%，标准差分别为 8% 和 14%。A、B 两种证券的相关系数为 0.5，市场无风险利率为 5%。一个投资者的风险厌恶系数为 3，求该投资者的资产配置状况。

第八章

证券投资组合理论的扩展与应用

本章阅读指引：

上一章介绍了现代投资组合理论，尽管均值—方差模型仍很受欢迎，但它受到的批评也是很多的，比如对风险的描述依赖于对投资收益分布的严格假设，没有用货币明确表示出投资组合的风险大小，也没有考虑投资者的不同风险偏好和投资组合的潜在损失。因此一些风险度量的新方法，如 *VaR*、*ES* 等被引入投资组合管理中，新的模型都试图从某些方面进行改进。本章将对投资组合理论进行进一步拓展：第一至三节介绍是否可卖空情形、是否包含无风险资产情形下的最优投资组合确定，第四至五节介绍基于 *VaR* 修正的投资组合理论及基于 *ES* 修正的投资组合理论。作为扩展，第六节分多种情境介绍如何使用 Python 来实现投资组合的最优资产配置。

第一节 多种风险资产情形——可卖空情形

在第七章从两个资产组成的投资组合入手，通过找出投资者无差异曲线，确定投资组合各种风险资产的期望收益率、风险（标准差）及协方差，求出风险资产组合的期望收益率与风险及各风险资产的组合权重，推导出可卖空情形下的有效前沿为一条向上无限延伸的曲线，并通过找出投资者无差异曲线与有效前沿的切点确定最优投资组合。本节将两个资产组合扩展到多个资产组合，并从最简单的情形入手，讨论可卖空情形下多种风险资产的最优投资组合。值得注意的是，在现实中投资者通常需要同时关注多重目标，因此本章所提到的最优投资组合是对上章介绍的最优投资组合的扩展，即根据不同目标（如最小化方差、最大化投资收益等）求得的最优投资组合。本章试图从数理角度，通过构建拉格朗日的方法推导出不同目标下的最优投资组合。

首先，有别于上一章的经典假设，放弃投资组合的权重相加必须为 1 的条件，而是选择权重为 $\varpi_1,\varpi_2,\cdots,\varpi_N$ 的任意权重组合，投资于 n 种风险资产。令 N 维权重向量 $\varpi=(\varpi_1,\varpi_2,\cdots,\varpi_N)'$，满足 $\sum_{i=1}^{N}\varpi_i=1$（若允许卖空，则权重可以为负数）。

假定 n 种风险资产构成的投资组合的资产收益率 $R=(R_1,R_2,\cdots,R_N)'$，存在期望收益率 $\mu=(\mu_1,\mu_2,\cdots,\mu_N)'$，注意这里的期望收益率可以为负数，但并不一定说明其实际资产收益率也是负的。设定投资组合的 $N\times N$ 维协方差矩阵为：

$$\Sigma=\begin{bmatrix}\sigma_{11} & \cdots & \sigma_{1N}\\ \vdots & & \vdots\\ \sigma_{N1} & \cdots & \sigma_{NN}\end{bmatrix} \tag{8-1}$$

其中，σ_{ij} 表示资产 i 和 j 的协方差。ρ_{ij} 表示资产 i 和 j 的相关系数。

那么，组合的资产收益率 $R_p=\varpi' R$，组合的期望收益率 $\mu_p=\varpi'\mu$，组合的方差 $\sigma_p^2=\varpi'\sum\varpi$。这里，投资者的第一个优化目标是风险方差最小化；第二个优化目标是期望投资收益最大化；第三个优化目标是期望效用最大化。下面我们将依次介绍最小化方差、最大化投资收益以及最大化期望效用三种目标下的最优投资组合的求解过程。

1. 最小化方差目标下的最优投资组合求解

当投资者为极度风险厌恶者时，会以最小化方差为目标，此时方差最小的投资组合将成为他们的最优选择。构建拉格朗日函数，推导求得最小化方差目标下的最优投资组合。

令：

$$\min_w \frac{1}{2}\varpi'\sum\varpi$$

$$\text{s.t. } \mu_0 = \bar{\omega}\mu, \bar{\omega}l = 1, l' = [1,1,\cdots,1] \tag{8-2}$$

构建拉格朗日函数：

$$L = \frac{1}{2}w'\Sigma w + \lambda(1 - w'l) + \gamma(\mu_0 - w'\mu) \tag{8-3}$$

求解：

$$\frac{\partial L}{\partial w} = \Sigma w - \lambda l - \gamma\mu = 0 \Rightarrow w = \lambda\Sigma^{-1}l + \gamma\overset{-1}{\Sigma}\mu \tag{8-4}$$

代入约束条件：

$$\begin{aligned} l'w &= \lambda l'\Sigma^{-1}l + \gamma l'\overset{-1}{\Sigma}\mu = 1 \\ \mu'w &= \lambda\mu'\Sigma^{-1}l + \gamma\mu'\Sigma^{-1}\mu = \mu_0 \end{aligned} \tag{8-5}$$

将公式（8–5）改写为矩阵形式，可得：

$$\begin{pmatrix} A & B \\ B & C \end{pmatrix}\begin{pmatrix} \lambda \\ \gamma \end{pmatrix} = \begin{pmatrix} 1 \\ \mu_0 \end{pmatrix} \tag{8-6}$$

其中，

$$A = l'\Sigma^{-1}l, B = l'\Sigma^{-1}\mu, C = \mu'\Sigma^{-1}\mu, \Delta = |AC - BB| \tag{8-7}$$

因$\begin{pmatrix} A & B \\ B & C \end{pmatrix}^{-1} = \dfrac{\begin{pmatrix} C & -B \\ -B & A \end{pmatrix}}{|AC - BB|}$，则由公式（8–6）可得

$$\lambda = \frac{C - \mu_0 B}{\Delta}, \gamma = \frac{\mu_0 A - B}{\Delta} \tag{8-8}$$

将公式（8–4）、公式（8–6）、公式（8–8）代入$\sigma_0^2 = \bar{\omega}'\Sigma\bar{\omega}$中，可得

$$\begin{aligned} \sigma_0^2 &= w'\Sigma w \\ &= (\lambda\Sigma^{-1}l + \gamma\Sigma^{-1}\mu)'\Sigma(\lambda\Sigma^{-1}l + \gamma\Sigma^{-1}\mu) \\ &= A\lambda^2 + 2B\lambda\gamma + C\gamma^2 \\ &= \left(\frac{C - \mu_0 B}{\Delta}\right)^2 A + 2\frac{C - \mu_0 B}{\Delta}\frac{\mu_0 A - B}{\Delta}B + \left(\frac{\mu_0 A - B}{\Delta}\right)^2 C \\ &= \left[\left(\frac{C - \mu_0 B}{\Delta}\right)^2 A + \frac{C - \mu_0 B}{\Delta}\frac{\mu_0 A - B}{\Delta}B\right] + \left[\frac{C - \mu_0 B}{\Delta}\frac{\mu_0 A - B}{\Delta}B + \left(\frac{\mu_0 A - B}{\Delta}\right)^2 C\right] \\ &= \frac{(C - \mu_0 B)(AC - B^2)}{\Delta^2} + \frac{(\mu_0 A - B)(AC\mu_0 - B^2\mu_0)}{\Delta^2} \\ &= \frac{(AC - B^2)(A\mu_0^2 - 2B\mu_0 + C)}{\Delta^2} \\ &= \frac{A\mu_0^2 - 2B\mu_0 + C}{\Delta} \end{aligned} \tag{8-9}$$

由上式可看出，w 在 $\left(\sigma_0^2,\mu\right)$ 平面中是一条抛物线，而在 $\left(\sigma_0,\mu_0\right)$ 平面中是一条双曲线，也就是有效边界，如图 8–1 所示：

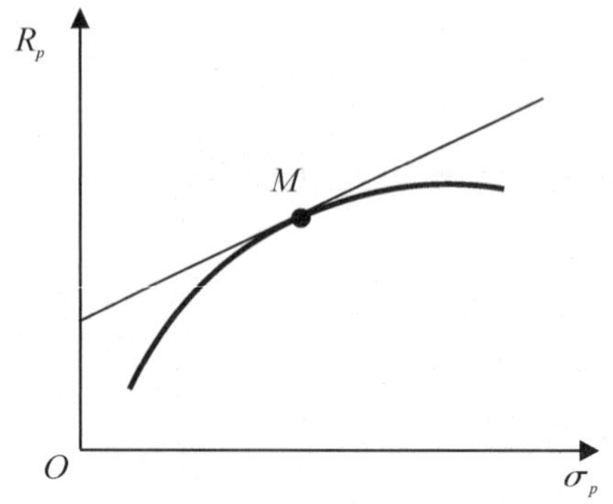

图 8–1　有效边界

图中黑色曲线为有效边界，有效边界的点代表基于不同 μ_0 求解得到的最优资产组合。有效边界上最靠近纵坐标的点即代表最小风险方差组合，为了求解该组合，将公式（8–9）求导，令方差最小：

$$\frac{\partial\sigma_0^2}{\partial\mu_0}=\frac{2A\mu_0-2B}{\varDelta}=0 \qquad (8\text{–}10)$$

得 $B=A\mu_0$。（8–11）

代入公式（8–8）中，得

$$\lambda=\frac{C-\mu_0 B}{\varDelta}=\frac{C-A\mu_0^2}{\varDelta} \qquad (8\text{–}12)$$

$$\gamma=\frac{\mu_0 A-B}{\varDelta}=0 \qquad (8\text{–}13)$$

$$\varDelta=\left|AC-B^2\right|=AC-A^2\mu_0 \qquad (8\text{–}14)$$

此时，投资组合权重为

$$w=\lambda\Sigma^{-1}l+\gamma\Sigma^{-1}\mu=\frac{C-A\mu_0^2}{\varDelta}\Sigma^{-1}l=\frac{\Sigma^{-1}l}{A}=\frac{\Sigma^{-1}l}{l'\Sigma^{-1}l} \qquad (8\text{–}15)$$

最小方差组合有效分散了证券特有的风险，使组合风险下降到仅剩系统性风险，适合风险厌恶程度较高的投资者。需要注意的是，在上述简化形式中，约束条件是以等式形式出现，此时求解最优投资组合的过程就是求解一组线性方程的过程，但是，在约束条件为不等式形式时是没有解析解的，这时必须采用数值优化技术。

2. 最大化投资收益目标下的投资组合求解

最小化方差目标下求得的投资组合是有其局限性的，其仅仅考虑了风险因素，而忽略了投资者重视的收益因素，且在现实中，投资的目的更多是获得最大的经济利润。

因此本小节以最大化投资收益为目标，构建拉格朗日函数求解最大化投资收益目标下的投资组合。

令期望收益最大化服从约束条件：

$$\max_w w'\mu \tag{8-16}$$

$$\text{s.t.} w'\sum w=\sigma_0^2, w'l=1, l'=[1,1,\cdots,1] \tag{8-17}$$

其中，μ 为投资组合的期望收益率，这便是期望收益最大化的模型。

构建拉格朗日函数：

$$L=w'\mu+\lambda(1-w'l)+\gamma\left(\sigma_0^2-w'\sum w\right) \tag{8-18}$$

最优化偏导等于零，可得：

$$\frac{\partial L}{\partial w}=\mu-\lambda l-2\gamma\sum w=0 \tag{8-19}$$

求得：

$$w=\frac{1}{2\gamma}\left(\Sigma^{-1}\mu-\lambda\Sigma^{-1}l\right) \tag{8-20}$$

代入约束条件可得：

$$\begin{cases}\dfrac{1}{2\gamma}\left(l'\Sigma^{-1}\mu-\lambda l'\Sigma^{-1}l\right)=1\\ \dfrac{1}{4\gamma^2}\left(\mu\Sigma^{-1}-\lambda l'\Sigma^{-1}\right)\sum\left(\Sigma^{-1}\mu-\lambda\Sigma^{-1}l\right)=\sigma_0^2\end{cases} \tag{8-21}$$

由公式（8–21），可得：

$$\mu'\Sigma^{-1}\mu-2\lambda\mu'\Sigma^{-1}l+\lambda^2 l'\Sigma^{-1}l=4\gamma^2\sigma_0^2 \tag{8-22}$$

令：

$$A=l'\Sigma^{-1}l, B=\mu'\Sigma^{-1}l, C=\mu'\Sigma^{-1}\mu \tag{8-23}$$

可得：

$$\lambda^2 A-2B\lambda+C-4\gamma^2\sigma_0^2=0 \tag{8-24}$$

同时，代入公式（8–21），可得：

$$B-\lambda A=2\gamma \tag{8-25}$$

结合上述公式（8–24）和（8–25），可得：

$$\lambda^2 A-2B\lambda+C-(B-\lambda A)^2\sigma_0^2=0 \tag{8-26}$$

可进一步改写为：

$$\left(A-A^2\sigma_0^2\right)\lambda^2+2B\left(A\sigma_0^2-1\right)\lambda+C-B^2\sigma_0^2=0 \tag{8-27}$$

求解可得：

$$\lambda=\frac{E}{A}\pm\frac{1}{A}\sqrt{\frac{AC-B^2}{A\sigma_0^2-1}},\left(A\sigma_0^3|-1>0\right) \tag{8-28}$$

代入公式（8–25），可得：

$$\gamma = \pm\frac{1}{2}\sqrt{\frac{AC-B^2}{A\sigma_0^2-1}} \quad (8\text{–}29)$$

将公式（8–28）和（8–29）代入公式（8–20），可得最优投资组合权重向量的表达式：

$$w = \frac{1}{\pm\sqrt{\frac{AC-B^2}{A\sigma_0^2-1}}}\left[\Sigma^{-1}\mu - \left(\frac{B}{A} \pm \frac{1}{A}\sqrt{\frac{AC-B^2}{A\sigma_0^2-1}}\right)\Sigma^{-1}l\right] \quad (8\text{–}30)$$

期望收益最大化模型常被投资组合经理所采用，此时构建组合的目标在于追求投资组合的期望超额收益高于基准。

3. 最大化期望效用目标下的投资组合求解

以最小化方差为目标解得的投资组合仅适用于风险厌恶者，而以最大化收益为目标解得的投资组合又忽略了投资者的风险偏好。因此，本小节纳入投资者的风险偏好因素，利用第七章我们介绍的投资者期望效用函数 $\max U = ER_1 - \gamma\sigma_1^2/2$，构建拉格朗日函数以期求得最大化期望效用目标下的投资组合。

同样的，令最大化期望效用目标模型和约束条件为：

$$\max_w w'\mu - \frac{1}{2}\lambda w'\Sigma w \quad (8\text{–}31)$$

$$\text{s.t.}\, w'l = 1, l' = [1,1,\cdots,1] \quad (8\text{–}32)$$

构建拉格朗日函数：

$$L = w'\mu - \frac{1}{2}\lambda w'\Sigma w + \gamma(1-w'l) \quad (8\text{–}33)$$

求导：

$$\frac{\partial L}{\partial w} = \mu - \lambda\Sigma w - \gamma l = 0 \quad (8\text{–}34)$$

求得：

$$w = \frac{\Sigma^{-1}\mu}{\lambda} - \frac{\gamma\Sigma^{-1}l}{\lambda} \quad (8\text{–}35)$$

代入约束条件（$l'w=1$），可得：

$$\frac{l'\Sigma^{-1}\mu}{\lambda} - \frac{\gamma l'\Sigma^{-1}l}{\lambda} = 1 \quad (8\text{–}36)$$

进一步可改写为：

$$\gamma = \frac{l'\Sigma^{-1}\mu - \lambda}{l'\Sigma^{-1}l} \quad (8\text{–}37)$$

故此，最优投资组合权重向量可以被简写为：

$$w=\frac{\Sigma^{-1}\mu}{\lambda}+\frac{\lambda-l'\Sigma^{-1}\mu}{l'\Sigma^{-1}l}\frac{\Sigma^{-1}l}{\lambda} \tag{8-38}$$

可见，投资者在投资过程中所追求的不是最终获得的财富，而是最终能够获得的期望效用。

第二节　无风险资产与多种风险资产情形——可卖空情形

这一节将无风险资产纳入，讨论可卖空情形下包含无风险资产与多种风险资产的最优投资组合。第七章我们说到，无风险贷出可视为投资于无风险资产，而无风险借入可视为卖空无风险资产，故纳入无风险资产后的投资组合确定也即纳入可借贷情形下的投资组合确定。下面求解纳入无风险资产且可卖空情形下最小化方差及最大化夏普比率两种目标下的最优投资组合。

一、最小化方差目标下的最优投资组合求解

令当前市场的无风险利率为 R_f，投资者没有借贷约束，因此可以在此利率上自由融资。风险资产权重 $w_R'=\left[w_{R_1},w_{R_2},\cdots,w_{R_N}\right]$，其中 $w_R'<1$，则无风险资产权重为 $1-w_R'$，且无风险资产权重可以为负值。考虑到无风险资产具有零方差，且与风险资产不相关，因此令最小化方差模型及其约束条件为：

$$\min_{w_R} w_R'\Sigma w_R \tag{8-39}$$

$$\text{s.t.}\mu_0=w_R'\mu+(1-w_R')R_f \tag{8-40}$$

构建拉格朗日函数：

$$L=\frac{1}{2}w_R'\Sigma w_R+\lambda\left[\mu_0-w_R'\mu-\left(1-w_R'\right)R_f\right] \tag{8-41}$$

求解得：

$$\frac{\partial L}{\partial w_R'}=\Sigma w_R-\lambda(\mu-R_f)=0$$
$$\Rightarrow w_R=\lambda\Sigma^{-1}(\mu-R_f) \tag{8-42}$$

代入约束条件，得

$$w_R'\left(\mu - R_f\right) = \mu_0 - R_f \tag{8-43}$$

解得：

$$\lambda = \frac{\mu_0 - R_f}{\left(\mu - R_f\right)' \Sigma^{-1}\left(\mu - R_f\right)} \tag{8-44}$$

由此可得最小化方差目标下的最优投资组合权重：

$$w_R = \frac{\mu_0 - R_f}{\left(\mu_0 - R_f\right)' \Sigma^{-1}\left(\mu - R_f\right)} \Sigma^{-1}\left(\mu - R_f\right) \tag{8-45}$$

可见，最小化方差目标下的投资组合的风险资产权重与向量$\Sigma^{-1}\left(\mu - R_f\right)$成比例。这一投资组合也叫切点投资组合，存在无风险资产时，所有切点投资组合都是由无风险资产和特定风险组合构成。计算可得方差：

$$\begin{aligned}\sigma^2 = w_R' \Sigma w_R &= \frac{(\mu - R_f)'\Sigma^{-1}(\mu_0 - R_f)'}{(\mu - R_f)'\Sigma^{-1}(\mu - R_f)} \sum \frac{(\mu_0 - R_f)\Sigma^{-1}(\mu - R_f)}{(\mu_0 - R_f)'\Sigma^{-1}(\mu - R_f)} \\ &= \frac{(\mu_0 - R_f)'(\mu_0 - R_f)}{(\mu - R_f)'\Sigma^{-1}(\mu - R_f)}\end{aligned} \tag{8-46}$$

二、最大化夏普比率目标下的最优投资组合求解

以最小化方差为目标的投资组合忽略了收益因素，以最大化收益为目标的投资组合忽略了风险因素，是否存在一种综合考虑风险（方差）与收益率，也就是尽量追求风险最小、收益最大的优化途径呢？夏普比率是一个可以同时对收益与风险加以考虑的综合指标，很好地弥补了上述目标的不足。下面利用夏普比率，构建拉格朗日函数以期求得最大化夏普比率目标下的投资组合。

令投资组合的夏普比率为$\frac{w'\mu - R_f}{\sqrt{w'\sum w}}$，则最大化夏普比率目标模型及其约束条件为：

$$\max \frac{w'\mu - R_f}{\sqrt{w'\sum w}} \tag{8-47}$$

$$\text{s.t.} w'l = 1, l' = [1, 1, \cdots, 1] \tag{8-48}$$

将约束条件代入最大化问题，可得：

$$L = \max \frac{w'\left(\mu - R_f l\right)}{\sqrt{w'\sum w}} \tag{8-49}$$

求导：

$$\frac{\partial L}{\partial w}=\frac{(\mu-R_f l)\sqrt{w'\sum w}-\frac{1}{2}w'(\mu-R_f l)(w'\Sigma w)^{-\frac{1}{2}}2\Sigma w}{w'\Sigma w}=0 \quad (8\text{–}50)$$

化简可得：

$$\left(\mu-R_f l\right)\sqrt{w'\Sigma w}-w'\left(\mu-R_f l\right)\left(w'\Sigma w\right)^{-\frac{1}{2}}\Sigma w=0 \quad (8\text{–}51)$$

通过求解可卖空情形下无风险资产与多种风险资产的最优投资组合，还可推导出资本市场线（见图 8–2）：

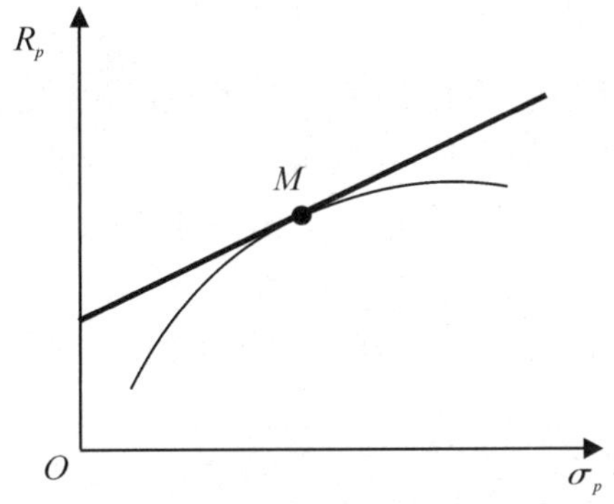

图 8–2　资本市场线

组合收益率：

$$E\left(R_p\right)=w_f R_f+w_M E\left(R_M\right)=\left(1-w_M\right)R_f+w_M E\left(R_M\right) \quad (8\text{–}52)$$

其中，w_M 表示风险资产比重，$w_f=1-w_M$ 表示无风险资产比重。

$$E\left(R_p\right)=R_f+w_M\left(E\left(R_M\right)-R_f\right) \quad (8\text{–}53)$$

$$\sigma_p^2=\mathrm{Var}\left(R_P\right)=w_M^2\mathrm{Var}\left(R_M\right)=w_M^2\sigma_M^2, w_M=\frac{\sigma_p}{\sigma_M} \quad (8\text{–}54)$$

即可得出资本市场线：

$$E\left(R_p\right)=R_f+\frac{E\left(R_M\right)-R_f}{\sigma_M}\sigma_p=R_f+\beta\left(E\left(R_M\right)-R_f\right) \quad (8\text{–}55)$$

其中，$\beta=\frac{\sigma_p}{\sigma_M}$ 表示风险补偿。

以夏普比率为一致优化评价标准的投资组合模型可以综合测度投资组合的收益率和风险大小，比率越大，投资组合的效率越高。

第三节　不可卖空情形的投资组合确定

第一节和第二节介绍的是可卖空情形下的投资组合，该情形下组合中资产比重介于0和1之间，但是在实际中，卖空机制往往是被限制或不允许的，那么，不可卖空情形下的投资组合应该如何确定？本节将解决该问题。同样地，分为风险资产配置和无风险资产配置进行介绍。

一、风险资产配置——不可卖空情形

求解思路：先依照模型在没有施加约束时求最优化问题，如果得出某一只股票的权重值为负，则令其等于零，再求资金在其他风险资产上的最优化配置问题。以此类推，直至每只股票的权重都大于等于零为止。下面以最小化方差目标下的最优投资组合求解为例进行求解。

在不允许卖空情形下最优投资组合系数的求解模型变成如下形式（不可卖空则令 $x_i \geqslant 0$）：

$$\begin{cases} \min \sigma^2(R_p) = X'\sum X \\ \text{s.t.}\begin{cases} iX = 1 \\ x_i \geqslant 0 \end{cases} \end{cases} \tag{8-56}$$

其中，$X=[X_1,\cdots,X_n]^T$ 表示每个资产投资占总投资的比例，由于引入了不等式 $x_i \geqslant 0$，使得求解过程比较困难。同样，讨论最简单的情形，当只有两种资产时（$N=2$）：

$$\Sigma = \begin{pmatrix} \sigma_1^2 & \sigma_{12} \\ \sigma_{21} & \sigma_2^2 \end{pmatrix} \sum^{-1} = \frac{1}{\sigma_1^2\sigma_2^2 - \sigma_{12}^2}\begin{pmatrix} \sigma_2^2 & -\sigma_{12} \\ -\sigma_{12} & \sigma_1^2 \end{pmatrix} \tag{8-57}$$

故此

$$X = \frac{\sum^{-1} i}{i'\sum^{-1} i} = \frac{1}{\sigma_1^2 + \sigma_2^2 - 2\sigma_{12}}\begin{pmatrix} \sigma_2^2 - \sigma_{12} \\ \sigma_1^2 - \sigma_{12} \end{pmatrix}$$

$$\sigma^2\left(R_p\right) = X'\sum X = \frac{\sigma_1^2\sigma_2^2 - \sigma_{12}^2}{\sigma_1^2 + \sigma_2^2 - 2\sigma_{12}} \tag{8-58}$$

由于，

$$\sigma_1^2+\sigma_2^2-2\sigma_{12} \geqslant 2\sigma_1\sigma_2-2\sigma_{12} \geqslant 2\rho\sigma_1\sigma_2-2\sigma_{12}=2\sigma_{12}-2\sigma_{12}=0 \tag{8-59}$$

故要 X 无负分量（$X \geqslant 0$），则需要：

$$\begin{pmatrix} \sigma_2^2-2\sigma_{12} \\ \sigma_1^2-2\sigma_{12} \end{pmatrix} \geqslant 0 \tag{8-60}$$

合起来即

$$\rho \leqslant \min\left\{\frac{\sigma_2}{\sigma_1},\frac{\sigma_1}{\sigma_2}\right\} \tag{8-61}$$

分三种情况讨论：

（1）当 $\rho \leqslant \min\left\{\frac{\sigma_2}{\sigma_1},\frac{\sigma_1}{\sigma_2}\right\}$ 时，即

$$X=\frac{\sum^{-1} i}{i'\sum^{-1} i}=\frac{1}{\sigma_1^2+\sigma_2^2-2\sigma_{12}}\begin{pmatrix} \sigma_2^2-\sigma_{12} \\ \sigma_1^2-\sigma_{12} \end{pmatrix} \tag{8-62}$$

（2）当 $\rho > \frac{\sigma_2}{\sigma_1}$ 时，因不能卖空，即 $X \geqslant 0$，不妨设 $x_1=\alpha>0$，且 $x_2=1-\alpha>0$，则:

$$R_p=\alpha R_1+(1-\alpha)R_2 \tag{8-63}$$

于是:

$$\begin{aligned} \sigma^2(R_p) &= \alpha^2\sigma_1^2+(1-\alpha)^2\sigma_2^2+2\alpha(1-\alpha)\sigma_{12} \\ &\geqslant \alpha^2\sigma_1^2+(1-\alpha)^2\sigma_2^2+2\alpha(1-\alpha)\sigma_2^2 \\ &= \alpha^2\sigma_1^2+(1-\alpha)^2\sigma_2^2=\alpha^2(\sigma_1^2-\sigma_z^2)+\sigma_2^2 \geqslant \sigma_2^2 \end{aligned} \tag{8-64}$$

此时该组合收益率的标准差是以风险较小的证券的标准差为下限的。因此，可以取 $x_1=\alpha=0$，$x_2=1-\alpha=1$，以保证证券组合收益率的标准差最小，为 $\sigma^2(R_p)=\sigma^2$。

（3）当 $\rho > \frac{\sigma^1}{\sigma^2}$ 时，与第二种情况讨论的方法一样，可以取 $x_1=\alpha=1$，$x_2=1-\alpha=0$，以保证证券组合收益率的标准差最小，为 $\sigma^2(R_p)=\sigma_{10}$。

综合三种情况的讨论，当 $N=2$ 时，最优投资组合系数为：

$$X=\begin{cases} \frac{1}{\sigma_1^2\sigma_2^2-2\sigma_{12}}\begin{pmatrix} \sigma_2^2-\sigma_{12} \\ \sigma_1^2-\sigma_{12} \end{pmatrix}, & \rho \leqslant \min\left\{\frac{\sigma^2}{\sigma^1},\frac{\sigma^1}{\sigma^2}\right\} \\ \begin{pmatrix} 0 \\ 1 \end{pmatrix}, & \rho > \frac{\sigma^2}{\sigma^1} \\ \begin{pmatrix} 0 \\ 1 \end{pmatrix}, & \rho > \frac{\sigma^1}{\sigma^2} \end{cases} \tag{8-65}$$

对应的投资组合最小风险为：

$$\sigma^2(R_p)=\begin{cases}\dfrac{\sigma_1^2\sigma_2^2-\sigma_{12}^2}{\sigma^2\sigma^2-\sigma^2}，\ \rho\leqslant\min\left\{\dfrac{\sigma^2}{\sigma^1},\dfrac{\sigma^1}{\sigma^2}\right\}\\ \min\left\{[\sigma_1^2，\ \sigma_2^2]\right\}，\ \rho\leqslant\min\left\{\dfrac{\sigma^2}{\sigma^1},\dfrac{\sigma^1}{\sigma^2}\right\}\end{cases} \tag{8-66}$$

最大化投资收益以及最大化期望效用两种目标下的最优投资组合求解类似上述最小化方差目标下的最优投资组合求解，在此不再赘述。

二、无风险资产与风险资产配置——不可卖空情形

为了更贴合实际，此处将投资组合进一步扩展到存在无风险资产的情形，此时最优投资组合的求解思路为：

（1）先依照上一节介绍的可卖空最优组合模型在没有施加约束时求最优化问题。

（2）反复调试上述模型。如果得出的结果中某一只股票的权重为负，则令其等于零，再将该股票的投资资金重新分配到其他风险资产上。

（3）以此类推，直至每只股票的权重都大于等于零为止，得出一组令投资者满意的投资比例系数。

此处，本书介绍最小化方差目标和最大化夏普比率目标的最优投资组合模型。当投资者用上一节介绍的可卖空模型求解，出现权重为负的情况时就要卖空该系数对应的证券，并将所得收入投资于组合中的其他证券。然而，现实中卖空行为可能不被允许（如发展初期的证券市场）或行使起来比较困难（如保证金制度限制了运用全部卖空所得进行再投资的机会）。因此，当卖空无法行使或行使困难时，需要对证券的投资权重施加非负约束：

当以最小化方差为目标时，令最优资产组合模型和约束条件为：

$$\min_{w_R} w_R'\Sigma w_R \tag{8-67}$$

$$\text{s.t.}\mu_0=w_R'\mu+(1-w_R')R_f \tag{8-68}$$

$$\varpi\geqslant 0 \tag{8-69}$$

当以最大化夏普比率为目标时，令最优资产组合模型和约束条件为：

$$\max_w \frac{w'\mu-R_f}{\sqrt{w'\Sigma w}} \tag{8-70}$$

$$\text{s.t.}w'l=1 \tag{8-71}$$

$$\varpi\geqslant 0 \tag{8-72}$$

采用扩展的拉格朗日函数方法可以求解该最优投资组合系数，然而该方法通常得到的答案不会是简洁的闭合解形式。事实上，上述模型的求解是一个二次规划问题，

也可以采用 Kuhn–Tucker 条件（库恩—塔克尔条件）[①] 将模型转化为线性规划问题，并对模型求角点解。在第六节将通过 Python 动态规划程序求解卖空限制下的最优资金配置。

第四节 基于 *VaR* 修正的投资组合理论

马科维茨的均值—方差模型虽然提供了一个完美的投资组合配置框架，但也存在重要缺陷：

（1）利用方差衡量投资风险，即预期收益偏离平均收益越多，则风险越大。然而，现实中，如果预期收益超出平均收益越多，则投资者更倾向于投资（高收益），而不是基于模型认为，方差（风险）越大则因为厌恶而不投资，因此，求解的组合未必是最优化的。

（2）未提供衡量投资者风险厌恶程度的指标，效用函数也只是特例。特别是，不同偏好投资者具有不同的风险厌恶衡量标准，在该框架下投资者均无法根据自己的风险厌恶程度使其投资最优化。现有研究表明，只有证券收益服从正态分布时，方差才是风险的有效测量指标。依据对美日等发达国家投资者的研究发现，他们对收益和风险的偏好具有非对称性，与模型的假设不一致。

（3）均值—方差模型是依据证券之间的关联性推测未来关联情况，但现实中，投资者往往存在博弈，证券之间的关联也并未稳定，特别是常常发生较大的变化和波动，由此使得基于历史证券收益数据计算的协方差矩阵未能代表未来。

由此，将 *VaR* 引入马科维茨组合理论，在一定程度上，可以弥补投资组合理论在风险度量上的不足。下面将介绍基于 *VaR* 修正的投资组合理论。

回顾第五章可知，组合 *VaR* 风险 $Prob\left(r_p < -VaR\right) \leqslant 1 - C$，假定投资组合的回报率满足正态分布，即 $r_p \sim N\left(\mu_p, \sigma_p^2\right)$ 时，根据大数定理，可得水平 α 下的 *VaR*：

$$VaR^{\alpha} = \mu_p \sim Z_{\alpha}\sigma_p \tag{8-73}$$

其中，Z_{α} 表示标准正态分布的 α 分位点，即 $Z_{\alpha} = \phi^{-1}(\alpha)$，$\phi(\cdot)$ 为标准正态分布的

① Kuhn–Tucker 条件（库恩—塔克尔条件）是判定约束非线性规划问题的某可行点为极小点的必要条件。

累计分布函数。用上式替代均值—方差模型中的风险函数，可得到只考虑风险资产情形的均值—*VaR*（Risk Portfolio Mean–VaR）模型：

$$\min VaR = Z_\alpha \sigma + u_0 = Z_\alpha \sqrt{W^{\mathrm{T}} \Sigma W} + u_0 \text{（只考虑风险资产情形）} \tag{8–74}$$
$$\text{s.t.} W^{\mathrm{T}} l = 1, W^{\mathrm{T}} R_n = u_0$$

该模型表示，在满足最低收益率约束、资本预算约束的前提下，投资者应如何分配各种资产，使投资组合的 *VaR* 最小。

将公式（8–9）代入，得

$$VaR = Z_\alpha \sqrt{\frac{A\mu_0^2 - 2B\mu_0 + C}{\varDelta}} + \mu_0 \tag{8–75}$$

$$\Rightarrow \left(AZ_\alpha^2 - \varDelta\right)\mu_0^2 - 2\left(BZ_\alpha^2 - \varDelta VaR\right)\mu_0 + CZ_\alpha^2 - \varDelta\left(VaR\right)^2 = 0 \tag{8–76}$$

其中，$A = l'\Sigma^{-1} l$，$B = l'\Sigma^{-1}\mu$，$C = \mu'\Sigma^{-1}\mu$，$\varDelta = |AC - BB|$。可得投资组合收益率与 *VaR* 的关系式为：

$$\mu_0 = \frac{BZ_\alpha^2 + \varDelta VaR + Z_\alpha \sqrt{\varDelta\left[A\left(VaR\right)^2 + 2B\left(VaR\right) + C - Z_\mu^2\right]}}{AZ_\alpha^2 - \varDelta} \tag{8–77}$$

满足上式的点组成均值—*VaR* 有效前沿（如图 8–3 所示）。显然，均值—*VaR* 有效前沿上的点是均值—方差有效的，但反之则不成立，即均值—*VaR* 有效集是均值—方差有效集的子集。

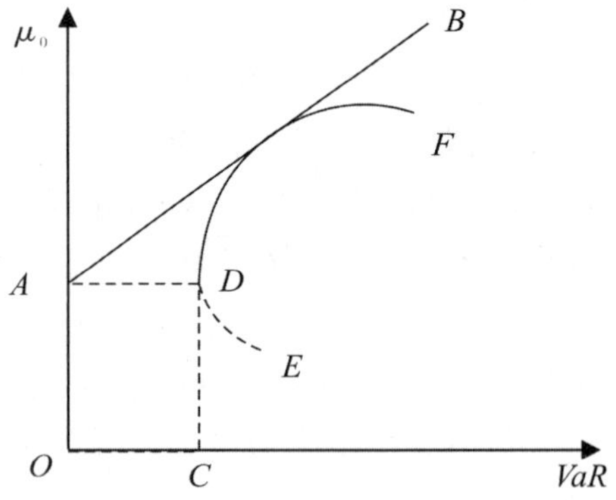

图 8–3　有效前沿

（1）最低点 *D* 求解。

由于 $VaR = Z_a \sqrt{\frac{A\mu_0^2 - 2B\mu_0 + C}{\varDelta}} + \mu_0$，故：

$$\frac{\mathrm{d}VaR}{\mathrm{d}\mu_0} = \frac{Z_a\left(A\mu_0 - B\right)}{\sqrt{\varDelta\left(A\mu_0^2 - 2B\mu_0 + C\right)}} + 1 \tag{8–78}$$

令上式等于 0，可求得：

$$\mu_0=\frac{B}{A}+\frac{\Delta}{A\sqrt{AZ_\alpha^2-\Delta}} \tag{8-79}$$

将其代入可求得：

$$VaR=\frac{\sqrt{AZ_\alpha^2-\Delta}+B+\Delta/\sqrt{AZ_\alpha^2-\Delta}}{A} \tag{8-80}$$

（2）AB 曲线斜率求解。

由边界方程，可求得：

$$k=\lim_{VaR\to\infty}=\frac{\mu_0}{VaR}=\frac{\Delta+B\sqrt{AZ_\alpha^2-\Delta}}{B\sqrt{AZ_\alpha^2-\Delta}+AZ_\alpha^2} \tag{8-81}$$

（3）有效边界 DF 上每一点（VaR,μ_0）对应的投资比率求解。

由公式（8–4）和（8–8）可知：

$$w=\frac{1}{\Delta}\left[\left(C-B\mu_0\right)\Sigma^{-1}l+\left(A\mu_0-B\right)\Sigma^{-1}\mu\right] \tag{8-82}$$

当考虑无风险资产与风险资产配置时，最小化模型可表述为：

$$\min VaR=Z_\alpha\sigma=\mu_0=Z_\alpha\sqrt{W^{\mathrm{T}}\Sigma W}+\mu_0 \tag{8-83}$$

$$\text{s.t.}W^{\mathrm{T}}R_n+\left(1-W^{\mathrm{T}}l\right)r_f=u_0 \tag{8-84}$$

事实上，上述最优化问题也可以转换为：

$$\begin{aligned}&\min\sigma^2=W^{\mathrm{T}}\Sigma W\\&\text{s.t.}W^{\mathrm{T}}R_n+\left(1-W^{\mathrm{T}}l\right)r_f=u_0\end{aligned} \tag{8-85}$$

同样采用拉格朗日函数求最优解：

$$W=\frac{\left(\mu_0-R_f\right)\Sigma^{-1}\left(\mu_0-R_f\right)}{\left(\mu-R_f\right)'\Sigma^{-1}\left(\mu-R_f\right)}=\frac{\left(\mu_0-R_f\right)\Sigma^{-1}\left(\mu-R_f\right)}{H} \tag{8-86}$$

其中，

$$H=\left(\mu-R_f\right)'\Sigma^{-1}\left(\mu-R_f\right) \tag{8-87}$$

代入可得有效边界为：

$$\frac{\left(VaR-\mu_0\right)^2}{z_u^2}=\frac{\left(\mu_0-R_f\right)'\Sigma^{-1}\left(\mu_0-R_f\right)}{\left(\mu-R_f\right)'\Sigma^{-1}\left(\mu-R_f\right)}=\frac{\left(\mu-R_f\right)^2}{H} \tag{8-88}$$

由于 VaR 是可变的，因此分情况分析。

由均值—方差模型，已知：

$$\sigma^2=\frac{(\mu_0-R_f)^2}{H} \tag{8-89}$$

可求得：

$$\frac{d\mu_0}{d\sigma}=\sqrt{H} \tag{8-90}$$

由均值—*VaR* 模型，得

$$\frac{d\mu_0}{d\sigma}=Z_\alpha \tag{8-91}$$

如图 8–4 所示，相交于 P 点，此时令：

$$\frac{(VaR-\mu_0)^2}{Z_u^2}=\frac{(\mu-R_f)^2}{H} \tag{8-92}$$

得有效边界：

$$\mu_0=\frac{Z_\alpha R_f-VaR\sqrt{H}}{Z_\alpha-\sqrt{H}},VaR\geqslant R_f \tag{8-93}$$

即 *VaR* 边界为：

$$VaR=\frac{\left(\sqrt{H}-Z_a\right)\mu_0+Z_aR_f}{\sqrt{H}} \tag{8-94}$$

此时，存在最小 *VaR*，对应值为：

$$VaR_{\min}=R_f \tag{8-95}$$

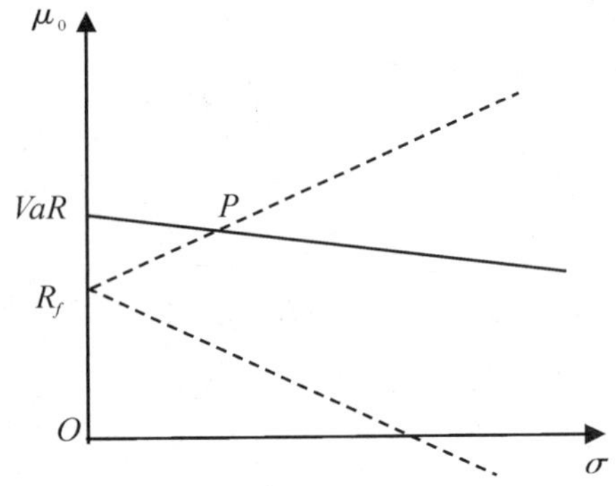

图 8–4　有效边界

当然，基于 *VaR* 修正的投资组合理论也并非完美，首先 *VaR* 具有非凸及非次可加性，因此当投资组合收益的分布不服从正态或对数正态分布，配置最优投资组合时，使用 *VaR* 度量风险会产生较大困难。其次，其可能导致资产面临更大的风险，特别是，当市场不景气导致波动率变大时，金融机构将面临更大的损失。最后，置信度越小，*VaR* 组合边界与标准差组合边界差异越大，主要体现在最小方差距离上。置信水平越高，表明投资者越厌恶风险，估计的风险也越大，导致最终的投资分配方案趋于保守化。

第五节　基于 *ES* 修正的投资组合理论

第五章介绍了 *ES*，其度量了平均损失值。相较于 *VaR*，*ES* 具有以下优点：第一，考虑了水平之上的损失情况，可以为管理者和投资者提供金融风险的评判标准，也可以用于测算不同市场因子、不同金融工具、不同业务部门及不同金融机构投资组合的风险敞口。第二，可以反映分散化投资对金融风险的影响效应及其对降低风险的贡献，减少了对投资者进行有害激励的效应。第三，可以精确度量尾部风险，为金融机构提供极端事件发生时，所面临的金融风险大小。第四，测度指标具有次可加性，符合新巴塞尔监管要求，在资产组合中容易采用。

由此，将 *ES* 引入马科维茨组合理论，在一定程度上，可以弥补均值—*VaR* 投资组合理论的不足。下面我们将介绍基于 *ES* 修正的投资组合理论。

回顾第五章的知识，可知资产组合的平均损失为：

$$ES = -E\left(R_H \middle| R_H \leqslant -VaR(H)\right) \tag{8-96}$$

假设 R_H 服从正态分布，上式可改写为：

$$\begin{aligned} ES &= -E\left(R_H \middle| R_H \leqslant -VaR(H)\right) \\ &= -E\left(R_H \middle| \frac{R_H - E(R_H)}{\sigma_H} \leqslant \frac{-VaR(H) - E(R_H)}{\sigma_H}\right) \\ &= -E\left(\frac{R_H - E(R_H)}{\sigma_H} \middle| \frac{R_H - E(R_H)}{\sigma_H} \leqslant \frac{-VaR(H) - E(R_H)}{\sigma_H}\right)\sigma_H - E(R_H)W \end{aligned} \tag{8-97}$$

依据中心极限定理，有：

$$VaR(H) = E(R_H) + \Phi^{-1}(a)\sigma_H \tag{8-98}$$

令 $x = \dfrac{R_H - E(R_H)}{\sigma_H}$，则 x 服从标准正态分布，记 $\phi(x)$ 为标准正态分布的概率密度函数，则上式可重新表述为：

$$\begin{aligned} ES &= \frac{\int_{-\infty}^{-\Phi^{-1}(\alpha)} x\phi(x)\mathrm{d}x}{\int_{-\infty}^{-\Phi^{-1}(\alpha)} \phi(x)\mathrm{d}x}\sigma_H + E(R_H) \\ &= \frac{\int_{-\infty}^{-\Phi^{-1}(\alpha)} x\phi(x)\mathrm{d}x}{1-\alpha}\sigma_H + E(R_H) \\ &= k_\alpha \sigma_H + E(R_H) \end{aligned} \tag{8-99}$$

其中，k_a 为常数，具体理由如下：

$$k_\alpha = \frac{\int_{-\infty}^{-\Phi^{-1}(\alpha)} x\phi(x)\mathrm{d}x}{1-\alpha} = \frac{\int_{-\infty}^{-\Phi^{-1}(\alpha)} x\frac{1}{\sqrt{2\pi}}\mathrm{e}^{-\frac{x^2}{2}}\mathrm{d}x}{1-\alpha}$$

$$= -\frac{\int_{-\infty}^{-\Phi^{-1}(\alpha)} \frac{1}{\sqrt{2\pi}}\mathrm{e}^{-\frac{x^2}{2}}\mathrm{d}\left(-\frac{x^2}{2}\right)}{1-\alpha} = \frac{\frac{1}{\sqrt{2\pi}}\mathrm{e}^{-\frac{\left(-\Phi^{-1}(\alpha)\right)^2}{2}}}{1-\alpha} \tag{8-100}$$

用公式（8–99）替代均值—方差模型中的风险函数，可得到均值—*ES* 模型：

$$\min ES = k_\alpha\sigma + \mu_0 = k_\alpha\sqrt{\frac{A\mu_0{}^2 - 2B\mu_0 + C}{\Delta}} + \mu_0 \tag{8-101}$$

$$\text{s.t.} W^{\mathrm{T}}l = 1, W^{\mathrm{T}}R_n = u_0 \tag{8-102}$$

$$\Rightarrow \Delta\left(ES + \mu_0\right)^2 = k_\alpha^2\left(A\mu_0^2 - 2B\mu_0 + C\right) \tag{8-103}$$

$$\Rightarrow \mu_0 = \frac{Bk_\alpha^2 + \Delta ES + k_\alpha^2\sqrt{\Delta\left(A - ES^2 + 2B\mu_0 + C - k_\alpha^2\right)}}{Ak_\alpha^2 - \Delta} \tag{8-104}$$

虽然 *ES* 克服了 *VaR* 的众多缺点，但 *ES* 修正的投资组合理论也并不总是优于 *VaR* 修正的投资组合理论。譬如，有时候 *ES* 使得保守投资者选择带有更大标准差的投资组合。尽管作为风险控制工具，*VaR* 有时候也会发生这种情况，但是 *ES* 的反作用更大，*ES* 起到反作用的情况也更常见。因此使用基于 *ES* 修正的投资组合理论并不是万无一失的。

第六节　最优投资组合构建的应用

投资组合理论为广大投资者提供了一定的投资依据，但也存在着计算复杂这一缺陷，使用 Python 进行模拟计算能有效解决这一问题。本节将介绍如何使用 Python 来实现投资组合的构建。

一、计算收益率均值和协方差

正如上文所介绍的那样，要想构建投资组合首先要计算组合的收益率均值和协方差。在本小节中我们将会介绍如何使用 Python 来计算组合的收益率均值和协方差。

为了说明具体的计算过程，本节使用成飞集成（002190）、九阳股份（002242）

和民生银行（600016）这三只股票来构建投资组合，选取时间跨度为 2018 年 1 月 31 日至 2021 年 9 月 30 日的月度数据，并利用投资组合理论计算组合的收益率均值和协方差。具体代码如下：

范例程序 8-1：编写计算函数

```
#用 cov 计算协方差，用 mean 计算均值
hxyh_v=np.cov(hxyh_ret.tolist())
yls_v=np.cov(gyls_ret.tolist())
hjq_v=np.cov(yhjq_ret.tolist())
ret=[hxyh_ret.tolist()[0],gyls_ret.tolist()[0],yhjq_ret.tolist()[0]]
covariances=np.cov(ret)
returns=np.mean(ret,1)
#ExpSigma：n 个资产的标准差、ExpCorrC：n×n 相关系数矩阵
ExpSigma=np.std(ret,1)
ExpCorrC=np.corrcoef(ret)
```

根据上述代码计算出的结果如表 8-1 至表 8-3 所示：

表 8-1　资产组合的协方差矩阵

协方差	成飞集成	九阳股份	民生银行
成飞集成	155.018	13.4942	17.7363
九阳股份	13.4942	73.8287	6.04758
民生银行	17.7363	6.04758	18.8841

表 8-2　资产组合的相关系数矩阵

相关系数	成飞集成	九阳股份	民生银行
成飞集成	1	0.126138	0.327811
九阳股份	0.126138	1	0.161965
民生银行	0.327811	0.161965	1

表 8-3　资产组合成分股的平均收益率与标准差

	成飞集成	九阳股份	民生银行
平均收益率	1.37414	1.63988	-0.80646
标准差	12.305	8.49186	4.29476

根据上述结果可看出：成飞集成、九阳股份、民生银行三只股票间呈正相关。民生银行平均收益率最小，但标准差也最小，这也印证了风险与收益呈正相关。

二、计算投资组合的可行域、预期收益率和标准差

在计算出投资组合的协方差、预期收益率及标准差之后，我们还可以使用 Python 来模拟出由成飞集成、九阳股份和民生银行这三只股票构建出的投资组合可行域。下面我们将对这一过程进行介绍。具体代码如下：

范例程序 8-2：计算投资组合的可行域、预期收益率和标准差

```
num=50000 #生成多少个组合，此处设为 50000
length=len(ret)
weight = generate_random_weight(num,length)
ptf_return=portfolio_return(weight,returns,num,length)
ptf_std=portfolio_standard_deviation(weight,covariances,num,length)
#最大收益率和最小方差
max_return=max_portfolio_return(ptf_return)
min_std=min_portfolio_std(ptf_std)
show_frontier(ptf_return,ptf_std,max_return,min_std)
```

根据上述代码可计算出成分股权重、预期收益率和标准差，如表 8-4 所示：

表 8-4　成分股权重、预期收益率和标准差

序号	投资组合成分股权重			预期收益率	标准差
	成飞集成	九阳股份	民生银行		
1	0.4184	0.3828	0.1987	1.91427	6.21305
2	0.0313	0.7842	0.1846	1.87348	6.92700

（续上表）

序号	投资组合成分股权重			预期收益率	标准差
	成飞集成	九阳股份	民生银行		
3	0.6859	0.3000	0.0140	1.26554	7.04366
4	0.4165	0.3300	0.2534	2.10479	6.80765
5	0.3497	0.0949	0.5554	3.15792	12.4096
6	0.2270	0.5290	0.2440	2.07613	6.40423
7	0.4910	0.2497	0.2593	2.12390	7.23306
8	0.5759	0.0135	0.4106	2.64899	10.52050
9	0.1091	0.2427	0.6481	3.48561	13.70580
10	0.3347	0.4745	0.1909	1.88910	5.99819
11	0.5613	0.4261	0.0126	1.26339	6.59031
12	0.3095	0.3140	0.3766	2.53627	8.44573

Python 模拟出的投资组合可行域如图 8-5 所示：

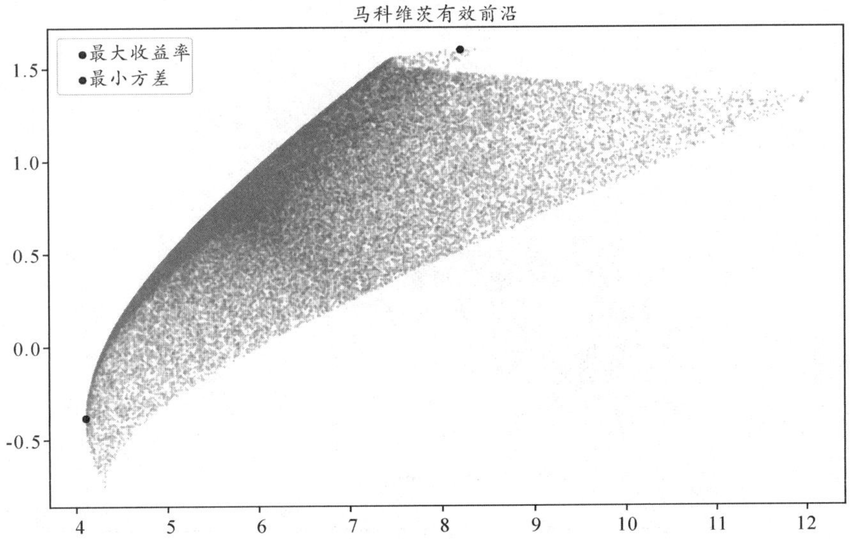

图 8-5　投资组合的可行域

由图 8-5 我们可看出，模拟出的可行域与图 7-5 大致相符，可行域的左侧边界是一条双曲线的一部分，而整个可行域呈雨伞状。可行域的位置、大小、形状并不固定，随投资组合的特性而变化。

那么，纳入无风险资产后，可行域将如何发生变化？下面我们将对这一过程进行介绍。具体代码如下：

范例程序 8-3：纳入无风险资产之后的可行域

```
num=100000 #生成多少个组合，此处设为 100000
length=len(ret)+1
weight = generate_random_weight(num,length)
returns=np.append(returns,2.5/12)
covariances_new=[]
for i in range(0,length-1):
    cov_new=np.append(covariances[i],[0])
    covariances_new=np.append(covariances_new,cov_new,axis=0)
covariances_new=np.append(covariances_new,[0,0,0,0],axis=0)
covariances_new.reshape((4,4))
ptf_return=portfolio_return(weight,returns,num,length)
ptf_std=portfolio_standard_deviation(weight[:,0:3],covariances,num,length)
#最大收益率和最小方差
max_return=max_portfolio_return(ptf_return)
min_std=min_portfolio_std(ptf_std)
show_frontier(ptf_return,ptf_std,max_return,min_std)
```

限于篇幅我们不再列出部分投资组合成分股权重、预期收益率和标准差。Python模拟出的纳入无风险资产之后的可行域如图 8-6 所示：

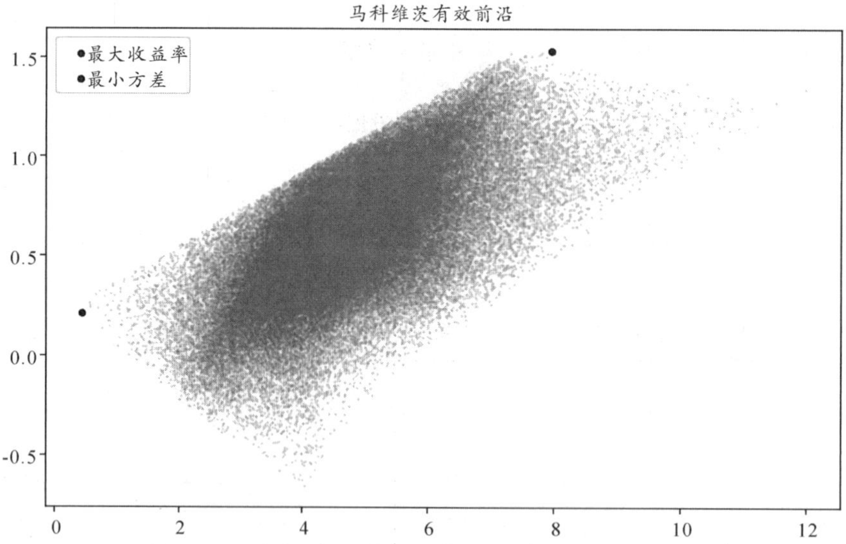

图 8-6　纳入无风险资产之后的可行域

对比图 8-5 和图 8-6，不难看出，纳入无风险资产后，左下方有效前沿从原先的双曲线形状变为一条直线，可行域的范围大大扩大。

三、约束条件下的投资组合配置（允许卖空）

下面，参考本章第一节中最小化方差目标下的最优投资组合求解部分，我们纳入最小化方差这一约束条件，求解这一条件下的最优投资组合配置，见公式（8–2）至（8–8）。具体代码如下：

范例程序 8–4：约束条件下的投资组合配置（允许卖空）

```
length=length-1
L=np.ones((1,length))
A=np.dot(L,np.linalg.inv(covariances))
A=np.dot(A,L.T)
miu=np.array([np.mean(ret,1)])
miu0=0.15
B=np.dot(L,np.linalg.inv(covariances))
B=np.dot(B,miu.T)
C=np.dot(miu,np.linalg.inv(covariances))
C=np.dot(C,miu.T)
delta=np.linalg.det(A*C-B*B)
lamdda=(C-miu0*B)/delta
gamma=(miu0*A-B)/delta
weight=np.dot(lamdda*np.linalg.inv(covariances),L.T)+np.dot(gamma*np.linalg.inv(covariances),miu.T)
```

根据上述代码计算出的结果如表 8–5 和表 8–6 所示：

表 8–5　约束条件下投资组合各参数

A	B	C	Δ	λ	γ
0.059383	–0.02494	0.111512	0.006	19.20943	5.641693

表 8–6　约束条件下投资组合的成分股比重和收益率

股票名称	比重（w）	收益率（μ）
成飞集成	0.0771585	1.374140
九阳股份	0.3221980	1.639880
民生银行	0.6006430	–0.806458

得到可卖空情形下投资组合各参数如表 8–5 所示，最优投资组合各成分股比重如表 8–6 所示，应把 7.71585% 的资金用于配置成飞集成股票，32.2198% 的资金用于配置九阳股份股票，60.0643% 的资金用于配置民生银行股票，此时方差最小，有效控制了风险。组合的收益率 μ_0=0.15，$\sigma_0^2=\dfrac{A\mu_0^2-B\mu_0+C}{\Delta}=20.0550$。

四、有约束条件下包含无风险资产和风险资产的投资组合（允许卖空）

上一小节我们讨论的是有约束条件下的最优投资组合确定，那么，纳入无风险资产后，最优投资组合有何变动？本节我们将解决该问题。参考本章第二节，有约束条件下包含无风险资产和风险资产的投资组合确定原理见公式（8–39）至（8–46）。具体代码如下：

范例程序 8–5：有约束条件下包含无风险资产和风险资产的投资组合（允许卖空）

```
rf=0.05 #此处设无风险利率为 5%
D=(miu0-rf)/((miu.T-rf*L.T).T@np.linalg.inv(covariances)@(miu.T-rf*L.T))
weightgg=D*np.linalg.inv(covariances)@(miu.T-rf*L.T)
weightf=1-np.sum(weightgg.T)
```

根据上述代码计算出的结果如表 8–7 所示：

表 8–7　有约束条件下包含无风险资产和风险资产的投资组合比重

股票名称	成飞集成	九阳股份	民生银行	无风险资产
比重	0.012269	0.021381	–0.0581	1.02445

得到有约束条件下包含无风险资产和风险资产的投资组合比重如表 8–7 所示，此时应把 1.2269% 的资金用于配置成飞集成股票，2.1381% 的资金用于配置九阳股份股票，卖空 5.81% 的民生银行股票，102.445% 的资金用于配置无风险资产。此时方差最小，有效控制了风险。

五、有约束条件下的资产组合配置（不允许卖空）

第三小节我们讨论的是有约束条件下的最优投资组合确定（允许卖空），那么，在不允许卖空情形下，最优投资组合有何变动？本小节我们将解决该问题。参考本章第三节，不允许卖空情形下风险资产的投资组合确定原理为：先依照模型在没有施加约束时求最优化问题，如果得出某一只股票的权重值为负，则令其等于零，再求资金在其他风险资产上的最优化配置问题。以此类推，直至每只股票的权重都大于等于零为止。下面以最小化方差目标下的最优投资组合求解为例。

在不允许卖空情形下最优投资组合系数的求解模型涉及二次规划问题，二次规划问题是指带有二次目标函数和约束条件的最优化问题。可用函数表达为：

$$\min \frac{1}{2} w' \sum w + f'w$$
$$\text{s.t.} Aw \leqslant b, Aeq.w = beq, lb \leqslant w \leqslant up$$

需要调用 Python 的求解二次规划的的函数 Cvxopt，可查询帮助文件。

函数原型：Cvxopt.solvers.qp（ $\sum$ ， f' ， A, b, Aeq, beq ）。

输入： f' ，A, b, Aeq, beq 为规划里面的对应矩阵。

输出：*weight* 为权重矩阵，*VaR* 为投资组合方差。

如在不允许卖空情形下且以最小化方差为目标求最优投资组合时，可以将二次规划问题表述如下：

$$\min \frac{1}{2} w' \sum w, \text{s.t.} w'\mu = \mu_0, w \geqslant 0$$

由 $w \geqslant 0 \Rightarrow Aw \leqslant b, A = -I_{column}, b = 0_{column}$，得 $Aeq \cdot w = Beq \Leftrightarrow \begin{pmatrix} 1 \\ \mu' \end{pmatrix} w = \begin{pmatrix} 1 \\ \mu_0 \end{pmatrix}$，故 $Aeq = \begin{pmatrix} 1 \\ \mu' \end{pmatrix}, Beq = \begin{pmatrix} 1 \\ \mu_0 \end{pmatrix}$。

具体代码如下：

范例程序 8-6：约束条件下的风险资产组合配置（不允许卖空）

```
P = matrix(covariances) # 对于一些特殊矩阵，用 numpy 创建会方便很多（在本例中可能感受不大）
q = matrix(np.zeros((length,1)))
G = matrix(-np.identity(length))
h = matrix(np.zeros((length,1)))
A=matrix(np.append(np.ones((1,length)),miu,axis=0))
b=matrix(np.array([[1],[miu0]]))
sol = solvers.qp(P,q,G,h,A,b)
weightc=np.array(sol['x'])
```

根据上述代码计算出的结果如表 8-8 所示：

表 8-8　约束条件下的风险资产组合比重（不允许卖空）

股票名称	成飞集成	九阳股份	民生银行
比重	0.0771585	0.322198	0.600643

不允许卖空时，约束条件下的风险资产组合比重如表 8-8 所示，此时应把 7.71585% 的资金用于配置成飞集成股票，32.2198% 的资金用于配置九阳股份股票， 60.0643% 的资金用于配置民生银行股票。

六、有约束条件下包含无风险资产和风险资产的投资组合（不允许卖空）

第四小节我们讨论的是有约束条件下包含无风险资产和风险资产的投资组合确定（允许卖空），那么，在不允许卖空情形下，最优投资组合有何变动？本小节我们将解决该问题。参考本章第三节，不允许卖空情形下风险资产的投资组合确定原理如下：

（1）先依照模型在没有施加约束时求最优化问题。

（2）如果得出结果是某一只股票的权重值为负，则令其等于零，再求资金在其他风险资产上的最优化配置问题。

（3）以此类推，直至每只股票的权重都大于等于零为止。

在不允许卖空情形下最优投资组合系数的求解模型变成如下形式（不可卖空则令 $x_i \geqslant 0$），以最小化方差为目标时，令：

$$\min_{w_R} w_R' \sum wR$$

$$\text{s.t.}\mu_0 = w_R\mu + \left(1 - w_R\right)R_f$$

$$\bar{\omega} \geqslant 0$$

具体代码如下：

范例程序 8-7：有约束条件下包含无风险资产和风险资产的投资组合（不允许卖空）

```
lengthf=length+1
retf=np.array([hxyh_ret.tolist()[0],gyls_ret.tolist()[0],yhjq_ret.tolist()[0],np.array(rf*np.ones((1,len(yhjq_data)-2)))[0]])
returns=np.mean(retf,1)
covariancesf=np.cov(retf)
P = matrix(covariancesf)
q = matrix(np.zeros((lengthf,1)))
G = matrix(-np.identity(lengthf))
h = matrix(np.zeros((lengthf,1)))
A=matrix(np.append(np.ones((1,lengthf)),np.array([returns]),axis=0))
b=matrix(np.array([[1],[miu0]]))
sol = solvers.qp(P,q,G,h,A,b)
weightcf=np.array(sol['x'])
```

根据上述代码计算出的结果如表 8–9 所示：

表 8–9　有约束条件下包含无风险资产和风险资产的投资组合（不允许卖空）

股票名称	成飞集成	九阳股份	民生银行	无风险资产
比重	0.0164285	0.049215	0	0.934356

不允许卖空时，有约束条件下包含无风险资产和风险资产的投资组合比重如表 8–9

所示，此时应把 1.64285% 的资金用于配置成飞集成股票，4.9215% 的资金用于配置九阳股份股票，93.4356% 的资金用于配置无风险资产。因为条件设置为不允许卖空，民生银行比重只能为零，不能为负，此时方差最小，有效控制了风险。

【本章小结】

本章对投资组合理论进行进一步拓展：分别介绍了是否可卖空情形、是否包含无风险资产情形下的最优投资组合确定，以及基于 *VaR* 修正的投资组合理论和基于 *ES* 修正的投资组合理论，最后介绍了如何用 Python 确定多种情形下的投资组合配置。总的来看，将 *VaR* 及 *ES* 引入马科维茨组合理论，在一定程度上，可以弥补均值—方差投资组合理论在风险度量上的不足。但基于 *VaR* 和 *ES* 的投资组合理论也均有其缺点，读者需结合特定情况进行。建议读者多加练习，并区分多种情形下的推导。

【课后习题】

1. 均值—*VaR* 模型对比均值—方差模型有何优点？均值—*ES* 呢？试着比较三者优缺点。

2. 简述不可卖空情形下的投资组合确定的求解思路。它与可卖空情形下的投资组合确定有何区别与联系？

3. 试分析是否包含无风险资产对最优投资组合确定有何影响。

4. 基于 *VaR* 修正的投资组合理论有何优缺点？试着简单概括一下。

5. 简述最小化方差目标下的最优投资组合求解过程。

6. 结合本课程最优化理论，基于风险资产的收益率和波动率风险，构建一个投资组合。

7. 计算推导考虑借贷资本后的均值—方差、均值—*VaR* 以及均值—*ES* 模型，其有效前沿对比未考虑借贷资本的模型有何变动。

8. 结合本章最优化理论，基于风险资产的收益率和波动率风险，下载中国现实数据，构建一个最优投资组合。在上述投资组合中，考虑引入无风险资产后的最优化资产配置，结合数据说明问题。

9. 计算推导均值—*VaR* 最优化问题模型（分只包含风险资产、包含风险资产和无风险资产两种情形）；推导存在卖空限制的均值—*VaR* 最优化问题模型；推导均值—*ES* 最优化问题模型（分只包含风险资产、包含风险资产和无风险资产两种情形）。并根据上述模型求解给出 Python 或其他软件编程。

10. 结合中国实际数据，实验检验基于均值—方差、均值—*VaR* 以及均值—*ES* 模型的最优资产配置的差异，并分析未来持仓一段时间收益情况的差异。

第九章

期货套期保值理论与策略

本章阅读指引：

期货市场的基本功能之一就是为投资者提供规避风险和控制风险的手段，同时，期货也是量化投资的主要标的之一。投资者可以通过买卖衍生工具将风险转移给其他更有风险承担能力、愿意承担风险的交易者，让其承担更多的风险。而套期保值就是规避风险和控制风险的期货交易。套期保值者通过套期保值将风险转移出去的同时，也将收益的机会转移给了其他投资者。本章主要介绍了套期保值的界定，包括其定义、原理、种类及一般原则，在此基础上分别介绍了基于方差模型、*VaR* 模型、*ES* 模型的套期保值理论，并分别介绍了三种套期保值理论的计算以及如何确定最优套期保值比率，进而介绍其在期货市场的应用。

第一节　套期保值的界定

一、套期保值的定义

投资者在投资过程中会面临价格风险、利率风险、信用风险、政治风险、法律风险等各种风险。面对风险时，投资者可以采取回避风险、分散风险、转移风险、缓解风险、限制风险、承受风险等措施来应对。本质上，套期保值是转移风险的一种方式，投资者通过买卖衍生工具将风险转移给其他交易者。

套期保值又称避险、对冲等，传统的套期保值是指投资者同时在期货市场和现货市场进行数量相等、方向相反的交易，使一个市场的盈利弥补另一个市场的亏损，从而在两个市场建立对冲机制，以规避现货市场价格波动的风险①。

套期保值的基本特征是，在期货市场和现货市场对同种商品同时进行数量相当、方向相反的交易活动，即在买入或卖出现货的同时，在期货市场卖出或买入数量相当的期货，一段时间后，由于价格变动使现货出现盈亏时，可由期货交易的亏盈得到抵销或弥补。从而在现货与期货之间、近期和远期之间建立一种对冲机制，使价格风险降到最低。

二、套期保值的原理

套期保值能实现风险对冲的根本原理是，同种商品的期货价格和现货价格受到相似因素的影响，两者价格变动趋势相同。在此基础上，无论价格是上涨还是下跌，通过套期保值操作，总有一个市场盈利，另一个市场亏损，盈亏相抵就可以避免价格波动带来的风险。

具体而言，有以下两点：

1. 期货市场和现货市场同种商品的价格走势相同

期货市场和现货市场会同时受到经济周期、供求关系等相似因素的影响，所以二者价格变动趋势相同。于是，套期保值利用两个市场的价格关系，分别在期货市场和现货市场进行方向相反的操作，从而实现一个市场盈利，另一个市场亏损，盈亏相抵降低风险。

---

①　中国期货业协会 . 期货及衍生品基础 .［M］修订版 . 北京：中国财政经济出版社，2017.

2. 随着期货合约到期日临近，期货市场与现货市场价格趋于一致

期货交易的实物交割制度使得随着期货合约到期日临近，期货市场与现货市场价格将趋于一致。当两个市场的价格不一致时，套利者会进行低买高卖的套利操作，套利操作的存在保证了期货市场和现货市场价格趋于一致。

三、套期保值的种类

套期保值的目的是规避现货市场价格波动的风险，而价格波动分上涨和下跌两种情形，因此，套期保值有两种基本类型，即买入套期保值和卖出套期保值。两者是以套期保值者在期货市场上的买卖方向来区分的。

（一）买入套期保值

买入套期保值，又称多头套期保值，是指套期保值者预期对冲现货商品或资产空头，或者预期对冲未来将买入的商品或资产价格上涨的风险，因此在期货市场建立多头头寸，在套期保值结束时对冲的行为。

买入套期保值主要适用于以下情形（见表 9–1）：

（1）目前持有某种商品或资产，但已经按照固定价格将其卖出，担心市场价格上涨影响收益或采购成本。

（2）未来将购买某种商品或资产，尚未确定购买价格，担心市场价格上涨，增加购买成本。

表 9–1　多头套期保值交易的案例（担心股市上涨）

时间	现货市场	期货市场
7 月 1 日	某投资者预计 11 月 1 日将收到 500 万元用于投资股票。当时沪深 300 指数为 1100 点，但是担心 11 月 1 日股市会上涨	沪深 300 股指期货合约为 1300 点，所以投资者应该买入 5000000/（1300 × 300）≈ 13 手期货合约
11 月 1 日	沪深 300 指数已经升至 1400 点，股票相应地上涨到（1400/1100）× 500=636.4 万元	以 1600 点的价格卖出 13 手指数期货价格平仓，结算期货头寸 期货交易盈利 =300 × 300 × 13=117 万元

显然，若不进行保值则要多付 136.4 万元购买股票，而进行保值后，只要多付 136.4–117=19.4 万元。虽然没有完全对冲风险，但已将风险降到了最低。

（二）卖出套期保值

卖出套期保值，又称空头套期保值，是指套期保值者在期货市场建立空头头寸，预期对冲目前持有的现货商品或资产，或者未来将卖出的商品或资产价格下跌风险的操作。卖出套期保值主要适用于以下情形（见表 9–2）：

（1）目前持有某种商品或资产，担心其市场价格下跌造成其价值下降，或者未来销售利润减少。

（2）已经按照固定价格买入未来交付的商品或资产，担心其市场价格下跌造成其价值下降，或者未来销售利润减少。

（3）未来将卖出某种商品或资产，尚未确定卖出价格，担心市场价格下跌，降低销售利润。

表 9–2 空头套期保值交易的案例（担心股市下跌）

时间	现货市场	期货市场
6 月 6 日	某投资者持有股票组合 500 万元，担心到 9 月 5 日股市会下跌。此时沪深 300 指数为 1450 点	投资者约卖出 12 手［5000000/（1450 × 300）］期货合约，成交价格为 1500 点
9 月 5 日	沪深 300 指数跌至 1200 点，相应的股票组合价值下跌到 413.8 万元 组合亏损 =86.2 万元	以 1250 点的价格买回 12 手指数期货价格平仓，结算期货头寸 期货交易盈利 =250 × 300 × 12=90 万元

（三）买入套期保值和卖出套期保值的区别

买入套期保值和卖出套期保值的区别见表 9–3。

表 9–3 买入套期保值和卖出套期保值的区别

种类	现货市场	期货市场	目的
买入套期保值	现货空头或未来要买入现货	期货多头	规避现货市场价格上涨的风险
卖出套期保值	现货多头或未来要卖出现货	期货空头	规避现货市场价格下跌的风险

四、套期保值的一般原则

套期保值交易遵循种类相同或相近、月份相同或相近、数量相等或相当、交易方向相反等原则，以便达到规避价格风险的目的。

1. 种类相同或相近原则

在进行套期保值交易时，必须遵循期货与现货商品种类相同或相近的原则，使期货价格和现货价格有较高关联性，从而最大限度地保证期货市场和现货市场价格走势一致。

2. 月份相同或相近原则

在进行期货套期保值交易时，所选取的期货合约交割月份应该与现货交易月份相同或者相近。这样才能保证期货价格与现货价格之间的联系更紧密，降低错配的风险。

3. 数量相等或相当原则

在进行期货套期保值交易时，所选取的期货合约载明的商品数量应该与现货市场数量相等或者相当，从而保证没有风险敞口，提高套期保值效果。

4. 交易方向相反原则

在进行套期保值交易时，套期保值者在期货市场和现货市场的交易方向必须相反，从而保证一个市场亏损的同时，另一个市场盈利，才能达到套期保值的目的。

第二节　基于方差模型的套期保值理论

一、套期保值比率与最优套期保值比率

套期保值比率是套期保值者在进行套期保值交易时，用以计算所需买入或卖出某种股指期货合约数量的比率，其定义是期货合约的头寸与被保值资产头寸的比率，即

$$h=\frac{Q_F}{Q_P} \tag{9-1}$$

其中，h 为套期保值比率，Q_F 为期货合约头寸规模，Q_P 为现货头寸规模。

最优套期保值比率的定义为：

$$h^*=\frac{Q_F^*}{Q_P} \tag{9-2}$$

其中，h^* 为最优套期保值比率，Q_F^* 为使风险最小的期货合约头寸规模。

最小风险下套期保值需要买卖的期货合约数量，即最优套期保值期货合约数量为：

$$n^*=\frac{Q_P}{Q_{CP}}\times h^* \tag{9-3}$$

其中，n^* 为最优套期保值期货合约数量，Q_{CP} 为每份合约的规模。

【例 9-1】套期保值者选择 10 吨 / 手的苹果期货合约为 6000 吨苹果进行套期保值。假设苹果期货合约价格每变化 200 元 / 吨，苹果变化 150 元 / 吨。求需要卖出多少手苹果期货合约？

$$h^* = \frac{150}{200} = 0.75 \qquad n^* = \frac{6000}{10} \times 0.75 = 450$$

因此，最小风险套期保值需要卖出 450 手合约。

二、基差与套期保值效果

（一）基差

1. 基差的定义

我们引入“基差”来描述期货价格与现货价格的关系，进而分析其对套期保值效果的影响。

基差是指某一特定商品于某一特定的时间和地点的现货价格与期货价格之差，是由现货价格与期货价格的变化幅度不一致引起的，基差的计算公式为：

$$B = S - F \tag{9-4}$$

其中，B 表示基差，S 表示现货价格，F 表示期货价格。

2. 基差的作用

（1）基差变化是套期保值成功与否的基础，因此，投资者应该选择在合适的时机完成交易。

（2）期货市场价格是通过在交易所公平竞价得到的，能够反映市场上的供求情况，同时也更大范围地反映出价格走势，因此，基差变化为现货市场交易提供了重要依据。

（3）当基差大于市场交易成本时，会出现无风险套利机会，套利者利用这个机会进行低买高卖，从而获得无风险收益。

3. 基差走强与基差走弱

传统上用“强”和“弱”来评价基差的变化。

（1）基差走强：指基差变大。常见的基差走强的情形有现货价格涨幅超过期货价格涨幅和现货价格跌幅小于期货价格跌幅。即相对于期货价格表现而言，现货价格走势相对较强。

（2）基差走弱：指基差变小。常见的基差走弱的情形有现货价格涨幅小于期货价格涨幅和现货价格跌幅超过期货价格跌幅。即相对于期货价格表现而言，现货价格走势相对较弱。

4. 正向市场与反向市场

（1）正向市场：在正常情况下，现货价格低于期货价格或近期月份合约价格低于远期月份合约价格，称为正向市场，即基差为负，现货贴水被称为正向市场。

（2）反向市场：在特殊情况下，现货价格高于期货价格或近期月份合约价格高于远期月份合约价格，称为反向市场，即基差为正，现货升水被称为反向市场。

（二）套期保值效果

套期保值效果是指套期保值后的现货－期货组合头寸收益率的方差比套期保值前的现货头寸收益率的方差减少的百分比。即

$$R_H = R_P - hR_F \tag{9-5}$$

其中，R_H 为现货－期货组合头寸收益率，R_P 为现货头寸收益率，R_F 为期货组合头寸收益率，h 为套期保值比率（期货头寸与现货头寸之比）。

该组合收益率的方差为：

$$\sigma_H^2 = \sigma_P^2 + h^2\sigma_F^2 - 2h\sigma_{PF} \tag{9-6}$$

上式中的变量是套期保值比率 h，为使得组合收益率方差最小，将上式求导并令其等于零，得

$$h = \frac{\sigma_{PF}}{\sigma_F^2} \tag{9-7}$$

可以得到风险最小化收益率方差：

$$\sigma_{H,\min}^2 = \sigma_P^2 + \sigma_F^2 \times \frac{\sigma_{PF}^2}{\sigma_F^4} - 2\frac{\sigma_{PF}^2}{\sigma_F^2} = \sigma_P^2 - \frac{\sigma_{PF}^2}{\sigma_F^2} = \sigma_P^2\left(1 - \frac{\sigma_{PF}^2}{\sigma_P^2\sigma_F^2}\right) = \sigma_P^2\left[1 - \rho^2\left(R_P, R_F\right)\right] \tag{9-8}$$

其中，$\rho(R_P, R_F)$ 为现货头寸收益率和期货头寸收益率之间的相关系数。

套期保值效果：

$$H_{\mathrm{e}} = 1 - \sigma_{H,\min}^2 / \sigma_P^2 = \rho^2\left(R_P, R_F\right) \tag{9-9}$$

H_{e} 越接近 1，套期保值效果越好。

【例 9–2】原油 3 月的现货价格为每吨 9960 元，某厂商预计 7 月需要 200 吨原油作为原材料，该厂商预测未来原油价格会上涨，为避免成本上升带来的风险，决定在商品交易所进行套期保值交易，如表 9–4 所示。

表 9–4　期货市场与现货市场投资额度

时间	现货市场	期货市场
3 月	9960	10000
7 月	10030	10090

现货市场套利结果为：$(9960-10030)\times 200=-14000$ 元
期货市场套利结果为：$(10090-10000)\times 200=18000$ 元
套利保值交易的最终结果为：$18000-14000=4000$ 元

（三）基差变动与套期保值效果的关系

表 9–5 给出了在买入套期保值和卖出套期保值两种类型下，基差变动与套期保值效果的关系。

表 9–5 基差变动与套期保值效果的关系

套期保值种类	基差变动情况	套期保值效果
买入套期保值	基差不变	完全套期保值，期货市场和现货市场盈亏相抵
	基差走强	不完全套期保值，期货市场和现货市场盈亏相抵后存在净亏损
	基差走弱	不完全套期保值，期货市场和现货市场盈亏相抵后存在净盈利
卖出套期保值	基差不变	完全套期保值，期货市场和现货市场盈亏相抵
	基差走强	不完全套期保值，期货市场和现货市场盈亏相抵后存在净盈利
	基差走弱	不完全套期保值，期货市场和现货市场盈亏相抵后存在净亏损

（四）点价交易

点价交易是以某个月份的期货价格作为计价基础，在此基础上加上或减去双方协商同意的升贴水后确定双方买卖现货商品价格的定价方式。本质上，点价交易是为现货贸易定价的方式，交易双方并不需要参与期货交易。目前，在石油、大豆、铜等贸易中，点价交易已经得到了普遍应用。

与传统贸易不同，在点价交易中，交易双方不是直接确定价格，而是以约定的某月份的期货价格为基准，在此基础上加减升贴水确定的。期货交割地与现货交割地之间的运费、点价选取的期货合约月份的远近以及期货交割商品品质与现货交割商品品质的差异决定了升贴水的高低。由于点价交易在国际大宗商品贸易中被普遍应用，升贴水的确定也市场化了，许多经纪商可以提供升贴水报价，交易商也可以很容易地确定升贴水的水平。

根据确定具体时点的实际交易价格的权利归属划分，点价交易可分为买方叫价交易和卖方叫价交易两种类型，确定交易时间的权利属于买方就是买方叫价交易，如果权利属于卖方则为卖方叫价交易。

在点价交易实施前，交易双方约定的期货基准价格不是确定的，而是不断变化的，故交易者仍然面临着价格变动风险。因此，交易者将点价交易与套期保值相结合，以降低价格变动风险。点价交易与套期保值相结合的操作与一般套期保值操作的不同之处在于，在套期保值平仓的时候，对应的基差与点价交易时确立的升贴水大致相同，故而保证了在套期保值建仓时，可以预知平仓时的基差，从而减少了基差变动的不确定性，降低了基差风险。

（五）基于方差模型套期保值方法的局限性

基于方差模型套期保值方法的局限性有以下两点：

1. 忽视了套期保值资产组合的期望收益率

基于方差模型的套期保值理论仅考虑了套期保值的风险，忽略了套期保值资产组合的期望收益率产生的影响。

2. 忽视了套期保值者的风险偏好

投资者并不是完全的风险厌恶者，基于方差模型的套期保值理论忽略了套期保值者的风险偏好，因此，确定的套期保值比率有时无法满足投资者的要求。

三、Beta 系数与套期保值合约的计算

（一）Beta 系数的概念

基于市场上所有股票构成的资产组合，我们可以得到市场风险为 $\mathrm{Var}(R_m)$，此时，市场上任何一只股票与市场资产组合的协方差用 $\mathrm{Cov}(R_p, R_m)$ 表示，则 Beta 系数可表示为：

$$\beta = h = \frac{\sigma_{PF}}{\sigma_F^2} = \frac{\mathrm{Cov}(R_p, R_m)}{\mathrm{Var}(R_m)} \tag{9-10}$$

Beta 系数用于反映各股的风险程度，其中，Beta 系数大于 1 表示市场的超额收益率每增加或者下跌 1%，则股票超额收益率上涨或者下跌超过 1%，表明此时该股票具有较大的投资风险。根据公式（9-10）计算得到各股的 Beta 系数，并经各股投资权重可计算得到投资组合的 Beta 系数。

（二）基于 Beta 系数套期保值合约的计算

因为并非所有股票或者投资组合的涨跌都与指数标的资产走势完全一致，所以，虽然采用股指期货能够对冲掉部分大盘风险，但是却无法回避投资组合中的各股风险。此时则需要基于 Beta 系数对股指期货合约的数量做出相应的调整。其中，基于 Beta 系数计算得到的期货合约数量为：

$$n=\frac{\text{现货股票或股票组合的总值}}{\text{股指期货面值}}\times\beta$$

【例 9-3】某投资者拥有由三种股票组成的组合，其中 A 股票的市场价值为 150 万元，B 股票的市场价值为 200 万元，C 股票的市场价值为 100 万元，三种股票沪深 300 指数的相关系数 β 分别为 0.98、1.3 和 1.2。沪深 300 指数为 1500，计算需要多少合约。

投资组合的总价值为：150＋200＋100=450 万元

股票组合的 β 为：$\frac{0.98\times150+1.3\times200+1.2\times100}{450}=1.17$

根据上式调整的计算公式为：

$$n=\frac{\text{投资组合总价值}\times\beta}{\text{沪深300指数}\times\text{指数乘数}}$$

因此，采用 β 加权的避险方法所需合约数为：$\frac{4500000\times1.17}{1500\times300}\approx12$手

假设沪深 300 指数仍然是 1500 点，如果我们不采用 β 加权的避险方法，合约手数是：

$$n=\frac{\text{投资组合总价值}}{\text{沪深300指数}\times\text{指数乘数}}=\frac{4500000}{1500\times300}=10\text{手}$$

从上述估计结果可以看出，在不采取 Beta 系数调整时，股指期货合约购买的手数是 10 手，但是经 Beta 系数调整后，则变为购买约 12 手。可见，“加权避险”需要多加 2 手合约，虽然此时投资者需要提高保证金额度，但可以取得更好的风险对冲效果。

第三节 基于 *VaR* 模型的套期保值理论

一、基于 *VaR* 模型的套期保值理论与最优套期保值比率

(一)基于 *VaR* 模型的套期保值理论

针对方差模型套期保值理论的缺陷，本部分拓展介绍基于 *VaR* 模型的套期保值理论[①]。在置信水平 α（大概率）下，收益率 R_H 低于 $VaR(H)$ 的概率为 α，即

$$Prob\left[R_H \leqslant VaR(H)\right]=\alpha \tag{9-11}$$

依据中心极限定理，有：

$$Prob\left[R_H \leqslant VaR(H)\right]=Prob\left(\frac{R_H-E(R_H)}{\sigma_H} \leqslant \frac{VaR(H)-E(R_H)}{\sigma_H}\right) \tag{9-12}$$

记为：

$$\Phi\left[\frac{VaR(H)-E(R_H)}{\sigma_H}\right]=\alpha \tag{9-13}$$

由 $1-\Phi(-x)=\Phi(x)$，则：

$$1-\Phi\left[\frac{-VaR(H)+E(R_H)}{\sigma_H}\right]=\alpha \Rightarrow \Phi^{-1}(1-\alpha)=\frac{-VaR(H)+E(R_H)}{\sigma_H} \tag{9-14}$$

故此，$VaR(H)=E(R_H)=\Phi^{-1}(\alpha)\sigma_H$ （9–15）

其中，$\Phi^{-1}(\alpha)$ 表示标准正态分布 α 分位数。

故此，代入可得投资组合—期货构成新投资组合的 *VaR* 为：

$$VaR(H)=hE(R_F)+E(R_P)+\Phi^{-1}(\alpha)\sqrt{\sigma_P^2+h^2\sigma_F^2-2h\sigma_{PF}} \tag{9-16}$$

(二)基于 *VaR* 模型的最优套期保值比率

为得到 *VaR* 模型的最优套期保值比率，令公式（9–16）对 h 的一阶导数等于 0，则有:

---

① 迟国泰，余方平，刘轶芳 . 基于 *VaR* 的期货最优套期保值模型及应用研究［J］. 系统工程学报，2008（4）; HUNG J C, CHIU C L, LEE M C. Hedging with zero-value at risk hedge ratio［J］. Applied financial economics, 2006(16):259–269; HARRIS R D F & SHEN J. Hedging and value at risk［J］. Journal of futures markets, 2006(26):369–390.

$$\frac{\partial VaR(H)}{\partial h}=E(R_F)+\Phi^{-1}(\alpha)\frac{h\sigma_F^2-\sigma_{PF}}{\sqrt{\sigma_P^2+h^2\sigma_F^2-2h\sigma_{PF}}}=0 \tag{9-17}$$

$$\Rightarrow h^2-\frac{2\sigma_{PF}}{\sigma_F^2}h+\frac{\left[\Phi^{-1}(\alpha)\right]^2\sigma_{PF}^2-\sigma_P^2E(R_F)^2}{\sigma_F^2\left\{E(R_F)^2-\left[\Phi^{-1}(\alpha)\right]^2\sigma_F^2\right\}}=0 \tag{9-18}$$

求解得到：

$$h=\frac{\dfrac{2\sigma_{PF}}{\sigma_F^2}\pm\sqrt{\dfrac{4\sigma^2{}_{PF}}{\sigma_F^4}-4\dfrac{\left[\Phi^{-1}(\alpha)\right]^2\sigma_{PF}^2-\sigma_P^2E(R_F)^2}{\sigma_F^2\left\{E(R_F)^2-\left[\Phi^{-1}(\alpha)\right]^2\sigma_F^2\right\}}}}{2} \tag{9-19}$$

$$=\frac{2\sigma_{PF}}{\sigma_F^2}\pm\frac{E(R_F)}{\sigma_F^2}\sqrt{\frac{\sigma_{PF}^2-\sigma_F^2\sigma_P^2}{E(R_F)^2-\left[\Phi^{-1}(\alpha)\right]^2\sigma_F^2}}$$

$$\frac{\partial^2 VaR(H)}{\partial h^2}=\Phi^{-1}(\alpha)\frac{\sigma_F^2\sigma_P^2\left(1-\rho^2\right)}{\sqrt{\left(\sigma_P^2+h^2\sigma_F^2-2h\sigma_{PF}\right)^{\frac{3}{2}}}}\geqslant 0 \tag{9-20}$$

因为$|\rho|\leqslant 1$，则：

$$VaR(H_1)-VaR(H_2)=\frac{2E(R_F)^2}{\sigma_F^2}\sqrt{\frac{\sigma_{PF}^2-\sigma_F^2\sigma_P^2}{E(R_F)^2-\left[\Phi^{-1}(\alpha)\right]^2\sigma_F^2}}\geqslant 0 \tag{9-21}$$

故此，由一阶偏导等于零、二阶偏导大于零可知在$h^*=h_2$处可使得VaR取得极小值，此时，最优套期保值比率为：

$$h^*=h_2=\frac{\sigma_{PF}}{\sigma_F^2}-\frac{E(R_F)}{\sigma_F^2}\sqrt{\frac{\sigma_{PF}^2-\sigma_F^2\sigma_P^2}{E(R_F)^2-\left[\Phi^{-1}(\alpha)\right]^2\sigma_F^2}} \tag{9-22}$$

因为$\sigma_{PF}=\rho\sigma_F\sigma_P$，则有：

$$h^*=\rho\frac{\sigma_P}{\sigma_F}-\frac{E(R_F)\sigma_P}{\sigma_F}\sqrt{\frac{1-\rho^2}{\left[\Phi^{-1}(\alpha)\right]^2\sigma_F^2-E(R_F)^2}} \tag{9-23}$$

其中，$\rho\dfrac{\sigma_P}{\sigma_F}$为纯套期保值部分，跟最小方差套期比一样，其主要是针对市场实际价格风险而采取的套期保值策略，无风险偏好。$-\dfrac{E(R_F)\sigma_P}{\sigma_F}\sqrt{\dfrac{1-\rho^2}{\left[\Phi^{-1}(\alpha)\right]^2\sigma_F^2-E(R_F)^2}}$为投机需求部分，表示应对套期保值的风险偏好，实质是对期货进行投机，而且风险随态度变化而变化，α越大表示投资者越厌恶风险，主要是刻画投机需求，其中，α越大h越大。

可见，基于VaR模型的套期保值理论进行纯套期保值的同时，也采取投机作用以规避现货价格的波动风险。

二、基于 *VaR* 模型套期保值理论的优势与局限性

（一）基于 *VaR* 模型套期保值理论的优势

基于 *VaR* 模型套期保值理论的优势有以下三点：

（1）综合了期望收益率和风险偏好，解决了风险偏好参数人为设定的缺陷。

（2）加入置信区间水平，即置信水平越高，对风险越厌恶。考虑了套期保值者的风险偏好，更符合实际。规避了均值—方差或最大化夏普比率等人为设定风险偏好参数的缺陷，使期货合约的选择更直接反映了套期保值者的风险承受能力。

（3）考虑现货、期货相关性，可用组合 *VaR* 控制风险额，从而找出最优套期保值比率。

（二）基于 *VaR* 模型套期保值理论的局限性

基于 *VaR* 模型套期保值理论的局限性有以下三点：

（1）基于 *VaR* 模型的套期保值假设现货和期货均服从正态分布，而现实中的证券收益不一定是正态分布，而是呈现明显尖峰厚尾的特征，现实并不满足这个假设。

（2）*VaR* 更适用于在正常市场条件下对市场风险的衡量，未考虑到尾部风险等极端情形[①]。在正常市场条件下资产交易数据丰富，*VaR* 模型有效；但当市场不是正常状态时，交易数据难以获得，此时无法使用 *VaR* 衡量市场风险。

（3）基于 *VaR* 模型套期保值理论忽略了其他风险因素。*VaR* 模型下主要衡量的是损失发生的可能性，但是转移或对冲风险付出的代价以及投资者的风险偏好均是重要的风险因素，必须加以考虑，而 *VaR* 模型却忽视了这些风险因素。

---

① WONG W K, FAN G B, YONG Z C. Tail risks beyond *VaR* [J].Review of pacific basin financial markets and policies, 2012, 15(3):125–150.

第四节　基于 *ES* 模型的套期保值理论

一、基于 *ES* 模型的套期保值理论与最优套期保值比率

（一）基于 *ES* 模型的套期保值理论

针对 *VaR* 模型套期保值理论的缺陷，本部分拓展构建基于 *ES* 模型的套期保值理论。由第五章知识可知，预期损失可以表述为：

$$ES = hE(R_F) + E(R_F) + \sigma_H \frac{\phi\left[\Phi^{-1}(\alpha)\right]}{1-\alpha} \tag{9-24}$$

其中，记 $\phi(x)$ 为标准正态分布的概率密度函数，并且满足：

$$k_\alpha = \frac{\frac{1}{\sqrt{2\pi}} \mathrm{e}^{\frac{\left[-\Phi^{-1}(\alpha)\right]^2}{2}}}{1-\alpha} \tag{9-25}$$

结合 $\sigma_H^2 = \sigma_P^2 + h^2\sigma_F^2 - 2h\sigma_{PF}$，可得套期保值资产组合的 *ES*：

$$ES = hE\left(R_F\right) + E\left(R_P\right) + k_\alpha \sqrt{\sigma_P^2 + h^2\sigma_F^2 - 2h\sigma_{PF}} \tag{9-26}$$

根据上式可以看出，套期保值资产组合的 *ES* 具有以下特征：

（1）$hE\left(R_F\right)$ 越大，*ES* 越大；

（2）未来期货价格越高，$E\left(R_P\right)$ 越大，*ES* 越小；

（3）因为 $k_\alpha > 0$，故此，置信水平越高，套期保值者越厌恶风险，k_α 值越大，*ES* 越大。

（二）基于 *ES* 模型的最优套期保值比率

为得到 *ES* 模型的最优套期保值比率，令公式（9–26）对 *h* 的一阶导数等于 0，则有：

$$\frac{\partial ES}{\partial h} = E(R_F) + k_\alpha \frac{h\sigma_F^2 - \sigma_{PF}}{\sqrt{\sigma_P^2 + h^2\sigma_F^2 - 2h\sigma_{PF}}} = 0 \tag{9-27}$$

$$\Rightarrow h^2 - \frac{2\sigma_{PF}}{\sigma_F^2} h + \frac{\sigma_P^2 E\left(R_F\right)^2 - \left(k_\alpha\right)^2 \sigma_{PF}^2}{\sigma_F^2\left[E\left(R_F\right)^2 - \left(k_\alpha\right)^2 \sigma_F^2\right]} = 0 \tag{9-28}$$

求解可得：

$$h=\frac{\frac{2\sigma_{PF}}{\sigma_F^2}\pm\sqrt{\frac{4\sigma^2{}_{PF}}{\sigma_F^4}-4\frac{\sigma_P^2E(R_F)^2-\left(k_\alpha\right)^2\sigma_{PF}^2}{\sigma_F^2\left[E(R_F)^2-\left(k_\alpha\right)^2\sigma_F^2\right]}}}{2} \tag{9-29}$$

$$=\frac{\sigma_{PF}}{\sigma_F^2}\pm\frac{E(R_F)}{\sigma_F^2}\sqrt{\frac{\sigma_{PF}^2-\sigma_F^2\sigma_P^2}{E(R_F)^2-\left(k_\alpha\right)^2\sigma_F^2}}$$

因为$|\rho|\leqslant 1$，则：

$$\frac{\partial^2 ES}{\partial h^2}=-k_\alpha\frac{\sigma_F^2\sigma_P^2\left(1-\rho^2\right)}{\left(\sigma_P^2+h^2\sigma_F^2-2h\sigma_{PF}\right)^{\frac{3}{2}}}\geqslant 0 \tag{9-30}$$

$$ES\left(h_1\right)-ES\left(h_2\right)=\frac{2E(R_F)^2}{\sigma_F^2}\sqrt{\frac{\sigma_{PF}^2-\sigma_F^2\sigma_P^2}{E\left(R_F\right)^2-\left(k_\alpha\right)^2\sigma_F^2}}\geqslant 0 \tag{9-31}$$

故此，最优套期保值比率为：

$$h_{ES}^*=h_2=\frac{\sigma_{PF}}{\sigma_F^2}-\frac{E(R_F)}{\sigma_F^2}\sqrt{\frac{\sigma_{PF}^2-\sigma_F^2\sigma_P^2}{E(R_F)^2-\left(k_\alpha\right)^2\sigma_F^2}} \tag{9-32}$$

又因为$\sigma_{PF}=\rho\sigma_F\sigma_P$，则：

$$h_{ES}^*=\rho\frac{\sigma_P}{\sigma_F}-\frac{E(R_F)\sigma_P}{\sigma_F}\sqrt{\frac{1-\rho^2}{\left(k_\alpha\right)^2\sigma_F^2-E(R_F)^2}} \tag{9-33}$$

由于$1-\rho^2\geqslant 0$，因此式子成立的条件是$\left(k_\alpha\right)^2\sigma_F^2-E(R_F)^2\geqslant 0$。

其中，$\rho\frac{\sigma_P}{\sigma_F}$为纯套期保值部分，与最小方差套期比一样，其主要是针对市场实际价格风险而采取的套期保值策略，无风险偏好。$-\frac{E\left(R_F\right)\sigma_P}{\sigma_F}\sqrt{\frac{1-\rho^2}{\left(k_\alpha\right)^2\sigma_F^2-E\left(R_F\right)^2}}$为投机需求部分，反映对套期保值的风险偏好，实质是对期货进行投机，而且风险随态度变化而变化，置信水平越大，投资者越厌恶风险，k_α越大，h越大。

可见，基于*ES*模型的套期保值理论进行纯套期保值的同时，也采取投机作用以规避现货价格的波动风险。

【例 9-4】假定相关系数$\rho=0.5050$、现货和期货市场的波动率$\sigma_P=0.0230$、$\sigma_F=0.0186$，期货期望收益率$E\left(R_P\right)=0.0069$。选取三种不同的风险度量指标，计算并对比分析最小方差、最小*VaR*、最小*ES*三种套期保值策略下的静态套期保值比率h，并且采用 Ederington[1] 最早提出的方差下降百分比计算套期保值效果 H_e。（考虑 90%、95%、99% 三种置信水平）

基于方差模型的最优套期保值率为：$h=\dfrac{\sigma_{PF}}{\sigma_F^2}=\rho\dfrac{\sigma_P}{\sigma_F}$；

基于 *VaR* 模型的最优套期保值率为：$h_{ES}^{*}=\rho\dfrac{\sigma_P}{\sigma_F}-\dfrac{E(R_F)\sigma_P}{\sigma_F}\sqrt{\dfrac{1-\rho^2}{\left[\Phi^{-1}(\alpha)\right]^2\sigma_F^2-E(R_F)^2}}$；

基于 *ES* 模型的最优套期保值率为：$h_{ES}^{*}=\rho\dfrac{\sigma_p}{\sigma_F}-\dfrac{E\left(R_F\right)\sigma_P}{\sigma_F}\sqrt{\dfrac{1-\rho^2}{\left(k_\alpha\right)^2\sigma_F^2-E\left(R_F\right)^2}}$；

套期保值效果为：$H_e=\dfrac{\sigma_P^2-\sigma_H^2}{\sigma_P^2}=1-\dfrac{\sigma_H^2}{\sigma_P^2}=-\dfrac{2h\sigma_{PF}-h^2\sigma_F^2}{\sigma_P^2}$。

在风险最小化的前提下，我们计算三种套期保值策略下的最优套期保值比率和方差下降百分比，结果如表 9-6 所示。对于最小方差的套期保值策略，静态套期保值策略可以降低 25.50% 的风险；对于最小 *VaR* 的套期保值策略，随着置信水平的提高，套期保值效果越好，其中 99% 置信水平下套期保值效果最好，可以对冲 23.68% 的风险；对于最小 *ES* 的套期保值策略，在 99% 置信水平下套期保值有效降低 24.12% 的风险。总体来看，对于静态套期保值方法，基于最小方差的套期保值效果要优于 *ES* 模型，其次是 *VaR* 模型；从方差下降比来看，随着置信度的提高，H_e 指数略微上升，说明当投资者降低对风险的偏好时，能够规避一定的风险。

表 9-6　不同置信水平下的套期保值比率和效果

	$\Phi^{-1}(\alpha)$	k_α	最优套期保值比率			套期保值效果		
			方差 _h	*VaR_h*	*ES_h*	方差 _H_e	*VaR*_H_e	*ES*_H_e
90%	1.2816	1.7550	0.6245	0.3122	0.4009	25.50%	19.13%	22.23%
95%	1.6445	2.0627	0.6245	0.3851	0.4354	25.50%	21.76%	23.16%
99%	2.3263	2.6652	0.6245	0.4574	0.4790	25.50%	23.68%	24.12%

事实上，这个套期保值效果的变量计算方式都不一样。因此，套期保值效果在某种程度上不具有横向的可比性，我们更多考虑的是静态和动态套期保值模型在最小方差、最小 *VaR*、最小 *ES* 方法中具有纵向的可比性，对于动态套期保值对冲效果也请读者自行做练习比较。

① EDERINGTON L H. The hedging performance of the new futures markets［J］. The journal of finance, 1979, 34(1): 157–170.

二、基于*ES*模型套期保值理论的优势与局限性

（一）基于*ES*模型套期保值理论的优势

基于*ES*模型套期保值理论的优势有以下三点：

（1）投资者可利用*ES*模型套期保值理论度量基差波动，进行有效的风险规避。套期保值者面临的风险是由基差波动造成的。当基差不变时，投资者不会面临风险；而当基差波动较大时，就会面临较大的风险。因此，当*ES*模型计算值偏离实际值而出现强烈的波动时，投资者应尽快调整投资策略以最大限度规避风险。

（2）投资者可利用*ES*模型套期保值理论进行投资决策。每个投资者的风险承受能力和风险偏好不同，*ES*模型能够帮助投资者将自身的风险承受能力和风险偏好与*ES*值进行比较，使投资者了解目前投资面临的风险，从而帮助投资者做出理性的投资决策。

（3）基于*ES*模型套期保值理论的发展有助于监管部门对市场进行有效监管。*ES*模型不需要测量各种风险因素对基差的影响程度，只需监测当*ES*值出现异常波动时，分析原因并及时采取措施稳定市场。同时，*ES*模型将难以度量的基差风险转变为具体数值，便于监管部门进行基差风险管理，提高了监管水平。

（二）基于*ES*模型套期保值理论的局限性

基于*ES*模型套期保值理论的局限性有以下三点：

（1）*ES*模型套期保值理论的计算是基于*ES*模型，而*ES*模型在计算过程中所需要的关于损失分布的信息，在我国这样一个不够完善的金融市场中难以获得，由此制约了基于*ES*模型套期保值理论的现实应用。

（2）*ES*模型的规范化程度、普及度不高，导致其应用范围有限。因此，在计算过程中需要投入更多人力和物力，进而阻碍了基于*ES*模型套期保值理论的发展。

（3）*ES*模型主要依赖历史数据进行预测，一方面，我国股指期货出现时间较短，历史数据有限，其准确性有待提升；另一方面，历史数据能否预测未来是存在争议的话题，也成为*ES*模型不可回避的缺点。

第五节　套期保值理论应用——阿尔法套利

阿尔法策略又称阿尔法套利，属于传统的基本面分析策略。该策略利用指数期货与具有阿尔法值的证券产品之间进行反向对冲套利，也即对具有阿尔法值的证券产品

做多，对指数期货做空，实现回避系统性风险下的超越市场指数的阿尔法收益。

阿尔法策略的成功与否主要取决于两个关键因素：一是稳定的超额收益率阿尔法收益的寻找；二是阿尔法投资组合系统性风险 β 的对冲。稳定的阿尔法收益可以确保选择的资产在执行阿尔法策略期间依然能跑赢市场基准，获取超额收益，但要将资产的阿尔法收益转变为正的绝对收益还取决于系统性风险 β 的对冲情况。阿尔法策略示意图如图 9-1 所示。

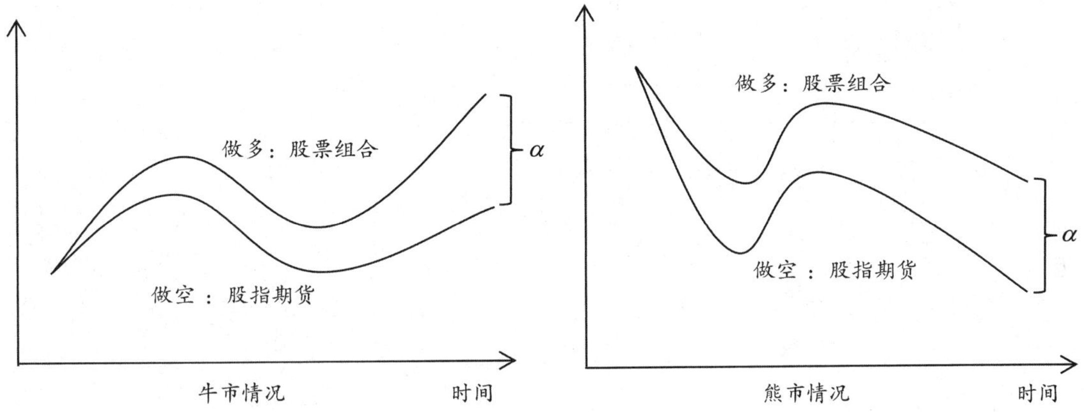

图 9-1　阿尔法策略示意图

该策略常采用股指期货做对冲。在股票市场上做多头，在期货市场上做股指期货空头。当股票现货市场亏损时，可以通过期货市场弥补亏损；当期货市场亏损时，可以通过股票现货市场弥补亏损。其基本交易步骤为：

第一步，制定一个选股策略，构建投资组合，使其同时拥有 Alpha 和 Beta 收益（本策略选取过去一天 EV/EBITDA 值并选取 30 只 EV/EBITDA 值最小且大于零的股票）。

第二步，做空股指期货，将投资组合的 Beta 抵销，只剩 Alpha 部分。

第三步，进行回测。

本次回测时间为 2020 年 3 月 1 日至 2021 年 2 月 23 日，所采用的具体指标如表 9-7 所示：

表 9-7　回测标的

股票池	沪深 300 指数
期货标的	CFFEX.IF 对应的真实合约
回测时间	2020-03-01 08:00 至 2021-02-23 16:00
初始资金	1000 万

回测结果如表 9-8 所示，根据回测结果可知，由沪深 300 指数与 CFFEX.IF 对应的真实合约构成的 Alpha 对冲策略在样本期间内实现的年化收益率为 6.23%，夏普比率为 0.97，最大回撤为 3.66%，胜率为 63.98%，对冲结果显示该策略相对可行。

表 9-8　回测结果

基准收益率（沪深 300）	36.86%
年化收益率	6.23%
累计收益率	5.58%
最大回撤率	3.66%
卡玛比率	1.70
夏普比率	0.97
开仓次数	199
平仓次数	161
胜率	63.98%

本文首先阐述了阿尔法策略的概念、原理和性质，然后通过实证检验清晰地表述了阿尔法套利策略在股票市场与股指期货间的套利应用。

然而，阿尔法策略一般适用于市场效率相对较弱的市场上，如新兴股票市场、创业板市场等。我国的股票市场正是一个新兴的市场，效率相对较低。同时，该策略的使用主要存在三个瓶颈：一是国内的融资成本较高，对策略中现货组合的超额收益提出了更高的要求；二是股指期货的参与门槛较高；三是策略的参与者必须做好期限头寸的监控。

范例程序 9-1：阿尔法策略

```
# coding=utf-8
from __future__ import print_function, absolute_import, unicode_literals
from gm.api import *
'''
本策略每隔 1 个月定时触发计算 SHSE.000300 成分股的过去一天 EV/EBITDA 值并选取
30 只 EV/EBITDA 值最小且大于零的股票
对不在股票池的股票平仓并等权配置股票池的标的
并用相应的 CFFEX.IF 对应的真实合约等额对冲
回测数据为:SHSE.000300 及其成分股和 CFFEX.IF 对应的真实合约
回测时间为:2020-03-01 08:00:00 至 2021-02-23 16:00:00
注意：本策略仅供参考，实际使用中要考虑到期货和股票处于两个不同的账户，需要人
```

```
为保证两个账户的资金相同。
    '''
    def init(context):
        # 每月第一个交易日 09:40:00 定时执行 algo 任务
        schedule(schedule_func=algo, date_rule='1m', time_rule='09:40:00')
        # 设置开仓在股票和期货的资金百分比(期货在后面自动进行杠杆相关的调整)
        context.percentage_stock = 0.4
        context.percentage_futures = 0.4
    def algo(context):
        # 获取当前时刻
        now = context.now
        # 获取上一个交易日
        last_day = get_previous_trading_date(exchange='SHSE', date=now)
        # 获取沪深 300 成分股
        stock300 = get_history_constituents(index='SHSE.000300', start_date=last_day,

end_date=last_day)[0]['constituents'].keys()
        # 获取上一个工作日的 CFFEX.IF 对应的合约
        index_futures = get_continuous_contracts(csymbol='CFFEX.IF', start_date=last_day,
end_date=last_day)[-1]['symbol']
        # 获取当天有交易的股票
        not_suspended_info = get_history_instruments(symbols=stock300, start_date=now,
end_date=now)
        not_suspended_symbols = [item['symbol'] for item in not_suspended_info if not
item['is_suspended']]
        # 获取成分股 EV/EBITDA 大于 0 并为最小的 30 个
        fin = get_fundamentals(table='trading_derivative_indicator',
symbols=not_suspended_symbols,
                               start_date=now, end_date=now, fields='EVEBITDA',
                               filter='EVEBITDA>0', order_by='EVEBITDA', limit=30,
df=True)
        fin.index = fin.symbol
        # 获取当前仓位
        positions = context.account().positions()
        # 平不在标的池或不为当前股指期货主力合约对应真实合约的标的
        for position in positions:
            symbol = position['symbol']
            sec_type = get_instrumentinfos(symbols=symbol)[0]['sec_type']
            # 若类型为期货且不在标的池则平仓
            if sec_type == SEC_TYPE_FUTURE and symbol != index_futures:
                order_target_percent(symbol=symbol, percent=0,
order_type=OrderType_Market,
                                     position_side=PositionSide_Short)
                print('市价单平不在标的池的', symbol)
            elif symbol not in fin.index:
                order_target_percent(symbol=symbol, percent=0,
order_type=OrderType_Market,
                                     position_side=PositionSide_Long)
                print('市价单平不在标的池的', symbol)
        # 获取股票的权重
        percent = context.percentage_stock / len(fin.index)
        # 买在标的池中的股票
        for symbol in fin.index:
            order_target_percent(symbol=symbol, percent=percent,
order_type=OrderType_Market,
                                 position_side=PositionSide_Long)
            print(symbol, '以市价单调多仓到仓位', percent)
```

```
        # 获取股指期货的保证金比率
        ratio = get_history_instruments(symbols=index_futures, start_date=last_day,
end_date=last_day)[0]['margin_ratio']
        # 更新股指期货的权重
        percent = context.percentage_futures * ratio
        # 买入股指期货对冲
        # 注意：股指期货的 percent 参数是按照期货的保证金来算比例，不是按照合约价值，
比如说 0.1 就是用 0.1 的仓位的资金全部买入期货。
        order_target_percent(symbol=index_futures, percent=percent,
order_type=OrderType_Market,
                             position_side=PositionSide_Short)
        print(index_futures, '以市价单调空仓到仓位', percent)
    if __name__ == '__main__':
        '''
        strategy_id 策略 ID,由系统生成
        filename 文件名,请与本文件名保持一致
        mode 实时模式:MODE_LIVE 回测模式:MODE_BACKTEST
        token 绑定计算机的 ID,可在系统设置—密钥管理中生成
        backtest_start_time 回测开始时间
        backtest_end_time 回测结束时间
        backtest_adjust 股票复权方式不复权:ADJUST_NONE 前复权:ADJUST_PREV 后复
权:ADJUST_POST
        backtest_initial_cash 回测初始资金
        backtest_commission_ratio 回测佣金比例
        backtest_slippage_ratio 回测滑点比例
        '''
        run(strategy_id='strategy_id',
            filename='main.py',
            mode=MODE_BACKTEST,
            token='token_id',
            backtest_start_time='2017-07-01 08:00:00',
            backtest_end_time='2017-10-01 16:00:00',
            backtest_adjust=ADJUST_PREV,
            backtest_initial_cash=10000000,
            backtest_commission_ratio=0.0001,
            backtest_slippage_ratio=0.0001)
```

【本章小结】

套期保值是期货交易的重要应用之一，也是量化投资中经常采用的重要策略。投资者可以通过在期货市场进行与现货头寸相反的操作对冲持有现货头寸的风险以降低损失。套期保值之所以能够起到风险对冲的作用，其根本原因在于，期货价格与现货价格受到相同或相似的供求等因素影响，两者的变动趋势趋同，进而通过盈亏相抵起到规避价格风险的目的。套期保值的效果取决于套期保值期间基差风险的大小。为实现预期的套期保值效果，应该选择与被保值资产相关性最高的期货合约，而且要根据套期保值期限适当选择合约的到期月份。为了有效规避风险，交易者可以将点价交易与套期保值结合在一起进行操作。根据基于方差模型、*VaR* 模型和 *ES* 模型的套期保值理论可以计算最优套期保值比率，并且可以分别计算出套期保值部分和投机需求部分

的合约数量。因此，这部分内容可以看作量化投资策略构建的一个重要理论基础。

【课后习题】

1. 3 月 20 日，玉米现货价格为 1030 元 / 吨，某农场担心 6 月出售时价格下跌影响销售收益，于是通过卖出 10 手成交价格为 1060 元 / 吨的 6 月玉米期货合约进行套期保值。6 月在现货市场出售玉米时，买入价格为 1020 元 / 吨的 6 月玉米期货合约平仓。不考虑佣金和手续费等费用的情况下，6 月平仓时基差为（　　）元 / 吨使该农场实现有净盈利的套期保值。

A. > -30　　B. < -30

C. < 30　　D. > 30

2. 某玉米经销商进行空头套期保值，卖出 20 手期货合约建仓，基差为 –20 元 / 吨，买入平仓时基差为 –40 元 / 吨，该经销商套期保值的盈亏状况是（　　）。

A. 盈利 2000 元　　B. 亏损 2000 元

C. 盈利 4000 元　　D. 亏损 4000 元

3. 假定某面粉厂通过空头套期保值为 1500 吨小麦进行套期保值，选取的期货合约为 50 吨 / 手的普通小麦期货合约。假设小麦期货合约价格每变化 30 元 / 吨，小麦价格变化 10 元 / 吨。求最小风险套期保值需要卖出多少手小麦期货合约？

4. 某经销商有 80 吨铜，假设铜市场价格为 50000 元 / 吨，为防范铜价格下跌的风险，该经销商利用铜期货合约进行套期保值，合约规模为 5 吨 / 手。假设铜期货价格收益率变化的年化标准差为 28%，铜库存价格收益率变化的年化标准差为 23%，铜库存价格收益率与期货价格收益率之间的相关系数为 0.86。计算风险最小的套期保值比率以及需要交易的期货合约数量为多少。

5. 某投资经理管理着总价值为 800 万元的股票投资组合，该组合与沪深 300 指数的相关系数 β 为 0.82，此时沪深 300 股指期货的价格为 2800 点。该投资经理预测未来 1 个月股市将大涨，为了获得股市上涨的收益，该投资经理打算将投资组合与沪深 300 指数的相关系数 β 增加到 1.5。计算需要买入多少数量的沪深 300 股指期货才能够将投资组合的相关系数 β 增加至 1.5。

6. 某投资者拥有由四种股票组成的组合，其中 A 股票的市场价值为 200 万元，B 股票的市场价值为 180 万元，C 股票的市场价值为 210 万元，D 股票的市场价值为 150 万元，四只股票与沪深 300 指数的相关系数 β 分别为 0.95、1.1、0.96 和 1.2。沪深 300 指数为 1300，计算采用 β 加权避险方法和不采用 β 加权避险方法需要的合约数量分别是多少。

7. 假定相关系数为 0.98，投资组合和期货市场的波动率分别为 0.13 和 0.12，期货期望收益率为 20%，在 95% 置信区间下，基于 *VaR* 模型的最优套期保值比率是多少？其中，纯套期保值部分和投机部分的合约数量分别是多少？

8. 假定相关系数为 0.95，投资组合和期货市场的波动率分别为 0.2 和 0.8，期货期望收益率为 18%，在 95% 置信区间下，基于 *ES* 模型的最优套期保值比率是多少？其中，纯套期保值部分和投机部分的合约数量分别是多少？

9. 3 月，国内某铜厂与某建筑企业签署了一份 500 吨供货合同，合同约定 5 月 10 日前由建筑企业根据上海期货交易所 6 月沪铜期货价格点价决定成交价格，成交价格为期货价格 +150 元 / 吨。价格确定后铜厂发货。为了防范风险，该铜厂决定通过沪铜期货合约进行套期保值。假设铜材现货价格月度价格的波动标准差为 1.3 元 / 吨，近月沪铜期货和价格波动的月度标准差为 15，二者的相关系数为 0.8。试问该铜厂应该如何操作？

10. 前提条件与上题一致。假定双方签署供货合同时，6 月沪铜期货合约价格为 65000 元 / 吨。5 月 10 日，沪铜期货价格为 63000 元 / 吨，该建筑企业分批完成点价，均价为 63800 元 / 吨。铜厂与建筑企业进行货款结算并平仓了结期货交易。铜厂套期保值的效果如何？

第十章

期货风险对冲套利理论与策略

本章阅读指引：

自 2010 年中国金融期货交易所推出第一份金融期货合约即沪深 300 股票指数期货后，股指期货发展成为中国证券市场投资者规避股票市场价格风险的重要对冲工具。本章介绍了股指风险及其在风险对冲套利上的应用；然后基于统计套利的原理，构建股指期货跨期套利策略并采用 Python 实现；最后详细介绍了股指期货 ETF(期现) 套利策略、股指期货择时交易策略、R–Breaker 管理期货策略的原理和实现过程，为市场投资者风险对冲套利提供新思路。

第一节　股指风险对冲套利概念

一、股指及其风险

股指，即股票价格指数，是为测度和反映整体股票市场价格水平或者某一类型股票价格水平及其变动趋势而编制的股价统计相对数。股指的计算方法有：①平均法。先计算各样本股票指数，再加总求总的算术平均数。②综合法。先将样本股票的基期和报告期价格分别加总，然后相比求出股票指数。③加权股票指数。根据各期样本股票的相对重要性予以加权，其权数可以是成交股数、股票发行量等。股指可以反映整体市场的表现，当股指上升时，表明股票的平均价格水平上涨；当股指下降时，表明股票的平均价格水平下降，可以说股指是反映市场所在国或地区的宏观（社会、政治、经济变化）和微观（行业状况、概念表现）状态的晴雨表。据 Wind 统计，当前中国股票市场有 264 种主要股指，包括 47 种市场指数、11 种行业指数和 206 种概念指数。

由股指的定义可知，持有股指与持有股票一样具有风险，其风险主要体现在两方面：①无法分散化的系统性风险。指数的收益率受到系统性风险的影响，整个股票市场下跌，指数也会随着下跌，就算是概念指数或行业指数可以分散成分股的非系统性风险，也无法完全分散系统性风险的影响。②流动性风险。它是指资产流动性的不确定性变动可能带来的经济损失。投资股指主要是通过持有指数基金来复制股指收益，在开放式基金中，由于面对赎回等因素的压力，基金管理者需要承受赎回过程中可能遭受到的投资组合变化带来的损失，因此投资股指也会面临流动性风险[①]。

二、股指风险的对冲套利

经过长期实践，市场已经建立了完善的股指风险对冲机制，主要的对冲思路是通过投资与股指收益波动负相关的某种资产或衍生产品来冲销潜在的风险损失。主要的对冲方式包括现货卖空、股指期货和股指期权。由于现货卖空交易成本较高，不具有杠杆效应，在市场上应用频率相对较低。同时鉴于股指期权的风险对冲机制本质上同期货是一致的，且在中国市场上大多数期权成立时间比期货晚，成交量较低，因此，当前中国市场上的股指风险对冲机制以股指期货为主。

---

① 卢米雪，鲁邦克，谭智．中国股指期货市场套期保值效果的实证研究［J］．宏观经济研究，2021(9)：44–56.

1. 股指期货的套期保值

股指期货套期保值是指套期保值者通过在股指期货市场建立与现货市场相反的头寸，达到以股指期货的盈利来补充现货亏损的目的。其原理在于：股指期货的价格与股票现货的价格受相同因素的影响，变动方向通常是一致的。成功利用股指期货套期保值的关键在于确定最优套期保值比例，可以采用最小方差法来确定[①]：

套期保值率为期货头寸和现货头寸的比值，表示为了进行套期保值，单位现货需要的期货合约数量，用 h 表示。首先，以多头现货和空头期货为例组成期货—现货套期保值组合。每个时期套期保值组合的价值变化为：

$$\Delta V_t = \Delta S_t - h_t \Delta F_t \tag{10-1}$$

其中，ΔV_t 表示 t 时期现货和期货组成的套期保值投资组合价值的变化，ΔS_t、ΔF_t 分别表示 t 时期现货和期货价格的变化，h_t 表示 t 时期套期保值比例。

$$\mathrm{Var}(\Delta V_t) = \mathrm{Var}(\Delta S_t) + h_t^2 \mathrm{Var}(\Delta F_t) - 2h_t \mathrm{Cov}(\Delta S_t, \Delta F_t) \tag{10-2}$$

对 h 求一阶导数并令其为 0，得到最小方差套期保值比率为：

$$h_t^* = \frac{\mathrm{Cov}(\Delta S_t, \Delta F_t)}{\mathrm{Var}(\Delta F_t)} = \rho_{s,f,t} \frac{\sigma_{s,t}}{\sigma_{f,t}} \tag{10-3}$$

其中，$\rho_{s,f,t}$ 表示 t 时期现货与期货指数相关系数，$\sigma_{s,t}$ 和 $\sigma_{f,t}$ 分别表示现货和期货指数的波动率。

2. 股指期货的套利

股指期货的套利机会出现在投资者可以付出零净投资额得到无风险利润时。股指期货是采用现金交割的，这一规定强制期指最终收敛于现指。因此当期指走势偏离现指超过一定的范围时，就存在回归的倾向，这就产生了套利机会。此时，投资者可以在买入或卖出某种股指期货合约的同时，卖出或买入相关的另一种合约，并在某个时刻同时将两种合约进行平仓交易。影响股指期货套利收益的因素主要是无风险利率的变化和策略有效性[②]。简单地考虑无税收、交易佣金等交易费用，并假定借贷利率相等，则在一个具有无限卖空机制且完全竞争的市场上，股指期货与现货存在以下关系：

$$F = S\mathrm{e}^{(r-q)(T-t)} \tag{10-4}$$

其中，F 为期货价格，S 为现货价格，$(T-t)$ 为期限，r 为无风险利率，q 为 t 至 T 时刻指数现货的连续红利收益率。如果 $F > S\mathrm{e}^{(r-q)(T-t)}$，则可以通过购买股票指数中的成分股票，同时卖出指数期货合约而获利。如果 $F < S\mathrm{e}^{(r-q)(T-t)}$，则可反向操作获利。

---

① 付胜华，檀向球．股指期货套期保值研究及其实证分析［J］．金融研究，2009(4):113–119.

② 王骏，张宗成．中国期货市场套期保值绩效实证研究［J］．证券市场导报，2005(11).

第二节　股指期货跨期套利策略

一、统计套利基本概念

1. 统计套利的定义

统计套利是一种基于量化模型的投资策略，是在不依赖经济含义的情况下，运用数量手段构建资产组合，根据证券实际价格与数量模型所预测的理论价值进行对比，构建证券投资组合的多头和空头，从而对市场风险进行规避，获取一个稳定的 Alpha。有别于无风险套利，统计套利是利用证券价格的历史统计规律进行套利，是一种风险套利，其风险在于这种历史统计规律在未来一段时间内不一定继续存在。

2. 统计套利的基础

对没有稳定性的价格关系进行套利具有较大风险，因此，统计套利只针对有稳定性的多个资产价格关系进行套利。价格关系稳定是因为存在均衡关系维持机制，当价格关系远离平均水平时，维持机制就会将价格关系拉回均衡水平。为确定一组价格关系是否稳定，首先从市场供求、套利机制等视角定性分析是否存在均衡关系维持机制；接着对历史数据进行统计分析，以验证通过定性分析得到的稳定关系维持机制在历史上是否能够发挥作用。总而言之，进行统计套利的基础是，首先要结合定性和定量两个方面分析寻找是否存在一种保持稳定价格关系的均衡关系维持机制；然后估计相对价格关系的概率分布，并对概率分布进行统计检验；最后才可以利用这种均衡机制去实现套利。

3. 统计套利的优势与局限性

（1）统计套利的优势。

统计套利有以下两个方面的优势：第一，统计套利通过增加少量的风险换取更多套利机会，使得预期收益远大于最大损失，本质是对无风险套利条件的放松；第二，相关商品的价格走势受到共同外因和自身特质因素的影响，而外界共同的突发因素对价格影响不大，是商品自身的特质因素决定了价差的走势。因此，对价格走势的分析可以忽略外界共同的突发因素，只需要关注商品自身特质，从而使得价差走势相对容易判断。

（2）统计套利的局限性。

统计套利有以下两个方面的局限性：第一，统计套利是根据历史数据的统计分析判断是否存在套利机会，而历史数据是否能够预测未来一直存在争议，这也是统计套利的一个根本局限性。因此，对待历史数据的正确态度是要采取措施来规避它的局限性。在分析历史数据的基础上，充分结合套利品种的基本面数据估计未来价差的走势，从而评估套利的可行性。第二，回归均衡关系需要的时间难以准确预知。如果提前达到预期的目标价差，可以提前平仓或反向进行新的套利。如果超过估计时间，就会提高套利者的资金使用成本。如果时间过长，套利者等不到预期利润就进行平仓会导致套利失败。更糟糕的情况是，在未来相当长的一段时间里继续保持价差，甚至进一步增大，会给套利者造成资金压力和损失。

4. 统计套利的风险控制

风险控制体系是统计套利必备的配套体系，主要作用是将风险控制在统计套利者可以承受的范围内，并且在风险变成真实的亏损时，令亏损不至于对套利资金的增长造成严重破坏。从实务操作角度来看，有以下四个具体规则：①在一般情况下，单次损失不能超过总投资资金的5%，预期盈利要超过总资金的15%，盈亏比达到1∶3方可入市交易。②总交易资金不要超过总资金的75%，以避免单向强平风险。③个人户在资金不宽裕的情况下，其持仓一定要在交割月前2个月同时了结头寸，以防止未能及时追加保证金而被强平的风险。④根据财务与投资者风险承受能力，建立跟踪交易盈亏系统，根据盈亏及时发出止损、止盈预警信号。

5. 统计套利的原则

在统计套利的过程中，投资者需要遵循以下两个原则：①套利者不愿意承担的风险必须彻底规避，因为套利者不会让套利头寸暴露在多种风险之下，所以只愿意承担少量风险。因此，必须谨慎选择套利品种及套利时机。②针对套利者愿意主动承担的风险，必须加以评估，以确保套利资金不受到较大亏损。这需要我们根据风险评估选择恰当的套利头寸。

二、跨期套利的概念与原理

跨期套利也称作持仓费用套利、新老作物年度套利，一般而言，跨期套利的操作对象为同一品种但交割月份不同的股指期货。

一般来说，相同标的指数的股指期货在市场上会有不同交割月的若干合约同时交易，目前我国沪深300指数期货同时上市的就有4个合约：当月、下月及随后的两个季月，这为跨期套利提供了基础。

由于同时交易的不同交割月合约均是基于同一标的指数，因此，在市场预期相对稳定的情况下，不同交割日期合约间的价差应该是稳定的，一旦价差发生了变化，就会产生跨期套利机会。考虑到价差运行的不确定性，投资者需要对不同到期日的期货合约价差及价差的运行做出预测，因而，这种套利形式不是无风险套利。价差运行的方向与投资者预测方向一致，则跨期套利交易就可盈利，反之则亏损。如图10-1所示，在左边圆圈内，预期远月合约价格下跌，市场即将进入熊市，而且远月合约价格下跌的速度高于近月合约，此时，可以对远月合约做空，而对近月合约做多以实现套利；同时，在右边的圆圈内，预期远月合约价格上涨，市场即将进入牛市，而且远月合约价格上涨的速度高于近月合约，此时，可以对远月合约做多，而对近月合约做空以实现套利。

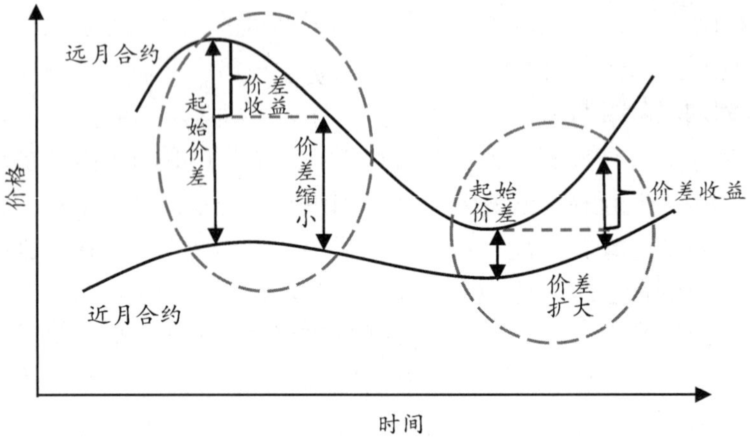

图 10–1　跨期套利原理图

三、跨期套利的分类

跨期套利具体可分为牛市跨期套利、熊市跨期套利和蝶式跨期套利三种。

1. 牛市跨期套利

当投资者预期市场处于牛市，交割月份较远的期货合约价格上涨幅度会超过近期合约，此时，投资者可以卖出近月合约，同时买入相同数量的远月合约。未来价格上涨后，远月合约与近月合约的价差扩大，此时在买入近月合约的同时卖出远月合约以获取收益，这种行为称为牛市跨期套利。牛市跨期套利的盈利条件是市场上涨，此时的操作策略是“卖近买远”（见表 10–1）。但如果市场行情判断失误，即市场下跌，则牛市跨期套利策略会出现亏损。

表 10–1　股指期货牛市跨期套利的案例

时间	股票市场 沪深 300 指数	股指期货市场		价差
		2 月合约	5 月合约	
1 月 5 日	收盘价 2510.10	以收盘价 2436.0 卖出 10 手开仓	以收盘价 2536.7 买入 10 手开仓	2436.0–2536.7 =–100.7 点
4 月 3 日	收盘价 2717.54	以收盘价 2708.8 买入 10 手平仓	以收盘价 2987.6 卖出 10 手平仓	2708.8–2987.6 =–278.8 点
盈亏计算	指数上涨 2717.54–2510.10 =207.44 点	亏损 2436.0–2708.8 =–272.8 点	盈利 2987.6–2536.7 =450.9 点	价差扩大 278.8–100.7 =178.1 点
盈亏相抵结果：（450.9–272.8）× 300 × 10=534300 元				

投资者对市场上涨判断正确，使得远期 5 月合约与近期 2 月合约的基差扩大，进而获利 534300 元。

2. 熊市跨期套利

当投资者预期市场处于熊市，交割月份较远的期货合约价格下跌幅度会超过近期合约。此时，投资者可以买入近月合约，同时卖出相同数量的远月合约。未来价格下跌后，近月合约与远月合约的价差缩小，此时在卖出近月合约的同时买入远月合约以获取收益，这种行为称为熊市跨期套利。熊市跨期套利的盈利条件是市场下跌，此时的操作策略是"买近卖远"（见表 10–2）。但如果市场行情判断失误，即市场上涨，则熊市跨期套利策略会出现亏损。

表 10–2　股指期货熊市跨期套利的案例

时间	股票市场 沪深 300 指数	股指期货市场		价差
		4 月合约	7 月合约	
3 月 15 日	收盘价 3654.78	以收盘价 4236.8 买入 10 手开仓	以收盘价 4853.9 卖出 10 手开仓	4236.8–4853.9 =–617.1 点
6 月 7 日	收盘价 3298.62	以收盘价 3365.6 卖出 10 手平仓	以收盘价 3587.6 买入 10 手平仓	3365.6–3587.6 =–222.0 点
盈亏计算	指数下跌 3298.62–3654.78 =–356.16 点	亏损 3365.6–4236.8 =–871.2 点	盈利 4853.9–3587.6 =1266.3 点	价差缩小 617.1–222.0 =395.1 点
盈亏相抵结果：（1266.3–871.2）× 300 × 10=1185300 元				

投资者对市场下跌判断正确，使得远期 7 月合约与近期 4 月合约的基差缩小，进而获利 1185300 元。

3. 蝶式跨期套利

蝶式跨期套利是跨期套利一种不太常用的形式，利用不同交割月份的价差进行套期获利，由两个方向相反、共享居中交割月份合约的跨期套利组合构成。蝶式跨期套利的原理是，套利者比较三个相邻的期货合约价格时，认为中间月份的期货合约价格与两边月份合约价格之间的相关关系出现了差异。投资者同时进行三个不同月份的合约买卖，通过中间月份合约与前后两个月份合约的价差的变化来获利。例如，卖出 1 手近期合约，同时买入 2 手中期合约，再卖出 1 手远期合约；或买入 1 手近期合约，同时卖出 2 手中期合约，再买入 1 手远期合约。这种套利做法称为蝶式跨期套利（见表 10–3）。

表 10-3　股指期货蝶式跨期套利的案例

时间	蝶式跨期套利操作			收益计算
4 月 5 日	3540 点买入 1 手 8 月合约	3520 点卖出 2 手 10 月合约	3500 点买入 1 手 11 月合约	3460–3540=–80 点 （3520–3440）×2=160 点 3430–3500=–70 点 盈亏合并： （160–80–70）×300= 3000 元
7 月 8 日	3460 点卖出 1 手 8 月合约	3440 点买入 2 手 10 月合约	3430 点卖出 1 手 11 月合约	

投资者对 10 月合约价格被高估的判断正确，从而得以通过蝶式跨期套利盈利 3000 元。

四、基于协整的股指期货跨期套利策略

（一）协整套利模型

协整理论可用于寻找配对资产标的、存在协整关系的配对股票，可以对二者的价格关系建立如下协整套利模型①：

$$P_{it}=\alpha+\beta F_{jt}+\varepsilon_{ijt} \tag{10-5}$$

其中，$P_{it}=\ln\left(S_{it}\right)$，$F_{jt}=\ln\left(Q_{jt}\right)$，$P_{it}$ 和 F_{jt} 是配对股票的对数价格序列。采用对数价格的原因有以下两个：第一，在金融市场中，要求两类资产的回报率存在长期稳定均衡关系，反映在数学公式上是用资产的对数价格关系替代水平价格关系；第二，在经典的股票价格模型中，股票的对数价格被认为是一阶单整的，而对于同阶单整的两个资产价格序列将可能存在协整关系。β 为协整向量，常数项 α 代表两只股票的均衡价差，而 ε_{ijt} 是模型残差。

1. 价差套利策略的收益来源

假设 t 时刻股票 i 和股票 j 的对数价格偏离了公式（10–5）所描述的长期均衡关系，考虑 $P_{it}<\alpha+\beta F_{jt}$，即 $P_{it}-\beta F_{jt}<\alpha$ 的情况，此时价差套利策略将选择买入 1 单位的股票 i，并卖空 β 单位的股票 j；在 $t+s$ 时刻，当股票 i 和股票 j 的价格关系回到它们的均衡价格关系时，进行相反的操作，即卖出 1 单位股票 i 的同时买入 β 单位股票 j。

$$P_{i,t+s}=\alpha+\beta F_{j,t+s}+\varepsilon_{ij,t+s} \tag{10-6}$$

将公式（10–6）与公式（10–5）相减，并进行简单推导，可以得到 t 时刻至 $t+s$ 时刻上述套利交易策略所构建的资产组合的收益方程，即公式（10–7）至（10–9）：

① VIDYAMURTHY G. Pairs trading: quantitative methods and analysis［M］. Wiley, 2004.

$$P_{i,t+s}-P_{i,t}=\beta\left(F_{j,t+s}-F_{j,t}\right)+\left(\varepsilon_{ij,t+s}-\varepsilon_{ij,t}\right) \tag{10-7}$$

$$\ln\left(S_{i,t+s}/S_{i,t}\right)-\beta\ln\left(F_{j,t+s}/F_{j,t}\right)=\varepsilon_{ij,t+s}-\varepsilon_{ij,t} \tag{10-8}$$

$$R_{i,t+s}-\beta R_{j,t+s}=\varepsilon_{ij,t+s}-\varepsilon_{ij,t} \tag{10-9}$$

观察公式（10–8）和公式（10–9）可以发现，等式左边是1单位股票 i 与 β 单位股票 j 在 t 时刻至 $t+s$ 时刻这一期间的对数收益率之差。由于 t 时刻 $P_{it}-\beta F_{jt}<\alpha$，根据均值回复原理，假设在 $t+s$ 时刻，股票 i 和股票 j 的对数价格将回到长期均衡关系，即 $P_{it}-\beta F_{jt}=\alpha$，那么1单位多头股票 i 必然相对 β 单位空头股票 j 在该期间有超额收益。这就意味着公式（10–9）的两边 $R_{i,t+s}-\beta R_{j,t+s}$ 和 $\varepsilon_{ij,t+s}-\varepsilon_{ij,t}$，均大于0，从而解释了价差套利策略的收益来源。

2. 价差套利策略的风险

由于价差套利模型以资产存在长期稳定均衡关系等理想化的假设为前提，在实际金融市场中会出现与假设不符的情况进而带来风险。

具体而言，Engelberg 等将配对交易等此类基于均值回复的价差套利策略面临的主要风险总结为以下两点[①]：

（1）价差发散风险。价差发散风险指的是套利模型假设配对资产之间存在长期的均衡关系，但在金融市场中，资产间的价格关系实际上会随着时间推移发生变化，导致原先描述均衡关系的模型不再适用，价差的运动将偏离其历史均值回归路径，给套利者带来损失。

（2）价差回复慢风险。价差回复慢风险是指价差尽管仍然是均值回复的，但由于没有在特定的时间范围内回到均值，价差向相反方向的波动导致投资者在套利出场之前将承受账户资产余额的波动，由于期货保证金不足或触发止损等，投资者将被迫在价差回复到均值之前平仓，使亏损兑现。

因此，传统协整套利模型一般选取一段样本期用于检验配对资产的协整关系，在判别协整关系成立的前提下，在交易期内根据相应的信号机制进行套利交易。在交易规则的设计上，Vidyamurthy 沿用了 Gatev 等[②]提出的 GGR 临界值模型，即选用价差突破历史均值上下 k 倍标准差作为交易信号。

3. 价差套利策略的假设

传统协整套利模型最重要的三个假设如下：

（1）配对资产间存在长期稳定的均衡关系，该均衡关系在样本内外保持不变。

---

① ENGELBERG J, GAO P, JAGANNATHAN R. An anatomy of pairs trading：the role of idiosyncratic news, common information and liquidity［J］. SSRN electronic journal, 2009.

② GATEV E G, GOETZMANN W, ROUWENHORST G. Pairs trading: performance of a relative value arbitrage rule［R］. NBER working papers 7032, national bureau of economic research, Inc., 1999.

（2）去均值价差序列（即协整模型残差）在样本外是 0 均值，同方差且独立同分布的白噪声序列。

（3）在 GGR 临界值模型中，去均值后的价差序列被假设为服从正态分布，即 $\varepsilon_t \sim N\left(0,\sigma^2\right)$，因此可以采用价差突破历史均值上下 2 倍标准差时开仓，回到上下 1 倍标准差范围内平仓的交易机制。

（二）基于协整的股指期货跨期套利

1. 跨期套利的基本步骤

第一步，选取 IF2012 和 IF2103 在 2020 年 7 月 20 日至 12 月 18 日的 5 分钟股指期货收盘价数据，利用 ADF 检验其平稳性。如果两个时间序列存在单位根，那么虽然序列本身非平稳序列，但若序列之间存在相同单整阶数，则可能存在协整关系。

第二步，对 IF2012 和 IF2103 进行 OLS 回归，对于其回归得到的残差序列进行平稳性检验。若残差序列是平稳的，即两个序列之间存在长期均衡的协整关系，则实施统计套利策略。

第三步，根据价差的统计分析来制定跨期套利的交易策略。

2. ADF 检验

由表 10–4 可以看出，IF2012 和 IF2103 序列都含有 ADF，但经过一阶差分后，两序列都是 I（1）序列，说明二者存在协整的可能。

表 10–4　IF2012 和 IF2103 的 ADF 检验

序列	ADF 统计量	概率	1% 阈值	5% 阈值	10% 阈值
IF2012	–2.882341	0.1683	–3.959880	–3.410706	–3.127139
d (IF2012)	–73.19539	0.0001	–3.431482	–2.861925	–2.567018
IF2103	–3.101995	0.1058	–3.959876	–3.410705	–3.127138
d (IF2103)	–72.49748	0.0001	–3.431479	–2.861924	–2.567017

3. 协整检验

（1）对 IF2012 和 IF2103 进行 OLS 回归，得到如下结果：

IF2103 = 1.044695 × IF2012–250.3838

SE　　（0.001049）　　（4.963291）

t　　（966.0801）　　（–50.44713）

$R^2 = 0.995001$　$F = 992175.6$　$DW = 0.043593$

（2）对 OLS 回归后的残差序列进行 ADF 检验（见表 10–5）。

表 10-5　残差序列的 ADF 检验

序列	ADF 统计量	概率	1% 阈值	5% 阈值	10% 阈值
Resid	−2.667610	0.2503	−3.959893	−3.410713	−3.127143

从表 10-5 中数据可以看出残差为非平稳序列，因此 IF2012 和 IF2103 之间不存在协整关系。

（3）加入 AR(1) 和 AR(2) 处理残差自相关后进行 OLS 回归，得到如下结果：

IF2103 = 0.959678 × IF2012 + 153.8864 + [AR(1)=0.537401,AR(2)=0.458055255]

SE	（0.002365）	（12.88211）	（0.007608）	（0.007609）
t	（405.7950）	（11.94574）	（70.63414）	（60.20309）

$R^2=0.999844$　$F=8007121$　$DW=2.196290$

（4）对 OLS 回归后的残差序列进行 ADF 检验（见表 10-6）。

表 10-6　残差序列的 ADF 检验

序列	ADF 统计量	概率	1% 阈值	5% 阈值	10% 阈值
Resid01	−34.35135	0.0000	−3.959891	−3.410712	−3.127143

从表 10-6 中数据可以看出残差为平稳序列，因此 IF2012 和 IF2103 之间存在协整关系。

4. 交易策略

（1）令价差序列 Spread=Resid，根据协整结果可以得到价差 Spread 序列。

（2）为了便于序列数据集中化，根据价差序列均值 mean 结果将 Spread 去中心化，即令 Mspread=Spread−mean。

（3）当 Mspread ≤ 0.8 · δ（Mspread）时，即进行牛市跨期套利；

当 Mspread ≥ 0 时，即进行牛市跨期套利反向操作，了结套利头寸；

当 Mspread ≤ 2 · δ（Mspread）时，则进行牛市交易止损，强制平仓。

（4）当 Mspread>0.8 · δ（Mspread）时，即进行熊市跨期套利；

当 Mspread ≤ 0 时，即进行熊市跨期套利反向操作，了结套利头寸；

当 Mspread>2 · δ（Mspread），则进行熊市交易止损，强制平仓。

（5）当近期合约到期时，无论价差是否回落，反向对冲了结套利头寸，不进行展期操作。

5. 结果分析

（1）处理自相关前的结果（见表 10-7）。

表 10-7　自相关前回测结果

统计项目	统计值
样本数量	4992
胜率	9%
累计收益率	–154%
年化收益率	–374%

从表 10–7 中数据可以看出，处理自相关前套利结果胜率为 9%，累计收益率为 –154%，年化收益率为 –374%，套利结果并不理想。

（2）处理自相关后的结果（见图 10–2、图 10–3 和表 10–8）。

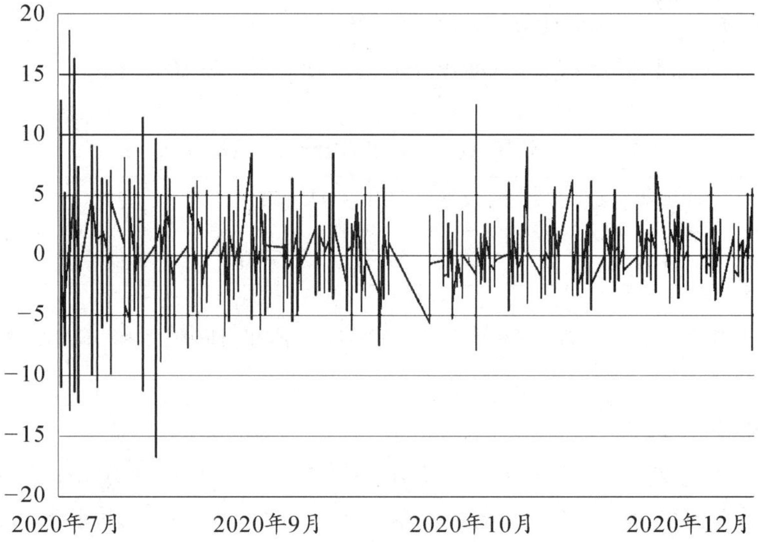

图 10–2　Mspread 分布

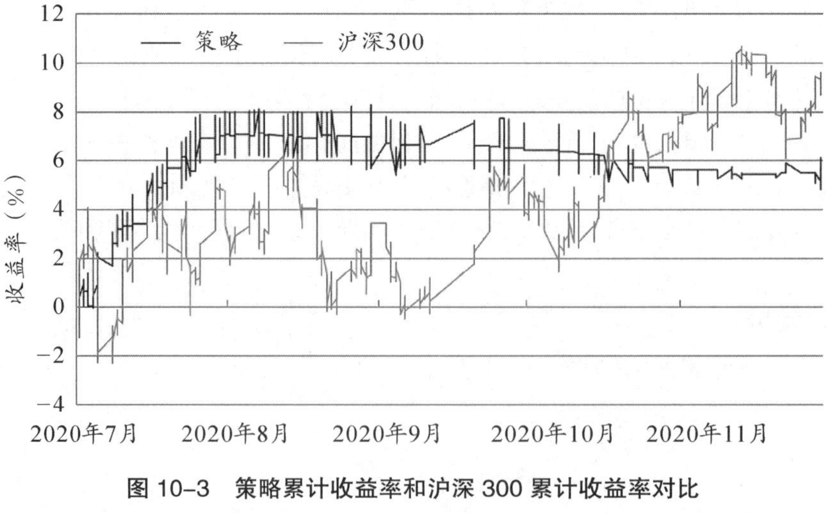

图 10–3　策略累计收益率和沪深 300 累计收益率对比

表 10-8　自相关后回测结果

统计项目	统计值
样本数量	4992
牛市套利次数	179
熊市套利次数	227
跨期套利总次数	406
胜率	51.50%
累计收益率	5.12%
年化收益率	12.41%
最大回撤率	3.20%
开仓次数	407
平仓次数	406

根据回测结果可知，由 IF2012 和 IF2103 组成的跨期套利策略中，牛市套利次数为 179 次，熊市套利次数为 227 次，跨期套利总次数为 406 次，胜率为 51.50%，累计收益率为 5.12%，年化收益率为 12.41%，最大回撤率为 3.20%，套利结果较为理想。

对比跨期套利策略和沪深 300 指数的累计收益率可知，2020 年 10 月之前策略的累计收益率高于沪深 300 指数累计收益率，而 2020 年 11 月沪深 300 指数的累计收益率超过策略的累计收益率。这表明跨期套利策略在股市低迷时可以获得一个稳定且较高的收益，但是在股票大盘上涨时期，股指期货跨期套利未必能跑赢大盘，但收益也相对客观。总体上，基于股指期货的跨期套利收益率稳定，但是投资股票大盘波动性较大，盈利和亏损的风险性也较大，故此，当股票市场波动性较大时，可以选择构建一个跨期套利策略，这样可以获得一个相对稳定和可观的收益率。

范例程序 10-1：基于协整的股指期货跨期套利策略

```
import numpy as np
import    pandas as pd
import scipy.io as scio
import datetime
import matplotlib.pyplot as plt
plt.rcParams["font.sans-serif"]=["SimHei"]
plt.rcParams["axes.unicode_minus"] = False
#正常显示画图时出现的中文和负号

def excel_to_data(path):
        ws=pd.read_excel(path,sheet_name=0,header=None,keep_default_na=False)
        data=ws.iloc[:,[0,1,2]]
```

```
    return data

data=np.array(excel_to_data('33.xls'))
cur_size=4992
day=104
clo=data.T[2][0:cur_size]
jin=data.T[1][0:cur_size]
yuan=data.T[0][0:cur_size]
fee=0.00015
profit=np.zeros((cur_size,1))
std= 4.0232
holdjin=0
holdyuan=0
tradesniu=0
tradesxiong=0
kai=0
ping=0
time=1
flag=0

for date in range(0,cur_size):
    #策略实施
    #牛市跨期套利
    if (clo[date]<-0.8*std)and(holdjin==0)and(holdyuan==0):
        holdjin=holdjin-1
        holdyuan=holdyuan+1
        sale_price=jin[date]
        buy_price=yuan[date]
        kai=kai+1
        profit[date]=profit[date]+sale_price*(1-fee)-buy_price*(1+fee)
    #牛市跨期套利反向操作
    if (clo[date]>=0*std)and(holdjin==-1)and(holdyuan==1):
        holdjin=holdjin+1
        holdyuan=holdyuan-1
        buy_price=jin[date]
        sale_price=yuan[date]
        ping=ping+1
        profit[date]=profit[date]-buy_price*(1+fee)+sale_price*(1-fee)
        tradesniu=tradesniu+1
    #牛市跨期套利止损
    if (clo[date]<-2*std)and(holdjin==-1)and(holdyuan==1):
        holdjin=holdjin+1
        holdyuan=holdyuan-1
        buy_price=jin[date]
        sale_price=yuan[date]
        ping=ping+1
        profit[date]=profit[date]-buy_price*(1+fee)+sale_price*(1-fee)
        tradesniu=tradesniu+1
    #熊市跨期套利
    if (clo[date]>0.8*std)and(holdjin==0)and(holdyuan==0):
        holdjin=holdjin+1
        holdyuan=holdyuan-1
        sale_price=yuan[date]
        buy_price=jin[date]
        kai=kai+1
        profit[date]=profit[date]-buy_price*(1+fee)+sale_price*(1-fee)
    #熊市跨期套利反向操作
```

```
    if (clo[date]<=0*std)and(holdjin==1)and(holdyuan==-1):
        holdjin=holdjin-1
        holdyuan=holdyuan+1
        sale_price=jin[date]
        buy_price=yuan[date]
        ping=ping+1
        profit[date]=profit[date]-buy_price*(1+fee)+sale_price*(1-fee)
        tradesxiong=tradesxiong+1
    #熊市跨期套利止损
    if (clo[date]>2*std)and(holdjin==1)and(holdyuan==-1):
        holdjin=holdjin-1
        holdyuan=holdyuan+1
        sale_price=jin[date]
        buy_price=yuan[date]
        ping=ping+1
        profit[date]=profit[date]-buy_price*(1+fee)+sale_price*(1-fee)
        tradesxiong=tradesxiong+1

buy=np.cumsum(buy_price,0)
sumprofit=np.cumsum(profit,0)
#胜率
win=0
lose=0
total=0
for i in range(0,cur_size):
    if profit[i]!=0:
        total=total+1
        if profit[i]>0:
            win=win+1
        else:
            lose=lose+1
shenglv=win/total*100
yingkuiratio=win/lose*100
shouyilv=sumprofit[-1]/buy*100
nianhua_shouyilv=shouyilv*(252/cur_size)

highestprofit=0
maxback=0
for i in range(0,cur_size):
    highestprofit=np.max(np.append(highestprofit,sumprofit[i].T))
    maxback=np.max(np.append(maxback,highestprofit-sumprofit[i].T))
maxback
maxbacklv=maxback/(highestprofit+buy)*100
rate=(sumprofit/buy)*100
plt.plot(range(1,cur_size+1),sumprofit)
plt.show()
```

第三节 跨市场期现套利策略

一、期现套利的概念与原理

股指期现套利是利用股指期货合约到期时向现货指数价位收敛的特点，当期货市场与现货市场在价格上出现差距，从而利用两个市场的价格差距，买入低估一方，卖出高估一方，等到不合理的价差恢复到正常合理的状态后平仓，从中赚取价差收益的对冲交易行为。

期现套利界定与套利机会的确定是期现套利在股指期货与现货指数之间出现价格失衡时产生的。正常情况下，期现套利交易将确保股指期货的价格处于合理状态。期现套利主要包括正向期现套利和反向期现套利两种，但国内现货市场交易机制不能做空。因此我们一般做正向期现套利，即卖股指，买现货。

确定期现套利交易机会可以分两步进行：首先是确定套利机会是否存在，通过股指期货定价理论来确定股指期货合理价格区间，当偏离于股指期货合理价格区间外即出现套利机会；其次是利用价差比指标来衡量股指期货价格与现货指数的偏离程度，进而确定套利空间大小。

二、ETF 的定义与优势

1. ETF 的定义

ETF（Exchange Traded Funds）指交易型开放式指数基金，是一种在交易所上市交易的、基金份额可变的开放式基金。交易型开放式指数基金属于开放式基金的一种特殊类型，它结合了封闭式基金和开放式基金的运作特点，投资者既可以向基金管理公司申购或赎回基金份额，同时，又可以像封闭式基金一样在二级市场上按市场价格买卖 ETF 份额，由于同时存在证券市场交易和申购赎回机制，投资者可以在 ETF 市场价格与基金单位净值之间存在差价时进行套利交易。套利机制的存在，使得 ETF 避免了封闭式基金普遍存在的折价问题。不过，申购赎回必须以一揽子股票换取基金份额或者以基金份额换回一揽子股票。沪深交易所对申购、赎回基金份额有如下规定：

（1）当日申购的基金份额，同日可以卖出，但不得赎回；

（2）当日买入的基金份额，同日可以赎回，但不得卖出；

（3）当日赎回的证券，同日可以卖出，但不得用于申购基金份额；

（4）当日买入的证券，同日可以用于申购基金份额，但不得卖出。

2. ETF 的优势

（1）ETF 本身就是现货成分股投资组合。ETF 实质上是由成分股按照其市值大小加权构建的组合，投资者购买 ETF 就等同于购买一个包含所有指数成分股的投资组合。截至 2021 年 6 月，上海证券交易所基金市场总市值 10458.79 亿元，其中，股票 ETF、货币 ETF、跨境 ETF 总市值分别为 5682.00 亿元、3553.11 亿元、535.26 亿元，从 ETF 发行数量看，分别是 245 只、24 只、25 只。可见，股票 ETF 远超其他种类 ETF，成为市场的重要组成部分。

（2）ETF 能非常近似地模拟指数走势，跟踪误差比较小。ETF 本身可以在一级市场和二级市场上进行套利，这保证了二级市场上的价格不会像普通封闭式基金那样经常甚至长期偏离净值，而是紧紧围绕净值上下波动，折溢价率较低。

（3）在融资融券信用交易的前提下，ETF 可以实施卖空。上海证券交易所发布《关于交易所交易基金作为融资融券标的证券相关事项的通知》，相应地调整了交易所交易型开放式指数基金作为融资融券标的的范围，这使得反向套利（买入期货，卖空现货）得以实施。

（4）ETF 在二级市场具有很好的流动性，交易费用低、免过户费、免印花税，在进行正向套利时，不需要购买成分股，直接通过二级市场购买 ETF 即可，这是 ETF 特有的优势。

（5）ETF 可以变相实行 $T+0$ 交易；根据沪深交易所的交易规则，尽管沪深 ETF 和股票在二级市场的买卖实行 $T+1$ 回转交易，不能实行 $T+0$ 交易，但可以通过一、二级市场双边交易达到 $T+0$ 交易的目的。如当日买入的基金份额，尽管不能在二级市场卖出，但可以通过一级市场赎回股票后在股票的二级市场卖出，实现资金的当日回笼。同样，当日买入的股票，尽管当日不能在二级市场卖出，但可以通过一级市场申购 ETF 后当日卖出。

（6）ETF 可以实现自动调整权重的作用。ETF 成分股的构成与其相应的指数一样，一旦以 ETF 来建仓，ETF 成分股的构成就是由基金公司根据指数来实时调整的。例如，上证 50 指数依据样本稳定性和动态跟踪相结合的原则，每半年调整一次成分股，调整时间与上证 180 指数一致。特殊情况下也可能对样本进行临时调整。每次调整的比例一般不超过 10%。因此只需持有 ETF 份额就会达到自动调整成分股的权重，避免了实时调整成分股带来的手续费用。

三、ETF 套利模型的介绍

我们利用期货现货市场与沪深 300 指数高度同步、偶有偏差的 ETF 来套利。当股指期货的市场价格偏离了其理论价格的某个价格区间（无套利区间）时，就可以在期货市场和现货市场上通过卖高买低获得收益，即实现期现套利。

期现套利的理论依据是，在到期日，股指期货的价格和标的指数会收敛（本书采用的是相关性很强的 ETF 指数基金替代标的指数）。期现套利分为正向套利与反向套利两种。

当 ETF 被低估，股指期货被高估时，在 t 时刻通过二级市场买入 ETF 同时在期货市场卖出期货合约，待价差收敛时，在 T 时刻赎回（当日，如非当日则卖出）ETF 同时买入期货合约平仓，这种套利策略为正向套利。

当 ETF 被高估，股指期货被低估时，首先在 t 时刻通过融券获得 ETF 成分股后申购 ETF，并在二级市场卖出，同时在期货市场买入期货合约，当价差收敛时，在 T 时刻通过二级市场买入 ETF 并赎回同时卖出期货合约进行平仓，这种策略为反向套利。通过观察 ETF 和股指期货价格走势与涨跌幅比较，当收益率偏差较大时，就会产生套利机会。

四、ETF 与股指期货套利收益实证分析

我们选取中小 100ETF 和沪深 300 股指期货进行实证模拟套利，基本思路如下：当收益率偏差（中小 100ETF 与沪深 300 股指期货）为正时，采用反向套利；反之采用正向套利；模拟参数设置开仓阈值和平仓阈值（见表 10–9），当收益率偏差达到相应水平时进行操作；当套利持仓时间超过 20 个交易日仍未盈利时平仓出局，等待下一个套利机会。

根据以上思路，我们实证分析得出的结果如表 10–9 所示，通过分析计算收益回测比，最终选取开仓阈值为 1.4，平仓阈值为 0.8，在取样时间段内共交易 49 次，累计收益率为 49.28%，年化收益率为 10.32%，可以从图 10–4、图 10–5 看出日收益率偏差与累计收益率的变化趋势。

表 10–9　回测结果

开仓阈值	平仓阈值	最大回撤率（%）	累计收益率（%）	交易次数	年化收益率（%）
1.4	0.9	19.85	45.75	49	9.59
1.4	0.8	20.71	49.28	49	10.32
1.4	0.7	27.42	33.43	48	7.018
1.4	0.6	28.86	32.25	49	6.75
1.4	0.5	32.57	29.60	50	6.20
1.5	0.8	32.75	31.59	39	6.624

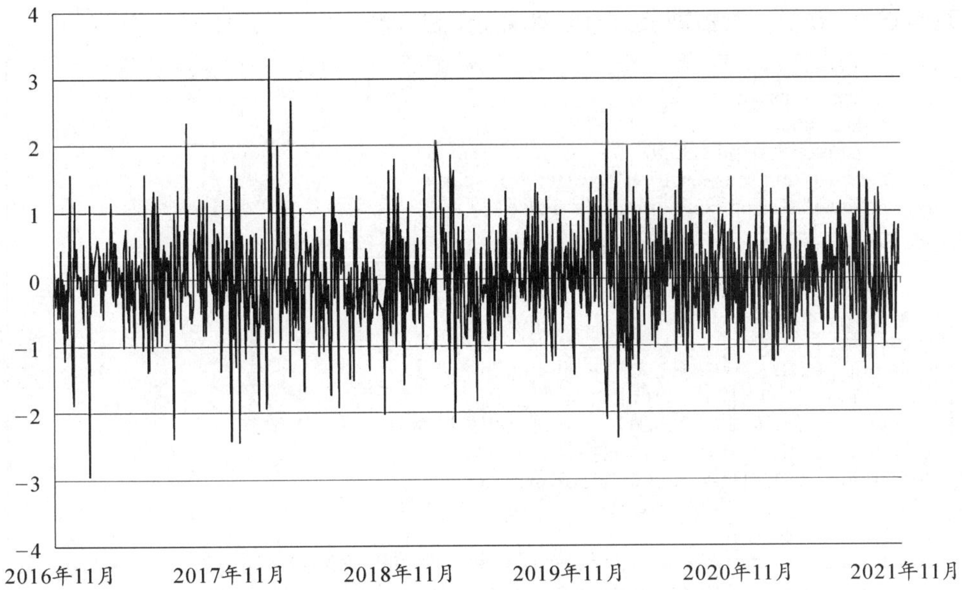

图 10-4　中小 100ETF 与沪深 300 股指期货日收益率偏差

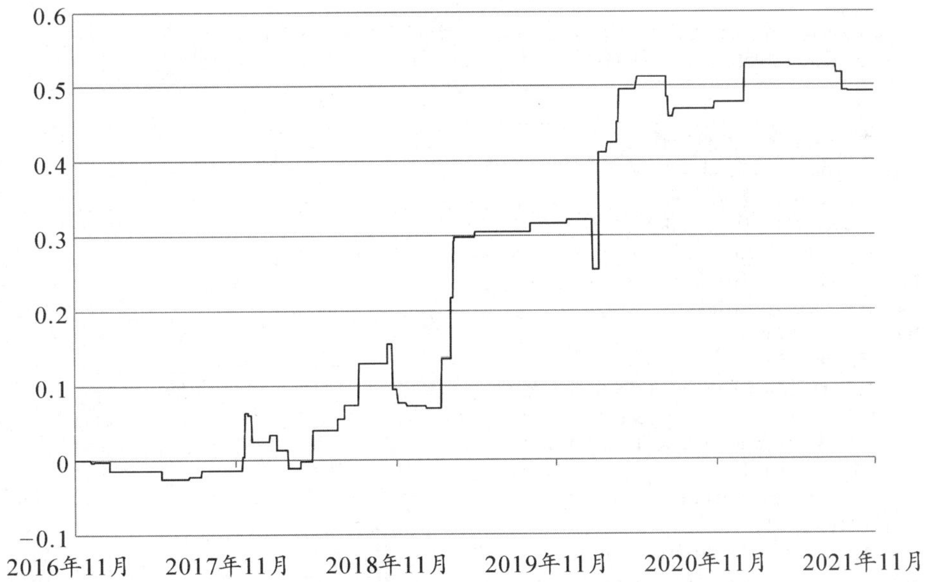

图 10-5　中小 100ETF 与沪深 300 股指期货累计收益率

范例程序 10-2：股指期货 ETF(期现) 套利策略

```
import numpy as np
import scipy.io as scio
import datetime
import matplotlib.pyplot as plt
plt.rcParams["font.sans-serif"]=["SimHei"]
plt.rcParams["axes.unicode_minus"] = False
#正常显示画图时出现的中文和负号

#载入数据
data=scio.loadmat('ZX100.mat')
date=[] #日期
open_price_zx100=[]#中小 100ETF 的开盘价
close_price_zx100=[]#中小 100ETF 的收盘价
deviation_value=[]#中小 100ETF 与沪深 300 股指期货的收益率偏差
open_price_hs300=[]#沪深 300 股指期货开盘价
close_price_hs300=[]#沪深 300 股指期货收盘价
for i in range(0,len(data['ZX100'])):

date=np.append(date,datetime.datetime.strptime('%d'%data['ZX100'][i][0],"%Y%m%d"))
    open_price_zx100=np.append(open_price_zx100,data['ZX100'][i][1])
    close_price_zx100=np.append(close_price_zx100,data['ZX100'][i][2])
    deviation_value=np.append(deviation_value,data['ZX100'][i][3])
    open_price_hs300=np.append(open_price_hs300,data['ZX100'][i][4])
    close_price_hs300=np.append(close_price_hs300,data['ZX100'][i][5])
#初始化
record=0#仓位状态，1 表示正向套利，-1 表示反向套利，0 表示空仓
compel_date=20#仓位最长持有时间，如果超过最长持有时间就强制平仓
up=1.4
dp=0.8
hold_date=0#仓位持有时间
row=len(date)#数据周期长度
long_price=0#多头买入价格
short_price=0#空头卖出价格
profit=np.zeros((1,row))#收益率
num1=0#正向套利次数
num2=0#反向套利次数
for i in range(0,row):
    #正向套利
    if deviation_value[i]<-up and record==0 :
        long_price=close_price_zx100[i]
        short_price=close_price_hs300[i]
        record=1
        num1=num1+1
    #反向套利
    elif deviation_value[i]>up and record==0:
        long_price=close_price_hs300[i]
        short_price=close_price_zx100[i]
        record=-1
        num2=num2+1
    #正向平仓
    elif deviation_value[i]<dp and deviation_value[i]>-dp and record==1:

profit[0][i]=np.log(close_price_zx100[i]/long_price)-np.log(short_price/close_price_hs300[i])
        record=0
```

```
            long_price=0
            short_price=0
        #反向平仓
        elif deviation_value[i]<dp and deviation_value[i]>-dp and record==-1:

profit[0][i]=np.log(close_price_hs300[i]/long_price)-np.log(short_price/close_price_zx100[i])
            record=0
            long_price=0
            short_price=0
        #强制正向平仓
        elif hold_date>=compel_date and record==1:

profit[0][i]=np.log(close_price_zx100[i]/long_price)-np.log(short_price/close_price_hs300[i])
            record=0
            long_price=0
            short_price=0
        #强制反向平仓
        elif hold_date>=compel_date and record==-1:

profit[0][i]=np.log(close_price_hs300[i]/long_price)-np.log(short_price/close_price_zx100[i])
            record=0
            long_price=0
            short_price=0
        #计算持仓时间
        elif (deviation_value[i]>dp or deviation_value[i]<-dp)and record!=0:
            hold_date=hold_date+1
num=0
for i in range(0,row):
    if profit[0][i]!=0:
        num=num+1
cuprofit=np.cumsum(profit[0])
drawdown=np.zeros((1,row))
for i in range(700,row):
    for j in range(i+1,row):
        draw=(cuprofit[i]-cuprofit[j])/cuprofit[i]
        if draw>drawdown[0][i]:
            drawdown[0][i]=draw
max_drawdown=np.max(drawdown[0])

print(max_drawdown)#最大回撤率
print(cuprofit[-1])#累计收益率
print(num)#交易次数
print(cuprofit[-1]/(len(date)/255))#年化收益率

plt.figure()
plt.plot(date,deviation_value)
plt.xlabel('时间')
plt.ylabel('收益率偏差（%）')
plt.show()
plt.plot(date,cuprofit,'r')
plt.xlabel('时间')
plt.ylabel('累计收益率')
plt.show()
```

第四节 股指期货择时交易策略

一、量化择时交易

量化择时交易是指利用某种方法来判断大盘的走势情况，即判断未来大盘走势是上涨还是下跌或者是盘整，进而选择交易时机和方向的一种交易策略。如果判断是上涨，则买入持有；如果判断是下跌，则卖出清仓；如果判断是震荡，则进行高抛低吸，这样可以获得远远超越简单买入持有策略的收益率。

从技术上讲，量化择时就是利用数量化的方法，通过对各种宏微观指标的量化分析，试图找到影响大盘走势的关键信息，并且对未来走势进行预测。由于涉及的指标多样，技术方法不一，并且市场环境瞬息万变，因此择时是一种难度极大的交易策略，具有高收益、高风险和大容量的特点。当前，主流的择时交易策略包括趋势择时策略、自适应均线、市场情绪择时、牛熊线择时等[①]。

二、股指期货与择时交易

我国自 2010 年 4 月 16 日在中国金融期货交易所推出沪深 300 指数股指期货，标志着我国的金融期货市场迈进了一个崭新的阶段，具有里程碑式的历史意义。我国的股指期货经过十几年的发展，交易情况异常活跃，已经成为投资者和套期保值者主要的对冲工具。

股指期货的择时交易是建立在非有效市场假设上的，主要是市场信息不对称和非理性人造成市场的无效。一方面，市场有效假设认为投资者是理性的，不会受到周围环境和自身心理的影响，在投资市场上始终追求效用最大化；另一方面，市场有效假设认为市场的信息是完全公开而且各个投资者都能即时、免费地得到的，同时投资者能够最有效率地利用信息，这使投资市场上的价格处于随机游走的状态，即价格并没有规律可循，而是处于不断的随机变化中。

择时被认为是一种统计上的科学，基于历史数据，观察数据的变化趋势，找出数据的变化规律以及各个数据之间的关系。此外，技术分析者认为投资者并不能得到充分的信息，并且会受到外界因素，如心理、政治等的影响，投资者会不断地重复犯过

---

① 李岳男．沪深 300 股指期货程序化交易策略设计［D］．沈阳：沈阳工业大学，2019; 刘若晨．基于 SVM 的期货择时交易模型研究［D］．南京：南京财经大学，2020; HAMILTON W P．The stock market barometer［M］．John Wiley & Sons 1998.

的错误。这些错误都会反映在价格曲线上，而技术分析者就是根据这些信息，发现具有代表性的曲线形状，借此预测价格趋势，并且根据价格趋势进行套利交易。股指期货择时交易策略具体有以下几种：

（1）趋势择时策略。趋势择时通常利用两根价格线的交叉作为交易信号，并以此作为买卖时点的判断。常用的趋势指标包括：移动均线（MA）、振动升降指标（ASI）、佳庆指标（CHAIKIN）、平均线（DMA）、趋向指标（DMI）、区间震荡指标（DPO）、简单波动指标（EMA）、指数平滑异同移动平均线（MACD）、三重指数平滑平均线（TRIX）、终极指标（UOS）、十字过滤线（VHF）、量价曲线（VPT）、威廉变异离散量（WVAD）等。

（2）自适应均线。传统的固定均线的参数不会跟随行情变化，存在较大缺陷，即在市场反复震荡时短期均线频繁地转向；在市场快速上升或者下跌时长期均线反应迟钝，这就会造成频繁发出错误开平仓信号。自适应均线能够有效解决上述问题。简单来说，自适应均线是一个能够自适应的交易系统，具有可以根据行情自动学习和自动调整的功能。

（3）市场情绪择时。A 股市场具有羊群效应。大盘上涨的时候，投资者情绪激动，一窝蜂地买入；大盘下跌的时候，投资者情绪低迷，又一窝蜂地卖出，从而会造成市场趋势的持续。市场情绪择时就是利用市场上投资者的情绪指标来判断大盘在未来一段时间走势的策略。情绪指标包括投资者信心指数、折溢价率、新股数据、投资者行为等。

（4）牛熊线择时。正常情况下，价格在一定区间内波动，不具有方向性，而一旦价格突破临界值即可视为方向性突破，转势开始。因此可以定义两根线：一根牛线，一根熊线。如果股票上突破牛线，则可以认为是一波大牛市开始；如果股票下突破熊线，则可以认为是一波大熊市开始。牛熊线择时就是定义了牛熊线后，通过参数调整优化，投资者可以获得比较好的择时效果。

三、基于趋势择时的股指期货择时策略分析

（一）择时指标构建

1. 指数平滑移动平均线（MACD）

MACD 是 Gerald Appel 于 1979 年提出的，又称为指数平滑异同移动平均线，是从双移动平均线发展而来的，由快的移动平均线减去慢的移动平均线，MACD 的意义和双移动平均线基本相同，但阅读起来更方便。当 MACD 以大角度变化时，表示快的移动平均线和慢的移动平均线的差距非常迅速地拉开，代表了一个市场大趋势的转变。当 MACD 从负数转向正数，是买的信号；当 MACD 从正数转向负数，是卖的信号。

MACD 计算方法如下：首先分别计算出收市价 SHORT 日指数平滑移动平均线与

LONG 日指数平滑移动平均线，分别记为 EMA(SHORT) 与 EMA(LONG)。求这两条指数平滑移动平均线的差，即 DIFF=EMA(SHORT)−EMA(LONG)；再计算 DIFF 的 M 日平均指数平滑移动平均线，记为 DEA；最后用 DIFF 减 DEA，得 MACD。MACD 通常绘制成围绕零轴线波动的柱形图。

MACD 构造原理如下：MACD 指标是基于均线的构造原理，对收盘价进行平滑处理（求出算术平均值）后的一种趋向类指标。它主要由两部分组成，即正负差（DIF）、异同平均数（DEA），其中，DIF 是核心，DEA 是辅助。DIF 是快速平滑移动平均线（EMA_1）和慢速平滑移动平均线（EMA_2）的差。在现有的技术分析软件中，MACD 常用的快速平滑移动平均线参数为 12，慢速平滑移动平均线参数为 26。此外，MACD 还有一个辅助指标——柱状线（BAR）。在大多数技术分析软件中，柱状线是有颜色的，在低于横轴以下是绿色，高于横轴以上是红色，前者代表趋势较弱，后者代表趋势较强。

MACD 的应用法则如下：

（1）DIF 和 MACD 的极端值和交叉属于技术指标的交叉和极端值的范畴，分为看涨和看跌两种情况。若 DIF 和 MACD 由负变正，与横轴产生交叉，则市场属于多头市场。DIF 在较低的位置向上突破 MACD 是买入信号，属于黄金交叉的范畴；在横轴附近，DIF 向下跌破 MACD 只能认为是回落，应获利了结。若 DIF 和 MACD 由正变负，与横轴产生交叉，则市场属于空头市场。DIF 在较高的位置向下突破 MACD 是卖出信号，属于死亡交叉的范畴；在横轴附近，DIF 向上突破 MACD 只能认为是反弹，应获利了结。当 DIF 的取值很大的时候，应该考虑卖出；当 DIF 的取值很小的时候，应该考虑买入。当然，“很大”和“很小”必须涉及定量的问题，需要有主观的判断。

（2）DIF 和 MACD 与价格曲线的背离，属于技术指标的背离范畴。DIF 和 MACD 与价格形成背离是比较强烈的采取行动的信号，是卖出还是买入由 DIF 的上升和下降情况而定。如果 DIF 或 MACD 与价格曲线在比较低的位置形成底背离，是买入的信号；如果 DIF 或 MACD 与价格曲线在比较高的位置形成顶背离，是卖出的信号。

（3）BAR 的使用。“民间”的使用方法是：当横轴下面绿线缩短的时候买入，当横轴上面红线缩短的时候卖出。

MACD 的缺点如下：

（1）由于 MACD 是一项中、长线指标，买入点、卖出点和最低价、最高价之间的价差较大。当行情忽上忽下幅度太小或盘整时，按照信号进场后随即又要出场，买卖之间可能没有利润，也许还要赔点价差或手续费。

（2）一两天内涨跌幅度特别大时，MACD 来不及反应。因为 MACD 的移动相当缓和，比较行情的移动有一定的时间差，所以一旦行情迅速大幅涨跌，MACD 不会立即产生信号。此时，MACD 无法发生作用。

2. 布林线（BOLL）

BOLL 指标指的是使用股价的历史数据，分别计算出 BOLL 指标的上轨、下轨和中轨。

通道的上下限随着市场价格的上下波动而变化。在正常情况下，市场价格应始终在价格通道内运行。如果市场价格脱离价格通道运行，则意味着行情处于极端的状态下。

在 BOLL 指标中，价格通道的上下轨是显示市场价格安全运行的最高价位和最低价位。我们一般认为，当市场价格突破布林线的上轨线时，表明市场处于上涨的趋势，是买入点；而当市场价格突破布林线的下轨线时，表明市场处于下跌的趋势，是卖出的时机。

在所有的指标计算中，BOLL 是最复杂的指标计算之一，其中引进了统计学中的标准差概念，涉及中轨线（MB）、上轨线（UP）和下轨线（DN）的计算。另外，和其他指标的计算一样，由于选用的计算周期不同，BOLL 指标也包括日 BOLL 指标、周 BOLL 指标、月 BOLL 指标、年 BOLL 指标以及分钟 BOLL 指标等各种类型。经常被用于股市研判的是日 BOLL 指标和周 BOLL 指标。虽然它们计算时的取值有所不同，但基本的计算方法一样。计算公式如下：

（1）计算 MA。

MA=N 日内的收盘价之和 ÷N

（2）计算标准差 MD。

MD= 平方根 N 日（$C-MA$）的两次方之和 ÷N

（3）计算 MB、UP、DN 线。

MB=（$N-1$）日的 MA

$UP=MB+k\times MD$

$DN=MB-k\times MD$

BOLL 的构造原理如下：

BOLL 指出，在过去的 N 个交易日内，价格波动有大约 95% 的机会在 BD 和 BU 所“圈定”的区间内波动，只有 5% 的机会越过了这个区间。如果价格在 BOLL 带之内波动，则价格波动属于正常的状态。如果价格的波动超出了 BOLL 带，说明发生了机会比较小的事件。平常不多见的事情如果出现了，我们有理由认为“外在条件”发生了变化，需要引起注意。此时，价格的波动属于不正常的状态。BOLL 的宽度由标准差的大小决定。如果近期价格波动的幅度小，标准差就比较小，BOLL 的宽度就小。如果近期价格波动的幅度大，标准差就比较大，BOLL 的宽度就变大。

BOLL 的使用法则如下：

（1）价格向上越过 BU 并回落，是短线的卖出时机。这是因为，价格有 95% 的机会在 BU 之下。如果没有特别的原因，价格上升到了 BU 就应该卖出。

（2）价格向下越过 BD 并回升，是短线的买入时机。这是因为，价格有 95% 的机会在 BD 之上。如果没有特别的原因，价格下降达到 BD 就应该买入。

（3）BOLL 的宽度由狭窄变为宽阔，是大行情的先兆。BOLL 的宽度如果长时间狭窄，说明价格波动长时间在小的范围内进行；如果 BOLL 的宽度变大，说明价格的波动幅度正在加大。如价格经过长时间的小波动后，BOLL 的宽度变大，同时价格向上越过 BU，而且上升的幅度还不算大的时候，是短线的买入时机。同样，如果价格向下越过 BD，而且下降的幅度还不算大，是短线的卖出时机。这是因为，我们可以认为“外部环境”发生了变化。

在 BOLL 所指出的内容中，主观判断的成分多，定性的内容比较多，与其他的技术指标相比，缺乏可操作性。

3. 随机指标（KDJ）

KDJ 是一种相当新颖、实用的技术分析指标，它起先用于期货市场的分析，后被广泛用于股市的中短期趋势分析，是期货和股票市场上最常用的技术分析工具。KDJ 一般用于股票分析的统计体系，根据统计学原理，通过一个特定的周期（常为 9 日、9 周等）内出现过的最高价、最低价和最后一个计算周期的收盘价及这三者之间的比例关系，来计算最后一个计算周期的未成熟随机值 RSV，然后根据指数平滑移动平均线的方法来计算 K 值、D 值与 J 值，并绘成曲线图来研判股票走势。

KDJ 的计算比较复杂，首先要计算周期（n 日、n 周等）的 RSV 值，即未成熟随机指标值，然后再计算 K 值、D 值、J 值等。以 n 日 KDJ 数值的计算为例，其计算公式为：

n 日 $RSV=(C_n - L_n) \div (H_n - L_n) \times 100$

公式中，C_n 为第 n 日的收盘价，L_n 为 n 日内的最低价，H_n 为 n 日内的最高价。

其次，计算 K 值与 D 值：

当日 K 值 =2/3× 前一日 K 值 +1/3× 当日 RSV

当日 D 值 =2/3× 前一日 D 值 +1/3× 当日 K 值

若无前一日 K 值与 D 值，则可分别用 50 来代替。

J 值 =3× 当日 K 值 −2× 当日 D 值

以 9 日为周期的 KD 线为例，即未成熟随机值，计算公式为：

9 日 $RSV=(C - L_9) \div (H_9 - L_9) \times 100$

公式中，C 为第 9 日的收盘价，L_9 为 9 日内的最低价，H_9 为 9 日内的最高价。

K 值 =2/3× 第 8 日 K 值 +1/3× 第 9 日 RSV

D 值 =2/3× 第 8 日 D 值 +1/3× 第 9 日 K 值

J 值 =3× 第 9 日 K 值 −2× 第 9 日 D 值

若无前一日 K 值与 D 值，则可以分别用 50 代替。

KDJ 是以最高价、最低价及收盘价为基本数据进行计算，得出的 K 值、D 值和 J 值分别在指标的坐标上形成一个点，连接无数个这样的点位，就形成一个完整的、能反映价格波动趋势的 KDJ。它主要是利用价格波动的真实波幅来反映价格走势的强弱和超买超卖现象，在价格尚未上升或下降之前发出买卖信号的一种技术工具。它在设计过程中主要是研究最高价、最低价和收盘价之间的关系，同时也融合了动量观念、强弱指标和指数平滑移动平均线的一些优点，因此，能够比较迅速、直观地研判行情。由于 KDJ 本质上是一个随机波动的概念，故其对于掌握中短期行情走势比较准确。

KDJ 的使用法则如下：

① K 值与 D 值永远介于 0 到 100 之间。D 大于 80 时，行情呈现超买现象；D 小于 20 时，行情呈现超卖现象。

②上涨趋势中，K 值大于 D 值，K 线向上突破 D 线时，为买入信号；下跌趋势中，K 值小于 D 值，K 线向下跌破 D 线时，为卖出信号。

③ KD 指标不仅能反映出市场的超买超卖程度，还能通过交叉突破发出买卖信号。

④ KD 指标不适于发行量小、交易不活跃的股票，但是对大盘和热门大盘股有极高的准确性。

⑤当随机指标与股价出现背离时，一般为转势的信号。

⑥ K 值和 D 值上升或者下跌的速度减弱，倾斜度趋于平缓是短期转势的预警信号。

KDJ 有非常明显的不足，如它的反应过于敏感，使使用者不是进货太早被套牢，就是出货太早被轧空，也就是所谓 KDJ 的低位钝化和高位钝化问题。

4. 市场波动指数（CMI）

市场波动指数（CMI）是一个用来判断市场走势类型的技术分析指标。它通过计算当前收盘价和一定周期前的收盘价的差值与这段时间内价格波动的范围的比值，来判断目前的股价走势是趋势还是盘整。CMI 指标越大说明市场在此时间段内波动的幅度越大。市场波动指数计算公式如下：

CMI=（收盘价 − 开盘价）÷（最高价 − 最低价）×100

（二）策略分析

策略采用股指期货合约自 2021 年 4 月至 10 月的 1 分钟股指期货交易数据。同时，在计算时不考虑杠杆，不计冲击成本，采用双边 1.5 ‱ 的手续费。交易策略如表 10–10 所示：

表 10–10　基于市场波动指数的策略分析

当 $CMI \geqslant 53$ 时		当 $CMI<53$ 时	
情形	操作	情形	操作
MACD 底背离	多头买入平仓	收盘价碰到 BOLL 的下轨	多头买入平仓
MACD 顶背离	多头卖出平仓	收盘价碰到 BOLL 的上轨	多头卖出平仓
当天 MACD 小于前一天 MACD、收盘价碰到 BOLL 的上轨、当期 J 值小于前一期的 J 值，3 个条件中满足 2 个或 2 个以上	空头卖出开仓	当天 MACD 小于前一天 MACD、收盘价碰到 BOLL 的上轨、当期 J 值小于前一期的 J 值，3 个条件中满足 2 个或 2 个以上	空头卖出开仓

（续上表）

当 $CMI \geq 53$ 时		当 $CMI<53$ 时	
情形	操作	情形	操作
当天 MACD 大于前一天 MACD、收盘价碰到 BOLL 的下轨、当期 J 值大于前一期的 J 值，3 个条件中满足 2 个或 2 个以上	空头买入平仓	当天 MACD 大于前一天 MACD、收盘价碰到 BOLL 的下轨、当期 J 值大于前一期的 J 值，3 个条件中满足 2 个或 2 个以上	空头买入平仓

（三）实证结果

将 2021 年 4 月至 7 月总共 16337 个分钟数据作为样本内数据进行测试，优化参数。进而用 2021 年 7 月至 10 月总共 16141 个分钟数据作为样本外数据进行检验。具体结果如下：

1. 样本内

样本内累计收益如图 10–6 和表 10–11 所示。

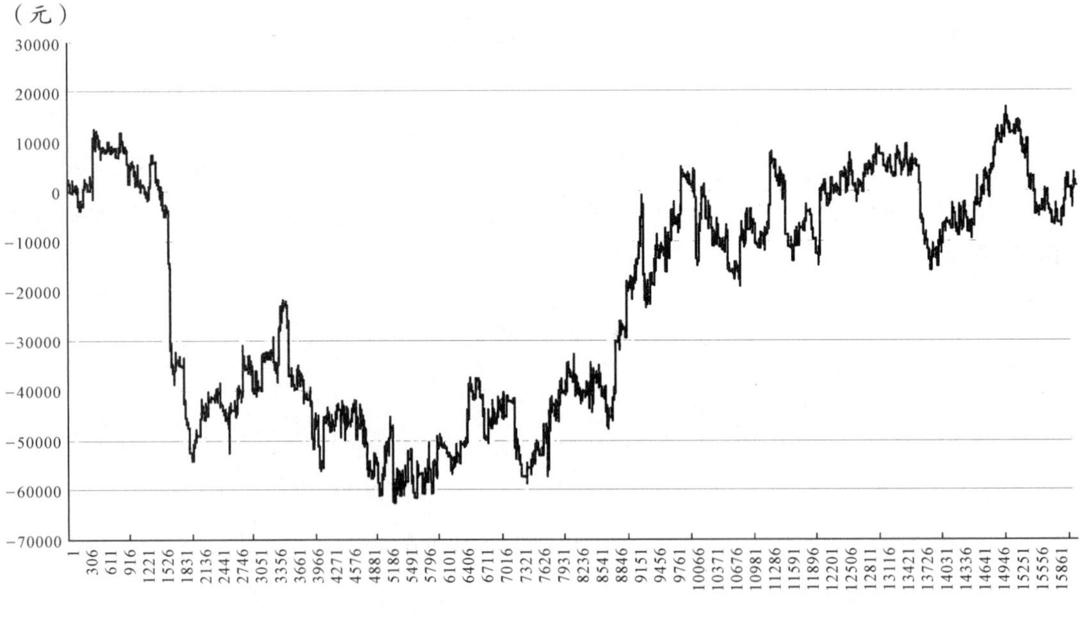

图 10–6　样本内累计收益

从图 10–6 样本内实证结果可以看出，该交易策略具有较好的实证结果，累计收益呈较稳定的上涨趋势，同时回撤也相对比较小。

表 10-11　样本内实证结果

总收益率	测试时间段	测试周期	年化收益率	最大回撤率	收益风险比	交易次数	胜率	夏普比率
-1.52%	1:16337	一分钟	-1.25%	3.88%	-0.0453	1412	50.66%	-0.82

从表 10-11 样本内实证结果可以知道，交易策略的总收益率为 -1.52%，同期基准资产沪深 300 收益率为 -4.69，说明在市场总体处于下行周期时收益为负，但仍优于基础资产；而年化收益率为 -1.25%。同时最大回撤率在可以接受的范围内，为 3.88%。总而言之，该交易策略具有一定的实用性和可行性。

2. 样本外

样本外累计收益如图 10-7 和表 10-12 所示。

图 10-7　样本外累计收益

表 10-12　样本外实证结果

总收益率	测试时间段	测试周期	年化收益率	最大回撤率	收益风险比	交易次数	胜率	夏普比率
15.78%	16338:32479	一分钟	34.12%	47.54%	4.49	1438	51.35%	7.95

从图 10-7、表 10-12 可以看出，累计收益呈较稳定的上涨趋势，相较于样本内，样本外的实证结果中总收益率有大幅提高，为 15.78%；年化收益率也有大幅度的增加，为 34.12%。相对而言，其最大回撤率也有所增加，为 47.54%。所以，总体而言，该交易策略存在一定的可行性。这个案例同时也说明一个道理，对于一个样本内收益率为负的策略，基于这些优化参数设定，在样本外可能可以获取一个收益为正的投资收益。因此，对于任何一个量化策略，我们需要将这些策略结果与大盘走势相比，特别是虽

然有时策略收益为负（如果这个策略调试时期大盘经历了一次大跌），只要策略负收益远低于大盘，则该策略也可视为一个优秀的投资方案。

范例程序 10-3：股指期货择时交易

```
import numpy as np
import pandas as pd
import scipy.io as scio
import datetime
import matplotlib.pyplot as plt
plt.rcParams["font.sans-serif"]=["SimHei"]
plt.rcParams["axes.unicode_minus"] = False
#正常显示画图时出现的中文和负号

#% data 数据矩阵表头如下：
#  第一列：1 分钟开盘价 Open
#  第二列：1 分钟最高价 High
#  第三列：1 分钟最低价 Low
#  第四列：1 分钟收盘价 Close
#  第五列：1 分钟总成交量 Vol
#  第六列：1 分钟持仓量 Openint
#备注：实际测试时候需要把 fee 变量调节至 1.5/10000（万分之 1.5）

#载入数据
data=scio.loadmat('IF1MIN.mat')
fee=0
date=[] #日期
Open=[]#上证 50ETF 的开盘价
High=[]#上证 50ETF 的收盘价
Low=[]#上证 50ETF 与沪深 300 股指期货的收益率偏差
Close=[]#沪深 300 股指期货开盘价
Vol=[]#沪深 300 股指期货收盘价
Openint=[]#持仓量
%%样本内
date=np.append(date,data['time'][0:121360].T)
Open=np.append(Open,data['data'][0:121360].T[0])
High=np.append(High,data['data'][0:121360].T[1])
Low=np.append(Low,data['data'][0:121360].T[2])
Close=np.append(Close,data['data'][0:121360].T[3])
Vol=np.append(Vol,data['data'][0:121360].T[4])
Openint=np.append(Openint,data['data'][0:121360].T[5])
%%样本外
%date=np.append(date,data['time'][0:121360].T)
%Open=np.append(Open,data['data'][0:121360].T[0])
%High=np.append(High,data['data'][0:121360].T[1])
%Low=np.append(Low,data['data'][0:121360].T[2])
%Close=np.append(Close,data['data'][0:121360].T[3])
%Vol=np.append(Vol,data['data'][0:121360].T[4])
%Openint=np.append(Openint,data['data'][0:121360].T[5])

lth=len(Open)
wth=len(data['data'][0])
profit=np.zeros((lth,1))
holding=np.zeros((lth,1))
entryprice=np.zeros((lth,1))
tradetimes=0

for i in range(1,lth):
##------------------------预处理部分----------------------------------
    holding[i]=holding[i-1]
    entryprice[i]=entryprice[i-1]
```

```
        if i>9:
##----------------------因子运算部分（更改部分）----------------------------
            ma=np.mean(Close[i-9:i])
            std1=np.std([Close[i-9:i]])*2
            up=ma+std1
            dn=ma-std1
##--------------------开平仓条件判断部分（更改部分）-------------------------
            buy=Close[i]<dn
            sellshort=Close[i]>up
            sell=Close[i]>ma
            buytocover=Close[i]<ma
##-------------------------利润自动计算----------------------------------
            if (buytocover and holding[i]<-0.5)or(sell and holding[i]>0.5):
                profit[i]=profit[i]-Close[i]*fee
                holding[i]=0
                tradetimes=tradetimes+1
            if (sellshort and holding[i]>-0.5):
                if holding[i]>0.5:
                    profit[i]=profit[i]-Close[i]*fee
                    tradetimes=tradetimes+1
                entryprice[i]=Close[i]
                profit[i]=profit[i]-Close[i]*fee
                holding[i]=-1
            if buy and holding[i]<0.5:
                if holding[i]<-0.5:
                    profit[i]=profit[i]-Close[i]*fee
                    tradetimes=tradetimes+1
                entryprice[i]=Close[i]
                profit[i]=profit[i]-Close[i]*fee
                holding[i]=1
            if holding[i-1]>0.5:
                profit[i]=profit[i]+Close[i]-Close[i-1]
            if holding[i-1]<-0.5:
                profit[i]=profit[i]+Close[i-1]-Close[i]
##-----------------------------结果输出绘图-------------------------------
sumprofit=np.cumsum(profit)*300
#最终收益
finalprofit=sumprofit[-1]
#交易次数
tradetimes
#最大回撤率
highestprofit=0
maxback=0
for i in range(0,lth):
    highestprofit=np.max([highestprofit,sumprofit[i]])
    maxback=np.max([maxback,highestprofit-sumprofit[i]])
maxback
#资金曲线
plt.title("收益率曲线")
plt.plot(pd.to_datetime(date-719529, unit='D'),sumprofit)
plt.show()
#收益风险比
income_risk=sumprofit[-1]/maxback/((date[-1]-date[0])/365)
```

第五节　R–Breaker 管理期货策略 ——股指期货趋势追踪反转

一、R–Breaker 套利策略的基本概念

1. R–Breaker 套利策略的原理

R–Breaker 是国外一个著名的日内交易策略。*Futures Truth Magazine* 每一年都会在业绩榜单上发布排名靠前的（前十名）交易策略，R–Breaker 几乎每一年都会上榜，因此该策略的优越性和长久的盈利生命周期非常具有优势。

R–Breaker 是一个结合了日内趋势追踪和反转的策略。该策略的核心交易思想是利用前一个交易日的最高价、最低价、收盘价计算得出六个主要的价位：从高到低依次为突破买入价、观察卖出价、反转卖出价、反转买入价、观察买入价和突破卖出价，这六个重要的价格即形成当前策略交易的触发条件。R–Breaker 策略的优势主要是不仅设计了可以用于实现趋势策略的上下轨，并且在上下轨之间设置了可以用于实现反转策略的四个价位。

一般情况下，最佳的投资策略都是最简洁的，而 R–Breaker 也算是一个较为简单的日内交易策略，从它的经济含义看，上一个交易日的行为会影响到下一个交易日的投资决策，即我们在预测下一个交易日市场发展变动区间时，可以通过使用上一个交易日的开盘价、收盘价、最高价、最低价等数据来进行分析。如果指数价格超出了我们所预测的区间范围，即可以在开仓时进行做多或者做空；如果市场走向反转的高低价位，我们就应该做空转多或者多转空的开仓交易。

2. R–Breaker 套利策略的步骤

R–Breaker 有以下两个重要的步骤：

第一个步骤：设置六个重要的价格（见图 10–8）。

其中：突破买入价 $Bbreak=Ssetup+f_3\times(Ssetup-Bsetup)$；

观察卖出价 $Ssetup=High+f_1\times(Close-Low)$；

反转卖出价 $Senter=(1+f_2)/2\times(High+Low)-f_2\times Low$；

反转买入价 $Benter=(1+f_2)/2\times(High+Low)-f_2\times High$；

观察买入价 $Bsetup=Low-f_1\times(High-Close)$；

突破卖出价 $Sbreak=Bsetup-f_3\times(Ssetup-Bsetup)$。

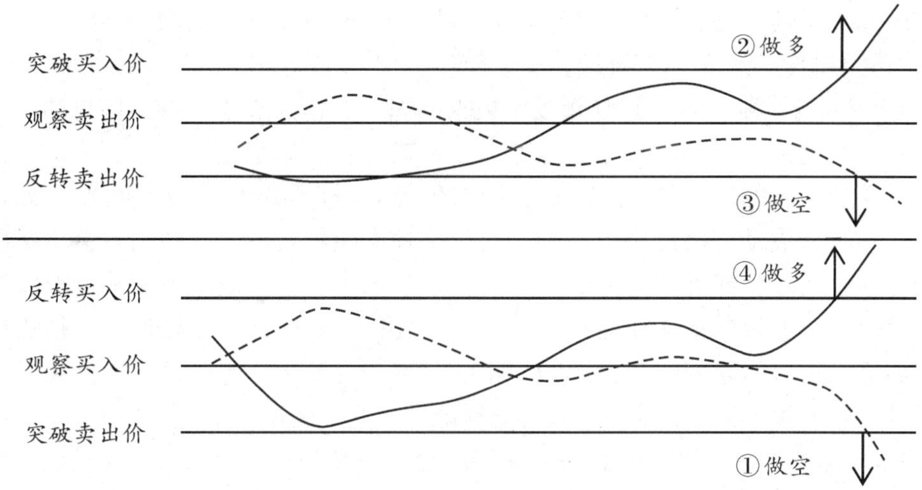

图 10-8　R-Breaker 压力线与信号操作策略

第二个步骤：根据信号进行如下交易。

R-Breaker 根据交易规则可以将其分为趋势和反转这两个子策略。

（1）空仓情况下，盘中价格跌出突破卖出价，则可以使用趋势子策略，即在该点位时选择做空，以开盘价卖出投资标的；

（2）空仓情况下，盘中价格上涨高于突破买入价，则选择使用趋势子策略，即在该点位时选择做多，以开盘价买入投资标的；

（3）持有多单的情况下，当日最高价超过观察卖出价后，盘中价格下降且跌破反转卖出价，采取反转策略，即在该点位时反手做空，以开盘价卖出投资标的；

（4）持有空单的情况下，当日最低价低于观察买入价后，盘中价格回升且超过反转买入价，采取反转策略，即在该点位时反手做多，以开盘价买入投资标的。

R-Breaker 的参数包括 f_1、f_2、f_3，f_1、f_2、f_3 三个参数是用来设置策略中的六个重要价格的，而六个价格点位之间的距离可以通过改变参数 f_1、f_2、f_3 的大小来调整，以此使得趋势追踪和反转的难易程度得以改变。当我们增大参数 f_1 时，观察卖出价变大，观察买入价变小；当增大参数 f_2 时，则反转卖出价增大，反转买入价减小；当增大参数 f_3 时，突破买入价增大，突破卖出价减小。若增大参数 f_1 的同时减小参数 f_2，可以减小反转概率，增大参数 f_3 就会提高趋势追踪的难度，使得投资交易机会变少。

3. R-Breaker 套利策略的优点

R-Breaker 套利策略具有以下优点：

（1）如果日内趋势走向没有明显的涨跌变化，则应该直接拒绝开仓，剔除大多数较小幅度的震荡。根据策略的交易规则，若价格点数的 K 线仅在观察卖出价和观察买入价这两条线的区间徘徊，则不能产生有关交易的信号。对每个交易日的交易数据进行详细统计，可以发现，基准线之间差距过小（在 50 到 100 点之间），因此过小的日内波动幅度不能够突破价格基准线，进而不能够产生交易信号，也就不会发生开仓交易。

（2）该策略能够及时地抓住市场上的交易机会，而且当市场行情即将消失时能够及时发现，快速地退出市场。主要是因为该策略的核心思想是通过设置参数 f_1、f_2、f_3 以及前一个交易日的收盘价、最高价、最低价等数据来固定六个交易价格，如果连续几日市场的行情波动震荡都比较小，这些价格基准线各自之间的距离就会近一些。如果市场有向上的涨势或者是向下的跌势时，这时就可以在早期突破交易基准线进而产生交易信号，能够及时迅速地捕捉交易投资的先机。同样地，如果近几日接连出现大波动，那么六条价格基准线各自之间相距的距离就会变远，想要接着产生向下或者向上的交易信号也就会变得非常不容易，这样能够规避过度追涨杀跌而产生的亏损。

（3）如果将发展子策略和趋势子策略组合在一起使用，会加大日内投资交易机会的可能性。当价格 *K* 线先穿过突破买入价 Bbreak 或者突破卖出价 Sbreak 时，就会产生开仓交易的信号，可以先做一波投资。但是当这一波趋势消失出现新的反转，并且是大幅度的反转时，即反转突破了反转交易的价格基准线，那么我们可以先进行平仓操作然后做反方向的开仓交易。这样将子策略结合，就能够抓住更多的不同方向的日内交易机会。

二、R-Breaker 套利策略的实现

1. R-Breaker 套利策略的交易规则

R-Breaker 套利策略是应用于各种可以进行 *T*+0 交易的金融市场的股指期货，进行测试的样本合约可以是成交量比较活跃的沪深 300 股指期货的当月连续合约。

我们所选取的样本数据范围是 2019 年 9 月 16 日至 2021 年 10 月 28 日沪深 300 股指期货合约，并使用马尔可夫压制转换向量自回归模型（Markov Regime Switching Vector Auto-Regressive Models，）（MRS-VAR），该模型已经将数据划分为两个高低波动区间，[①] 区制 1 高波动区间共 313 个日样本数据，使用五分钟高频交易数据，共 15024 个数据；区制 2 低波动区间共 193 个日样本数据，使用五分钟交易数据，共 9264 个数据。五分钟数据包括开盘价、最高价、最低价、收盘价、成交量、持仓量（原策略只是使用了开盘价、最高价、最低价、收盘价这四个价格信息）。[②]

期货交易标的：IF00 股指期货主力合约。

初始资金投入：从以往的交易数据来看，沪深 300 股指期货历史最高点数是

① 请读者自行从本书网站下载数据，并基于 MRS-VAR 两压制模型估计，对样本数据划分为高低两个波动区间。相关的估计结果亦可从网站下载。

② 数据来自黄金数据网。

5361，每点 300 元，保证金比例按照 15% 计算，即 5361 × 300 × 15% = 241245 元。一般情况下，期货公司的保证金比例会更高一点，所以本文设置初始资金为 30 万元。

单次交易手续费：万分之三。

滑点：指投资者下单时的点位和最后成交的点位存在的一定差距。造成滑点的原因比较多，本文做一个简单的设置，沪深 300 股指期货最小变动价位为 0.2，单次交易滑点一般低于 3 × 0.2=0.6，故将滑点设置为 0.6。

加入止盈止损：投资者在进行投资交易时，要注意根据实际交易行情及时进行平仓交易从而避免更大的亏损。在做策略时经常会出现这样一种状况，投资者开仓交易以后获得了高额收益，但是因为没有及时地进行止盈操作而导致从盈利的状态转换到亏损的状态。因此，该策略实行时一定要加入止损的策略。

2. R-Breaker 套利策略全样本区间的绩效表现

在分区间讨论 R-Breaker 表现之前，我们可以先看一下 R-Breaker 在整个样本区间的策略表现如何，即 2019 年 9 月 16 日至 2021 年 10 月 28 日，在这期间沪深 300 经历了暴涨暴跌、反弹、平稳等多种情况。选择交易周期为五分钟的数据，并选择经典参数设置：f_1=0.35；f_2=0.07；f_3=0.25。使用 Python 程序软件操作，策略的每日资金变化和累计收益率变化及绩效评价与情况分析如图 10–9、图 10–10 和表 10–13、表 10–14 所示：

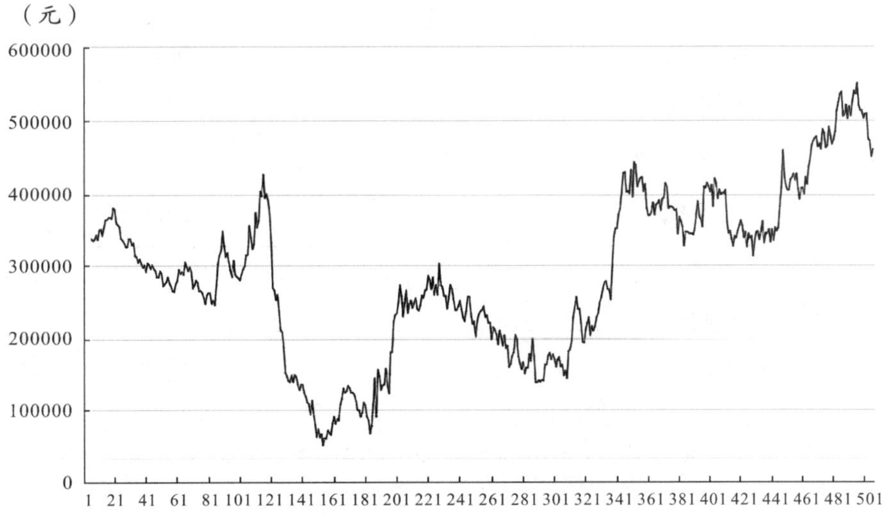

图 10–9　全样本区间经典参数组合策略每日资金变化

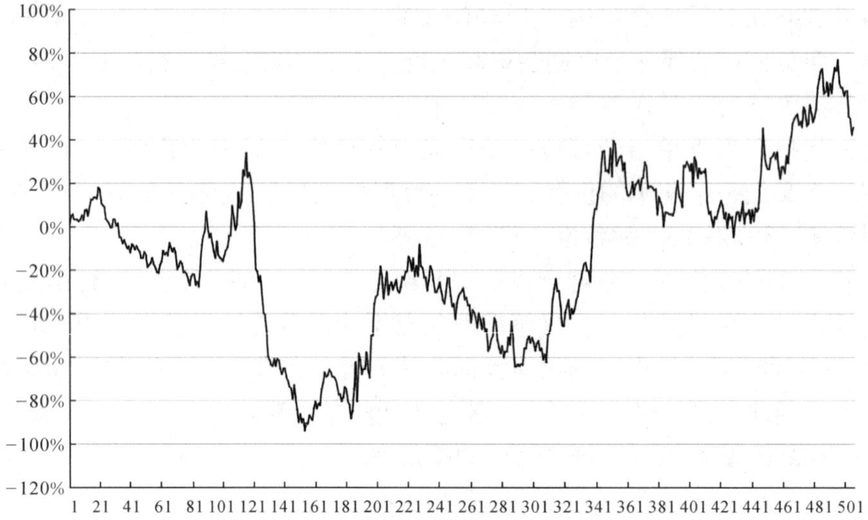

图 10-10 全样本区间经典参数组合策略累计收益率变化

表 10-13 全样本区间经典参数组合策略绩效评价指标数据

参数组合	f_1=0.35；f_2=0.07；f_3=0.25
初始资金	300000
净利润	135820
交易次数	1439
日均交易次数	2.83
最大回撤率	97.50%
胜率	0.48%
累计收益率	45%
年化收益率	32.46%
夏普比率	2

表 10-14 各类交易次数占比情况分析

	多单反转	空单反转	空仓做多	空仓做空	总交易次数（不含平仓）
次数	367	62	503	2	934
占比	39.29%	6.64%	53.85%	0.20%	100%

该策略的核心交易思想是利用前一个交易日的最高价、最低价、收盘价计算得出六个主要的价位，从高到低依次为突破买入价、观察卖出价、反转卖出价、反转买入价、观察买入价和突破卖出价，这六个重要的价格即形成当前策略交易的触发条件，而且这六个价格会因为 f_1、f_2、f_3 参数的不同而发生变化。本文主要也是通过改变 f_1、f_2、f_3 参数的设置来改变策略的突破点，参数改变以后四种投资交易策略的次数也会发生变化。该策略分为趋势和反转两个子策略，多单反转和空单反转属于反转策略，而空仓做多和空仓做空则属于趋势策略。从表 10-14 可以看出，空仓做多和空仓做空占比达到了 54.05%，空仓做空即是在持仓为空仓的情况下，当沪深 300 股指期货的价格指数跌出了突破卖出价时，则选择在该点做空，以开盘价卖出沪深 300 股指期货主力合约；空仓做多就是在空仓的情况下，当沪深 300 股指期货的价格指数高于突破买入价时，在该点做多，以开盘价买入合约期货，这两种都属于 R-Breaker 的趋势交易子策略，所以在全样本区间时，主要使用的是趋势交易子策略。

从经典参数组合（0.35，0.07，0.25）的策略表现看，策略净利润达 135820 元，年化收益率也高达 32.46%；从风险水平看，最大回撤率达到了 97.50%，夏普比率为 2，回撤水平非常高，风险水平也高，此外，资金走势图波动也非常大，总体来说，策略并不理想。接下来，我们分别在区制 1 高波动区间和区制 2 低波动区间对策略进行测试，比较高波动区间和低波动区间的策略效果会有什么不同，以对后市的投资做一个参考。

3. R-Breaker 套利策略的检验结果与评估

（1）区制 1 高波动区间 R-Breaker 策略检验结果与评估。

首先在区制 1 高波动区间，共 15024 个数据，使用经典参数 f_1=0.35；f_2=0.07；f_3=0.25 对 R-Breaker 策略的绩效表现进行分析。每日资金变化和累计收益率变化及绩效评价与情况分析如图 10-11、图 10-12 和表 10-15、表 10-16 所示：

图 10-11　区制 1 经典参数组合策略每日资金变化

图 10-12　区制 1 经典参数组合策略累计收益率变化

表 10-15　区制 1 经典参数组合策略绩效评价指标数据

参数组合	f_1=0.35；f_2=0.07；f_3=0.25
初始资金	300000
净利润	310040
交易次数	892
日均交易次数	2.84
最大回撤率	64.69%
胜率	0.5087%
累计收益率	103.34%
年化收益率	120.50%
夏普比率	4.85

表 10-16　各类交易次数占比情况分析

	多单反转	空单反转	空仓做多	空仓做空	总交易次数（不含平仓）
次数	232	36	312	0	580
占比	40.00%	6.21%	53.79%	00.00%	100%

从表 10-16 可以看出 R-Breaker 策略在区制 1 高波动区间，空仓做多和空仓做空的占比达到了 53.79%，即使用的趋势交易子策略较多，顺势地做多或者是做空，沪深 300 股指期货的价格指数跌出了突破卖出价时，选择在该点卖出沪深 300 股指期货合约；

当沪深300股指期货的价格指数高于突破买入价时，选择在该突破点位买入沪深300股指期货合约，在区制1很少使用反转策略。

从经典参数组合（0.35，0.07，0.25)的策略表现看，盈利能力可观，策略净利润达310040元，累计收益率达103.34%，年化收益率达到了120.50%，收益是比较可观的；从风险水平看，最大回撤率为64.69%，夏普比率为4.85，回撤水平有些高。但是资金图走势并不能非常平稳地上升，我们可以在下文通过改变参数来获得更好的策略表现。

（2）区制2低波动区间R-Breaker策略检验结果与评估。

区制2共81215个数据，同样也是设置经典参数f_1=0.35；f_2=0.07；f_3=0.25，具体策略表现如图10-13、图10-14和表10-17、表10-18所示：

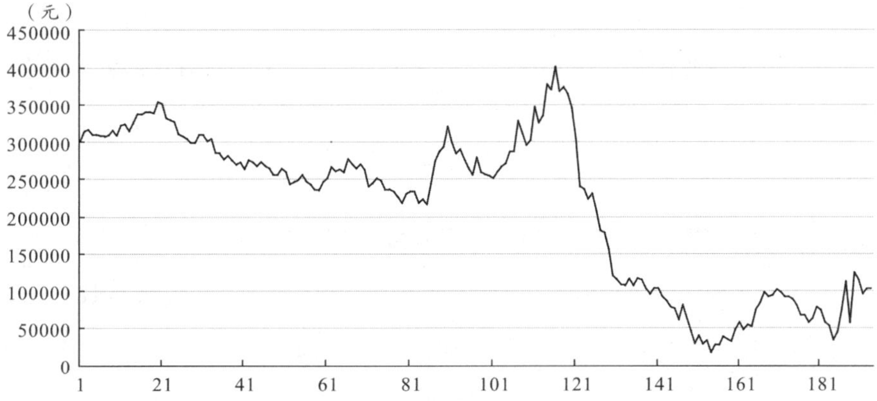

图10-13　区制2经典参数组合策略每日资金变化

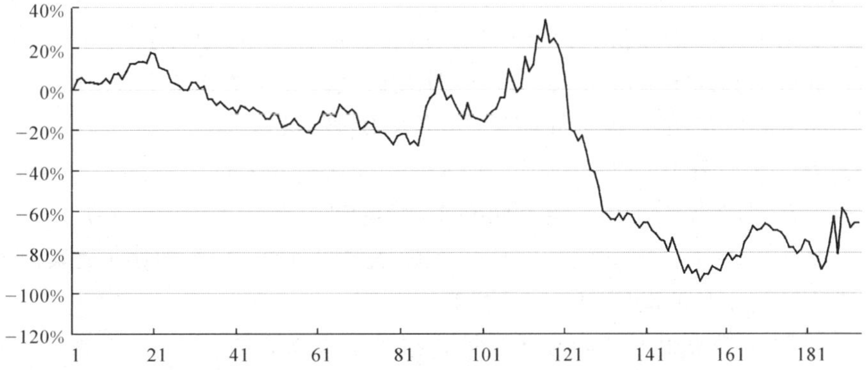

图10-14　区制2经典参数组合策略累计收益率变化

表 10-17 区制 2 经典参数组合策略绩效评价指标数据

参数组合	f_1=0.35；f_2=0.07；f_3=0.25
初始资金	300000
净利润	–196995.80
交易次数	545
日均交易次数	2.82
最大回撤率	96.5%
胜率	0.4371%
累计收益率	–66%
年化收益率	–124.82%
夏普比率	–3.05

表 10-18 各类交易次数占比情况分析

	多单反转	空单反转	空仓做多	空仓做空	总交易次数（不含平仓）
次数	135	26	190	2	353
占比	38.24%	7.37%	53.82%	0.6%	100%

从表 10–18 中可以看出 R–Breaker 在区制 2 低波动区间，即股票市场平稳波动时期，仍然是以趋势交易子策略为主，与区制 1 高波动区间原理一致，即沪深 300 股指期货的价格指数跌出了突破卖出价时，选择在该点卖出沪深 300 股指期货合约；当沪深 300 股指期货的价格指数高于突破买入价时，选择在该突破点位买入沪深300股指期货合约，当然与高波动区间的突破卖出价和突破买入价的突破点数是不一样的。

对比表 10–15 与表 10–17，区制 2 策略在样本数据的表现上远远不如区制 1，年化收益率为负；从风险水平来看，最大回撤率为 96.5%，夏普比率为 –3.05，可以看出风险水平也是高于区制 1 高波动区间的样本策略表现的。资金变化图以及累计收益率变化图的走势比区制 1 高波动区间更加不平稳。

（3）区制 1 参数优化后 R–Breaker 策略检验结果与评估。

在交易过程中会发现一些好的模型在使用了一段时间之后表现没有之前那么好，这主要是由于行情的变化导致的，此时就需要为交易模型寻找最优参数，接下来，我们对策略的参数进行优化，最优参数的选取标准以参数的组合年化收益率更高为佳。首先对区制 1 高波动区间进行参数优化，通过对参数 f_1、f_2、f_3 进行调试，在样本内做循环，

通过改变 f_1、f_2、f_3 调节六个价格（观察买入价、观察卖出价、反转买入价、反转卖出价、突破买入价、突破卖出价）之间的距离，控制趋势追踪和反转的难易程度，挑选出年化收益率最高的参数组合。在 Python 程序中操作得到参数组合 f_1=0.48、f_2=0.76、f_3=0.01 累计收益率最高，具体策略表现如图 10-15、图 10-16 和表 10-19、表 10-20 所示：

图 10-15　区制 1 参数优化后策略每日资金变化

图 10-16　区制 1 参数优化后策略累计收益率变化

表 10-19　区制 1 参数优化后策略绩效评价指标数据

参数组合	f_1=0.48；f_2=0.76；f_3=0.01
初始资金	300000
净利润	322196.25
交易次数	801
日均交易次数	2.56
最大回撤率	77.96%
胜率	0.5096%
累计收益率	107%
年化收益率	124.78%
夏普比率	4.08

表 10-20　各类交易次数占比情况分析

	多单反转	空单反转	空仓做多	空仓做空	总交易次数（不含平仓）
次数	170	7	312	0	489
占比	34.76%	1.43%	63.80%	0%	100%

从表 10-20 可以看出在进行参数优化之后的 R-Breaker 在区制 1 高波动区间仍然是使用趋势子策略较多。空仓做多和空仓做空的占比，比起经典参数组合 53.79% 的占比还是有所上升的，因为改变了参数 f_1、f_2、f_3 的数值，所以六个交易触发价格点也发生了改变，突破各个触发点位的难易程度也在变化着，即四种策略交易的次数发生变化。改变以后还是趋势交易策略使用得多，即顺势做多或者是做空。

从最优参数组合（0.48，0.76，0.01）的策略表现看，盈利能力同样非常可观，策略净利润达 322196.25 元，年化收益率高达 124.78%；从风险水平看，最大回撤率有所增加，夏普比率为 4.08。而资金变化图走势相比经典参数，前期波动较大，后期则比优化前更平稳，可见最优参数相比于经典参数的策略能够取得更高的收益，但风险也相应增加了。

（4）区制 2 参数优化后 R-Breaker 策略检验结果与评估。

采用参数组合 f_1=0.9；f_2=0.07；f_3=0.15 对区制 2 低波动区间进行参数优化。在 Python 程序中操作得到的年化收益率更高，具体策略表现如图 10-17、图 10-18 和表 10-21、表 10-22 所示：

图 10-17　区制 2 参数优化后策略每日资金变化

图 10-18　区制 2 参数优化后策略累计收益率变化

表 10-21 区制 2 参数优化后策略绩效评价指标数据

参数组合	f_1=0.9；f_2=0.07；f_3=0.15
初始资金	300000
净利润	137690
交易次数	484
日均交易次数	2.51
最大回撤率	65.83%
胜率	0.48%
累计收益率	46%
年化收益率	86.99%
夏普比率	1.7

表 10-22 各类交易次数占比情况分析

	多单反转	空单反转	空仓做多	空仓做空	总交易次数（不含平仓）
次数	91	9	188	4	292
占比	31.16%	3.08%	64.38%	1.37%	100%

从表 10-22 的数据表现来看，在区制 2 样本区间中进行参数优化之后的 R-Breaker 仍然是趋势子策略占比较多。而且相比于经典参数组合下的四个持仓形式的占比并没有多大的改变。详细看来反而是趋势交易策略的占比稍有增加。当沪深 300 股指期货的价格指数跌出了突破卖出价时，选择在该点卖出沪深 300 股指期货合约；当沪深 300 股指期货的价格指数高于突破买入价时，选择在该突破点位买入沪深 300 股指期货合约。结合上文，可以看出不论是在高波动区间还是低波动区间，R-Breaker 在交易中都是使用趋势子策略更多。根据以上的策略表现，对模型进行了最优参数组合的优化后，区制 2 策略取得 46% 的累计收益率，明显高于优化前，但是每日资金变化图仍然十分不平稳，优化后的最大回撤率为 65.83%，高于经典参数组合。

总体上来看，不论是经典参数组合还是最优参数组合，R-Breaker 在区制 1 高波动样本区间的绩效表现是优于在区制 2 低波动样本区间的。

范例程序 10-4：R-Breaker 套利策略

```
import numpy as np
import scipy.io as scio
import datetime
import matplotlib.pyplot as plt
plt.rcParams["font.sans-serif"]=["SimHei"]
plt.rcParams["axes.unicode_minus"] = False
#正常显示画图时出现的中文和负号

#载入数据
data=scio.loadmat('hs300.mat')
date=[] #日期
open_price_hs300=[]#上证 50ETF 的开盘价
close_price_hs300=[]#上证 50ETF 的收盘价
deviation_value=[]#上证 50ETF 与沪深 300 股指期货的收益率偏差
open_price_hs300=[]#沪深 300 股指期货开盘价
close_price_hs300=[]#沪深 300 股指期货收盘价
for i in range(0,len(data['hs300'])):
    date=np.append(date,datetime.datetime.strptime('%d'%data['hs300'][i][0],"%Y%m%d"))
    open_price_hs300=np.append(open_price_hs300,data['hs300'][i][1])
    close_price_hs300=np.append(close_price_hs300,data['hs300'][i][2])
    deviation_value=np.append(deviation_value,data['hs300'][i][3])
    open_price_hs300=np.append(open_price_hs300,data['hs300'][i][4])
    close_price_hs300=np.append(close_price_hs300,data['hs300'][i][5])
#初始化
record=0#仓位状态，1 表示正向套利，-1 表示反向套利，0 表示空仓
compel_date=20#仓位最长持有时间，如果超过最长持有时间就强制平仓
hold_date=0#仓位持有时间
row=len(date)#数据周期长度
long_price=0#多头买入价格
short_price=0#空头卖出价格
profit=np.zeros((1,row))#收益率
num1=0#正向套利次数
num2=0#反向套利次数
for i in range(0,row):
    #正向套利
    if deviation_value[i]<-1.1 and record==0 :
        long_price=close_price_hs300[i]
        short_price=close_price_hs300[i]
        record=1
        num1=num1+1
    #反向套利
    elif deviation_value[i]>1.1 and record==0:
        long_price=close_price_hs300[i]
        short_price=close_price_hs300[i]
        record=-1
        num2=num2+1
    #正向平仓
    elif deviation_value[i]<0.7 and deviation_value[i]>-0.7 and record==1:

profit[0][i]=np.log(close_price_hs300[i]/long_price)-np.log(short_price/close_price_hs300[i])
        record=0
        long_price=0
        short_price=0
    #反向平仓
    elif deviation_value[i]<0.7 and deviation_value[i]>-0.7 and record==-1:
```

```
profit[0][i]=np.log(close_price_hs300[i]/long_price)-np.log(short_price/close_price_hs300[i])
            record=0
            long_price=0
            short_price=0
      #强制正向平仓
      elif hold_date>=compel_date and record==1:

profit[0][i]=np.log(close_price_hs300[i]/long_price)-np.log(short_price/close_price_hs300[i])
            record=0
            long_price=0
            short_price=0
      #强制反向平仓
      elif hold_date>=compel_date and record==-1:

profit[0][i]=np.log(close_price_hs300[i]/long_price)-np.log(short_price/close_price_hs300[i])
            record=0
            long_price=0
            short_price=0
      #计算持仓时间
      elif (deviation_value[i]>0.7 or deviation_value[i]<-0.7)and record!=0:
          hold_date=hold_date+1
num=0
for i in range(0,row):
      if profit[0][i]!=0:
            num=num+1
cuprofit=np.cumsum(profit[0])
drawdown=np.zeros((1,row))
for i in range(700,row):
      for j in range(i+1,row):
            draw=(cuprofit[i]-cuprofit[j])/cuprofit[i]
            if draw>drawdown[0][i]:
                  drawdown[0][i]=draw
max_drawdown=np.max(drawdown[0])
```

【本章小结】

本章介绍了股指持有风险及其在风险对冲套利上的应用，同时探讨了股指期货跨期套利策略、股指期货 ETF（期现）套利策略、股指期货择时交易策略、R–Breaker 管理期货策略的原理和实现过程。从策略结果看，股指期货跨期套利策略原理简单，技术难度不高，但是不适合频繁操作。而股指期货 ETF（期现）套利策略可以通过跨市场实现套利，但跟踪误差带来的风险仍然不可忽视。相较之下，股指期货择时交易策略、R–Breaker 管理期货策略更适合量化高频交易，策略收益相对较好，但是对操作要求更高，交易成本也相对较大。

【课后习题】

1. 股指期货价格以现货价格为基础的原因是（ ）。

A. 期货市场存在套期保值

B. 期货市场和现货市场有大量的投机活动

C. 期货市场和现货市场有大量买空卖空活动

D. 期货市场和现货市场有大量的套利活动

2. 当股指期货价格与股票现货价格价差大于持有成本时，套利者的操作是（ ）。

A. 买入现货股票，同时买入股指期货合约

B. 卖出现货股票，同时卖出股指期货合约

C. 买入现货股票（在期货合约到期时用于交割），同时卖出股指期货合约

D. 卖出借入现货股票（在期货合约到期时交割以偿还所借入的股票），同时买入股指期货合约

3. 买入交割期较远的期货合约，同时卖出交割期较近的期货合约，这种操作称为（ ）。

A. 正向套利　　B. 反向套利

C. 卖出套期保值　　D. 买入套期保值

4. 临近合约到期时，股指期货价格与股票现货价格出现超过交易成本的价差，交易者想让股指期货价格与股票现货价格渐趋一致，可以采取的交易是（ ）。

A. 套利交易　　B. 投机交易

C. 价差交易　　D. 套期保值交易

5. 3 月 18 日，4 月沪深 300 股指期货合约价格为 3120 点，6 月沪深 300 股指期货合约价格为 3080 点，某投资者认为两份合约之间的价差有扩大的趋势。该投资者应该采取的交易是（ ）。

A. 卖出 4 月合约，同时卖出 6 月合约

B. 买入 4 月合约，同时买入 6 月合约

C. 卖出 4 月合约，同时买入 6 月合约

D. 买入 4 月合约，同时卖出 6 月合约

6. 下列关于 MACD 的说法，正确的是（ ）。

A. MACD 即平滑异同移动平均线　　B. 具有稳重性

C. 具有安定性　　D. 有频繁发出假信号的缺陷

7. 下列关于期货市场风险特征的说法，正确的是（ ）。

A. 期货市场的风险是客观存在的

B. 期货市场的风险与现货市场相比具有放大性

C. 期货交易风险易于延伸，引发连锁反应

D. 期货市场的风险具有不可防范性

8. DIF 向上突破 DEA 时属于买入信号，这种说法（　　）。

A. 正确　　B. 错误　　C. 不能确定

9. 下列关于布林线的使用方法，正确的是（　　）。（多选）

A. 当股价穿越上限压力线时，为卖点信号

B. 当股价穿越下限支撑线时，为卖点信号

C. 当股价由下向上穿越中界线时，为加仓信号

D. 当股价由上向下穿越中界线时，为加仓信号

10. 4 月 30 日，上海期货交易所 8 月黄金期货合约的价格为 352.6 元 / 克，10 月合约的价格为 341.3 元 / 克。某投资者认为合约的价差会加大，则：

①该投资者该如何进行套利？

②假设该投资者以当时的价格买卖上述合约各 5 手。5 月 15 日，8 月合约的价格为 351 元 / 克，10 月合约的价格为 338.36 元 / 克。该投资者平仓了结，计算该投资者的盈亏（黄金合约的规模为 1000 克 / 手）。

11. 3 月 24 日，大连期货交易所的 6 月玉米期货合约的价格为 1560 元 / 吨，9 月合约的价格为 1430 元 / 吨，12 月合约的价格为 1205 元 / 吨。某投资者认为前三个月的价差过小，后三个月的价差过大，则：

①应该如何采取蝶式套利方式套利？

②假设投资者在套利中买卖 6 月和 12 月合约各 5 手，买卖 9 月合约 10 手。4 月 10 日，6 月合约的价格变为 1632 元 / 吨，9 月合约的价格变为 1543 元 / 吨，12 月合约变为 1423 元 / 吨，该投资者预期情况不会好转，于是，平仓止损。计算该投资者的盈亏（玉米合约的规模为 10 吨 / 手）。

12. 股票 A 的 7 日收盘价为：2、4、5、9、10、11、8，求其 EMA（X，5）。

13. 任选两个期货高频数据，基于本章方法或者其他统计套利方法，构建一个跨期的套利策略，并基于数据估计结果分析策略的优劣。

14. 下载中国有关股指期货数据调试并回撤、检验和优化 R–Breaker 策略。

第十一章

期权风险对冲理论与策略

本章阅读指引：

期权是一种重要的风险控制和套利对冲金融衍生工具，也是量化投资领域常见的投资标的之一，特别是除了期货外，投资者还可以采用期权对冲投资组合的风险，因此，很有必要全面了解期权的风险对冲策略。本章首先介绍期权面临的风险类型；其次以 Black–Scholes 期权定价模型为理论基础，介绍如何测量期权价格的风险并分析其变动的敏感程度，我们称之为期权敏感性分析；在 Black–Scholes 期权定价模型中，包含五个变量参数，期权价格对这些参数的敏感性指标也称作希腊值，因此我们进一步介绍如何通过希腊值进行期权风险管理；再次，我们介绍一个重要的期权理论概念——期权风险对冲恒等式，及其在期权风险对冲中的运用；最后，基于 Python 软件从期权平价公式、期权希腊值动态对冲策略和期权波动率交易策略三个方面介绍期权风险对冲套利的三个案例。

第一节 期权风险对冲策略

一、期权风险的来源

期权是对冲金融风险的有效创新工具之一，但由于期权本身较为复杂，关于期权投资的风险管理也非常重要①。广义的期权风险包括价格波动风险、市场流动性风险、行权交收风险、合约到期风险、强行平仓风险，以及人为操作失误或计算机系统故障等因素导致的操作风险等②。本章所关注的期权风险是指对于期权持有者来说，期权价格朝着不利于持有者的方向变动，从而可能给投资者带来损失的风险，这主要来源于期权标的资产的价格变动。根据 *B–S* 公式，期权价格主要取决于标的资产市场价格、到期时间、波动率风险和利率等因素，期权的风险主要是指以上因素变动对期权价格的影响。为了更好地了解期权的市场风险，第二章中 Black 和 Scholes 提出了期权定价公式③：

$$c = SN(d_1) - Xe^{-r(T-t)}N(d_2) \tag{11-1}$$

$$p = Xe^{-r(T-t)}N(-d_2) - SN(-d_1) \tag{11-2}$$

上述式中，c 为看涨期权价值，p 为看跌期权价值，S 为标的资产价格，X 为执行价格，T 为到期时间，r 为以连续复利计算的无风险利率，$N(*)$ 为标准正态分布变量的累计概率分布函数，其中 d_1 与 d_2 分别为：

$$\begin{aligned} d_1 &= \frac{\ln\frac{S}{X} + (r + \frac{\sigma^2}{2})(T-t)}{\sigma\sqrt{T-t}} \\ d_2 &= \frac{\ln\frac{S}{X} + (r - \frac{\sigma^2}{2})(T-t)}{\sigma\sqrt{T-t}} \end{aligned} \tag{11-3}$$

由以上公式可知期权价值与以下五个因素有关：标的资产价格、执行价格、到期时间、无风险利率和资产波动率，这五个因素的波动会导致期权价格出现大幅波动，

① GUO B, LIN H. Volatility and jump risk in option returns［J］. Journal of futures markets, 2020, 40(11); NAOMI BOYD, PETER LOCKE, LI SUN. Trader networks and options risk management［J］. Journal of futures markets, 2020, 40(7).

② http://epaper.zqrb.cn/html/2020-01/09/content_553411.htm?div=-1.

③ BLACK F, SCHOLES M. The pricing of options and corporate liabilities［J］. Journal of political economy, 1973, 81(3):637–654.

可能令期权买方损失全部权利金或令期权卖方面临较大亏损，因此投资者应了解如何管理头寸，有效控制风险敞口。在实践中我们常用希腊值（Greeks）来度量交易中的特定风险①。

二、期权风险对冲的含义

期权风险对冲被广泛运用于期权交易中，是指期权交易者运用希腊值计算期权的风险敞口，并采用对冲策略规避期权价格变化带来的风险。期权风险对冲的关键是如何度量风险，这里我们介绍希腊值方法。首先可以通过基于 Taylor 展开式的资产组合价值随市场因子变化的二阶形式来展现：

$$\Delta P \approx \frac{\partial P}{\partial t}\Delta t + \sum_{i=1}^{n}\frac{\partial P}{\partial x_i}\Delta x_i + \frac{1}{2}\sum_{i,j=1}^{n}\frac{\partial^2 P}{\partial x_i \partial x_j}\Delta x_i \Delta x_j \tag{11-4}$$

对于期权来说，期权的价格 F 可以表示成：

$$F = F(S,t,r,\sigma) \tag{11-5}$$

其中，S 表示标的资产的当前价格，t 表示当前时间，r 表示无风险利率，σ 表示标的资产价格的波动率，则期权价格的 Taylor 展开式为：

$$\Delta F \approx \frac{\partial F}{\partial S}\Delta S + \frac{1}{2}\frac{\partial^2 F}{\partial S^2}(\Delta S)^2 + \frac{\partial F}{\partial t}\Delta t + \frac{\partial F}{\partial r}\Delta r + \frac{\partial F}{\partial \sigma}\Delta\sigma \tag{11-6}$$

公式（11-6）中的导数项便是希腊值。期权的希腊值就是这样一套风险管理工具，是量化期权头寸各种风险因素的一种指标。通过希腊值，投资者可以动态管理市场中的各种风险敞口，并根据对价格变动方向或价格波动率的预期构造出各种各样的期权策略。

第二节　期权希腊字母对冲

各类风险都会影响期权的价格，那么怎样把这些风险量化，进行科学的风险管理和投资就显得十分重要，此时，期权希腊字母便应运而生。简单点讲，期权希腊字母就是一套用来衡量期权价格对参数变化敏感程度的风险管理工具。该体系先将期权头寸面临的风险分成若干部分，然后使用希腊字母来衡量某部分风险的单位变化量所导致的期权价格的变化。在期权的风险管理中，时常使用希腊字母来进行市场中性风险

---

① 钱盈 . 期权风险管理与动态调整［N］. 期货日报，2017-09-04.

对冲①。

一、一阶希腊字母

一阶希腊字母是期权价格对变量的一阶导数，即变量变动一单位期权价格变动多少个单位，表示期权风险的一阶敏感性，主要包括 Delta、Theta、Vega、Rho、Lambda。（见表 11-1）

表 11-1 一阶希腊字母

灵敏度指标	公式	含义
Δ(Delta)	$\Delta=\frac{\partial F}{\partial S}$	反映金融衍生品价格对其标的资产价格的线性敏感性
θ(Theta)	$\theta=\frac{\partial F}{\partial t}$	反映金融衍生品价格对时间变化的敏感性
Λ(Vega)	$\Lambda=\frac{\partial F}{\partial \sigma}$	反映衍生证券价格对其标的资产价格波动率的线性敏感性
ρ(Rho)	$\rho=\frac{\partial F}{\partial r}$	反映金融衍生品价格关于利率的线性敏感性
λ(Lambda)	$\lambda=\frac{\partial F}{\partial S}\frac{S}{F}$	反映金融衍生品价格对其标的资产价格的弹性关系

（一）Delta 值

1. Delta 定义

Delta 值衡量的是当其他参数不变的情况下，标的资产价格变化导致的期权价格变化幅度，即反映期权价格对其标的资产价格的线性敏感性。从数学角度出发，Delta 代表了期权的公允价格对标的资产价格的一阶导数，Delta 是 S 的函数，同时它也是执行价格和到期时间的函数。由于 Delta 描述的是衍生品价格对标的资产价格的线性敏感性，这样的投资组合是可以被有效对冲的，通过对冲后即形成 Delta 中性的投资组合。

欧式看涨期权的 Delta 为：

$$\Delta(\text{看涨期权})=N(d_1) \tag{11-7}$$

欧式看跌期权的 Delta 为：

$$\Delta(\text{看跌期权})=N(-d_1) \tag{11-8}$$

---

① HALL P . Options futures and other derivatives［M］. Tsinghua University Press, 2001.

【不付红利的欧式看涨期权 Delta 证明】

$$\because c = SN(d_1) - Ke^{-r(T-t)}N(d_2)$$

$$\therefore \frac{\partial c}{\partial S} = N(d_1) + S\frac{\partial N(d_1)}{\partial d_1}\frac{\partial d_1}{\partial S} - Ke^{-r(T-t)}\frac{\partial N(d_2)}{\partial d_2}\frac{\partial d_2}{\partial S}$$

$$\frac{\partial d_1}{\partial S} = \frac{\partial d_2}{\partial S} = \frac{1}{S\sigma\sqrt{T-t}}, \frac{\partial N(d_i)}{\partial d_i} = \frac{1}{\sqrt{2\pi}}e^{\frac{d_i^2}{2}}（其中，i=1，2）$$

$$\frac{\partial c}{\partial S} = N(d_1) + \frac{1}{S\sigma\sqrt{T-t}}\left[S\frac{\partial N(d_1)}{\partial d_1} - Ke^{-r(T-t)}\frac{\partial N(d_2)}{\partial d_2}\right]$$

$$= N(d_1) + \frac{1}{S\sigma\sqrt{T-t}}\left[S\frac{1}{\sqrt{2\pi}}e^{\frac{d_1^2}{2}} - Ke^{-r(T-t)}\frac{1}{\sqrt{2\pi}}e^{-\frac{d_2^2}{2}}\right]$$

$$= N(d_1) + \frac{1}{S\sigma\sqrt{T-t}}\frac{1}{\sqrt{2\pi}}\left[Se^{\frac{d_1^2}{2}} - Ke^{-r(T-t)}e^{-\frac{(d_1-\sigma\sqrt{T-t})^2}{2}}\right]$$

$$= N(d_1) + \frac{1}{S\sigma\sqrt{T-t}}\frac{1}{\sqrt{2\pi}}\left[Se^{\frac{d_1^2}{2}} - Ke^{-r(T-t)}e^{-\frac{(d_1^2)-2d_1\sigma\sqrt{T-t}+\sigma^2(T-t)}{2}}\right]$$

$$= N(d_1) + \frac{1}{S\sigma\sqrt{T-t}}\frac{1}{\sqrt{2\pi}}\left[Se^{\frac{d_1^2}{2}} - Ke^{-r(T-t)}e^{\frac{d_1^2}{2}}e^{d_1\sigma\sqrt{T-t}-\frac{\sigma^2(T-t)}{2}}\right]$$

$$= N(d_1) + \frac{1}{S\sigma\sqrt{T-t}}\frac{1}{\sqrt{2\pi}}\left(Se^{\frac{d_1^2}{2}} - Ke^{\frac{d_1^2}{2}}\frac{S}{K}\right) = N(d_1) > 0$$

2. 期权 Delta 的特性

因为期权的权利金会随着期货价格的变化而变化，看涨期权的权利金会随期货价格的增加而增加，即同向变动（见图 11–1）；而看跌期权的权利金则正好相反，是反向变动。因此，看涨期权的 Delta 值为正数，看跌期权的 Delta 值为负数，而标的资产的 Delta 值为 1。除此之外，Delta 的绝对值介于 0 与 1 之间，并且具有可加性。

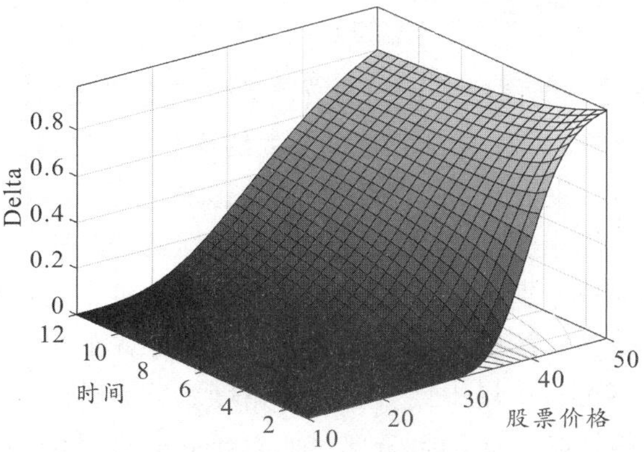

图 11–1　看涨期权 Delta 股票价格时间变化规律

范例程序 11-1：看涨期权 Delta 股票价格时间变化规律

```
#看涨期权 Delta 股票价格时间变化规律
s=np.linspace(10,50,41)
x=40
r=0.01
t=np.linspace(1,12,24)
newtime=np.zeros((len(s),len(t)))
for i in range(0,len(s)):
    newtime[i]=t/12
newtime=newtime.T
newprice=np.zeros((len(t),len(s)))
for i in range(0,len(t)):
        newprice[i]=s
pad=np.ones((len(t),len(s)))
delta=blsdelta(newprice,40*pad,0.01*pad,newtime,0.35*pad)
plt.figure()
ax3=plt.axes(projection='3d')
X,Y=np.meshgrid(s,t)
Z=delta
ax3.plot_surface(X,Y,Z,cmap='rainbow')
plt.xlabel('股票价格')
plt.ylabel('时间')
plt.title('看涨期权 Delta 股票价格时间变化规律')
plt.show()
```

3. Delta 中性与对冲策略

Delta 中性性质表明其价值不受标的资产的价格小幅变动的影响。这种投资组合的成分通常包括期权和与其相对应的标的资产，让 Delta 正负相消，使投资组合的价格对标的资产的价格相对不敏感。基于 Delta 中性的对冲策略，可以分为静态对冲策略和动态对冲策略。

（1）静态对冲策略。期货价格和标的资产的价格是线性的，但是期权价格与标的资产价格为非线性（凸性）关系，二者相关系数的绝对值小于 1。对于看涨期权而言，随着标的资产价格升高，期权权利金升高的速度越来越快；随着标的资产价格下降，期权权利金下降的速度越来越慢。看跌期权价格随标的资产价格的变化方向则相反。期权的这种特性使得期权套期保值更为复杂。由于期权价格与标的资产价格的收益曲线为非线性，这意味着当标的资产价格发生变化时，原先的套头比将不再适用，即原先的套期保值组合将不再是市场中性。从这个角度看，简单的等量对冲策略只能对冲掉标的资产的部分价格风险，而不是全部。如果要完全规避价格风险，也就是说要达到 Delta 中性，那么期权市值与现货市值的比例应为 1：Delta。

【例 11-1】假设 A 银行股票看涨期权的 Delta 为 0.5，那么这意味着当股票价格变动一个单位时，该看涨期权的价格则变动这个单位的 50 %。假设该期权目前的价格是 5 元，合约单位是 10000 股股票，价格是 100 元。假设整个持仓过程中该看涨期权的 Delta 不变，那么当股票价格变为 101（99）元时，看涨期权的价格就变为 5.5（4.5）元。如果王先生买入开仓了 1 张 A 银行的看涨期权，那么为使他手中总持仓的 Delta 变为 0，他就会卖出 5000 股股票，于是他的总持仓就是一张看涨期权多头头寸（对应 10000 股）和 5000 股股票空头头寸，此时，总持仓的 Delta=10000×0.5−5000=0。至此，王先生实现了一个 Delta 中性对冲策略。

具体分析见表 11-2 和表 11-3：

表 11-2　Delta 中性对冲策略的持仓情况

	期权头寸	股票头寸
开仓时刻	买入开仓 1 张股票 EF 看涨期权	卖出 5000 股股票 EF
平仓时刻（S=101）	卖出平仓 1 张股票 EF 看涨期权	买入 5000 股股票 EF 补仓
平仓时刻（S=99）	卖出平仓 1 张股票 EF 看涨期权	买入 5000 股股票 EF 补仓

表 11-3　Delta 中性对冲策略的盈亏情况

	期权盈亏	股票盈亏	总盈亏
开仓时刻	−50000	+500000	+450000
平仓时刻（S=101）	+55000	−505000	−450000
平仓时刻（S=99）	+45000	−495000	−450000

从表 11-2 和表 11-3 中我们可以看到，王先生在开仓时刻买入 1 张期权（此刻的股票价格为 100 元，期权价格为 5 元），同一时刻他卖空了 5000 股股票 EF，此时他的总收益为 450000 元，通过使用 Delta 中性对冲策略，不管一段时间之后股价是上升（101 元）抑或是下降（99 元），王先生将期权和股票同时平仓后的总亏损都是 450000 元，即整个过程王先生的总盈亏为 0。

（2）动态对冲策略。动态对冲则在静态对冲的基础上更进一步，是更为精细化的规避价格风险的方式。由于期权的 Delta 是不断变化的，静态 Delta 中性对冲策略仅仅是在展期时根据新 Delta 进行了头寸调整，而在非展期时，有时 Delta 若发生巨大变化，因头寸仍没有得到及时调整，对冲组合将会出现无法规避大部分价格风险的情况，因此我们需要引入动态 Delta 中性对冲策略，即我们不仅在展期时考虑 Delta 的变化，同时在非展期期间，若现货价格的变化超过一定阈值，则每隔若干分钟需重新计算一次组合的 Delta，然后根据新的 Delta 来调整标的头寸，使之实现新的平衡。

从理论上来讲，动态 Delta 中性对冲策略比静态对冲策略更能规避价格风险，但是由于存在交易成本，最终的对冲效果可能要取决于现货价格变化阈值和对冲频率的设定。

【例 11–2】假定交易员卖出 1000 单位的欧式期权，当前股票市值为 55 元，期权行使价格为 57 元，股票波动率为 10 %，期限为 10 周，试用期权的动态 Delta 对冲策略，求解整个期权存活周期中的对冲成本。

计算数据如表 11–4 所示。

表 11–4 对冲成本计算

周	股票价格	Delta	股票购买数量	总的购买成本	累计购买成本	利率
0	54	0.136	136	7362	7362	2.60%
1	54.2	0.135	–1	–66	7295	2.10%
2	53.6	0.072	–63	–3361	3934	2.30%
3	54.6	0.151	78	4281	8215	3.30%
4	55.8	0.312	161	8989	17204	3.50%
5	56.2	0.383	71	3995	21199	4.60%
6	57.3	0.632	249	14250	35449	4.80%
7	57.8	0.762	130	7527	42975	5.00%
8	58.5	0.924	162	9499	52474	5.10%
9	58.8	0.990	66	3857	56332	5.20%
10	59.2	1.000	10	600	56932	5.20%

由表 11–4 估计结果可知，扣除出售股票的收入 57 × 1000=57000 元，则整个期权存活期，实现完全 Delta 对冲总的对冲成本为 56932 × 100–57000=5636200 元，即为 563.62 万元。

（二）Theta 值

1. Theta 定义

Theta 是期权价格对时间的偏导数，可以理解为期权价格随时间变化的速率，度量了金融衍生产品价格对时间变化的敏感性。在其他条件不变的情况下，期权价格对时间的偏导数计算公式为：

$$\theta = \frac{\partial F}{\partial t} \tag{11-9}$$

对于一个无股息的欧式看涨期权，计算 Theta 的公式可由 B–S 公式计算得出：

$$\theta(看涨期权) = -\frac{S_0 N'(d_1)\sigma}{2\sqrt{T}} - rK\mathrm{e}^{-rT}N(d_2) \tag{11-10}$$

对于一个股票欧式看跌期权，计算 Theta 的公式为：

$$\theta(看涨期权) = -\frac{S_0 N'(d_1)\sigma}{2\sqrt{T}} + rK\mathrm{e}^{-rT}N(-d_2) \tag{11-11}$$

因为 $N(-d_2) = 1 - N(d_2)$，所以看跌期权的 Theta 比看涨期权的 Theta 大 $rK\mathrm{e}^{-rT}$。

期权价格将随时间增加而减少，即当到期时间越小，越接近到期日时，期权价格越低。通常期权的 Theta 为负（实值看涨汇率期权等除外）。由于时间走向是唯一确定的，因此不需要对时间进行套保，即无须消除时间风险。但是 Theta 衡量了期权买方随时间变化而损失的价值，因此在进行 Delta 中性对冲时，Theta 起着很重要的作用。

2. 期权 Theta 的特性

Theta 通常以天结算，为计算公历日的 Theta，天数为 365；为计算交易日的 Theta，天数为 252。期权长头方的 Theta 通常为负，因为在其他条件不变的情况下，随着期限的减少，期权价值会有所降低。图 11–2 给出了一个看涨期权的 Theta 与标的资产关系的曲线。

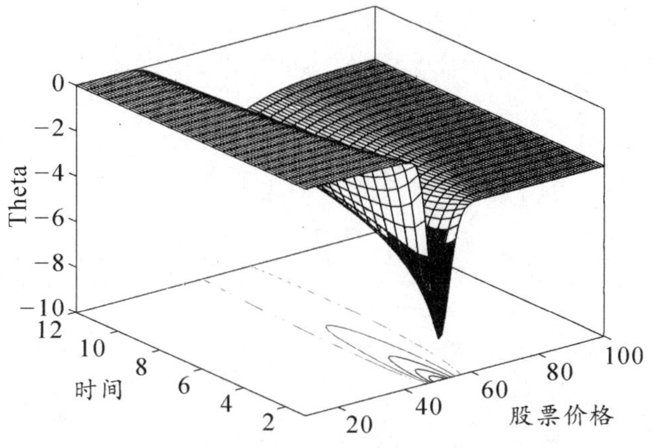

图 11–2　看涨期权 Theta 股票价格时间变化规律

范例程序 11-2：看涨期权 Theta 股票价格时间变化规律

```
#看涨期权 Theta 股票价格时间变化规律
s=np.linspace(10,100,91)
x=50
r=0.05
t=np.linspace(1,12,24)
newtime=np.zeros((len(s),len(t)))
for i in range(0,len(s)):
    newtime[i]=t/12
newtime=newtime.T
newprice=np.zeros((len(t),len(s)))
for i in range(0,len(t)):
    newprice[i]=s
pad=np.ones((len(t),len(s)))
theta=blstheta(newprice,x*pad,r*pad,newtime,0.2*pad)
plt.figure()
ax3=plt.axes(projection='3d')
X,Y=np.meshgrid(s,t)
Z=theta
ax3.plot_surface(X,Y,Z,cmap='rainbow')
plt.xlabel('股票价格')
plt.ylabel('时间')
plt.title('看涨期权 Theta 股票价格时间变化规律')
plt.show()
```

【不付红利的欧式看涨期权 Theta 证明】

$\because c=SN(d_1)-K\mathrm{e}^{-r(T-t)}N(d_2)$

$$\therefore \frac{\partial c}{\partial t}=S\frac{\partial N(d_1)}{\partial d_1}\frac{\partial d_1}{\partial t}-rK\mathrm{e}^{-r(T-t)}N(d_2)-K\mathrm{e}^{-r(T-t)}\frac{\partial N(d_2)}{\partial d_2}\frac{\partial d_2}{\partial t}$$

其中，$\frac{\partial d_2}{\partial t}=\frac{\partial d_1}{\partial t}+\frac{\sigma}{2\sqrt{T-t}}$，且 $\frac{\partial N(d_i)}{\partial d_i}=\frac{1}{\sqrt{2\pi}}\mathrm{e}^{-\frac{d_i^2}{2}}$（其中，$i$=1，2），因此

$$\begin{aligned}\frac{\partial c}{\partial S}&=S\frac{\partial N(d_1)}{\partial d_1}\frac{\partial d_1}{\partial t}-rK\mathrm{e}^{-r(T-t)}N(d_2)-K\mathrm{e}^{-r(T-t)}\frac{\partial N(d_2)}{\partial d_2}\left(\frac{\partial d_1}{\partial t}+\frac{\sigma}{2\sqrt{T-t}}\right)\\&=-S\frac{\partial N(d_1)}{\partial d_1}\frac{\sigma}{2\sqrt{T-t}}-rK\mathrm{e}^{-r(T-t)}N(d_2)+\left(\frac{\partial d_1}{\partial t}+\frac{\sigma}{2\sqrt{T-t}}\right)\left[S\frac{\partial N(d_1)}{\partial d_1}-K\mathrm{e}^{-r(T-t)}\frac{\partial N(d_2)}{\partial d_2}\right]\\&=-S\frac{\partial N(d_1)}{\partial d_1}\frac{\sigma}{2\sqrt{T-t}}-rK\mathrm{e}^{-r(T-t)}N(d_2)+\left(\frac{\partial d_1}{\partial t}+\frac{\sigma}{2\sqrt{T-t}}\right)\left[S\frac{1}{\sqrt{2\pi}}\mathrm{e}^{-\frac{d_1^2}{2}}-K\mathrm{e}^{-r(T-t)}\frac{1}{\sqrt{2\pi}}\mathrm{e}^{-\frac{d_2^2}{2}}\right]\end{aligned}$$

$$=-S\frac{\partial N(d_1)}{\partial d_1}\frac{\sigma}{2\sqrt{T-t}}-rK\mathrm{e}^{-r(T-t)}N(d_2)+\left(\frac{\partial d_1}{\partial t}+\frac{\sigma}{2\sqrt{T-t}}\right)\left[S\mathrm{e}^{-\frac{d_1^2}{2}}-K\mathrm{e}^{-r(T-t)}\mathrm{e}^{-\frac{\left(d_1-\sigma\sqrt{T-t}\right)^2}{2}}\right]T$$

$$=-S\frac{\partial N(d_1)}{\partial d_1}\frac{\sigma}{2\sqrt{T-t}}-rK\mathrm{e}^{-r(T-t)}N(d_2)+\left(\frac{\partial d_1}{\partial t}+\frac{\sigma}{2\sqrt{T-t}}\right)\left[S\mathrm{e}^{-\frac{d_1^2}{2}}-K\mathrm{e}^{-r(T-t)}\mathrm{e}^{-\frac{(d_1)^2-2d_1\sigma\sqrt{T-t}+\sigma^2(T-t)}{2}}\right]$$

$$=-S\frac{\partial N(d_1)}{\partial d_1}\frac{\sigma}{2\sqrt{T-t}}-rK\mathrm{e}^{-r(T-t)}N(d_2)+\left(\frac{\partial d_1}{\partial t}+\frac{\sigma}{2\sqrt{T-t}}\right)\left[S\mathrm{e}^{-\frac{d_1^2}{2}}-K\mathrm{e}^{-r(T-t)}\mathrm{e}^{-\frac{d_1^2}{2}}\mathrm{e}^{d_1\sigma\sqrt{T-t}-\frac{\sigma^2(T-t)}{2}}\right]$$

将d_1代入最后一项，可得

$$\frac{\partial c}{\partial S}=-S\frac{\partial N(d_1)}{\partial d_1}\frac{\sigma}{2\sqrt{T-t}}-rK\mathrm{e}^{-r(T-t)}N(d_2)+\left(\frac{\partial d_1}{\partial t}+\frac{\sigma}{2\sqrt{T-t}}\right)\left(S\mathrm{e}^{-\frac{d_1^2}{2}}-K\mathrm{e}^{-\frac{d_1^2}{2}}\frac{S}{K}\right)$$

$$=-\frac{S\sigma N'(d_1)}{2\sqrt{T-t}}-rK\mathrm{e}^{-r(T-t)}N(d_2)<0$$

【例 11-3】A 公司股票当前市价为 100 美元，期权行使价格为 101 美元，无风险利率为 4 %，股票波动率为 15 %，期权期限为 20 周。

这时，S_0=100，K=101，r=0.04，δ =0.15，T=0.3846，期权的 Theta 为：

$$\theta（看涨期权）=\frac{S_0N'(d_1)\sigma}{2\sqrt{T}}-rK\mathrm{e}^{-rT}N(d_2)=-6.8062$$

因此，每公历日的 Theta 为 −6.8062/365=−0.0186，每交易日的 Theta 为 −6.8062/252=−0.0270。

（三）Vega 值

1. Vega 定义

Vega 衡量的是期权价格对标的资产价格波动率的一阶敏感性。如果 Vega 绝对值很大，表示此交易组合的价值会对波动率变化非常敏感；如果 Vega 绝对值很小，表明交易组合的价值受波动率变化的影响很小。用公式计算为期权价格对波动率的一阶导数：

$$\Lambda=\frac{\partial F}{\partial\sigma}\tag{11-12}$$

对于一个无股息看涨期权，Vega 公式为：

$$Vega=S_0\sqrt{T}N'(d_1)\tag{11-13}$$

2. 期权 Vega 的特性

欧式及美式期权的 Vega 总为正，并且与股票价格的变化如图 11-3 所示：

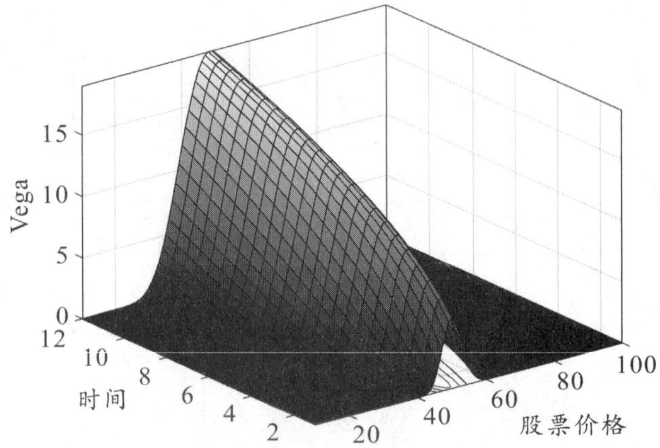

图 11-3　看涨期权 Vega 股票价格时间变化规律

范例程序 11-3：看涨期权 Vega 股票价格时间变化规律

```
#看涨期权 Vega 股票价格时间变化规律
s=np.linspace(10,100,91)
x=50
r=0.05
t=np.linspace(1,12,24)
newtime=np.zeros((len(s),len(t)))
for i in range(0,len(s)):
    newtime[i]=t/12
newtime=newtime.T
newprice=np.zeros((len(t),len(s)))
for i in range(0,len(t)):
    newprice[i]=s
pad=np.ones((len(t),len(s)))
vega=blsvega(newprice,x*pad,r*pad,newtime,0.2*pad)
plt.figure()
ax3=plt.axes(projection='3d')
X,Y=np.meshgrid(s,t)
Z=vega
ax3.plot_surface(X,Y,Z,cmap='rainbow')
plt.xlabel('股票价格')
plt.ylabel('时间')
plt.title('看涨期权 Vega 股票价格时间变化规律')
plt.show()
```

【不付红利的欧式看涨期权 Vega 证明】

$$\because c = SN(d_1) - Ke^{-r(T-t)}N(d_2)$$

$$\therefore \frac{\partial c}{\partial \sigma} = S\frac{\partial N(d_1)}{\partial d_1}\frac{\partial d_1}{\partial \sigma} - Ke^{-r(T-t)}\frac{\partial N(d_2)}{\partial d_2}\frac{\partial d_2}{\partial \sigma}$$

其中，$\frac{\partial d_1}{\partial \sigma}=(T-t)\left[\frac{1}{2}-\ln(S/K)-r\right]$，$\frac{\partial d_2}{\partial \sigma}=(T-t)\left[\frac{1}{2}-\ln(S/K)-r\right]-\sqrt{T-t}$，

且 $\frac{\partial N(d_i)}{\partial d_i}=\frac{1}{\sqrt{2\pi}}e^{-\frac{d_i^2}{2}}$（其中，$i$=1，2），

因此

$$\frac{\partial c}{\partial \sigma} = S\frac{\partial N(d_1)}{\partial d_1}(T-t)\left[\frac{1}{2}-\ln(S/K)-r\right] - Ke^{-r(T-t)}\frac{\partial N(d_2)}{\partial d_2}\left[(T-t)(\frac{1}{2}-\ln(S/K)-r)-\sqrt{T-t}\right]$$

$$= S\frac{\partial N(d_1)}{\partial d_1}\sqrt{T-t} + S\frac{\partial N(d_1)}{\partial d_1}\left[(T-t)(\frac{1}{2}-\ln(S/K)-r)-\sqrt{T-t}\right]$$

$$-Ke^{-r(T-t)}\frac{\partial N(d_2)}{\partial d_2}\left[(T-t)(\frac{1}{2}-\ln(S/K)-r)-\sqrt{T-t}\right]$$

$$= S\frac{\partial N(d_1)}{\partial d_1}\sqrt{T-t} + \left[(T-t)(\frac{1}{2}-\ln(S/K)-r)-\sqrt{T-t}\right]\left[S\frac{\partial N(d_1)}{\partial d_1} - Ke^{-r(T-t)}\frac{\partial N(d_2)}{\partial d_2}\right]$$

$$= S\frac{\partial N(d_1)}{\partial d_1}\sqrt{T-t} + \left[(T-t)(\frac{1}{2}-\ln(S/K)-r)-\sqrt{T-t}\right]\left[S\frac{1}{\sqrt{2\pi}}e^{-\frac{d_1^2}{2}} - Ke^{-r(T-t)}\frac{1}{\sqrt{2\pi}}e^{-\frac{d_2^2}{2}}\right]$$

$$= S\frac{\partial N(d_1)}{\partial d_1}\sqrt{T-t} + \left[(T-t)(\frac{1}{2}-\ln(S/K)-r)-\sqrt{T-t}\right]\left[Se^{-\frac{d_1^2}{2}} - Ke^{-r(T-t)}e^{-\frac{\left(d_1-\sigma\sqrt{T-t}\right)^2}{2}}\right]$$

$$= S\frac{\partial N(d_1)}{\partial d_1}\sqrt{T-t} + \left[(T-t)(\frac{1}{2}-\ln(S/K)-r)-\sqrt{T-t}\right]\left[Se^{-\frac{d_1^2}{2}} - Ke^{-r(T-t)}e^{-\frac{(d_1)^2-2d_1\sigma\sqrt{T-t}+\sigma^2(T-t)}{2}}\right]$$

$$= S\frac{\partial N(d_1)}{\partial d_1}\sqrt{T-t} + \left[(T-t)(\frac{1}{2}-\ln(S/K)-r)-\sqrt{T-t}\right]\left[Se^{-\frac{d_1^2}{2}} - Ke^{-r(T-t)}e^{-\frac{d_1^2}{2}}e^{d_1\sigma\sqrt{T-t}-\frac{\sigma^2(T-t)}{2}}\right]$$

将 d_1 代入最后一项，可得

$$\frac{\partial c}{\partial \sigma} = S\frac{\partial N(d_1)}{\partial d_1}\sqrt{T-t} + \left[(T-t)(\frac{1}{2}-\ln(S/K)-r)-\sqrt{T-t}\right]\left[Se^{-\frac{d_1^2}{2}} - Ke^{-\frac{d_1^2}{2}}\frac{S}{K}\right]$$

$$= SN'(d_1)\sqrt{T-t} > 0$$

【例 11-4】同样采用股票 A：当前股票价格为 100 美元，对应的期权行使价格为 101 美元，市场无风险利率为 4 %，股票波动率为 15 %，期权期限为 20 周。即 S_0 =

100，K=101，r=0.04，δ =0.15，T=0.3846。则此时期权的 Vega 为：

$$Vega = S_0\sqrt{T}N'(d_1) = 24.605$$

表示的经济含义为：当股票波动率增加 1 % 时，期权价格会相应增长 0.01 × 24.605=0.24605。

（四）Rho 值

Rho 是期权价格随利率变化的速率。用公式可以表示为期权价格对利率的偏导数：

$$\rho = \frac{\partial F}{\partial r} \tag{11-14}$$

对于一个无股息股票欧式看涨期权和看跌期权，其 Rho 为：

$$Rho(\text{看涨期权}) = KTe^{-rT}N(d_2) \tag{11-15}$$

$$Rho(\text{看跌期权}) = -KTe^{-rT}N(-d_2) \tag{11-16}$$

当利率上涨时，看涨期权的价格将随利率 r 上涨 Rho。由此可以发现，Rho 可以当作替换标的资产与对应期权的分析指标，当利率上升，可以选择期权头寸，剩余选择存入银行获取利息。

看涨期权 Rho 股票价格时间变化规律如图 11-4 所示。

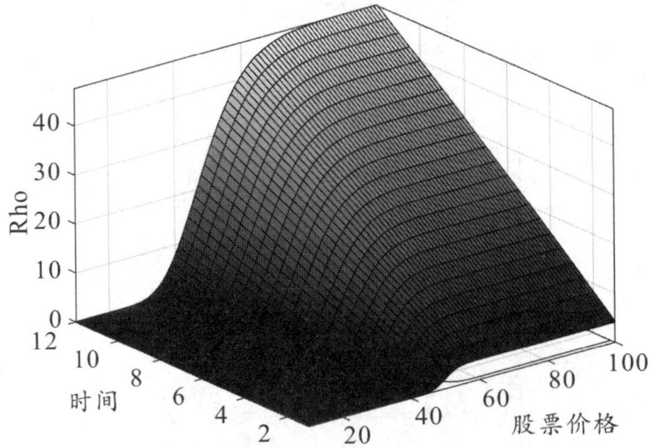

图 11-4　看涨期权 Rho 股票价格时间变化规律

范例程序 11-4：看涨期权 Rho 股票价格时间变化规律

```
#看涨期权 Rho 股票价格时间变化规律
s=np.linspace(10,100,91)
x=50
r=0.05
t=np.linspace(1,12,24)
newtime=np.zeros((len(s),len(t)))
for i in range(0,len(s)):
    newtime[i]=t/12
newtime=newtime.T
newprice=np.zeros((len(t),len(s)))
for i in range(0,len(t)):
    newprice[i]=s
pad=np.ones((len(t),len(s)))
Rho=blsrho(newprice,50*pad,0.05*pad,newtime,0.2*pad)
plt.figure()
ax3=plt.axes(projection='3d')
X,Y=np.meshgrid(s,t)
Z=Rho
ax3.plot_surface(X,Y,Z,cmap='rainbow')
plt.xlabel('股票价格')
plt.ylabel('时间')
plt.title('看涨期权 Rho 股票价格时间变化规律')
plt.show()
```

【不付红利的欧式看涨期权 Rho 证明】

$\because c = SN(d_1) - K\mathrm{e}^{-r(T-t)}N(d_2)$

$\therefore \dfrac{\partial c}{\partial r} = S\dfrac{\partial N(d_1)}{\partial d_1}\dfrac{\partial d_1}{\partial r} - K\mathrm{e}^{-r(T-t)}\dfrac{\partial N(d_2)}{\partial d_2}\dfrac{\partial d_2}{\partial r} + K(T-t)\mathrm{e}^{-r(T-t)}N(d_2)$

其中，$\dfrac{\partial d_1}{\partial r} = \dfrac{\partial d_2}{\partial r} = \dfrac{\sqrt{T-t}}{\sigma}$，且 $\dfrac{\partial N(d_i)}{\partial d_i} = \dfrac{1}{\sqrt{2\pi}}\mathrm{e}^{-\frac{d_i^2}{2}}$（其中，$i$=1，2），因此

$$\begin{aligned}\frac{\partial c}{\partial r} &= S\frac{\partial N(d_1)}{\partial d_1}\frac{\sqrt{T-t}}{\sigma} - K\mathrm{e}^{-r(T-t)}\frac{\partial N(d_2)}{\partial d_2}\frac{\sqrt{T-t}}{\sigma} + K(T-t)\mathrm{e}^{-r(T-t)}N(d_2) \\ &= K(T-t)\mathrm{e}^{-r(T-t)}N(d_2) + \frac{\sqrt{T-t}}{\sigma}\left[S\frac{1}{\sqrt{2\pi}}\mathrm{e}^{-\frac{d_1^2}{2}} - K\mathrm{e}^{-r(T-t)}\frac{1}{\sqrt{2\pi}}\mathrm{e}^{-\frac{d_2^2}{2}}\right] \\ &= K(T-t)\mathrm{e}^{-r(T-t)}N(d_2) + \frac{\sqrt{T-t}}{\sigma}\frac{1}{\sqrt{2\pi}}\left[S\mathrm{e}^{-\frac{d_1^2}{2}} - K\mathrm{e}^{-r(T-t)}\mathrm{e}^{-\frac{\left(d_1-\sigma\sqrt{T-t}\right)^2}{2}}\right]\end{aligned}$$

$$=K(T-t)\mathrm{e}^{-r(T-t)}N(d_2)+\frac{\sqrt{T-t}}{\sigma}\frac{1}{\sqrt{2\pi}}\left[S\mathrm{e}^{-\frac{d_1^2}{2}}-K\mathrm{e}^{-r(T-t)}\mathrm{e}^{-\frac{(d_1)^2-2d_1\sigma\sqrt{T-t}+\sigma^2(T-t)}{2}}\right]$$

$$=K(T-t)\mathrm{e}^{-r(T-t)}N(d_2)+\frac{\sqrt{T-t}}{\sigma}\frac{1}{\sqrt{2\pi}}\left[S\mathrm{e}^{-\frac{d_1^2}{2}}-K\mathrm{e}^{-r(T-t)}\mathrm{e}^{-\frac{d_1^2}{2}}\mathrm{e}^{d_1\sigma\sqrt{T-t}-\frac{\sigma^2(T-t)}{2}}\right]$$

将d_1代入最后一项，可得

$$\frac{\partial c}{\partial r}=K(T-t)\mathrm{e}^{-r(T-t)}N(d_2)+\frac{\sqrt{T-t}}{\sigma}\frac{1}{\sqrt{2\pi}}\left(S\mathrm{e}^{-\frac{d_1^2}{2}}-K\mathrm{e}^{-\frac{d_1^2}{2}}\frac{S}{K}\right)=K(T-t)\mathrm{e}^{-r(T-t)}N(d_2)>0$$

【例 11-5】对于一个不付红利的欧式看涨期权，其对应股票价格为 100 美元，期权到期执行价格为 101 美元，当前市场无风险利率为 4 %，持有期限为 20 周（=0.3846 年），股票价格波动率为 15 %。则可得期权的 Rho 为：

Rho（看涨期权）$=KT\mathrm{e}^{-rT}N(d_2)=19.3074$

其表示的经济含义为：当利率增加 1 % 时（如由 4 % 增加到 5 %），期权价格相应的增长约为 0.01 × 19.3074=0.193074。

（五）Lambda 值

Lambda 表示期权价格变动与标的资产市场价格变动的弹性。

$$Lambda=\frac{\partial F}{\partial S}\frac{S}{F}=N(d_1)\frac{S}{F}=\frac{SN(d_1)}{SN(d_1)-K\mathrm{e}^{-r(T-t)}N(d_2)} \tag{11-17}$$

图 11-5 表示看涨期权 Lambda 股票价格时间变化规律，可见当时间不变时，随着价格的上涨，期权 Lambda 下降，不过随着时间增加，期权 Lambda 随价格上升而下降的速度在减小。

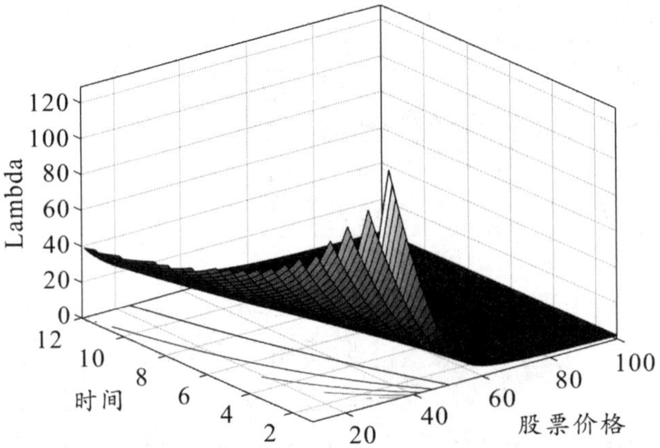

图 11-5　看涨期权 Lambda 股票价格时间变化规律

范例程序 11-5：看涨期权 Lambda 股票价格时间变化规律

```
#看涨期权 Lambda 股票价格时间变化规律
s=np.linspace(10,100,91)
x=50
r=0.05
t=np.linspace(1,12,24)
newtime=np.zeros((len(s),len(t)))
for i in range(0,len(s)):
    newtime[i]=t/12
newtime=newtime.T
newprice=np.zeros((len(t),len(s)))
for i in range(0,len(t)):
    newprice[i]=s
pad=np.ones((len(t),len(s)))
bllambda=blslambda(newprice,50*pad,0.05*pad,newtime,0.2*pad)
plt.figure()
ax3=plt.axes(projection='3d')
X,Y=np.meshgrid(s,t)
Z=bllambda
ax3.plot_surface(X,Y,Z,cmap='rainbow')
plt.xlabel('股票价格')
plt.ylabel('时间')
plt.title('看涨期权 Lambda 股票价格时间变化规律')
plt.show()
```

【例 11-6】股票当前市价为 100 美元，期权行使价格为 101 美元，无风险利率为 4 %，股票波动率为 15 %，期权期限为 20 周。各项参数为 S_0 =100，K=101，r=0.04，δ =0.15，T=0.3846，则期权的 Lambda 为：

$$\lambda=\frac{\partial F}{\partial S}\frac{S}{F}=N(d_1)\frac{S}{F}=\frac{SN(d_1)}{SN(d_1)-Ke^{-r(T-t)}N(d_2)}=13.6229$$

这表明当股票现货市场价格增加 1 % 时，股票期权价格会相应增长 13.62 %。

二、二阶希腊字母

二阶希腊字母是研究影响一阶希腊字母变动的因素，一阶希腊字母假设只有单一变量变动，当多个变量同时变动时，一阶希腊字母的值就会发生变化。而二阶希腊字母可以判断一阶希腊字母变动的方向和幅度，从而更好地介绍期权价格的变化。二阶希腊字母主要包括 Vanna、Charm、Gamma、Veta、Vomma、Vera（见表 11-5）。

表 11-5　二阶希腊字母

灵敏度指标	公式	含义
Vanna	$Vanna=\frac{\partial^2 F}{\partial S\partial\sigma}$	反映 Delta 对冲随着波动率变化的有效性或者 Vega 对冲对于标的即期价格变化的有效性
Charm	$Charm=\frac{\partial^2 F}{\partial S\partial t}$	反映 Delta 相对于时间流逝的变化率
Gamma	$Gamma=\frac{\partial^2 F}{\partial S^2}=\frac{\partial\delta}{\partial S}$	反映灵敏度系数 δ 对标的资产价格 S 的灵敏性
Veta	$Veta=\frac{\partial^2 F}{\partial\sigma\partial t}$	反映 Vega 相对于时间的变化率
Vomma	$Vomma=\frac{\partial^2 F}{\partial\sigma^2}$	反映隐含波动率
Vera	$Vera=\frac{\partial^2 F}{\partial\sigma\partial r}$	反映 Rho 相对于波动性的变化率

（一）Vanna 值

Vanna 是衡量期权 Delta 相对于波动率变化的敏感度，在公式上表示为 Vanna 对标的资产价格的偏导：

$$Vanna=\frac{\partial^2 F}{\partial S\partial\sigma} \tag{11-18}$$

Vanna 可以用于监测保持 Delta 或者 Vega 对冲资产组合的敏感度测量，帮助交易员来预测 Delta 对冲随着波动率变化的有效性或者 Vega 对冲对于标的即期价格变化的有效性。

（二）Charm 值

Charm，又称 Delta 衰减，衡量 Delta 相对于时间流逝的变化率，尤其在监测超过周末的无风险对冲头寸时极为有效。用公式表示为期权价值的二阶导数，第一次是对价格，第二次是对时间，同时也可以作为 Theta 对于标的价格导数：

$$Charm=\frac{\partial^2 F}{\partial S\partial t} \tag{11-19}$$

计算每天的 Delta 衰减率，可以用 Charm 来除以每年的天数。要注意的是，当距离期权到期日较远的时候，这样算会比较精确；如果期权距离到期日很近，Charm 本身就会变得比较快，并使 Delta 衰减的每天估计不准确。

（三）Gamma 值

Gamma 度量了金融衍生产品价格变化对标的资产价格变化的非线性灵敏性，也可以理解为 Delta 的变动速度。用公式表示为期权价值对标的资产价格的二阶导数，或者是 Delta 对标的资产价格的导数：

$$Gamma=\frac{\partial^2 F}{\partial S^2}=\frac{\partial \delta}{\partial S} \tag{11-20}$$

线性产品的 Gamma 为 0，因此线性产品不能用于改变交易组合的 Gamma。改变 Gamma 必须采用价格与标的资产价格呈非线性关系的产品，如期权。如果要使交易组合 Gamma 呈中性，期权交易头寸应为：$\omega_T=-\gamma/\gamma_T$。其中，$\gamma$ 为交易组合的 Gamma，γ_T 为期权的 Gamma。

看涨期权 Gamma 股票价格时间变化规律如图 11-6 所示。

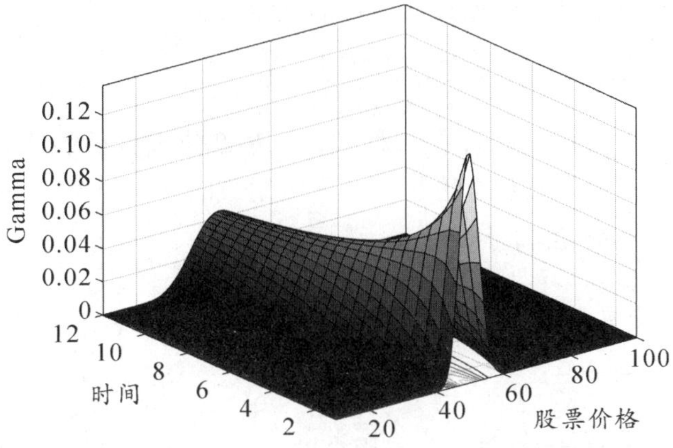

图 11-6　看涨期权 Gamma 股票价格时间变化规律

范例程序 11-6：看涨期权 Gamma 股票价格时间变化规律

```
#看涨期权 Gamma 股票价格时间变化规律
s=np.linspace(10,100,91)
x=50
r=0.05
t=np.linspace(1,12,24)
newtime=np.zeros((len(s),len(t)))
for i in range(0,len(s)):
    newtime[i]=t/12
newtime=newtime.T
newprice=np.zeros((len(t),len(s)))
for i in range(0,len(t)):
```

```
    newprice[i]=s
pad=np.ones((len(t),len(s)))
gamma=blsgamma(newprice,50*pad,0.05*pad,newtime,0.2*pad)
plt.figure()
ax3=plt.axes(projection='3d')
X,Y=np.meshgrid(s,t)
Z=gamma
ax3.plot_surface(X,Y,Z,cmap='rainbow')
plt.xlabel('股票价格')
plt.ylabel('时间')
plt.title('看涨期权 Gamma 股票价格时间变化规律')
plt.show()
```

对于一个无股息看涨及看跌期权，Gamma 关系为：

$$Gamma=\frac{\partial^2 F}{\partial S^2}=N'(d_1)\frac{\partial d_1}{\partial S}=\frac{N'(d_1)}{S_0\sigma\sqrt{T}}>0 \tag{11-21}$$

Delta、Theta 和 Gamma 之间存在某种关系，*B–S* 公式分析表明，对于一个无股息资产由看涨、看跌期权以及其他金融衍生产品所组成的交易组合一定满足：

$$\theta+rS_0\varDelta+\frac{1}{2}\sigma^2S_0^2\gamma=rF \tag{11-22}$$

对于 Delta 中性交易组合，$\varDelta=0$，因此：

$$\theta+\frac{1}{2}\sigma^2S_0^2\gamma=rF \tag{11-23}$$

上式说明当θ很大并且为正时，交易组合的Gamma虽然也很大，但为负，反之亦然。

【例 11–7】股票当前市价为 100 美元；期权行使价格为 101 美元；无风险利率为 4%；股票波动率为 15%；期权期限为 20 周。即 $S_0=100$，$K=101$，$r=0.04$，$\delta=0.15$，$T=0.3846$。期权 Gamma 为：

$$Gamma=\frac{N'(d_1)}{S_0\sigma\sqrt{T}}=0.0427$$

说明当股票价格变化为 ΔS 时，期权的 Delta 变化为 $0.0427\Delta S$。

【例 11–8】当前交易员 B 的交易组合为 Delta 中性，其 Gamma 为 −4000。某交易所期权的 Delta 与 Gamma 分别为 0.58 和 2。交易员 B 为了使得交易组合的 Delta 与 Gamma 均为中性，他可以进行以下操作：

（1）买入 2000 股期权（20 个期权合约）保证 Gamma 中性；

（2）卖出 1160 份标的资产以保证 Delta 中性。

（四）Veta 值

Veta 测量的是 Vega 相对于时间的变化率。Veta 是期权价值方程的二阶导数，第一次是对波动性，第二次是对时间：

$$Veta = \frac{\partial^2 F}{\partial\sigma\partial t} \quad (11-24)$$

这个指标的具体运用通常做法为 Veta / $\left(\text{天数} \times 100\right)$，从而减少 Vega 每天每一百分比的变化值。

【例 11-9】当前交易员 B 的交易组合为 Delta 中性，Gamma 为 −4000，Veta 为 −6000。交易所有两个期权，期权 1 与期权 2 的 Delta、Gamma、Veta 值如表 11-6 所示。

表 11-6　期权 1 与期权 2 的 Delta、Gamma、Veta 值

	Delta	Gamma	Veta
组合	0	−4000	−6000
期权 1	0.4	0.3	2.0
期权 2	0.5	0.3	1.5

解答：为了保证组合 Gamma 及 Veta 呈中性，期权 1 与期权 2 的头寸表示为 ω_1 和 ω_2，则有：

$$-4000 + 0.3\omega_1 + 0.3\omega_2 = 0$$

$$-6000 + 2\omega_1 + 1.5\omega_2 = 0$$

解得 ω_1 =28000 和 ω_2 =14667。因此交易员 B 可以分别在投资组合中加入 28000 个期权 1 及 14667 个期权 2，使得交易组合 Gamma 及 Veta 呈中性。加入这两种期权后，交易组合的 Delta 变为 $28000 \times 0.4 + 14667 \times 0.5 \approx 18534$，因此必须卖出 18534 份标的资产才能保持组合为 Delta 中性。

（五）Vomma 值

Vomma 是用于衡量隐含波动率的，公式表示为期权价值对于波动性的二阶导数：

$$Vomma = \frac{\partial^2 F}{\partial\sigma^2} \quad (11-25)$$

如果 Vomma 为正数，随着隐含波动率的增加，Vega 头寸会被看涨；如果隐含波动率降低，会看空 Vega。若一开始为 Vega 中性，看涨 Vomma 的头寸可以根据不同执行价格的期权份额来构造。对于理论上没有价值的期权，Vomma 是正数，起初会随着价格偏离的程度而增加（但是随着 Vega 的下降也会下降）。（注：一般 d_1 和 d_2 是同一

个符号，而 Vomma 为正数，当 $d_2<0$ 或者 $d_1>0$ 时也同样成立）

（六）Vera 值

Vera 衡量 Rho 相对于波动性的敏感程度，或者测量波动性变化对 Rho 对冲的影响。Vera 用公式表示为期权价值方程的二阶导数，第一次是对波动性，第二次是对利率：

$$Vera=\frac{\partial^2 F}{\partial\sigma\partial r} \tag{11-26}$$

三、三阶希腊字母

同理，三阶希腊字母就是在二阶希腊字母的基础上，研究对二阶希腊字母的影响。三阶希腊字母包括 Color、Speed、Zomma、Ultima（见表 11-7）。

表 11-7　三阶希腊字母

灵敏度指标	公式	含义
Color	$Color=\frac{\partial^3 F}{\partial S^2\partial t}$	判断是否维持 Gamma 对冲资产
Speed	$Speed=\frac{\partial^3 F}{\partial S^3}$	反映 Gamma 相对于标的资产价格的变化率
Zomma	$Zomma=\frac{\partial^3 F}{\partial S^2\partial\delta}$	反映 Gamma 相对于波动率变化的变化率
Ultima	$Ultima=\frac{\partial^3 F}{\partial\delta^3}$	反映 Vomma 相对于波动性变化的敏感度

（一）Color 值

Color 又称 Gamma 衰减，衡量 Gamma 对时间的变化率，可以用于判断能否维持 Gamma 对冲资产，是一个很有效的敏感度指标。用公式表示为期权价值方程的三阶导数，两次对标的资产，一次对时间：

$$Color=\frac{\partial^3 F}{\partial S^2\partial t} \tag{11-27}$$

Color 可以帮助交易员预测对冲对时间的有效性，通常会除以一年的天数来得到每天的 Gamma 改变量。当离到期日比较远时这个字母的作用会比较准确，但是当期权接近到期日时，Color 本身就变得非常快，因此对于 Gamma 的每天估计会不太准确。

（二）Speed 值

Speed 又称 Gamma 的 Gamma，测量 Gamma 相对于标的资产价格的变化率。Speed 是价值方程相对于标的即期价格的三阶导数。在监管无风险对冲或者 Gamma 对冲一个资产组合时，Speed 是很有用的。

$$Speed = \frac{\partial^3 F}{\partial S^3} \tag{11-28}$$

（三）Zomma 值

Zomma 测量的是 Gamma 相对于波动率变化的变化率。用公式表示为期权价值的三阶导数，两次对标的资产价格，一次对波动性。Zomma 是确保 Gamma 对冲资产时很好的敏感度指标，这是因为 Zomma 可以帮助交易员预测对冲有效性随着波动性变化的变化。

$$Zomma = \frac{\partial^3 F}{\partial S^2 \partial \delta} \tag{11-29}$$

（四）Ultima 值

Ultima 衡量期权的 Vomma 相对于波动性变化的敏感度。用公式表示为期权价值对波动性的三阶导数。

$$Ultima = \frac{\partial^3 F}{\partial \delta^3} \tag{11-30}$$

总的来说，投资者可以通过使用希腊字母中性策略来进行风险管理。考虑到通过对冲来消除投资组合的时间损耗意义不大，而无风险利率在短期内变化又很小，因而在进行中性对冲策略时，较多使用的是 Delta、Gamma 和 Vega 中性，较少使用 Theta 和 Rho 中性及其他高阶希腊字母中性策略。但是其实所谓中性，只能说是在构造头寸之初投资组合的一个或者几个变量是中性的，但是随后而来的变化可能会对这种中性产生不利的影响。我们所能做的也只是使得 Delta、Gamma、Vega、Theta、Rho 在某一个时刻上达到中性状态，并且针对的只是价格发生微小变化时的情况；当价格发生剧烈变动的时候这些希腊字母就不适用，这时候可能就需要采取其他的策略来管理风险了。总之，投资者要根据变动着的实际情况选择最适合的工具进行风险管理。

第三节 期权风险对冲恒等式

期权风险对冲恒等式，又称期权平价关系，是指标的资产、欧式认购和认沽期权（有相同到期日和行权价）之间存在必然关系，具体平价公式如下：

$$C_t + Ke^{-r(T-t)} = P_t + S_t \tag{11-31}$$

其中，C_t、P_t分别表示到期日为T、行权价为K的欧式认购、认沽期权的价格，r代表无风险利率，S_t表示标的股价。对冲恒等式的成立需要满足以下条件：

（1）市场不存在套利机会；

（2）交易费用为零；

（3）可以自由买空卖空；

（4）具有固定的无风险利率，且投资者可以按无风险利率自由借贷；

（5）在期权到期日前，股票没有支付红利。

【平价公式证明】对于一个无股息股票的看涨期权与看跌期权的B–S–M定价公式为：

$$C = S_0N(d_1) - Ke^{-r(T-t)}N(d_2) \tag{11-32}$$

且：

$$\begin{aligned} p &= Ke^{-r(T-t)}N(-d_2) - S_0N(-d_1) \\ &= Ke^{-r(T-t)}\left[1 - N(d_2)\right] - S_0\left[1 - N(d_1)\right] \\ &= Ke^{-r(T-t)} - Ke^{-r(T-t)}N(d_2) - S_0 + S_0N(d_1) \\ &= Ke^{-r(T-t)} - S_0 + C \end{aligned}$$

可得：$C_t + Ke^{-r(T-t)} = P_t + S_t$

公式（11–31）两边可以看出为两个投资组合，可见，在标的资产相同的情况下，对行权价和到期日均一致的认购期权和认沽期权来说，若两个投资组合的期末收益一致，则其初始投入也应该是一致的。也就是说，在任一时刻的认购期权加上其行权价折现，应该与当时标的资产价格加上认沽期权价格之和等同。若左右两式之差不为零，则意味着市场上可能存在套利机会。

第四节　期权平价公式套利策略

一、背景介绍

期权平价关系是金融市场理论的重要组成部分，期权市场定价偏离平价关系的程度可以衡量期权市场的定价效率。实践中，因为期权定价敏感高效，在高杠杆和高时间成本效应下，更聚焦标的中短期走势，因此期权交易者应把主要决策权重立足中短线研判周期上。目前在交易的场内股票期权标的只有 50ETF（代码：510050）。50ETF 是上证 50 指数的被动式跟踪基金，采取完全复制方式，追求完全的收益与风险特征，50ETF 是上证 50 指数的实体形式。本文从欧式期权平价关系出发，介绍平价公式套利原理，并以 50ETF 为交易对象，介绍期权平价公式套利实现方案。

二、套利的原理

如前文所述，套利策略以 B–S 期权平价公式为根基：

$$C_t + K\mathrm{e}^{-r(T-t)} = P_t + S_t$$

其中 C_t、P_t 分别表示到期日为 T、行权价为 K 的欧式认购、认沽期权的价格，r 代表无风险利率，S_t 表示标的股价。

平价公式说明，对于相同标的、同一执行价和到期日的认购、认沽期权与现货之间存在稳定的价格关系，若期权价格偏离平价公式，则存在无风险套利机会。因此，我们可以构建以偏离差值为收益基础的套利策略。令期权价差为：

$$Spread = C_t + K\mathrm{e}^{-r(T-t)} - P_t - S_t$$

（1）当 $C_t + K\mathrm{e}^{-r(T-t)} > P_t + S_t$ 时，即 $Spread > 0$ 时，采用多头套利模式，卖出认购期权 C，买入认沽期权 P 和现货，获得套期收益：

$$AR_1 = K + (C - P - S_t)\mathrm{e}^{r(T-t)}$$

（2）当 $C_t + K\mathrm{e}^{-r(T-t)} < P_t + S_t$ 时，即 $Spread < 0$ 时，采用空头套利模式，买入认购期权 C，卖出认沽期权 P 和融券卖出现货，现金无风险投资，持有到期并交割还券，获得套期收益：

$$AR_2 = (P + S_t - C)\mathrm{e}^{r(T-t)} - K$$

这种理论不受制于任何期权定价模型的影响而始终保持成立，并且无须考虑波动率因素，可根据其来判断期权价格是否偏离合理价格，从而发现套利机会。

三、期权平价公式套利实现

（一）策略设计

选取上证 50ETF 为期权标的，数据选取 2019 年 10 月 24 日至 2020 年 4 月 30 日上证 50ETF 的日收盘价；采用上海银行间同业拆放利率（Shibor）衡量无风险利率。①

在模型假设上，首先假设期权市场上该类套利机会极易被发现，换句话说，前一日收盘价出现套利机会，次日一开盘投资者便可以获得这个套利机会；交易费用上，一张 50ETF 期权合约中国结算公司收取 0.3 元，经手费 2 元，行权 0.6 元，其余费用归券商所有，券商一般收取 7 元 / 张、10 元 / 张至 20 元 / 张，本例中假设每张合约为 10 元的成本，对应单位标的一次完整的交易成本为 0.001 元，初始本金为 200000 元。策略概况如表 11–8 所示。

表 11–8　策略概况

期权标的	上证 50 交易型开放式指数证券投资基金
上市日期	2015 年 2 月 9 日
合约类型	认购期权和认沽期权
合约单位	10000 份
行权方式	到期日行权（欧式）
策略交易费用	10 元 / 张

由于在这个模型中需考虑交易成本费用，因此，修正理论模型，当 $C_t + Ke^{-r(T-t)} - P_t - S_t > 0.001$，可采用多头套利模式，卖出认购期权 C，买入认沽期权 P 和现货，获得套期收益：$AR_1 = K + (C - P - S_t)e^{r(T-t)} - 0.001$；当 $C + Ke^{-r(T-t)} - P + S_0 < 0.001$，采用空头套利模式，买入认购期权 C，卖出认沽期权 P 和融券卖出现货，现金无风险投资，持有到期并交割还券，获得套期收益：$AR_2 = (P + S_t - C)e^{r(T-t)} - K - 0.001$。

（二）实证结果

我们对 2020 年 7 月 23 日至 2020 年 12 月 25 日的数据进行回测，结果如图 11–7、图 11–8 所示。将每日获得的平均收益率与上证 50ETF 收益率进行比较，可知在 7—10 月间平均收益率较大，此时上证 50ETF 也是振幅比较大的阶段，即在波动性大的时候，这个策略更能体现其价值，获得更高的收益。期权套利平均的收益基本是优于上证 50ETF 的，并且在上证指数和上证 50ETF 收益率下降的时候，这个套利策略能扭转

① 以上数据来自 Wind。

收益下降的局面，获得正向收益。

图 11–7　每日收益率

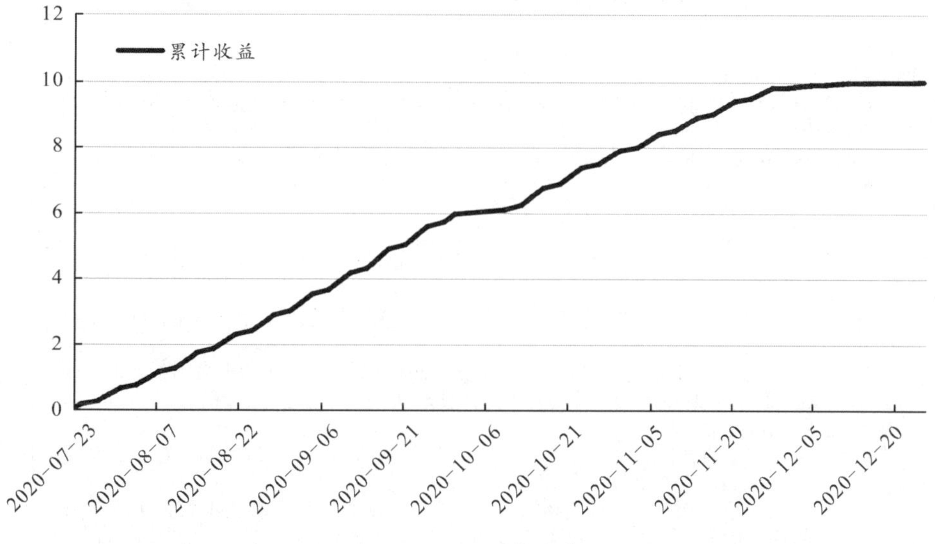

图 11–8　累计收益率

如表 11–9 所示，本策略最终取得累计收益率 9.97%，年化收益率达到 23.93%，而最大回撤率仅为 0.00%，夏普比率为 1.993，说明该策略效果相对较好。

表 11–9　策略指标评价

累计收益率	年化收益率	最大回撤率	夏普比率
9.97%	23.93%	0.00%	1.993

四、策略评价

期权平价关系的成立表示着我国又向成熟的证券市场迈出了一步，股票市场和期权市场信息传递较为通畅，期权市场已在很大程度上发挥了自己的作用，具有其作为金融衍生品所特有的价格发现、套利定价、信息揭示和提高资源配置效率等功能，期权市场的运行具有一定的规律性。为保障期权市场的风险控制与价格发现的功能，我国应继续向成熟证券市场学习，完善交易种类和制度，指导期权合理定价，陆续增发其他期权以保证市场的连续性和完整性。

范例程序 11-7：期权平价公式套利

```
import numpy as np
import pandas as pd
import scipy.io as scio
import datetime
from scipy import stats
from math import log,exp,sqrt
import matplotlib.pyplot as plt
plt.rcParams["font.sans-serif"]=["SimHei"]
plt.rcParams["axes.unicode_minus"] = False
#正常显示画图时出现的中文和负号

def excel_to_data(path):
    ws=pd.read_excel(path,sheet_name='Sheet1',header=None,keep_default_na=False)
    del ws[0]
    data=np.array(ws.iloc[:,:])
    return data

mark=excel_to_data('PCP.xlsx')
# 数据说明：mark 中第一列保存期权行权价格，第二列保存到期期限，第三列保存期权类型（C/P 1/0）
# 数据区间：2020.7.23—2020.12.25 上证 50ETF 期权（当前还上市交易的 84 个期权合约品种）的日收盘价，共计 105 个交易日
#                无风险利率选用一年期的 shibor，期权标的为上证 50ETF 收盘价
# 数据缺失：数据中期权价格为零的，表示数据缺失
# 数据来源：wind 数据库
# 模型假设：1.假设期权市场上该类套利机会极易被发现，换句话说，前一日收盘价出现套利机会，次日一开盘投资者便可以获得这个套利机会；
#                2.一张 50ETF 期权合约中国结算公司收取 0.3 元，经手费 2 元，行权价 0.6 元，其余费用归券商所有，券商一般收取 7 元/张、10 元/张至 20 元/张，本例中假设每张合约为 10 元的成本，对应单位标的一次完整的交易成本为 0.001 元。
#
ws=pd.read_excel('PCP.xlsx',sheet_name='Sheet2',header=None,keep_default_na=False)
data=np.array(ws)
tc=0.001#交易成本
hang=len(data)
lie=len(mark.T)
```

```
index=np.zeros([int(lie/2),2])
# 匹配相同到期期限、行权价格和不同类型的期权合约
n=-1
for i in range(0,lie-1):
    for j in range(i+1,lie):
        if mark[0][i]==mark[0,j]and mark[1][i]==mark[1][j] and mark[2][i]+mark[2][j]==1:
            n=n+1
            if mark[2][i]==1:
                index[n][0]=i
                index[n][1]=j
            else:
                index[n][0]=i
                index[n][1]=j
hang_sub=len(index)
result=np.zeros((1,7*hang_sub*hang))
result=result.reshape(hang_sub,7,hang)
res=np.zeros((1,7*hang_sub*hang))
res=result.reshape(hang_sub,7,hang)
for i in range(0,hang_sub):
    result[i][0]=data.T[0]
    result[i][1]=data.T[int(index[i][0])+1]
    #提取看涨期权数据
    result[i][2]=data.T[int(index[i][1])+1]
    #提取看跌期权数据
    result[i][3]=(result[i][3]+1)*mark[0][int(index[i][0])]
    #提取行权价格数据
    result[i][4]=data.T[85]
    #提取上证 50ETF 现货数据
    result[i][5]=data.T[86]/100
    #提取一年期 shibor 数据
    result[i][6]=(-data.T[0]+mark[1][int(index[i][0])])/365

for i in range(0,hang_sub):
    for j in range(0,hang):
        res[i][0][j]=result[i][0][j]
        if not(result[i][1][j]==0 or result[i][2][j]==0):
        #交易日期、C、P、K、S、r（一年期 shibor）、t（年）
        #1          2   3   4   5   6                    7

temp_ret=result[i][1][j]+result[i][3][j]*exp(-result[i][5][j]*result[i][6][j])-result[i][4][j]-result[i][2][j]
            #temp= C+K*exp(-rt)-S-P
            if np.abs(temp_ret)>tc:
                res[i][1][j]=np.abs(temp_ret)-tc
                if temp_ret>0:
                    res[i][2][j]=1#做 C-P-K-S
                else:
                    res[i][2][j]=-1
            else:
                res[i][1][j]=0
        else:
            res[i][1][j]=np.nan
#统计收益序列

lie=7
ret_matrix=np.zeros((hang_sub+1,hang))
ret=[]
ret_matrix[0]=result[0][0]
```

```
for i in range(0,hang_sub):
        ret_matrix[i+1]=res[i][1]
ret1=result[0][0]
ret2=np.nansum(ret_matrix[1:lie+1],0)
ret3=np.nanmean(ret_matrix[1:lie+1],0)

plt.figure()
plt.plot(ret1,ret3,'r')
plt.xlabel("时间")
plt.ylabel("平均收益")
plt.show()
plt.figure()
plt.plot(ret1,ret2,'b')
plt.xlabel("时间")
plt.ylabel("累计收益")
plt.show()
```

第五节　期权希腊值的动态对冲策略

一、期权希腊值的动态对冲策略简介

（一）Gamma-Delta 对冲策略

Gamma-Delta 联合对冲实际上是通过引入其他期权头寸，先让投资组合的 Gamma 值变为 0 或者接近于 0，然后计算组合的 Delta 值，最后通过买卖标的资产使投资组合的 Delta 值也变为 0。这样投资组合就同时达到了 Gamma 中性和 Delta 中性状态。这种对冲策略可以有效规避较大的 Gamma 值对对冲效果的影响。

（二）Gamma-Vega-Delta 对冲策略

Gamma-Vega-Delta 联合对冲是引入期权和标的资产，使组合同时达到 Gamma 中性、Vega 中性、Delta 中性状态。但是，这种方法是比较复杂的，需要同时引入另外两个期权才能实现。

假设对一张期权 A 进行 Delta、Gamma、Vega 联合对冲，期权 A 的 Delta、Gamma、Vega 分别为 Delta0、Gamma0、Vega0，期权 B 的 Delta、Gamma、Vega 分别为 Delta1、Gamma1、Vega1，期权 C 的 Delta、Gamma、Vega 分别为 Delta2、Gamma2、Vega2。

将期权 B 所需数量设为 x，期权 C 所需数量设为 y，如果让投资组合达到 Vega 中性、Gamma 中性状态，则以下方程组成立：

$$\begin{cases} Gamma0 + xGamma1 + yGamma2 = 0 \\ Vega0 + xVega1 + yVega2 = 0 \end{cases} \tag{11-33}$$

通过求解方程组得到 x, y，最后计算组合的 Delta：

$$Delta = Delta0 + xDelta1 + yDelta2 \tag{11-34}$$

然后，通过买卖标的资产，对冲掉组合的 Delta，就实现了 Gamma-Vega-Delta 联合对冲。同时，对联合方程进行求解，并结合标的资产价格和时间等变化导致的三个希腊字母数值发生变化的具体情况，基于公式（11-33）和（11-34）在每期中实现希腊值的完美对冲，即可构建一个期权希腊值的动态对冲策略。

二、Delta 动态对冲策略实证分析

（一）样本选取

本策略选取上证 50 指数作为投资标的资产，回测区间为 2019 年 11 月 13 日至 2020 年 4 月 10 日，共 100 个交易日，图 11-9 展示了回测区间内现货价格的走势，可见上证 50 指数在样本区间内出现多次大幅回撤，波动率较高。

设置期权的执行价为 2700，看涨虚值期权执行价为标的资产加 5，看涨实值期权执行价为标的资产加 10，无风险利率设为 1.5%，波动率设为 15%，到期时间最长为 0.40 年，起初期权 0 的持有为 1000，初始本金为 200000 元。

图 11-9　现货价格

（二）两个期权 + 现货的 Delta、Gamma、Vega 对冲

假设市场交易者最初拥有一个现货与期权 S_0 的投资组合，现在采用两个期权 + 现货希腊字母动态对冲的方式在每天收盘时对冲三个希腊值，使组合同时达到 Delta 中性、Vega 中性、Gamma 中性状态。期权对冲量和标的资产对冲量如图 11-10 所示，W1 表示看涨虚值期权的持有量，W2 表示看涨实值期权的持有量，WS 表示现货持有量；小于 0 代表卖出期权或者现货进行对冲，大于 0 表示买入期权或者现货进行对冲。结合图 11-9 现货价格可见，在 2019 年 11—12 月、2020 年 1—3 月现货价格出现大幅回撤期间，对冲量也随着增加，可见期权和现货对冲量与实际的风险暴露有关，但对冲的两个期权的希腊值差值对对冲量的影响也十分大。

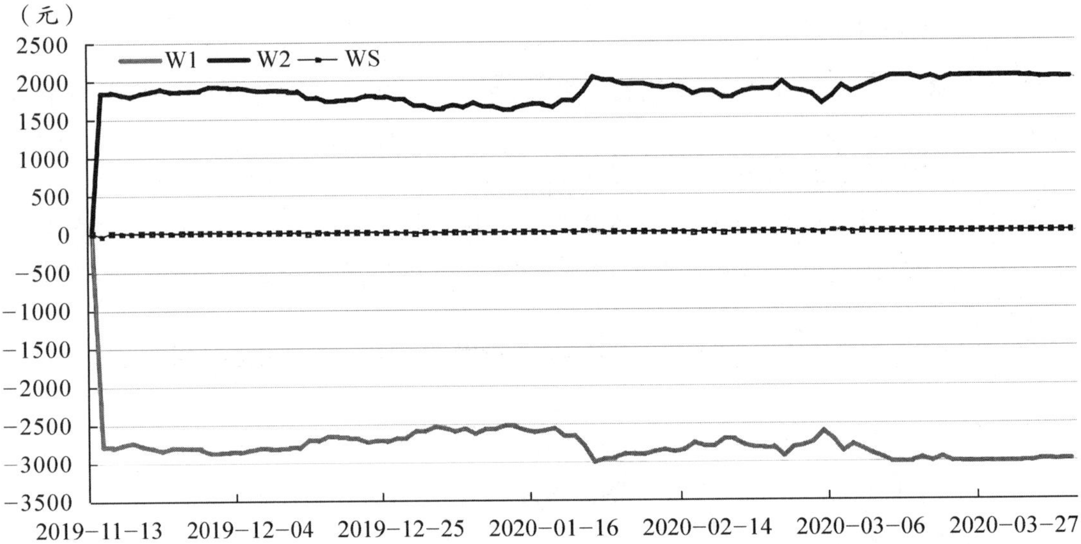

图 11-10 期权对冲量和标的资产对冲量

（三）暴露风险的情况

图 11-11 表示期权的 Delta、Gamma、Vega 随着时间变化的序列图，0、1、2 分别代表现货、看涨虚值和看涨实值期权。总的来说，期权希腊值随着时间波动较大；现货的 Delta、Gamma 风险较大，而 Vega 风险较小。

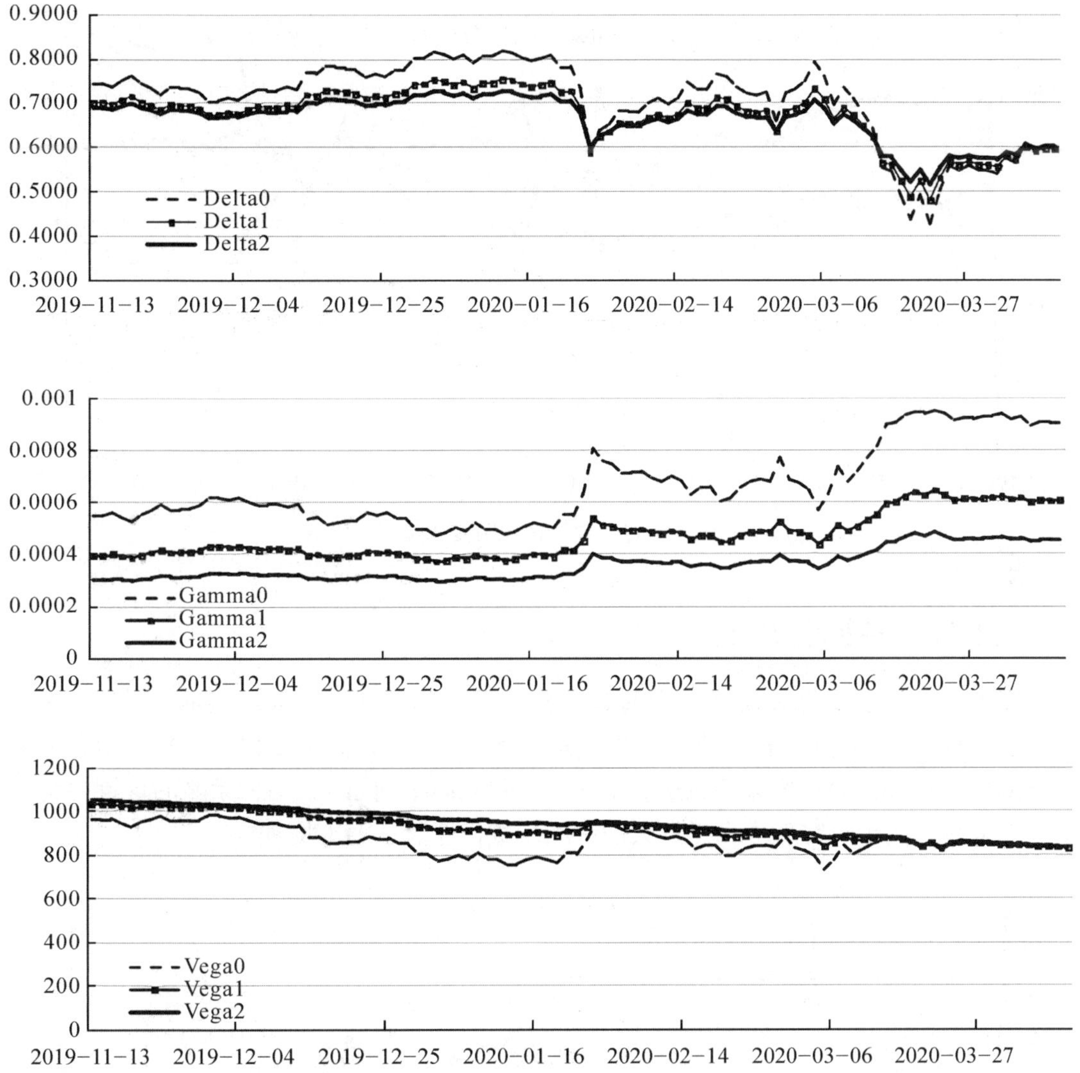

图 11-11　Delta、Gamma 和 Vega 风险

图 11-12 表示每天不采取对冲时暴露出来的三个希腊值风险和，可以看到对冲之后最容易重新暴露出来的风险为 Delta 和 Vega，特别是在接近期权 Strike 价格时，风险暴露尤为明显。

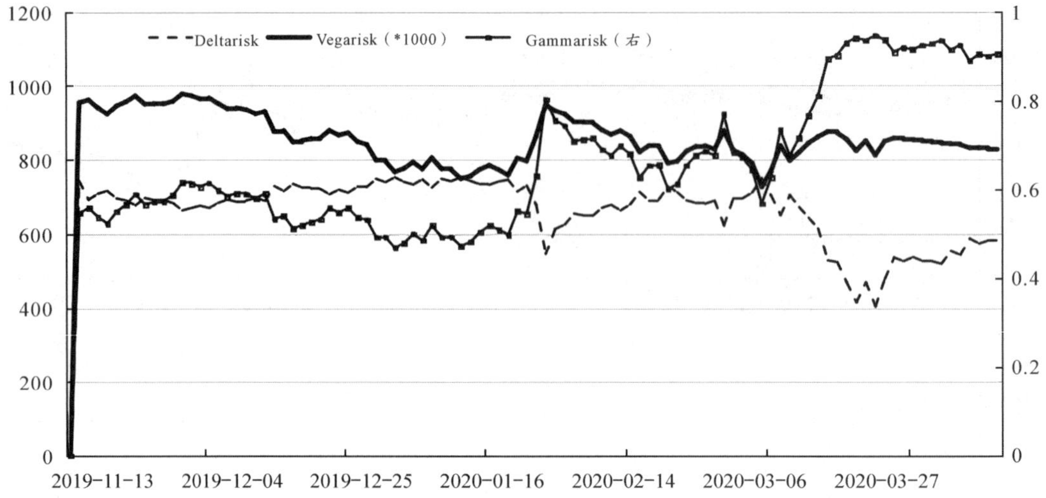

图 11-12　希腊值风险变化情况

（四）对冲持仓情况

图 11-13 展示了每天收盘时用两个期权 + 现货分别进行 Delta、Gamma 和 Vega 对冲以及只进行 Delta 对冲的两种策略的现货持仓量。可见，两个期权 + 现货的动态对冲策略的现货持仓量明显要大于只进行 Delta 对冲的策略，同时，两种策略的现货持仓量变化趋势较为同步，在现货回撤较大的区间现货持仓量也随着增加。

图 11-13　希腊值对冲现货持仓

在选择期权与现货对冲期权 0 头寸时，需要一定的建仓期权费用、平仓期权费用，以及对冲标的资产所耗费的资金，相关的费用与期权、现货价值与时间关系变化如图

11-14 所示，对冲后投资期权、现货投资组合价值保持稳定，呈现略微上升的趋势。

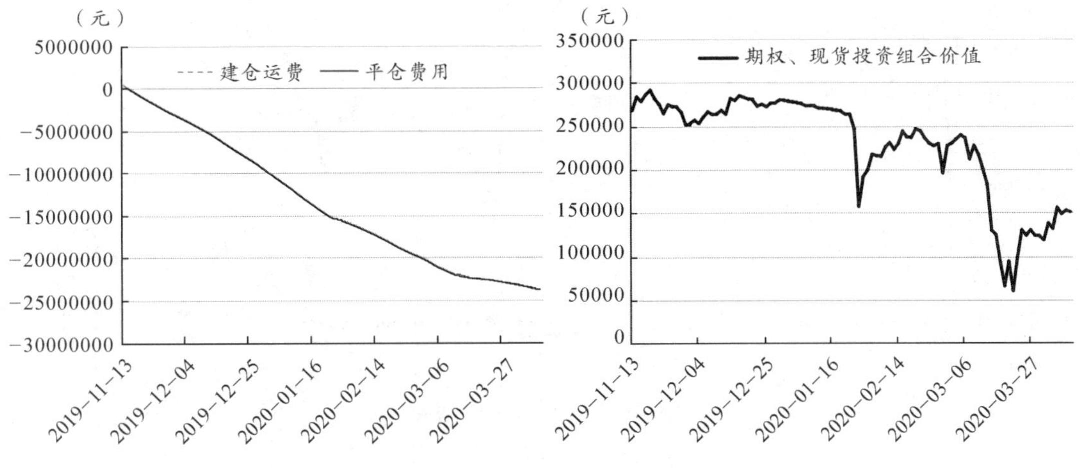

图 11-14　建仓成本与价值

（五）对冲效果比较

图 11-15 为两个期权 + 现货的 Delta、Gamma 和 Vega 对冲效果，与只进行一个期权 + 现货的 Delta 对冲、基准策略（单独持有期权 0）的对冲收益的比较，黑色虚线为未进行对冲的看涨期权的损益，黑色实线为对其进行两个期权 + 现货的 Delta、Gamma 和 Vega 中性对冲。可见，时间越长，有风险对冲的投资组合对冲效果越好，实现收益越高，而其中黑色点线是仅对期权 0 进行一个期权 + 现货的 Delta 对冲，风险对冲效果与 Delta、Gamma 和 Vega 中性对冲相比稍有不足，但是也对冲了大部分的风险，实现对冲策略正收益。

如表 11-10 所示，策略总交易成本为 125001.2763 元，净收益为 98386.2361 元，年化收益率高达 123.97%，最大回撤率为 96.18%，发生在 2020 年 1 月，夏普比率为 1.21，由此可见，动态对冲策略取得较高收益，说明该量化投资策略值得推广。

表 11-10　策略指标评价

总交易成本（元）	净收益（元）	年化收益率	最大回撤率	夏普比率
125001.2763	98386.2361	123.97%	96.18%	1.21

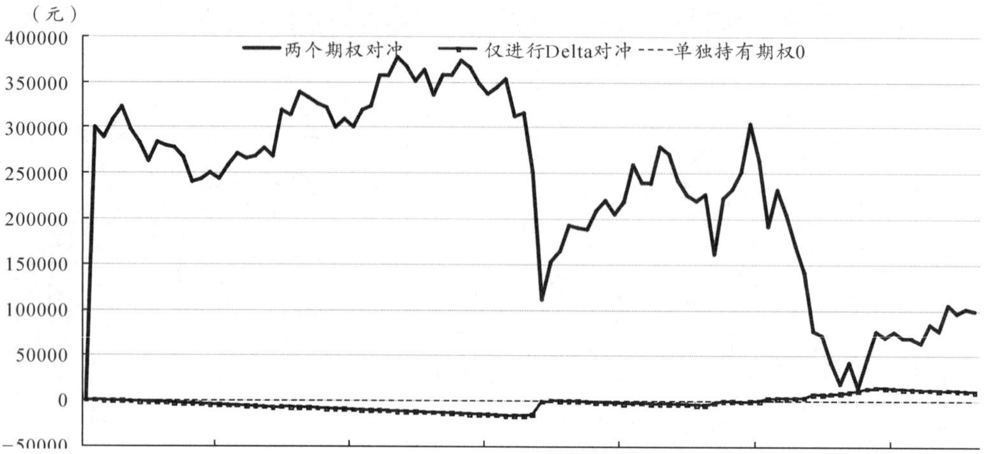

图 11-15　对冲盈利情况

三、策略评价

本案例建立了一个 Delta 动态对冲策略和 Delta、Gamma、Vega 联合对冲模型进行回测检验，发现建立对冲策略在盈利方面具有明显优势。虽然理论上在期权对冲中应该采用以 Delta 为主、Gamma 和 Vega 为辅的对冲策略，因为 Delta 对冲是期权对冲最核心的部分，直接影响到最大部分的风险暴露情况，而 Gamma 和 Vega 由于其瞬时性较强，过于看重对冲掉这两个希腊值也可能会造成对冲成本较高而导致收益下降，如在图 11-15 中 2020 年 3 月的某一个时间段，联合对冲模型的收益快速下降，接近于单独 Delta 对冲策略。但从案例实盘检验结果看，实现 Delta、Gamma、Vega 联合对冲显著优于 Delta 动态对冲策略，而 Delta 动态对冲策略的盈利效果又优于不采取对冲而单独持有期权 0 的策略。同时，考虑到采取期权对冲还需要支付一定的期权费，因此，在后续的案例检验中，可以考虑对 Gamma 设定一定阀值，当 Gamma 值在这个阀值之内时，可以选择仅对投资组合做 Delta 对冲；超过阀值时，则根据 Gamma 绝对值的大小，调整动态对冲 Delta 的频率，以达到 Delta-Gamma 共同对冲的效果；而对 Vega 值的对冲，则可以考虑使用历史波动率来对风险暴露程度进行预测，并由此通过不断回撤检验是否有必要对其进行有效对冲。特别是在该策略的实际操作过程中，不管是采取静态波动率还是时变的动态波动率（如基于 GARCH 或 EWMA 等模型估计获得）实现 Vega 风险对冲，均会直接影响策略的实际效果。

范例程序 11-8：Delta 动态对冲策略

```
import numpy as np
import pandas as pd
import scipy.io as scio
import datetime
from scipy import stats
from math import log,exp,sqrt
import matplotlib.pyplot as plt
plt.rcParams["font.sans-serif"]=["SimHei"]
plt.rcParams["axes.unicode_minus"] = False
#正常显示画图时出现的中文和负号

def excel_to_data(path):
    ws=pd.read_excel(path,sheet_name=0,header=None,keep_default_na=False)
    data=ws.iloc[:,[0]]
    return data

def blsprice(price, strike, rate, time, volatility):#price 标的资产市场价格，strike 执行价格，rate 无风险利率
    #    time 距离到期时间，volatility 标的资产价格波动率，call：call option（看涨期权）价格，put：put option（看跌期权）价格
    d1 = (np.log(price / strike) + (rate + 0.5 * volatility ** 2) * time) / (volatility * np.sqrt(time))
    d2 = d1 - volatility * np.sqrt(time)
    call = price * stats.norm.cdf(d1, 0.0, 1.0) - strike * np.exp(-rate * time) * stats.norm.cdf(d2, 0.0, 1.0)
    put = strike * np.exp(-rate * time) * stats.norm.cdf(-d2, 0.0, 1.0) - price * stats.norm.cdf(-d1, 0.0, 1.0)
    return call, put
def blsdelta(st,k,r,T,sigma,n=1):
    '''
    n 默认为 1 为看涨期权的 delta
    n 为-1 为看跌期权的 delta
    '''
    d1 = (np.log(st/k)+(r+0.5*sigma**2)*T)/(sigma*np.sqrt(T))
    delta = n*stats.norm.cdf(n*d1,0.0, 1.0)
    return delta
def blsgamma(st,k,r,T,sigma):
    d1 = (np.log(st/k)+(r+1/2*sigma**2)*T)/(sigma*np.sqrt(T))
    gamma = stats.norm.pdf(d1)/(st*sigma*np.sqrt(T))
    return gamma
def blsvega(st,k,r,T,sigma):
    d1 = (np.log(st/k)+(r+1/2*sigma**2)*T)/(sigma*np.sqrt(T))
    vega = st*np.sqrt(T)*stats.norm.pdf(d1)
    return vega

St=np.array(excel_to_data('data.xls'))
#------------------------期权部分---------------------------------
#需要测算隐含波动率
#-------------------用 B-S 模型定价无套利期权价格------------------
s0=2700
data_len=len(St)
price=St.T[0]*1000
strike0=s0
strike1=s0+5
strike2=s0+10
rate0=0.015
rate1=0.02
rate2=0.025
```

```
volatility0=0.2
volatility1=0.3
volatility2=0.4
strike0=strike0*np.ones((data_len,1)).T[0]
strike1=strike1*np.ones((data_len,1)).T[0]
strike2=strike2*np.ones((data_len,1)).T[0]
rate0=rate0*np.ones(((data_len,1))).T[0]
rate1=rate1*np.ones(((data_len,1))).T[0]
rate2=rate2*np.ones(((data_len,1))).T[0]
Time=ws.iloc[:,[3]]
volatility0=volatility0*np.ones((data_len,1)).T[0]
volatility1=volatility1*np.ones((data_len,1)).T[0]
volatility2=volatility2*np.ones((data_len,1)).T[0]
#------------------计算期权的希腊值---------------------------------
Call0,Put0=blsprice(price,strike0,rate0,Time,volatility0)
delta0=blsdelta(price,strike0,rate0,Time,volatility0)
gamma0=blsgamma(price,strike0,rate0,Time,volatility0)
vega0=blsvega(price,strike0,rate0,Time,volatility0)

Call1,Put1=blsprice(price,strike1,rate1,Time,volatility1)
delta1=blsdelta(price,strike1,rate1,Time,volatility1)
gamma1=blsgamma(price,strike1,rate1,Time,volatility1)
vega1=blsvega(price,strike1,rate1,Time,volatility1)

Call2,Put2=blsprice(price,strike2,rate2,Time,volatility2)
delta2=blsdelta(price,strike2,rate2,Time,volatility2)
gamma2=blsgamma(price,strike2,rate2,Time,volatility2)
vega2=blsvega(price,strike2,rate2,Time,volatility2)

#--------------------------对冲策略部分-------------------

w1=np.zeros((data_len,1))#期权 1 的持有量
w2=np.zeros((data_len,1))#期权 2 的持有量
wS=np.zeros((data_len,1))#现货的持有增加量
wSa=np.zeros((data_len,1))#表示持有期权 0 的持股量
stockholding=np.zeros((data_len,1))
stockholdinga=np.zeros((data_len,1))
option0holding=1000

for i in range(1,data_len):
    A=np.array([[gamma1[i],gamma2[i],0],[vega1[i],vega2[i],0],[delta1[i],delta2[i],1]])

b=np.array([[-option0holding*gamma0[i]],[-option0holding*vega0[i]],np.array([-option0holding*delta0[i]-
stockholding[i-1]])])
    X=np.linalg.pinv(A)@b
    w1[i]=X[0]
    w2[i]=X[1]
    wS[i]=X[2]
    if np.abs(w1[i])<0.0001 or np.isnan(w1[i]) or w1[i]=='inf' or w1[i]=='-inf':
        w1[i]=0
    if np.abs(w2[i])<0.0001 or np.isnan(w2[i]) or w2[i]=='inf' or w2[i]=='-inf':
        w2[i]=0
    if np.abs(wS[i])<0.0001 or np.isnan(wS[i]) or wS[i]=='inf' or wS[i]=='-inf':
        wS[i]=0
    wSa[i]=(-option0holding*delta0[i]-stockholding[i-1])#表示持有期权 0 的持股量
    stockholding[i]=stockholding[i-1]+wS[i]
    stockholdinga[i]=stockholdinga[i-1]+wSa[i]
```

```
#---------------------------风险暴露情况 -------------------
deltarisk=np.zeros((data_len,1))
gammarisk=np.zeros((data_len,1))
vegarisk=np.zeros((data_len,1))
for i in range(1,data_len):
    deltarisk[i]=option0holding*delta0[i]*stockholding[i-1]
    gammarisk[i]=option0holding*gamma0[i]
    vegarisk[i]=option0holding*vega0[i]

#------------------------------损益变化情况-----------------
profit=np.zeros((data_len,1))
profita=np.zeros((data_len,1))
optioncost=np.zeros((data_len,1))
optionclear=np.zeros((data_len,1))
stockcost=np.zeros((data_len,1))
stockcosta=np.zeros((data_len,1))
optionvalue=np.zeros((data_len,1))
stockvalue=np.zeros((data_len,1))
stockvaluea=np.zeros((data_len,1))

optioncost[0]=option0holding*Call0[0]
optionclear[0]=0
stockcost[0]=stockholding[0]*s0
stockcosta[0]=0
optionvalue[0]=option0holding*np.max([0,price[0]-strike0[0]])
stockvalue[0]=stockholding[0]*price[0]
for i in range(1,data_len):
    optioncost[i]=optioncost[i-1]+w1[i]*Call1[i]*Call2[i]#期权建仓费用
    optionclear[i]=optionclear[i-1]+w1[i-1]*Call1[i]+w2[i-1]*Call2[i]#平仓期权费用
    stockcost[i]=stockcost[i-1]+wS[i]*price[i]#当前对冲标的资产所耗费资金
    stockcosta[i]=stockcosta[i-1]+wSa[i]*price[i]
    optionvalue[i]=option0holding*Call0[i]#当前所持有期权到期价值
    stockvalue[i]=stockholdinga[i]*price[i]#当前所持有标的资产到期价值
    profit[i]=stockvalue[i]+optionvalue[i]-optioncost[i]+optionclear[i]#股票价值变化和期权费
    profita[i]=-stockcosta[i]+stockvaluea[i]+optionvalue[i]-optioncost[0]

plt.figure()
plt.subplot(2,1,1)
plt.plot(w1.T[0],'r--')
plt.plot(w2.T[0],'g--')
plt.ylabel("期权 1 和期权 2 对冲量")
plt.legend(["w1","w2"])

plt.subplot(2,1,2)
plt.plot(wS.T[0],'b--')
plt.legend(["wS"])
plt.ylabel("标的资产对冲量")
plt.show()

plt.figure()
plt.plot(St.T[0])
plt.ylabel("标的资产价格变化情况")
plt.show()

plt.figure()
plt.subplot(3,1,1)
plt.plot(delta0,'r')
```

```
plt.plot(delta1,'g')
plt.plot(delta0,'b')
plt.ylabel("希腊值变化情况")
plt.legend(["Delta0","Delta1","Delta2"])
plt.subplot(3,1,2)
plt.plot(gamma0,'r')
plt.plot(gamma1,'g')
plt.plot(gamma2,'b')
plt.legend(["Gamma0","Gamma1","Gamma2"])
plt.subplot(3,1,3)
plt.plot(vega0,'r')
plt.plot(vega1,'g')
plt.plot(vega2,'b')
plt.legend(["Vega0","Vega1","Vega2"])
plt.show()

plt.figure()
plt.plot(deltarisk,'r')
plt.plot(gammarisk,'g')
plt.plot(vegarisk,'b')
plt.legend(["Deltarisk","Gammarisk","Vegarisk"])
plt.ylabel("暴露的风险变化情况")
plt.show()

plt.figure()
plt.plot(stockholding,'r')
plt.plot(stockholdinga,'b')
plt.legend(["stockholding for three Greek hedging","stockholding for Delta hedging"])
plt.ylabel("三个希腊值对冲的现货持仓")
plt.show()

plt.figure()
plt.subplot(3,2,1)
plt.plot(-optioncost+optionclear)
plt.legend(["optioncost 和 optionclear"])
plt.ylabel("-建仓期权费用+平仓期权费用")
plt.subplot(3,2,2)
plt.plot(optionclear)
plt.legend(["optionclear"])
plt.ylabel("平仓期权费用")
plt.subplot(3,2,3)
plt.plot(stockcost)
plt.legend(["stockcost"])
plt.ylabel("当前对冲标的资产所耗费资金")
plt.subplot(3,2,4)
plt.plot(optionvalue)
plt.legend(["optionvalue"])
plt.ylabel("当前所持有期权到期价值")
plt.subplot(3,2,5)
plt.plot(stockvalue-stockcost)
plt.legend("stockvalue 和 optionvalue")
plt.ylabel(["当前所持有期权到期价值-当前对冲标的资产所耗费资金"])
plt.show()

plt.figure()
plt.plot(profit,'b')
p_s=price-strike0
```

```
for i in range(0,len(p_s)):
    if p_s[i]<0:
        p_s[i]=0
plt.plot(p_s,'r')
plt.plot(profita,'g')
plt.legend(["after（两个期权 1 和 2 对冲）","before（单独持有期权 0）","deltahedge（仅进行 delta 对冲）"])
plt.ylabel("盈利情况")
plt.show()
```

第六节　期权波动率交易策略

一、波动率的定义

波动率是用于衡量期货标的价格变化幅度的指标。它有如下几个特征：①随着时间改变不断改变；②波动率一般有一定的聚集效应；③波动率一般遵循均值回归的过程。其衡量标准包括历史波动率、预期波动率、隐含波动率及真实波动率。它不考虑价格变化的方向，如果在短期内商品的期货或期权价格有可能发生大幅度变化，则这个商品标的是高波动性的。商品期货标的波动率大小跟其期权的价格成正比关系，即波动率增大，看涨期权和看跌期权的价格均会上涨；波动率减小，则看涨期权和看跌期权的价格就会下跌。

二、波动率与期权的关系

如果商品期货价格有大幅波动的风险，那么投资者将会提前买入期权来避险。这样的话，期权市场就会出现期权的净买入量，从而推高期权的价格。期权价格的上升也意味着期权隐含波动率的上升。如果商品期货价格大幅波动的风险降低，那么买入期权来避险的人就会减少，期权的净卖出量将会占据上风，从而导致期权价格的下跌，即隐含波动率下跌。

因此，投机者在期权交易中，往往通过比较期权波动率的以往水平和现行水平来做出买入或者卖出期权的判断。假如期货价格没有波动，期权设置也就毫无意义了。从这一点来说，期权交易的实质就是波动率交易，波动率代表了期权价值实现的可能性，期权价格主要是看波动率。

$$期权价值 = 内在价值 + 时间价值$$

⬆

波动率的影响

对于投资者来说，期货市场上除了牛熊市之外，更多的时候处于一种无法辨别价格走势或者价格没有大幅变化的状况。此时的交易策略可以根据市场波动率的大小具体细分。当预期市场波动较小，价格变化不大时，可采取卖出跨式组合和卖出宽跨式组合的策略。当预期市场波动较大但对价格上涨和下跌的方向不能确定时，可采取买入跨式组合和买入宽跨式组合的策略。

跨式套利期权组合买方在低隐含波动率时买进，有两种盈利的可能：一是标的价格运动大到足以超过跨式套利最初成本；二是隐含波动率增长快到足以克服因时减值的有害影响。相反，跨式套利期权组合卖方如果遇到隐含波动率急剧增长，则会有潜在的灾难性亏损。不过，如果隐含波动率下降，跨式套利卖方就可以获取比因时减值更快的收益。就隐含波动率而言，宽跨式套利与跨式套利表现基本相同。

三、交易策略

（一）卖出跨式组合

卖出跨式组合由卖出一手某一执行价格的买权，同时卖出一手同一执行价格的卖权组成。采用该策略的动机在于：认为市场走势波动不大，可以卖出期权赚取权利金收益。但是一旦市场价格发生较大波动，那就要面对遭受损失的风险。

（1）投资损益：

当期货价格 < 执行价格时，投资损益 = 权利金总和 + 期货价格 − 执行价格

当期货价格 > 执行价格时，投资损益 = 权利金总和 + 执行价格 − 期货价格

（2）投资损益平衡点：

损益平衡点 a= 执行价格 − 收入的权利金总和

损益平衡点 b= 执行价格 + 收入的权利金总和

当期货价格在这两个损益平衡点之间时，投资者获取利润，最大利润额为两个权利金金额之和；当期货价格在这两个损益平衡点之外时，投资者才开始面临亏损。

（3）使用时机：期货走势陷入下有支撑、上有压力的局面，或者预料后续价格将呈现窄幅震荡局面。

（二）卖出宽跨式组合

卖出宽跨式组合由卖出一手执行价格高的买权，同时卖出一手执行价格低的卖权组成。采用动机与卖出跨式组合相同，但获利区间稍大。

（1）投资损益：

当期货价格 < 低的执行价格时，投资损益 = 权利金总和 + 期货价格 − 低执行价格

当期货价格 > 高的执行价格时，投资损益 = 权利金总和 + 高执行价格 − 期货价格

（2）投资损益平衡点：

损益平衡点 a= 卖权执行价格 − 收入的权利金总和

损益平衡点 b= 买权执行价格 + 收入的权利金总和

（3）使用时机：同卖出跨式组合，期货走势陷入下有支撑、上有压力的局面，或者预料后续价格将呈现窄幅震荡局面。

（三）买入跨式组合

买入跨式组合与卖出跨式组合正相反，由买入一手某一执行价格的买权，同时买入一手同一执行价格的卖权组成。当期货价格位于两个执行价格之间时，投资者损失所支付的权利金；当期货价格在两个损益平衡点之外时，盈利逐渐增加。

（1）投资损益：

当期货价格 < 执行价格时，投资损益 = 执行价格 − 期货价格 − 权利金总和

当期货价格 > 执行价格时，投资损益 = 期货价格 − 执行价格 − 权利金总和

（2）投资损益平衡点：

损益平衡点 a= 执行价格 − 收入的权利金总和

损益平衡点 b= 执行价格 + 收入的权利金总和

（3）使用时机：即将公布重大信息或期货价格面临关键价位，预期后市即将展开大行情，但无法确定多空方向。

（四）买入宽跨式组合

买入宽跨式组合由买入一手执行价格低的卖权，同时买入一手执行价格高的买权组成。 采用该策略的动机与买入跨式组合相似，投资者预期在期权到期时标的期货的价格将处于两个执行价格之外的区域。

（1）投资损益：

当期货价格 < 低的执行价格时，投资损益 = 低执行价格 − 期货价格 − 权利金总和

当期货价格 > 高的执行价格时，投资损益 = 期货价格 − 高执行价格 − 权利金总和

（2）投资损益平衡点：

损益平衡点 a= 卖权执行价格 − 收入的权利金总和

损益平衡点 b= 买权执行价格 + 收入的权利金总和

（3）使用时机：同买入跨式组合。

以上交易策略演示了如何从波动率的预测中盈利。需要注意的是，判断一个隐含波动率是高还是低，不能仅看隐含波动率自身的值。一个有效的方法是将隐含波动率

的值同历史波动率加以比较，观察是否存在较好的历史规律，通过判断隐含波动率是否偏离历史规律所处的区间来把握机会。

总之，对一个期权交易者来说，知道隐含波动率如何影响其头寸和应采取的相应策略是十分必要的。大部分有经验的期权交易者在任何时候对波动率的风险都会有所计划，交易者对所持有的期权头寸波动率暴露的一面有了警觉，就能够对是否出现不利的波动率运动进行估量和预防。可见，懂得处理好波动率风险对期权交易获利会产生积极的影响。因此，在期权交易中要避免做对了方向，而做错了波动率，否则期货价格的有力变化将会被波动率的不利变化所抵销[①]。

四、案例分析

（一）案例说明

波动率对冲策略是基于统计套利的思想，运用数量的手段来构建交易套利策略的。理论上，期权价格是波动率的增函数，故此寻找两个期权，并计算它们的波动率差，以波动率差做决策。因此，考虑到数据的可得性，本策略采用沪深 300 指数期权构造波动率对冲策略，数据选取 2020 年 5 月 13 日至 2020 年 9 月 18 日期间的沪深 300 指数期权的每日平均收盘价和平均隐含波动率（见表 11-11），期权交易倍为 10000，本金为 200000 元，交易成本为 10 元。

表 11-11　交易标的概况

合约	平均收盘价	平均隐含波动率
沪深 300 指数购 9 月 3100	1.250	0.133
沪深 300 指数购 9 月 3200	1.167	0.458
沪深 300 指数购 9 月 3300	1.076	0.199
沪深 300 指数购 9 月 3400	0.977	0.178
沪深 300 指数购 9 月 3500	0.883	0.187
沪深 300 指数购 9 月 3600	0.781	0.169
沪深 300 指数购 9 月 3650	0.935	0.120

① COOPER T . Easy volatility investing［M］. Social science electronic publishing, 2013; CHEN M L , HSU C C . The timing of low-volatility strategy［R］. Finance research letters, 2017; B ANERJI，GUNJAN. Short volatility ETN to liquidate［M］.Wall street journal online edition, 2018:B14.

（续上表）

合约	平均收盘价	平均隐含波动率
沪深 300 指数购 9 月 3700	0.703	0.147
沪深 300 指数购 9 月 3750	0.846	0.197
沪深 300 指数购 9 月 3800	0.624	0.164
沪深 300 指数购 9 月 3850	0.733	0.138
沪深 300 指数购 9 月 3900	0.533	0.110
沪深 300 指数购 9 月 3950	0.666	0.158
沪深 300 指数购 9 月 4000	0.463	0.112
沪深 300 指数购 9 月 4050	0.568	0.147
沪深 300 指数购 9 月 4100	0.392	0.123
沪深 300 指数购 9 月 4150	0.494	0.162
沪深 300 指数购 9 月 4200	0.326	0.132
沪深 300 指数购 9 月 4300	0.268	0.140
沪深 300 指数购 9 月 4400	0.215	0.170
沪深 300 指数购 9 月 4500	0.167	0.188
沪深 300 指数购 9 月 4600	0.126	0.210
沪深 300 指数购 9 月 4700	0.095	0.222

（二）套利条件

有别于之前的统计套利，期权的统计套利是以期权的隐含波动率作为交易决策的依据的，收益为两个期权的价差减去手续费。在策略实施前，我们定义四个操作信号：

开仓信号 1：两个期权隐含波动率差大于 0.05 时，自动开仓。此时选择做多低波动率的期权，做空高波动率的期权收益。对冲收益为：（低波动率期权 – 高波动率期权）× Scale。

开仓信号 2：隐含波动率差小于 –0.05 时，自动开仓。此时选择做空低波动率的期权，做多高波动率的期权。对冲收益为：（高波动率期权 – 低波动率期权）× Scale。

平仓信号 1：隐含波动率差小于 0.02 时，自动开仓。此时选择平仓低波动率 2 的期权，同时平仓高波动率 1 的期权。对冲收益为：（高波动率期权 – 低波动率期权）× Scale。

平仓信号 2：隐含波动率差大于 –0.02 时，自动开仓。此时平仓低波动率 2 的期权，同时平仓高波动率 1 的期权。对冲收益为：（低波动率期权 – 高波动率期权）× Scale。

（三）策略收益

图 11–16 展示了策略的累计收益情况，可见，策略初期，市场波动率较高，策略开仓信号较多，因此累计收益稳步上升，在 2020 年 8 月 13 日达到 80056。但是在策略初期，即 2020 年 5 月 13 日至 6 月 9 号，由于波动率接近于 0，该阶段没有出现交易机会；在 2020 年 8 月 6 日至 8 月 13 日期间，策略累计收益趋于稳定，原因在于此时市场在经历暴涨之后波动率快速下降，满足策略开平仓条件的信号较少，策略操作次数也相应较少，因此策略累计收益没有过多增长，但仍然能取得正收益。

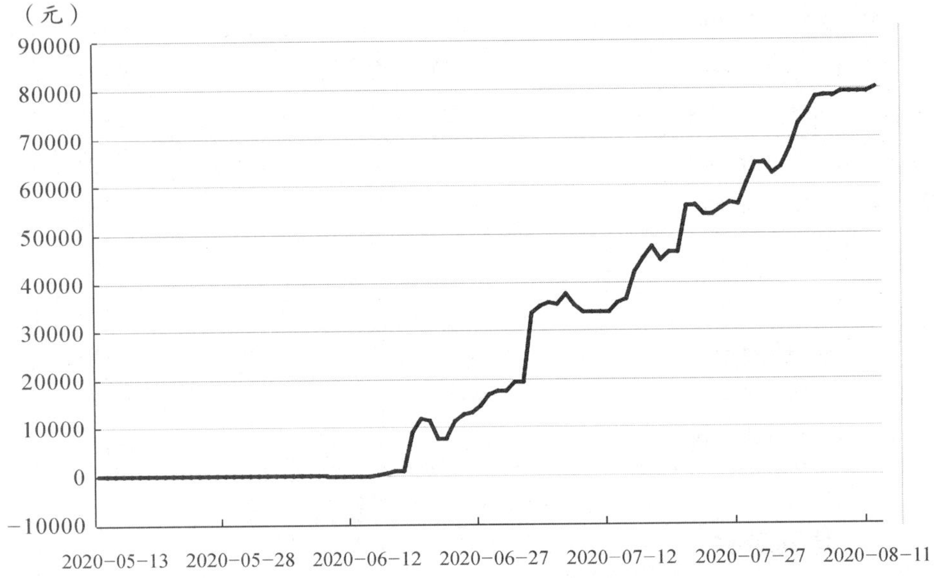

图 11–16　累计收益情况

在样本区间内，该策略总共进行了 121 次交易，大部分集中在 2020 年 7 月之前，市场波动率较高阶段；总成本 1210，净收益达到 78846，平均单笔净收益高达 651.6198，说明该策略能够以较低的成本取得较大的收益（见表 11–12）。同时也可以看到，波动率对冲策略在市场震荡行情中表现更好，因此其主要的风险在于做出的判断在未来一段时间内是否继续存在套利机会。

表 11–12　策略成本与收益

总收益	交易次数	总成本	净收益	平均单笔净收益	年化收益率	最大回撤率	夏普比率
80056	121	1210	78846	651.6198	158.81%	36.00%	1.077

范例程序 11-9：期权波动率交易策略

```
%%清空工作空间、命令窗口
clc;clear;
close all;

%%载入测试数据
[data,textdate]=xlsread('Option.xlsx');
Oc=data(:,1);

LineNumber=data(1,:);

i=1;
%%交易过程仿真
%仓位 Pos=1，正开仓 1 组；仓位 Pos=0，空仓；仓位 Pos=-1，反开仓 1 组
Pos=zeros(length(Oc),length(LineNumber)/2-1);
%日收益记录
ReturnD=zeros(length(Oc),length(LineNumber)/2-1);
%期权乘数
Scale=10000;
%交易次数
TradingNum1=0;
TradingNum2=0;
for j=0:2:length(LineNumber)/2-1;
Close1(:,i)=data(:,j+1);
Ivo1(:,i)=data(:,j+2);
Close2(:,i)=data(:,j+3);
Ivo2(:,i)=data(:,j+4);
for t=2:length(Ivo1);
    %开仓信号 1：隐含波动率差大于 0.05
    %开仓信号 2：隐含波动率差小于-0.05
    %平仓信号 1：隐含波动率差小于 0.02
    %平仓信号 2：隐含波动率差大于-0.02
SignalOpen1=Ivo1(t,i)-Ivo2(t,i)>0.05;
SignalOpen2=Ivo1(t,i)-Ivo2(t,i)<-0.05;
SignalClose1=Ivo1(t,i)-Ivo2(t,i)<0.01;
SignalClose2=Ivo1(t,i)-Ivo2(t,i)>-0.01;
%%交易条件
if t==length(Ivo1);
    if Pos(t-1,i)==1;
        Pos(t,i)=0;
         ReturnD(t,i)=(Close2(t,i)-Close1(t,i))*Scale;
         continue;
    end
         if Pos(t-1,i)==-1;
             Pos(t,i)=0;
         ReturnD(t,i)=(Close1(t,i)-Close2(t,i))*Scale;
         continue;
         end
end
if SignalOpen1==1&&t<=length(Ivo1)-3;
    if Pos(t-1,i)==0;
         TradingNum1=TradingNum1+1;
        Pos(t,i)=1;
        ReturnD(t,i)=(Close1(t,i)-Close2(t,i))*Scale;
```

```
        continue;
        end
        else Pos(t,i)=Pos(t-1,i);
end
if SignalOpen2==1&&t<=length(Ivo1)-3;
        if Pos(t-1,i)==0;
                TradingNum2=TradingNum2+1;
                Pos(t,i)=-1;
                ReturnD(t,i)=(Close2(t,i)-Close1(t,i))*Scale;
        continue;
        end
        else Pos(t,i)=Pos(t-1,i);
end
if SignalClose1==1;
        if Pos(t-1,i)==1;
                Pos(t,i)=0;
                  ReturnD(t,i)=(Close2(t,i)-Close1(t,i))*Scale;
                continue;
        end
end
if SignalClose2==1;
        if Pos(t-1,i)==-1;
                Pos(t,i)=0;
                  ReturnD(t,i)=(Close1(t,i)-Close2(t,i))*Scale;
                continue;
        end
end
end
i=i+1;
end
%%累计收益
ReturnCum=cumsum(sum(ReturnD'));
%%总收益
ReturnSum=sum(sum(ReturnD),2)
%%交易次数
NumTrading=TradingNum1+TradingNum2
%%总成本
CostSum=NumTrading*4*2.5
%%净收益
NetReturn=ReturnSum-CostSum
%%平均单笔净收益
NetReturnAve=NetReturn/NumTrading

figure(1);
plot(ReturnCum,'LineWidth',1);
grid on;
axis tight;
title('收益曲线');
xlabel('时间');ylabel('累计收益');
```

【本章小结】

本章在第一节中介绍了广义和狭义的期权风险定义，并基于 *B–S* 公式解释期权面临的价格波动风险的五个因素：标的资产价格、执行价格、到期时间、无风险利率和资产波动率；在第二节中，我们详细介绍了经典期权风险测度方法——希腊值法，从计算方法上区分，希腊值可分为一阶、二阶、三阶三种，不同阶希腊值具有不同的定义、特点和作用，因此我们通过例题详解的方式介绍不同期权希腊值风险对冲的方法；在第三节中，我们介绍期权风险对冲恒等式，以及其在期权风险对冲中的运用；最后，我们采用案例分析的方式解释期权平价公式套利策略、期权希腊值动态对冲策略和期权波动率交易策略的具体运用和 Python 实现，从策略特点看，期权平价公式套利策略的最大优势在于可以获取近乎无风险的套利收益，但只有在市场大幅波动时，才有较为可观的收益；期权希腊值动态对冲策略的优势在于可以根据风险变化实现对冲策略的动态调整，但其理论假设较为严格；期权波动率交易策略易于理解和操作，在震荡行情中表现优异。通过上述内容的介绍，本章有助于投资者掌握期权风险对冲的原理和简单的策略实现。

【课后习题】

1. 下列对于希腊字母的经济含义表述正确的是（　　）。

A. Delta 反映金融衍生品价格对其标的资产价格的线性敏感性

B. Theta 反映金融衍生品价格对时间变化的敏感性

C. Vega 反映金融衍生品价格关于利率的线性敏感性

D. Lambda 反映金融衍生品价格对其标的资产价格的弹性关系

2. 假设有一只股票，价格为 80 美元，期权价格为 5 美元。一个投资者卖出 40 份该股票的看涨期权（一份期权有 100 股股票）。

（1）此时 Delta 为 0.3，交易员的头寸可以通过购买多少股股票来对冲？

（2）如果在下一个交易日，股票价格上涨到 85 美元，期权价格涨为 7 美元，Delta 为 0.4，交易员需要买入多少股股票来保证 Delta 中性头寸？

3. A 公司股票当前市价为 100 美元，期权行使价格为 98 美元，无风险利率为 4%，股票波动率为 15%，期权期限为 20 周。请问看跌期权的 Theta 是多少？

4. 股票 A 当前价格为 50 美元，对应的期权行使价格为 55 美元，市场无风险利率为 3%，股票波动率为 20%，期权期限为 15 周。请问此时期权的 Vega 为多少？表示的经济含义是什么？

5. 对于一个不付红利的欧式看跌期权，其对应股票价格为 120 美元，期权到期执行价格为 19 美元，当前市场无风险利率为 4%，持有期限为 20 周（=0.3846 年），股票价格波动率为 15%。则期权的 Rho 为多少？表示的经济含义是什么？

6. 股票当前市价为 100 美元，期权行使价格为 101 美元，无风险利率为 4%，股票波动率为 15%，期权期限为 20 周。各项参数为 $S_0=100$，$K=101$，$r=0.04$，$\delta=0.15$，

T=0.3846，则期权的 Lambda 是多少？

7. 交易员初始交易组合为 Delta 中性，Gamma 为 –2000，Vega 为 –4000。市面上存在两个期权，其 Delta、Gamma、Vega 值如下表所示：

	Delta	Gamma	Vega
组合	0	–2000	–4000
期权 1	0.3	0.2	2.5
期权 2	0.6	0.3	2

为了保证组合 Delta、Gamma 及 Vega 呈中性，则标的资产和期权 1、期权 2 的头寸应该如何变化？

8. 下列关于期权平价公式说法正确的是（　　）。［注：c 和 p 分别是认购期权权利金和认沽期权权利金，S 是标的价格，$PV(K)$ 是行权价的现值］

A. $c-PV(K)=p+S$　　B. $c+PV(K)=p+S$

C. $c+PV(K)=p-S$　　D. $c-PV(K)=p-S$

9. 根据平价公式，其他条件相同，利率越高，则认购、认沽期权价格的差异（　　）。

A. 越小　　B. 不变　　C. 越大　　D. 不确定

10. 下列关于期权波动率的说法正确的是（　　）。

A. 随着时间改变不断改变

B. 波动率一般有一定的聚集效应

C. 波动率一般遵循均值回归的过程

D. 构建投资组合过程中，一般选择波动率较小的品种

11. 证明看跌期权风险管理的六个希腊字母。

12. 设计一个包括 Delta 和 Gamma 风险管理的现货和期权对冲策略。

13. 结合中国期权期货实际数据，构建一个最优的期货期权套利策略，并用程序实现。

第十二章

期权交易套利理论与策略

本章阅读指引：

近年来，随着我国推出期权产品，投资者可供选择的投资标的日趋多样化，而期权是一种同时确保资本的安全性、流动性和盈利性的重要产品，它具有价格发现、规避风险、增加市场流动性以及投机套利等功能。同时，期权具有灵活性、限定风险、杠杆性和合同有效性等特点。投资者可以根据对未来标的资产价格概率分布的预期以及自身风险收益偏好选择适合自己的期权组合，形成相应的交易策略。本章首先介绍了期权的几种基本交易策略，包括概念、行权价与标的价格的关系、损益说明等，这些基本交易策略是其他高级交易策略的铺垫和基础；然后，本章还介绍了期权边界套利策略、垂直套利策略、水平套利策略、跨式套利策略、宽跨式套利策略、蝶式套利策略和飞鹰式套利策略，包括概念、损益说明、交易技巧和优缺点等。上述这些策略均是量化投资模型系统构建的重要组成部分和可供选择的投资方式。

第一节　期权基本交易策略

在交易策略层面，买入看涨期权、卖出看涨期权、买入看跌期权、卖出看跌期权是最基本的四种交易策略。投资者可以用这些基本交易策略构建激进或保守和看涨、看跌或看横盘的各种策略，而私人定制因为策略灵活成为可能，这首先要求投资者熟悉基本的交易策略。

一、买入看涨期权

（一）买入看涨期权的概念

看涨期权是投资人常用的投资工具，它是一种购买的权利，当投资者看多市场，预计标的价格即将上涨，便可通过支付权利金 C 来获取在到期日之前以执行价 X 买入或不买入相关标的的权利。

因为看涨期权具有一定的杠杆性，因此相比购买股票，投资者买入看涨期权将可能获得更多收益。此外，投资者在选择看涨期权的时候，应该确保留下足够的时间进行合适的投资，购买期限最好大于6个月，期限越长表示投资者从中获利的可能性越大。

买入看涨期权的到期损益如图 12–1 所示。为了熟练掌握期权交易策略，投资者首先应该理解四大基本策略的损益情况，在此基础上再理解其他高级策略时将更加轻车熟路。

根据看涨期权的行权价与当前标的价格的关系，看涨期权可以分为实值、平值和虚值三类期权，在交易策略中对这三类期权进行选择具有重要意义，如表 12–1 列出了看涨期权的行权价与标的价格的关系。

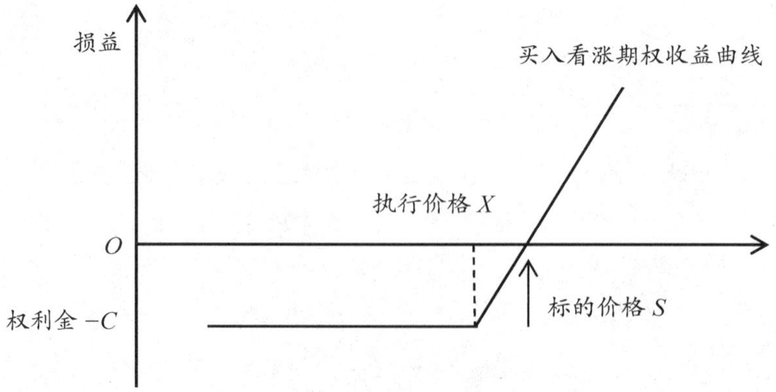

图 12–1　买入看涨期权损益

表 12-1　看涨期权的行权价与标的价格的关系

ITM(in-the-money)	实值期权	行权价 < 股票价格
ATM(at-the-money)	平值期权	行权价 = 股票价格
OTM(out-of-the-money)	虚值期权	行权价 > 股票价格

表 12-2 是买入看涨期权损益说明。关注一个策略的损益平衡点以执行一个策略是亏钱还是赚钱为准的，这里一般关注到期损益平衡点。所谓的到期损益平衡点（或盈亏平衡点）是指持有期权直至其到期，标的资产价格在哪个点时我们的策略不亏损也不盈利。

表 12-2　买入看涨期权损益说明

构建成本	看涨期权的权利金
最大损失	看涨期权的权利金
最大利润	随着股价上涨趋于无限（到期日股票价格 – 行权价 – 构建成本）
盈亏平衡点	看涨期权的行权价 + 看涨期权的权利金

【例 12-1】2021 年 10 月 25 日，ABC 公司股票以 28.88 元 / 股的价格交易。投资者以 5.38 元 / 股的价格购买 2022 年 1 月到期、施权价为 26.50 元 / 股的看涨期权。请分析该看涨期权的损益。

解：

构建成本：看涨期权的权利金为 5.38 元 / 股。

最大损失：看涨期权的权利金为 5.38 元 / 股。

最大利润：随着股价上涨趋于无限。

盈亏平衡点：看涨期权的行权价 + 看涨期权的权利金为 26.50+5.38=31.88 元 / 股。

（二）买入看涨期权的交易技巧

买入看涨期权的交易首先应选择合适的交易标的，通常是选择流动性充足、价格呈上升趋势的股票，并能确定一个明确的支撑价位。其次是选择合适期限的期权进行交易，剩余期限最好大于 6 个月，时间越长越好，而期权价值在到期日前的一个月损耗较大。同时还应该保证选择的期权具有充足流动性。流动性是否充足取决于未平仓合约量的大小，未平仓合约量越大，流动性一般也越高。此外，买入看涨期权时，还应该选择合适的行权价格，稍微实值和平值期权的看涨期权是一般的选择。同时，在买入看涨期权之前应该确定止损价格，当标的股票价格达到一定水平时就进行平仓。

（三）买入看涨期权的优缺点

1. 优点

买入看涨期权的优点主要归纳为：第一，交易者可以通过买入或卖出更多的看涨期权来转换成其他的交易策略。与其他复杂的策略相比，它的操作相对简单，不需要精确的计算。第二，即使标的资产无上涨，甚至下跌，买入看涨期权损失也有限。相较于其他更复杂的策略，它只需要购买一种期权，更节省手续费，而且买入时无须支付保证金。第三，看涨期权相对于直接买入股票具有一定杠杆性，即交易者可以用同量资金撬动更多数量的股票。第四，交易者买入看涨期权也更为灵活，可以根据自身的风险偏好组合管理不同的交易策略，并选择不同执行价格的看涨期权。

2. 缺点

买入看涨期权的缺点主要有以下两方面：第一，存在损失全部权利金的情况。当投资者将全部资金用于购买看涨期权时，一旦标的资产价格下降，且到期时期权还是虚值，将可能亏损全部权利金。第二，时间损耗对买方不利。时间价值随期权临近到期日将逐渐变小，直至衰减为零。

二、卖出看涨期权

（一）卖出看涨期权的概念

卖出看涨期权是当投资者对市场不看多，认为标的价格在到期日不可能超过盈亏平衡点时，便可以一定的执行价格 X 卖出看涨期权，获得权利金 C。卖出看涨期权也称为卖出非持保看涨期权，是指在卖出看涨期权的同时并不持有该标的资产的多头头寸。该策略的到期损益如图 12-2 所示。

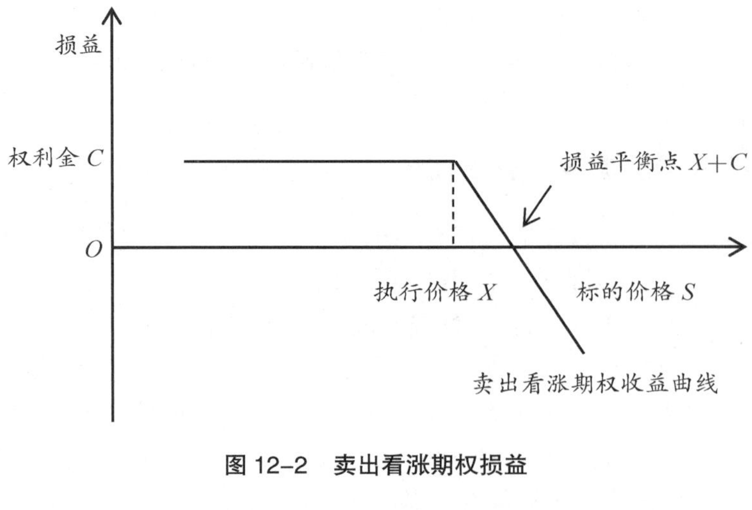

图 12-2　卖出看涨期权损益

卖出看涨期权是较复杂的熊市策略，即使标的资产没有下跌，而是保持停滞不动，甚至稍微上涨，交易者也能从该策略中盈利。在该策略中，时间价值的衰减对投资者有利，因为时间是期权卖出者的朋友。卖出看涨期权是一种贷方期权，卖方在建立该头寸时，会收到净权利金。如果在行权时卖方无法履约，则会使其经纪商面临一定的风险，因此这种策略需要缴纳履约保证金。卖出看涨期权的损益说明如表 12–3 所示。

表 12–3　卖出看涨期权损益说明

构建成本	看涨期权的权利金
最大损失	没有上限（到期日标的价格 – 行权价 – 权利金）
最大利润	看涨期权的权利金
盈亏平衡点	看涨期权的行权价 + 看涨期权的权利金

【例 12–2】2021 年 10 月 25 日，ABC 公司股票以 28.20 元 / 股的价格交易。投资者以 1.90 元 / 股的价格出售 2022 年 1 月到期、施权价为 31.10 元 / 股的看涨期权。请分析该看涨期权的损益。

解：

构建成本：看涨期权的权利金为 1.90 元 / 股。

最大损失：随着股价上涨趋于无限。

最大利润：看涨期权的权利金为 1.90 元 / 股。

盈亏平衡点：看涨期权的行权价 + 看涨期权的权利金为 31.10+1.90=33.00 元 / 股。

（二）卖出看涨期权的交易技巧

卖出看涨期权的交易技巧类似于买入看涨期权，主要从如下角度展开：首先，应该选择合适的标的进行交易，通常是具有充足流动性的股票。其股价处在下跌的趋势，并能够确定一个明确的阻力价位。其次，选择合适期限的期权。最好是剩余期限在 1 个月以内的，时间越短越好。期权价值在到期日最后一个月的时间损耗严重。同样，也应选择具有充足流动性的期权，流动性充足与否看未平仓合约量。一般来说，未平仓合约量越大，流动性越高。再次，选择合适的行权价格。一般来说选择出售虚值看涨期权。最后，相对于买入看涨期权，还应在卖出看涨期权之前，确定止损价格水平，当标的股票价格达到某价格水平时就进行平仓。

（三）卖出看涨期权的优缺点

1. 优点

卖出看涨期权的优点主要体现在以下几个方面：首先，卖出期权的净收入能够用来缓冲风险。与买入看跌期权相比，若标的资产价格小幅下跌，那么，该策略能维护交易者一定的权益，因为在卖出时已收获权利金。其次，该策略仅包含一种期权，且手续费相较复杂的策略更为便宜；而且卖出看涨期权作为简单的策略，不需要精确的计算就能运用，比那些复杂的组合策略方便。最后，卖出看涨期权策略较为灵活，在期权到期之前，交易者能将该策略转换为其他策略以适应新市场。此外，该策略即使面对标的资产价格横盘，也能从中获利。

2. 缺点

卖出看涨期权的缺点主要体现在以下几个方面：一是该策略需要支付保证金，是净贷方策略；而且需要支付的保证金数量较多，与买入看跌期权策略相比，交易者的杠杆效果并不强。二是潜在收益有限，交易者在标的价格大幅下跌时，可能会错失大幅获利机会，且如果标的资产价格剧烈上涨，交易者会面临巨大损失。

三、买入看跌期权

（一）买入看跌期权的概念

买入看跌期权是如果投资者看空市场，认为标的价格即将下跌，便可通过支付权利金 P 获取在到期日之前以执行价 X 卖出或不卖出相关标的的权利。买入看跌期权的到期损益见图 12-3。

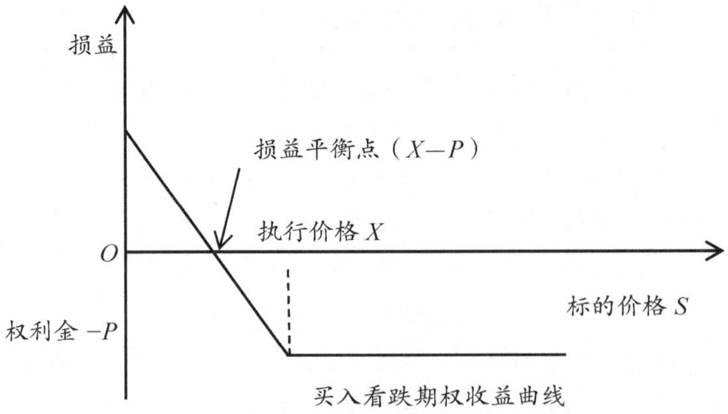

图 12-3　买入看跌期权损益

买入看跌期权相比只是卖空股票能够获得更好的收益。买入看跌期权一定要选择到期期限较长的期权，这样从中获利的可能性更大一些。买入看跌期权存在时间损耗，对买入期权方不利，因此要留给自己大量的时间来正确处理交易。

根据看跌期权的执行价格与当前标的资产价格的关系，把期权分为实值、平值和虚值期权，这称为期权的价值状况（Moneyness），如表 12-4 所示。价值状况的选择对交易策略具有重要的意义。

表 12-4 看跌期权的行权价与标的价格的关系

ITM (in-the-money)	实值期权	行权价 > 股票价格
ATM (at-the-money)	平值期权	行权价 = 股票价格
OTM (out-of-the-money)	虚值期权	行权价 < 股票价格

买入看跌期权策略的最大收益无上限，标的资产的价格大于零。但理论上，买入看跌期权的最大收益有限，该数值相比买入期权所付出的权利金来说显得非常巨大，因此，习惯上也称为“无限”，这样做的目的是能够更清晰地刻画不同时期的风险收益特征。最大亏损是有限的，如果到期时我们买入的看跌期权是虚值的就不会行权，但在策略构建之初所付出的权利金将全部损失掉，这也是我们的最大损失。表 12-5 是买入看跌期权损益说明。

表 12-5 买入看跌期权损益说明

构建成本	看跌期权的权利金
最大损失	看跌期权的权利金
最大利润	看跌期权的行权价 - 看跌期权的权利金
盈亏平衡点	看跌期权的行权价 - 看跌期权的权利金

【例 12-3】2021 年 10 月 25 日，ABC 公司股票以 28.88 元 / 股的价格交易。投资者以 5.38 元 / 股的价格购买 2022 年 1 月到期、施权价为 27.50 元 / 股的看跌期权。请分析该看跌期权的损益。

解：

构建成本：看跌期权的权利金为 5.38 元 / 股。

最大损失：看跌期权的权利金为 5.38 元 / 股。

最大利润：看跌期权的行权价 - 看跌期权的权利金为 27.50−5.38=22.12 元 / 股。

盈亏平衡点：看跌期权的行权价 - 看跌期权的权利金为 27.50−5.38=22.12 元 / 股。

（二）买入看跌期权的交易技巧

买入看跌期权的交易技巧主要有五点：第一，应选择合适的标的进行交易，如流动性充足的股票。第二，选择合适期限的期权进行交易。最好是剩余期限在3个月以上的，时间越长越好。期权价值在临近到期日的一个月内损耗严重。第三，选择具有充足流动性的期权，流动性充足与否取决于未平仓合约量大小。一般来说，未平仓合约量越大，流动性越高。第四，在买入看跌期权时，也应选择合适的行权价格。一般来说，选择买入平值或者实值看跌期权。第五，在买入看跌期权之前就要确定止损价格水平，当标的股票价格达到某价格水平时就进行平仓。

（三）买入看跌期权的优缺点

1. 优点

买入看跌期权的突出优点可以总结为以下几点：一是损失有限。若标的资产价格不跌反升，那么该策略存在亏损限值，相对于亏损无底线的策略而言更优。二是较为灵活。买入看跌期权是最基本的交易策略之一，交易者能通过买入或卖出更多期权从而演变为更复杂的策略，且具有不同风险偏好及持有不同组合策略的交易者可以选择不同的执行价格和不同的 Delta 看跌期权，以达到其交易目的。三是作为简单的策略，无须精准计算，要比复杂的组合策略运用更加简便。四是买入看跌期权策略的手续费较低且不需要支付保证金，因为只有一种期权。

2. 缺点

买入看跌期权也会有相应的不足之处：一是存在损失全部权利金的可能性。若在买入看跌期权后，标的资产价格不跌反涨，并且到期时还是虚值期权，那么交易者将亏损全部权利金。二是遭受时间损耗。若交易者在买入看跌期权时预期持有至到期，则可以不考虑时间损耗；但若在买入看跌期权时预期不持有到期，那么时间价值每天都在损耗。

四、卖出看跌期权

（一）卖出看跌期权的概念

卖出看跌期权是当投资者对市场不看空，认为标的价格在到期日至少不会低于盈亏平衡点时，便能以一定的行权价 X 卖出看跌期权，获得权利金 P。该策略的到期损益如图 12–4 所示。

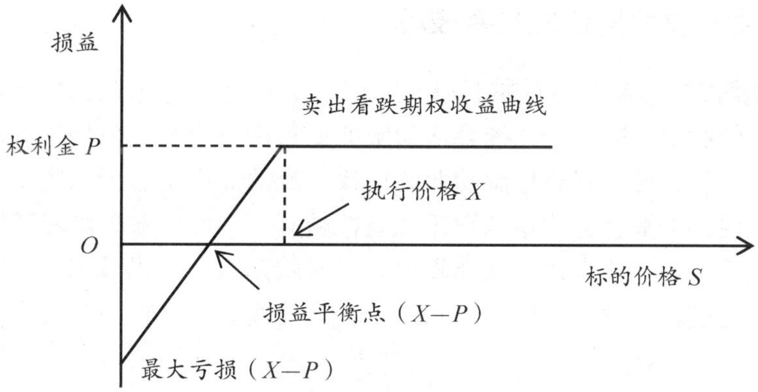

图 12-4　卖出看跌期权损益

卖出看跌期权一般在标的物价格横着走，甚至是略微下跌时也会盈利，这是因为看跌期权存在时间价值损耗，其损耗越多，卖出者越盈利。通过卖出看跌期权，投资者既能从标的资产价格上涨中盈利，也能从看跌期权的时间价值损耗中盈利。卖出看跌期权在构建之初需要投资者支付保证金。事实上，一旦被行权，投资者就有在所卖出的看跌期权的执行价格买入标的资产的义务，期权交易者会被期货经纪商要求支付足额的履约保证金，才能被允许卖出看跌期权。表 12-6 为卖出看跌期权损益说明。

表 12-6　卖出看跌期权损益说明

构建成本	看跌期权的权利金
最大损失	看跌期权的行权价 - 看跌期权的权利金
最大利润	看跌期权的权利金
盈亏平衡点	看跌期权的行权价 - 看跌期权的权利金

【例 12-4】2021 年 10 月 25 日，ABC 公司股票以 27.35 元 / 股的价格交易。投资者以 1.00 元 / 股的价格出售 2022 年 1 月到期、施权价为 26.00 元 / 股的看跌期权。请分析该看跌期权的损益。

解：

构建成本：看跌期权的权利金为 1.00 元 / 股。

最大损失：看跌期权的行权价 - 看跌期权的权利金为 26.00−1.00=25.00 元 / 股。

最大利润：看跌期权的权利金为 1.00 元 / 股。

盈亏平衡点：看跌期权的行权价 - 看跌期权的权利金为 26.00−1.00=25.00 元 / 股。

（二）卖出看跌期权的交易技巧

卖出看跌期权的交易技巧有如下几个方面：第一，应该选择合适的标的进行交易，如流动性充足的股票。第二，选择合适期限的期权进行交易，最好是剩余期限在1个月以内的。第三，选择具有充足流动性的期权，流动性充足与否取决于未平仓合约量大小，一般来说，未平仓合约量越大，流动性越高。第四，在卖出看跌期权时，应选择合适的行权价格。一般来说，选择卖出虚值看跌期权，以尽量规避风险。第五，在卖出看跌期权之前就要确定止损价格水平，当标的股票价格达到某价格水平时就进行平仓。

（三）卖出看跌期权的优缺点

1. 优点

卖出看跌期权的优点有以下几点：首先，该策略是净期权贷方策略，投资者需要支付保证金。其次，相较更为复杂高级的策略，该策略实行较为简便，且手续费便宜。除此之外，卖出看跌期权也是最基本和灵活的交易策略之一，交易者可在期权到期之前通过买入或卖出多个该期权进而转化为其他高级复杂策略，以适应市场和满足投资者的特殊需求。最后，与买入看跌期权相比，若标的资产价格小幅下降，那么该策略在卖出时收入权利金，对交易者权益具有一定的保障作用。该策略在标的资产价格横着不动时也能获取利润。

2. 缺点

卖出看跌期权的缺点有以下几点：一是潜在收益存在上限，交易者在标的资产价格大幅上涨时可能会错失盈利机会。若标的资产价格骤降，投资者将亏损严重。二是该策略是净贷方策略，需要支付保证金，且需要缴纳的保证金较高；与买入看涨期权策略相比，投资者能撬动的头寸较少。

第二节　期权边界套利策略

一、看涨期权的上下边界

如图12–5所示，（$T-t$）为期权剩余时间，C和S分别为看涨期权价格和标的价格，X为行权价，r为无风险利率，在行权价X左边的S，对应的是虚值期权。$C=S$

为期权的上边界，$C=0$ 为期权的下边界，$C>S-Xe^{-r(T-t)}$ 为实值期权下边界，上下边界之外为看涨期权的无风险套利区域，之内为价格合理区域。

由此可见，看跌期权的边界范围为：$\max\left(S-Xe^{-rT},0\right)<C<S$。

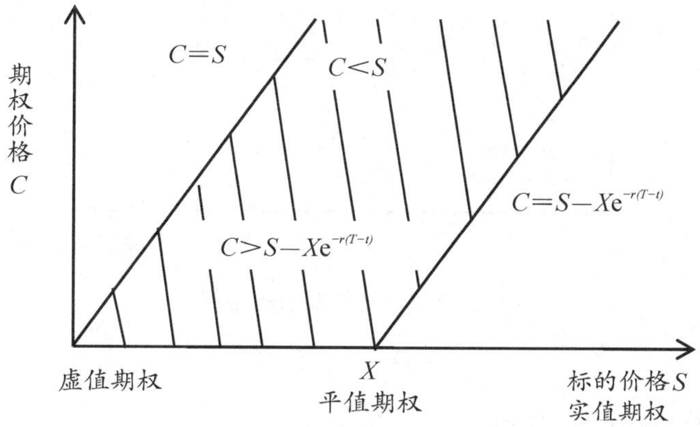

图 12–5　看涨期权的边界

【例 12–5】ABC 公司股票的现价为 5.30 元 / 股，对应的认购期权还有 104 天到期，无风险利率为 2.00%，行权价格为 5 元 / 股的实值认购期权，隐含波动率约 18%，根据 *B–S* 定价模型计算，则理论价格约等于 0.31 元。若该股票在未来的 104 天内上涨至 15 元，那么该投机者花 6 元有利可图吗？卖权者 5.2 元 / 股买进股票呢？若股票涨至超过 5 元 / 股，以及跌至 3 元 / 股呢？判断这种期权价格是否合理。

解：

（1）投机者可以赚 15–6–5=4 元 / 股，因此，该投资者花 6 元 / 股也还是有利可图的。

（2）卖权者若以 6 元 / 股的价格卖出行权价为 5 元 / 股的看涨期权，然后再支付 5.3 元 / 股来买入股票，每股将盈利 6–5.3=0.7 元。

（3）若后市股票每股涨过 5 元，卖权者把原先买入的股票交给买者，卖权者获得 0.7 元 / 股（还没算资金利息）；若股价跌至 3 元 / 股，期权作废，卖权者获得 3.7 元。

（4）该期权价格不合理。因为无论后市行情如何运行，卖权者都能每股至少盈利 0.7 元，存在无风险套利机会。在该价格下，投资者将直接买入股票。

二、看跌期权的上下边界

如图 12–6 所示，在行权价 X 左边为实值期权，其价格下边界为 $P=Xe^{-r(T-t)}-S$，因此 $P\geqslant Xe^{-r(T-t)}-S$ 为合理的价格区间；X 右边为虚值期权，下边界为 0，横轴上方为合理的价格区间。而上边界为 $Xe^{-r(T-t)}$，因此，图中阴影部分为价格合理区间。

由此可见，看跌期权的边界范围为：$\max\left(Xe^{-rT}-S,0\right)<P<X$。

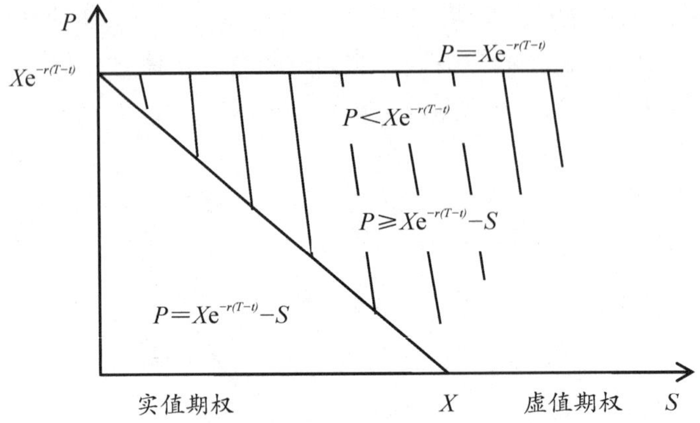

图 12-6 看跌期权的边界

三、边界套利的概念

边界套利是指一旦认购期权或认沽期权价格超过理论上下边界水平，便可利用期权价格的错误定价进行无风险套利，也就是进行期权的边界套利。边界套利一共分为四种类型：认购期权上边界套利、认购期权下边界套利、认沽期权上边界套利以及认沽期权下边界套利。

（一）认购期权上边界套利

单个期权上限套利在所有时期，认购期权价格均不能大于标的资产价格，即期权价格的上边界为标的资产价格。若认购期权价格大于标的资产价格，投资者将卖出认购期权，同时以现价买入标的资产，进而获取无风险收益。认购期权上边界套利如表 12-7 所示。

表 12-7 认购期权上边界套利

	$t=0$	$t=T$	
操作 / 价格关系	$C>S_0$	$S_T<X$	$S_T>X$
卖出 C	C		$X-S_T$
买入 S	$-S_0$	S_T	S_T
现金流	$C-S_0$	S_T	K
收益合计	$C-S_0$	$(C-S_0)e^{-rT}+S_T$	$(C-S_0)e^{rT}+X$

在 $t=0$ 时刻，认购期权价格一旦超过了上边界 $C>S_0$，投资者可在卖出认购期权 C 的同时买入对应的期权标的 S_0 进行无风险套利（Covered Call）。当期权到期，若 $S_T>X$，买方行权，投资者以价格 X 卖出所持有的标的，投资者收益折现到 $t=0$ 时刻为：

$$Xe^{-r(T-t)}+C-S_0 \tag{12-1}$$

若 $S_T<X$，期权不执行，投资者收益折现到 $t=0$ 时刻为：

$$S_Te^{-rT}+C-S_0 \tag{12-2}$$

而由于 $C-S_0$，在不考虑费用的情况下，无论 T 时刻 S_T 处于何种水平，投资者至少可以获得 $C-S_0$ 的正收益。

【例 12–6】接例 12–5，对于行权价为 5 元的股票看跌期权，理论上其价格最高不能超过多少呢？卖权者将权利金贷出去的本利和是多少？价格需要调整到什么范围才会使得无风险收益不存在？

解：

欧式期权的行权价上边界为 5 元 / 股，若大于该价格，将无人购买，因为即使股票下跌至界限甚至到退市也即变为 0，这个赔付额肯定低于支付的权利金。

卖出看跌期权者将权利金贷出去，在期权到期时本利和为 $Pe^{r(T-t)}=5.0288$。

若期权到期的股票价格大于 5 元 / 股，看跌期权不会被行权，卖出者获得收益就为 5.0288；若到期时股票价格 S 小于 5 元 / 股，接受行权，花 5 元 / 股买入股票，然后再将股票卖出得到 S，最后的收益为 $S+0.0288$。因此，价格应该是 $P\leqslant Xe^{-r(T-t)}$，才会不存在无风险收益。

（二）认购期权下边界套利

在所有时期，单个期权下边界套利不付红利的欧式看涨期权的价格应均大于零和标的资产现价与行权价的贴现值之差。若标的资产现价大于行权价的贴现值，且认购期权的价格低于资产现价与行权价的贴现值之差，则投资者可以实行认购期权下边界套利，即买入认购期权，同时卖出标的资产而获得无风险盈利。认购期权下限套利的损益曲线，类似于将买入认沽期权的损益曲线全部平移至横轴上方。

在 $t=0$ 时刻，认购期权价格一旦低于下边界 $\left[C<\max\left(S_0-Xe^{-rT},0\right)\right]$，若 $C<0$，投资者可通过买入认购期权 C 获得无风险套利，然而几乎不存在期权价格为负的情况。更多情况下，若 $0<C<S_0-Xe^{-rT}$，投资者可在买入认购期权 C 的同时融券卖出标的资产 S_0 进行无风险套利。当期权到期时，若 $S_T>X$，投资者行权，以价格 X 买入标的，并归还所借标的，将该投资者的收益折现到 $t=0$ 时刻，为：

$$S_0-C-Xe^{-rT} \tag{12-3}$$

若 $S_T<X$，期权不执行，投资者购入 S_T 归还所借标的，$t=0$ 时刻投资者收益为：

$$S_0 - C - S_T e^{-rT} \quad (12\text{-}4)$$

由于 $S_T < X$，

$$S_0 - C - S_T e^{-rT} > S_0 - C - X e^{-rT} \quad (12\text{-}5)$$

而由于 $0 < C < S_0 - X e^{-rT}$，在不考虑费用的情况下，无论 T 时刻 S_T 处于何种水平，投资者至少可以获得 $-C + S_0 - X e^{-rT}$ 的正收益。

认购期权下边界套利如表 12-8 所示。

表 12-8　认购期权下边界套利

	$t=0$	$t=T$	
操作 / 价格关系	$C < \max\left(S_0 - X e^{-rT}, 0\right)$	$S_T < X$	$S_T > X$
买入 C	$-C$		$S_T - X$
卖出 S	S_0	$-S_T$	$-S_T$
现金流	$S_0 - C$	$-S_T$	$-K$
收益合计	$S_0 - C$	$(S_0 - C)e^{-rT} - S_T$	$(S_0 - C)e^{-rT} - X$

【例 12-7】接例 12-5、例 12-6，对于虚值期权和平值期权而言，看跌期权下边界是多少？对于实值期权而言，看跌期权下边界又是多少？

解：

（1）由于虚值期权和平值期权都只剩时间价值而没有内在价值，时间价值等于或大于 0，因此看跌期权的下边界为 $P=0$。若考虑交易手续费和最小报价，该下边界 $P>0$。

（2）此时的选择行权价为 6 元的看跌期权，实值度为 6−5.2=0.8 元 / 股，时间价值则为 $P-0.8$。若时间价值小于 0，则 $P<0.8$，这时候我们应该做的操作就是买进看跌期权的同时买进股票进行无风险套利。该操作初始支付资金为 $P+5.2$。分析到期的情形：股票 $S>6$，看跌期权没用了，卖出股票得到 S，损益 $=S-P-5.2$，而 $S>6$，则 $S-P-5.2>6-(P+5.2)$，而 $P<0.8$，则 $6-(P+5.2)>0$，大于 0 就意味着有正收益；股票 $S<6$，看跌期权有内在价值，将买进的股票通过期权行权卖出去得到资金为 6 元，损益 $=6-P-5.2=0.8-P>0$，因为 $P<0.8$，因此，看跌期权价格 P 的下边界为 $X e^{-r(T-t)} - S$，而 $P \geqslant X e^{-r(T-t)} - S$ 即为价格合理区间。

（三）认沽期权上边界套利

对于欧式看跌期权，其价格在所有时刻都应该小于其行权价的贴现值。若认沽期权价格大于其行权价的贴现值，可以卖出认沽期权进行套利。单个期权上边界套利的损益曲线，类似于将卖出认购期权的损益曲线全部平移至横轴上方。

在$t=0$时刻，认沽期权价格一旦超过上边界，即$P>X$，可通过卖出认沽期权P获取无风险套利机会。期权到期时，若$S_T>X$，认沽期权买方不行权，投资者赚取期权费用；若$S_T<X$，认沽期权买方行权，投资者以价格X买入标的，并以S_T卖出标的，投资者在$t=T$时刻的收益为：

$$S_T-X-Pe^{-rT} \tag{12-6}$$

若$S_T>0$，$P>K$，将投资者收益折现到$t=0$时刻，则有：

$$S_Te^{-rT}-Xe^{-rT}+P>P-Xe^{-rT}>0 \tag{12-7}$$

因此，在不考虑各项费用的情况下，无论期权标的的市场价格如何变动，只要标的价格不为负数，投资者均可获取正收益。

认沽期权上边界套利如表12–9所示。

表12–9　认沽期权上边界套利

	$t=0$	$t=T$	
操作/价格关系	$P>K$	$S_T<K$	$S_T>K$
卖出P	P	S_T-K	
现金流	P	S_T-K	
收益合计	P	$Pe^{-rT}+S_T-K$	Pe^{-rT}

（四）认沽期权下边界套利

相似地，不付红利的欧式看跌期权的价格均应高于零和行权价的贴现值与标的资产现价之差。若行权价的贴现值与标的资产现价之差大于0，且认沽期权价格小于行权价与标的资产现价之差，投资者能进行认沽期权下边界套利，即买入看跌期权和标的资产而获得无风险盈利。认沽期权下边界套利的损益曲线，类似于将买入认购期权的损益曲线全部平移至横轴上方。

认沽期权下边界套利如表12–10所示。

表 12-10　认沽期权下边界套利

	$t=0$	$t=T$	
操作 / 价格关系	$P<\max\left(Xe^{-rT}-S_0,0\right)$	$S_T<X$	$S_T>X$
买入 P	$-P$	$X-S_T$	
买入 S	$-S_0$	S_T	S_T
现金流	$-P-S_0$	K	S_T
收益合计	$-P-S_0$	$(-P-S_0)e^{rT}+X$	$(-P-S_0)e^{rT}+S_T$

在 $t=0$ 时刻，认沽期权价格一旦低于下边界 $\left[P<\max\left(Xe^{-rT}-S,0\right)\right]$，若 $P<0$，投资者可直接买入认沽期权获取无风险收益，然而期权价格小于 0 的情况几乎不发生。更多情况下，若 $0<P<Xe^{-rT}-S$，投资者可在买入认沽期权 P 的同时买入标的 S 获取无风险收益。当期权到期时，若 $S_T>X$，投资者作为期权买方放弃执行期权，并将期初购买的标的以 S_T 出售，所得收益为：

$$S_T-Pe^{rT}-S_0e^{rT} \tag{12-8}$$

由 $S_T>K$ 可知：

$$S_T-Pe^{rT}-S_0e^{rT}>X-Pe^{rT}-S_0e^{rT} \tag{12-9}$$

折现到 $t=0$ 时刻为：

$$Ke^{-rT}-P-S_0 \tag{12-10}$$

由于 $P<Xe^{-rT}-S$，则 $Xe^{-rT}-P-S_0>0$。

当 $S_T<X$，投资者执行期权，将期初购买的标的以价格 X 出售，所获收益为：

$$X-Pe^{rT}-S_0e^{rT}>0 \tag{12-11}$$

折现到 $t=0$ 时刻为：

$$Xe^{-rT}-P-S_0 \tag{12-12}$$

因此，不考虑各项费用的情况下，无论标的价格如何变动，投资者至少将获得 $Xe^{-rT}-P-S_0$ 的正收益。

四、边界套利的收益测算

出现上边界套利的机会通常意味着期权价格已经大幅偏离理论价格，相对而言，下边界套利相较上边界套利出现的频率更高。下边界套利中，认购期权的下边界套利涉及在期初卖空标的，由于融券的成本较高、券源较少，在极端行情或特殊时期融券难度更是进一步增大，因此认购期权的下边界套利机会几乎很少出现，即使在出现认购期权下边界套利机会的情况下，进行套利操作的难度也更高。在学术界中，Mihir

和 Bhattacharya（1983）通过套用实际交易数据对看涨期权下限套利理论进行的研究检验[①]，并证实了期权市场确实存在无风险套利，但在考虑交易成本之后，许多套利机会的利润空间不再存在。Levy（1986）在考虑借贷无风险的基础上研究表明，期权边界套利上界和下界适用于对应的各种股票现货的价格分布情况，即使考虑交易成本和纳税因素也是利用边界套利模型构建的投资组合策略来获得收益的[②]。

第三节　垂直套利策略

一、垂直套利的概念

垂直套利（Vertical Spreads，或垂直价差套利、执行价差套利）是将风险和利润均限定在一定范围内的套利策略。其交易形式是根据不同的行权价同时买入和卖出同一合约时期的看涨期权或看跌期权。由于该策略除行权价之外的其余均一致，而行权价和对应的权利金在期权行情表上按预定价从小到大纵向垂直排列，因此被称为“垂直套利”策略。

垂直套利可以分为牛市垂直套利和熊市垂直套利两种形式，若投资者买入较低预定价的期权，并卖出较高预定价的期权，该策略称为牛市垂直价差套购；若投资者卖出较低预定价的期权，同时买入较高预定价的期权，该策略称为熊市垂直价差套购。

二、牛市垂直套利期权

（一）牛市垂直套利期权的概念

牛市垂直套利能给投资者的账户带来净债务，它是通过买入一个具有某一确定行使价格的股票看涨（看跌）期权和卖出一个同一股票的、但具有较高行使价格的股票看涨（看跌）期权组合而成的，这里两个期权的期限相同。

---

① MIHIR B. Transactions data tests of efficiency of the Chicago board options exchange［J］. Journal of financial economics, 1983(2):161–185.

② LEVY H . Upper and lower bounds of put and call option value: stochastic dominance approach［J］. Journal of finance, 1986, 41(5):1181.

相对买入看涨期权的策略，牛市看涨期权垂直套利的净效应在于能降低交易的成本和损益平衡点。买入期权的长腿部分比卖出期权的长腿部分更接近期权的实值，因此买入看涨期权部分贵于卖出虚值看涨期权部分。牛市垂直套利期权将更适合于长期交易，股票价格要上涨才能达到盈亏平衡点，而且该策略需要市场前景为牛市看涨，因为只有当股票价格上涨时投资者才能盈利。买入期权的长腿部分具有杠杆效应，卖出期权的长腿部分会降低成本并增加杠杆效应，但成本却是投资者能获得的有限的向上利润。

综上所述，若股票价格跌幅超过较低的（购买）行权价，投资者损失最大；若股票价格涨幅超过较高的（卖出）行权价，投资者收益最高；当股票价格介于这两个点之间时，那么损益平衡点就等于较低行权价和净债务之和。

（二）牛市垂直套利期权的损益说明

首先，令 S_T 为价差套利组合中标的在期权到期时的价格。交易 A 为包括买入买权和卖权的买入期权的交易，K_1 为该交易中期权的预定价；交易 B 为包括卖出买权和卖权的卖出期权的交易，K_2 为该交易中期权的预定价。

图 12–7 是对买入较低预定价 K_1 的买权，并卖出较高预定价 K_2 的买权的牛市垂直价差套利损益情况，其中在该套利策略中，买入的买权预定价 K_1 小于卖出的买权预定价 K_2，即 $K_1 < K_2$。垂直价差套利损益是随着标的在期权到期时的价格 S 的变化而变化的。

当 $K_1 < S_T < K_2$ 时，较低预定价和较高预定价的买权分别被执行和不被执行，此时投资者会以 K_1 的价格买入标的并以市场价格 S_T 将其卖出，收益为 $K_1 - S_T$。其损失（利润）随着 S_T 的上升而减少（增加）。

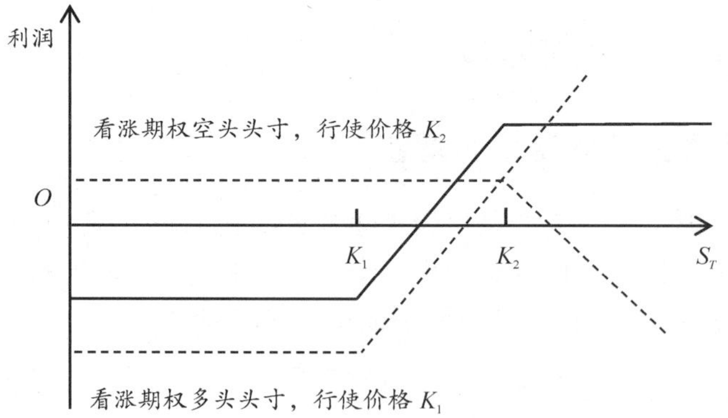

图 12–7　牛市垂直套利盈利（以看涨期权为例）

范例程序 12-1：牛市看涨期权垂直套利

```
#牛市看涨期权垂直套利
s=29
ka=20
kb=30
r=0.1
t=1
v=0.1
st =np.linspace(1,35,350)
ca,pa=blsprice(s,ka,r,t,v)
cb,pb=blsprice(s,kb,r,t,v)
aa=np.zeros((2,len(st-ka)))
aa[0]=st-ka
bb=np.zeros((2,len(st-ka)))
bb[0]=st-kb
Profit_1=np.max(aa,0)-ca
Profit_2=cb-np.max(bb,0)
Profit=Profit_1+Profit_2
plt.figure()
plt.plot(st,Profit_1,'k--')
plt.plot(st,Profit_2,'k--')
plt.plot(st,Profit,'k')
plt.title('牛市看涨期权垂直套利(s=29)')
plt.xlabel('标的价格')
plt.ylabel('收益')
plt.show()
```

牛市看涨期权套利的最大成本是买入期权时支付的期权费和卖出期权时获得的期权费之差，最大利润是卖出看涨期权和买入看涨期权的行权价之差再减最大亏损值。牛市看跌期权套利的最大利润是卖出期权时获得的期权费与买入期权时支付的期权费之差，最大亏损是卖出看跌期权与买入看跌期权的行权价之差再扣除最大利润。

现金流如下：

当标的市场价格 S_T 大于期权的预定价格 K_2 时，这时两个期权都会被执行。该利润 $S_T - K_1$ 与 S 的变化无关，为常数。当标的市场价格 S_T 小于期权的预定价格 K_2 时，所有期权都不会被执行。这时该价差套利的投资者在交易中的利润为 0。以上情况的收益如表 12-11（不考虑期权费用）所示：

表 12-11　牛市垂直套利盈利表（以看涨期权为例）

股价范围	看涨期权多头头寸的收益	看涨期权空头头寸的收益	总收益
$S_T \leqslant K_1$	0	0	0
$K_1 < S_T < K_2$	$S_T - K_1$	0	$S_T - K_1$
$S_T \geqslant K_2$	$S_T - K_1$	$K_2 - S_T$	$K_2 - K_1$

【例 12-8】2021 年 10 月 25 日，ABC 公司股票以 8.57 元 / 股的价格交易。当日，某投资者以 0.82 元 / 股的价格买入 1 张 2022 年 1 月到期、行权价为 8 元 / 股的认购期权；以 0.08 元 / 股的价格卖出 1 张 2022 年 1 月到期、行权价为 9 元 / 股的认购期权，期权的合约单位均为 10000。试分析该期权的净期权费、最大损失、最大收益、盈亏平衡点，以及股票价格涨至 9.26 元 / 股和跌至 7.26 元 / 股时的净收益和净损失。

解：

该操作付出的净期权费是（0.82−0.08）×10000=7400 元；

最大损失：净期权费 =7400 元；

最大利润：两种行权价的差额 − 净期权费 =（1−0.8）×10000=2000 元；

盈亏平衡点：较低的行权价 + 净期权费 =8+0.8=8.8 元 / 股；

2022 年 1 月 23 日（到期日）ABC 公司的股价涨到 9.26 元 / 股，组合净收益为 2000 元；

2022 年 1 月 23 日（到期日）ABC 公司的股价跌至 7.26 元 / 股，组合净损失为 7400 元。

牛市看涨和看跌的期权垂直套利综合分析如表 12-12、表 12-13 所示。

表 12-12　牛市看涨期权垂直套利综合分析表

适用情形	交易者预测资产价格温和看涨，即买方希望从后市波动中受益，但又缺乏明显信心，就可以买进看涨期权
构建成本	看涨期权权利金
最大损失	买入看涨期权与出售看涨期权的净期权费
最大利润	高低两种行权价的差额 – 净期权费（最大利润大于净权利金）
盈亏平衡点	较低行权价 + 净期权费

表 12-13　牛市看跌期权垂直套利综合分析表

适用情形	交易者预测资产价格看跌，卖方希望从熊市中受益，卖出看涨期权的同时又买入看涨期权以降低风险
构建成本	看涨期权权利金
最大损失	高低两种行权价的差额 – 最大收益（最大损失大于净权利金）
最大利润	净权利金
盈亏平衡点	低行权价 + 最大收益；高行权价 – 最大风险

（三）牛市垂直套利期权的交易技巧

投资者应尽量在长期基础上使用该策略，这样会比较安全，通常到期日超过6个月最好。投资者需要选择流动性较好的标的股票，且确保股票价格具有上涨的变动趋势，并确定一个支撑价位。此外，投资者也需要选择具有充足流动性的期权，一般而言，具有较低行权价的期权选择平值或者轻度虚值的，而具有较高行权价的期权则选择深度虚值的。

（四）牛市垂直套利期权的优缺点

1. 优点

牛市垂直套利期权的优点可以总结为三点：一是，对比买入看涨期权策略，中期到长期的牛市交易策略能降低风险、成本和损益平衡点；二是，尽管仍有100%的费用，但投资者的亏损有最高上限；三是，对于股票价格迅速下跌的情形，该头寸在越远离到期日时提供的向下风险保护措施就越好。

2. 缺点

牛市垂直套利期权的缺点也可以总结为三点：一是，若股票价格大幅上涨，该策略所带来的收益有上限；二是，该策略获得收益的约束条件较为严格，尤其是两个期权行权价必须选择合适，并且股票价格必须超过最高行权价才能获得收益；三是，越远离到期日，获得最大收益的速度就越慢，这就是其为向下风险提供保护所付出的代价。

三、熊市垂直套利期权

（一）熊市垂直套利期权的概念

熊市垂直套利是通过买入一个具有某一确定行使价格的股票看涨（看跌）期权和卖出一个同一股票的、但具有较低行使价格的股票看涨（看跌）期权组合而成的，这里两个期权的期限相同。

（二）熊市垂直套利期权的损益说明

熊市看涨期权套利的最大利润是卖出期权时获得的期权费和买入期权时支付的期权费之差，最大亏损是买入看涨期权与卖出看涨期权的行权价之差，再扣除最大利润。熊市看跌期权的最大损失是买入期权时支付的期权费与卖出期权时收取的期权费之差，最大利润是买入看跌期权与卖出看跌期权的行权价之差，再扣除最大亏损（见表12–14）。

表 12–14 熊市垂直套利盈利表（以看跌期权为例）

股价范围	看跌期权多头头寸的收益	看跌期权空头头寸的收益	总收益
$S_T \leqslant K_1$	$K_2 - S_T$	$S_T - K_1$	$K_2 - S_T$
$K_1 < S_T < K_2$	$K_2 - S_T$	0	$K_2 - S_T$
$S_T \geqslant K_2$	0	0	0

图 12–8 反映的是以看跌期权为例的熊市垂直套利盈利。该策略是卖出较低预定价的卖权，同时买入较高预定价的卖权，其中，较低施权价和较高施权价分别对应 K_1 和 K_2，$K_1 > K_2$。如图 12–8 所示：

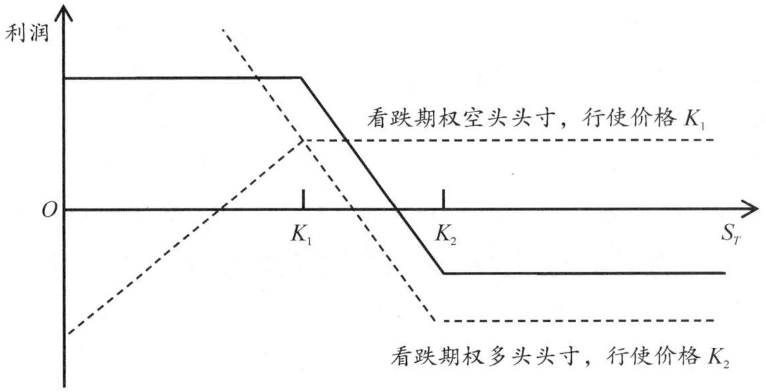

图 12–8 熊市垂直套利盈利（以看跌期权为例）

当标的市场价格 S_T 大于或等于卖权的预定价格 K_2 时，两个期权都不会被执行。此时投资者在交易中的获利为 0（不考虑期权费用）。当 $K_1 < S_T < K_2$ 时，较低预定价和较高预定价的卖权分别不被执行和被执行。这时投资者先后以市场价买入标的和以 K_2 价格卖出，并盈利 $K_2 - S_T$，且其盈利（亏损）随 S 的增加而减少（增加）。当标的市场价格 S_T 小于卖权的预定价格 K_1 时，两个期权均被执行。此时，投资者先后须以 K_2 的价格买入标的然后再以 K_1 的价格卖出，其盈利 $K_1 - K_2$（常数），与 S 无关。

以上情况的收益如表 12–14 所示（不考虑期权费用），熊市看涨和看跌的期权垂直套利综合分析如表 12–15、表 12–16 所示。

表 12–15 熊市看涨期权垂直套利综合分析表

适用情形	交易者预测行情看跌，卖方希望从熊市中获利，卖出看涨期权的同时又买入看涨期权以降低风险

（续上表）

构建成本	看涨期权权利金
最大损失	高低两个行权价的差额－净期权费（最大损失大于净权利金）
最大利润	净权利金
盈亏平衡点	较低行权价＋净期权费

表 12-16　熊市看跌期权垂直套利综合分析表

适用情形	交易者预测市场价格下跌到一定水平，买方希望从熊市中获利，通过卖出看跌期权以降低权利金成本
构建成本	看跌期权权利金
最大损失	净权利金
最大利润	高低两个行权价的差额－净期权费（最大利润大于净权利金）
盈亏平衡点	较低行权价＋净期权费

范例程序 12-2：熊市看跌期权垂直套利

```
#熊市看跌期权垂直套利
s=25
ka=20
kb=30
r=0.05
t=1
v=0.1
st =np.linspace(1,50,500)
ca,pa=blsprice(s,ka,r,t,v)
cb,pb=blsprice(s,kb,r,t,v)
aa=np.zeros((2,len(st-ka)))
aa[0]=kb-st
bb=np.zeros((2,len(st-ka)))
bb[0]=ka-st
Profit_1=np.max(aa,0)-pb
Profit_2=pa-np.max(bb,0)
Profit=Profit_1+Profit_2
plt.figure()
plt.plot(st,Profit_1,'k--')
plt.plot(st,Profit_2,'k--')
plt.plot(st,Profit,'k')
plt.title('熊市看跌期权垂直套利（s=25）')
plt.xlabel('标的价格')
plt.ylabel('收益')
plt.show()
```

【例 12-9】2021 年 5 月 25 日，ABC 公司股票以 26.10 元 / 股的价格交易。当日，某投资者以 1.80 元 / 股的价格买入 2 张 2022 年 6 月到期、行权价为 25.00 元 / 股的看涨期权；以 0.30 元 / 股的价格卖出 1 张 2022 年 6 月到期、行权价为 27.50 元 / 股的看涨期权，以 0.20 元 / 股的价格卖出 1 张 2022 年 6 月到期、行权价为 29.00 元 / 股的看涨期权。试分析该期权的净期权费、最大损失、最大收益、盈亏平衡点。

解：

净期权费：购买期权的权利金 – 售出期权的权利金 =1.80−0.30−0.20=1.30 元 / 股；

中间风险：净期权费 =1.30 元 / 股；

最大损失：没有上限；

最大收益：中间价位行权价 – 较低行权价 – 净期权费 =27.50−25.00−1.30=1.20 元 / 股；

盈亏平衡点（向下）：较低行权价 + 净期权费＝ 25.00+1.30=26.30 元 / 股；

盈亏平衡点（向上）：较高行权价 + 中间价位行权价 – 较低行权价 – 净期权费＝ 29.00+27.50−25.00−1.30=30.20 元 / 股。

（三）熊市垂直套利期权的交易技巧

投资者最好选择到期日在一个月或更短时间的期权，选择的股票和期权都必须具有充足的流动性，尽力保证股票价格能在一个范围内发生变化，并且两个期权的行权价都要高于现在的股票价格。

（四）熊市垂直套利期权的优缺点

1. 优点

熊市垂直套利期权的优点可以总结为三点：首先，与只是购买看跌期权策略相比较，对于中期到长期的牛市交易，该策略能够减少风险并使得成本和盈亏平衡点降低。其次，尽管仍有 100% 的费用，但投资者的损失具有上限。最后，越远离到期日，针对股票价格迅速下跌的情况，该头寸所提供的向下风险保护措施就越好。

2. 缺点

熊市垂直套利期权的缺点也可以总结为三点：一是，如果股票大幅下跌，该策略所带来的收益有上限。二是，该策略获得收益的约束条件较为严格，尤其是两个期权行权价必须选择合适，并且只有当股票价格低于最低行权价时，投资者才能获得利润。三是，随着到期日的临近，投资者获得最大利润的速度越快；反之获得最大利润的速度越慢，这就是其为向下风险提供保护所付出的代价。

第四节　水平套利策略

一、水平套利的概念

水平套利（日历套利或时间价差套利）是指交易者根据不同到期日期权合约的不同时间进行的套利。水平套利的盈利原因在于远期期权与近期期权存在不同时间价值的衰减速度。一般而言，远期期权的时间价值比近期期权的衰减得慢，由此水平套利常见操作是买入远期期权并卖出近期期权。水平套利可分为看涨期权水平套利、看跌期权水平套利。

通常情况下，一个期权距离到期日的时间越长，其单位时间流逝导致的期权价值变化也越大。换句话说，期权时间价值的衰减速度随到期日临近而逐渐加速，如图12-9所示。在其他条件一样的前提下，远月期权时间价值的衰减慢于近月期权时间价值的衰减，因此投资者可以在卖出一个近月期权的同时买入一个远月期权以实现随时间推移的盈利。

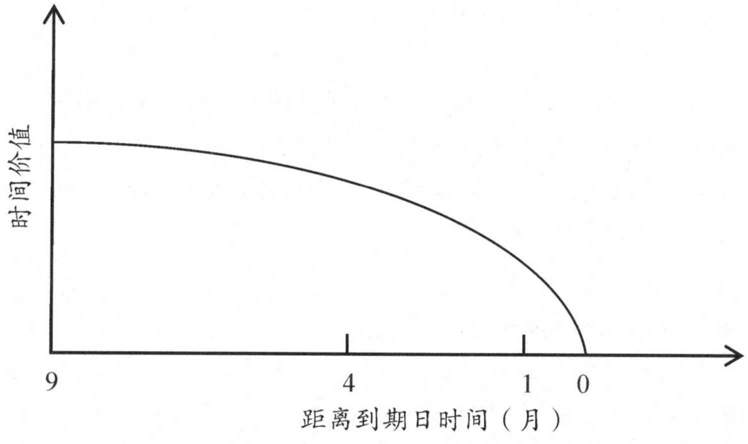

图 12-9　期权的时间价值

【例 12-10】2021 年 5 月 5 日，ABC 公司股票以 65.00 元 / 股的价格交易，其历史波动率为 30%。同时，以 12.50 元 / 股的价格购买 2022 年 1 月到期、行权价为 65.00 元 / 股的看涨期权；以 2.70 元 / 股的价格购买 2021 年 6 月到期、行权价为 65.00 元 / 股的看涨期权。计算以下不同股票价格情况下的损益。

· 情况 1：股票价格跌至 60.00 元 / 股

解答：

买入看涨期权大约价值为 8.40 元 / 股；到现在为止损失 =4.10 元 / 股

卖空看涨期权到期变得毫无意义；获利 2.70 元 / 股

没有执行

总头寸 =12.50+2.70−4.10=11.10 元 / 股 = 损失 1.40 元 / 股

· 情况 2：股票价格跌至 62.50 元 / 股

解答：

买入看涨期权大约价值为 9.80 元 / 股；到现在为止损失 =2.70 元 / 股

卖空看涨期权到期变得毫无意义；获利 2.70 元 / 股

没有执行

总头寸 =12.50+2.70−2.70=12.50 元 / 股 = 盈亏平衡

· 情况 3：股票价格保持在 65.00 元 / 股

解答：

买入看涨期权大约价值为 11.40 元 / 股；到现在为止损失 =1.10 元 / 股

卖空看涨期权到期变得毫无意义；获利 2.70 元 / 股

没有执行

总头寸 =12.50+2.70−1.10=14.10 元 / 股 = 盈利 1.60 元 / 股

· 情况 4：股票价格升至 70.00 元 / 股

解答：

买入看涨期权大约价值为 14.80 元 / 股；到现在为止获利 =2.30 元 / 股

卖空看涨期权到期成为 5.00 元 / 股的实值期权

步骤：售出买入的看涨期权；以当前市场价格购买股票并以行权价售出；以 65.00 元 / 股执行期权；以 70.00 元 / 股的价格购买股票

损失 =5.00 元 / 股

售出买入看涨期权获利 =2.30 元 / 股

获得卖空看涨期权的权利金 =2.70 元 / 股

行权的损失 =5.00 元 / 股

总头寸 =0.00 元 / 股

· 情况 5：股票价格升至 75.00 元 / 股

解答：

买入看涨期权大约价值为 18.35 元 / 股；到现在为止获利 =5.85 元 / 股

卖空看涨期权到期成为 10.00 元 / 股的实值期权

步骤：售出买入的看涨期权；以当前市场价格购买股票并以行权价售出；以 65.00 元 / 股执行期权；以 75.00 元 / 股的价格购买股票；以 65.00 元 / 股的价格卖出股票

损失 =10.00 元 / 股

售出买入看涨期权获利 =5.85 元 / 股
获得卖空看涨期权的权利金 =2.70 元 / 股
行权的损失 =10.00 元 / 股
总头寸损失 1.45 元 / 股

如果投资者期望获利，标的股票在临近到期日时未必非要恰好处于期权的定约价。实际上，在定约价上下范围内均能产生一定利润。这类头寸的风险来源于股票价格可能会大幅下跌或上涨，此时两个期权之间的跨度将会缩小，投资者利益因此受损。因为不存在同一定约价的两个套利之间的跨度缩小至零以下的情况，所以该套利的风险必然小于建立初始套利时所支付的债务数量加手续费。

水平套利综合分析如表 12-17 所示。

表 12-17　水平套利综合分析表

策略	购买一份到期日是长期的相同执行价格期权，同时售出一份短期看涨期权
使用范围	预计后期价格盘整
最大风险	有上限，风险随价格的不断上涨或下跌而变大，但不会超过最初的构建成本
最大收益	有上限，且在短期期权到期时，若价格位于行权价附近，则有收益出现
损益平衡点	无法定量，因为随着波动率、时间价值等因素的变化而变化

二、水平套利期权的优缺点

（一）优点

水平套利期权的优点在于以下几点：首先，初始投资不高，并且易于调整头寸组合。其次，由于构建水平套利是一种债务套利，其虽然在初始构建时支付了权利金，但这也意味着最大风险为权利金，风险被限定。最后，虽然构建时费用有限，但水平套利每月都可获得收入，其风险收益较为乐观[①]。如果期权的隐含波动率[②]上升，即期权价格发生跃升，但标的资产价格并未发生实际波动时，交易者在短期内可以从一定范围内变化的股票价格中盈利。

---

① COHEN G. The bible of options strategies [M] . FT prentice hall, 2005.

② BLACK F, SCHOLES M S. The pricing of options and corporate liabilities [J] . Journal of political economy, 1973, 81(3): 637–654.

（二）缺点

水平套利期权的缺点在于以下两点：一是，水平套利一般由相同行权价、不同到期日的期权组合而成，因此无论到期日是否临近，期权头寸在刚构建时为同实值或虚值期权。因此，除因为时间而损耗价值外，水平套利其实也是交易隐含波动率行为的一种。二是，期权隐含波动率高，市场流传的消息没有成为现实时，较远到期期权的价格将极为活跃，从而使投资者获得收益。若消息成为现实，较远到期期权的隐含波动率急剧减小，将促使期权价格应势下跌，该套利的头寸也随之遭受亏损。若股票价格上涨，上升趋势有上限；若股票价格上涨显著，则可能会因为上升趋势而产生亏损。

第五节　跨式套利策略

一、买入跨式套利期权

（一）买入跨式套利期权的概念

买入跨式（下跨式）套利是指买入一份看跌期权，同时买入一份到期日、行权价都相同的看涨期权。投资者在市场大幅上涨或下跌时均能从中盈利，最大亏损是支付的权利金，但最大利润没有上限。

买入跨式套利的构建情形是预期未来标的股票价格将有一段时期的大幅波动。因此，买入看涨期权和看跌期权就可从中盈利。若股价在到期日时大幅上涨，看涨期权盈利；若股价在到期日时大幅下跌，看跌期权盈利。因此，不是预计股价只是单向上涨或下跌，而是只要股价上下波动较大幅度，即可获利。然而，若股价变动不大或保持稳定，投资者则会损失买入看涨期权及看跌期权的权利金。表 12–18 是买入跨式套利期权收益表，图 12–10 是买入跨式套利期权收益。

表 12–18　买入跨式套利期权收益表

构建成本	所有期权的权利金
最大损失	支付的净期权费
最大利润	没有上限
向下盈亏平衡点	期权行权价 – 净期权费
向上盈亏平衡点	期权行权价 + 净期权费

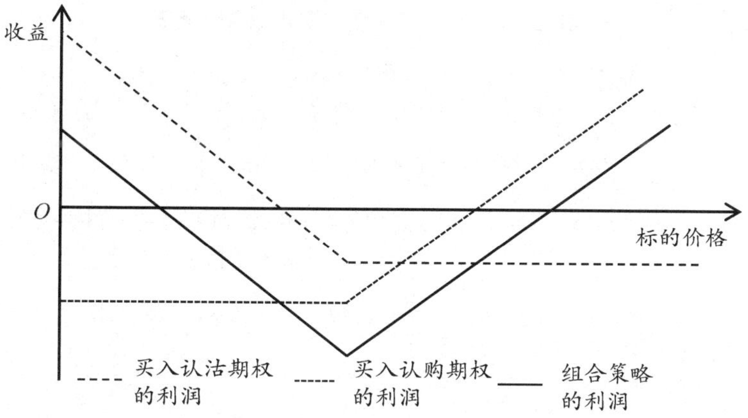

图 12–10　买入跨式套利期权收益

范例程序 12–3：买入跨式套利期权

```
#买入跨式套利期权
s=25
x=30
r=0.05
t=1
v=0.1
st =np.linspace(1,50,500)
ca,pa=blsprice(s,x,r,t,v)
aa=np.zeros((2,len(st-ka)))
aa[0]=st-x
bb=np.zeros((2,len(st-ka)))
bb[0]=x-st
Profit_1=np.max(aa,0)-ca
Profit_2=np.max(bb,0)-pa
Profit=Profit_1+Profit_2
plt.figure()
plt.plot(st,Profit_1,'k--')
plt.plot(st,Profit_2,'k--')
plt.plot(st,Profit,'k')
plt.title('买入跨式套利期权（s=25）')
plt.xlabel('标的价格')
plt.ylabel('收益')
plt.show()
```

如果难以预测市场涨跌变化，且市场波动性逐步增强，投资者能选择买入跨式套利期权规避风险而获取收益。买入跨式套利期权收益如表 12–18 所示。投资者首先买入一个认沽期权，同时买入一个到期日、行权价都相同的认购期权，当市场大幅涨跌时都能从中获利，潜在最大亏损是支付的权利金，潜在最大利润无上限。时间耗损对该策略是不利的，投资者持有买入跨式套利期权的风险随到期日临近而增大。

买入跨式套利期权综合分析如表 12–19 所示。

表 12-19　买入跨式套利期权综合分析表

使用范围	当交易者坚信资产价格会有大幅度波动，且不能确定方向时；波动性越大，对期权头寸越有利；只要预计价格波动会超过（低于）高（低）平衡点
最大风险	所支付的全部权利金。时间越长，越不利于头寸
最大收益	收益随价格上涨而增加（收益 = 标的价格 - 执行价格 - 权利金）；收益随价格下跌也增加（收益 = 执行价格 - 标的价格 - 权利金）
损益平衡点	较高的损益平衡点 = 执行价格 + 总权利金；较低的损益平衡点 = 执行价格 - 总权利金

【例 12-11】假设股票 A 的当前价格是 34 元 / 股，买入开仓 1 月份到期执行价格为 34 元 / 股的看涨期权，同时买入开仓同等数量 1 月份到期执行价格为 34 元 / 股的看跌期权，如此就算是构建了买入跨式套利期权策略。策略构建时的操作如表 12-20 所示：

表 12-20　买入跨式套利期权策略构建

操作	类型	执行价格（元 / 股）	到期月份	数量（手）	期权价格（元 / 股）
买入开仓	看涨期权	34	1	1	2.20
买入开仓	看跌期权	34	1	1	2.00

计算该策略的最大损失、损益平衡点，以及到期时股票价格分别涨至 40 元 / 股或跌至 26 元 / 股时的收益。

解：

该策略的最大损失 = 付出的权利金 =4.2 元 / 股，仅当股票价格还维持在 34 元 / 股不动的时候发生。

较高的损益平衡点 = 执行价格 + 付出的权利金 =34.0+4.2=38.20 元 / 股。

较低的损益平衡点 = 执行价格 − 付出的权利金 =34.0−4.2=29.80 元 / 股。

假设到期时股票价格涨到 40 元 / 股，则该策略的收益是 40−34−4.2=1.8 元 / 股。

假设到期时股票价格跌至 26 元 / 股，则该策略的收益是 34−26−4.2=3.8 元 / 股。

（二）买入跨式套利期权的损益说明

买入跨式组合与卖出跨式组合正相反，由买入一手某一行权价的买权，同时买入一手相同行权价的卖权组成。当期货价格位于两行权价之间时，投资者亏损支付的权利金；当期货价格在两个损益平衡点之外时，获得的利润逐渐增加。

1. 投资损益

当期货价格 < 行权价时，投资损益 = 行权价 − 期货价格 − 总权利金

当期货价格 > 行权价时，投资损益 = 期货价格 − 行权价 − 总权利金

2. 投资损益平衡点

较低损益平衡点 = 行权价 − 收获的总权利金

较高损益平衡点 = 行权价 + 收获的总权利金

3. 使用时机

即将公布重大消息或期货面临关键价格，预期未来市场即将展开大行情，但无法明确多空方向。

（三）买入跨式套利期权的交易技巧

该策略选择的股票和期权都要具有充足的流动性，股票价格需要选择合适的价格范围，投资者持有的期权最好距离到期日 3 个月以上，如果股票的价格没有明确的变动，投资者最好在距离到期日一个月的时候出售头寸。认购和认沽期权最好选择平价。

（四）买入跨式套利期权的优缺点

1. 优点

买入跨式套利期权的优点：其一是无论行情是大涨还是大跌，都有可能盈利；其二是不用花时间分析方向；其三是潜在的最大盈利无限，潜在损失有限；其四是如果在策略构建时波动率较低，弱波动率上升，则有可能买入的看涨与看跌期权都会盈利。

2. 缺点

买入跨式套利期权的缺点：其一是该策略需要付出的交易手续费不少，在构建之初要付出较多的权利金；其二是该策略较高和较低两个损益平衡点有可能相隔很远，需要标的资产价格上涨较大幅度才能达到损益平衡点；其三是需要一段时间确定套利收益，由于时间价值的存在，组合价值随着到期日临近在不断衰减，因此每天都存在成本损耗；其四是如果隐含波动率下降，无论标的资产价格波动与否，该头寸都有可能亏钱。

二、卖出跨式套利期权

（一）卖出跨式套利期权的概念

卖出跨式（上跨式）套利是以相同的执行价格、月份和标的同时卖出看涨期权和看跌期权，它适用于预期未来标的股价处于稳定的格局。若正如预期，卖出跨式即可赚取看涨期权及看跌期权的权利金收入。但若股价不但不稳定，而且有大幅度、下震

荡的格局，则上跨式会产生很大的损失。图 12–11 为卖出跨式套利期权收益。

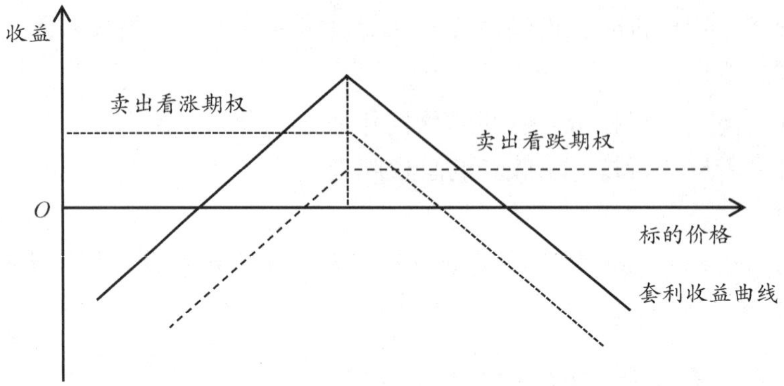

图 12–11　卖出跨式套利期权收益

范例程序 12–4：卖出跨式套利期权

```
#卖出跨式套利期权
s=25
x=30
r=0.05
t=1
v=0.1
st =np.linspace(1,50,500)
ca,pa=blsprice(s,x,r,t,v)
aa=np.zeros((2,len(st-ka)))
aa[0]=st-x
bb=np.zeros((2,len(st-ka)))
bb[0]=x-st
Profit_1=ca-np.max(aa,0)
Profit_2=pa-np.max(bb,0)
Profit=Profit_1+Profit_2
plt.figure()
plt.plot(st,Profit_1,'k--')
plt.plot(st,Profit_2,'k--')
plt.plot(st,Profit,'k')
plt.title('卖出跨式套利期权（s=25）')
plt.xlabel('标的价格')
plt.ylabel('收益')
plt.show()
```

盈利：$C-\max\left(0,S_T-X\right)+P-\max\left(0,X-S_T\right)$

卖出跨式套利期权盈利情况如表 12–21 所示。

表 12–21　卖出跨式套利期权盈利表

价格区间	看涨期权空头收益	看跌期权空头收益	总收益
$S_T \geqslant X$	$X - S_T + C$	P	$X - S_T + (C + P)$
$S_T < X$	C	$S_T - X + P$	$S_T - X + (C + P)$

【例 12–12】假设股票 A 的当前价格是 34 元 / 股，卖出开仓 1 月份到期执行价格为 34 元 / 股的看涨期权，同时卖出开仓同等数量 1 月份到期执行价格 34 元 / 股的看跌期权，如此就算是构建了卖出跨式套利期权策略。策略构建时的操作如表 12–22 所示：

表 12–22　卖出跨式套利期权策略构建

操作	类型	执行价格（元 / 股）	到期月份	数量（手）	期权价格（元 / 股）
买入开仓	看涨期权	34	1	1	2.20
买入开仓	看跌期权	34	1	1	2.00

计算该策略的最大收益、损益平衡点，以及到期时股票价格分别涨到 36 元 / 股或跌至 30 元 / 股时的收益。

解：

该策略的最大收益 = 收到的权利金 =4.2 元 / 股，仅当股票价格还维持在 34 元 / 股不动的时候发生。

较高的损益平衡点 = 执行价格 + 收到的权利金 =34.0+4.2=38.20 元 / 股。

较低的损益平衡点 = 执行价格 – 收到的权利金 =34.0–4.2=29.80 元 / 股。

假设到期时股票价格涨到 36 元 / 股，则该策略的收益是 4.2–（36–34）=2.2 元 / 股。

假设到期时股票价格跌至 30 元 / 股，则该策略的收益是 4.2–（34–30）=0.2 元 / 股。

卖出跨式套利期权综合分析如表 12–23 所示。

表 12–23　卖出跨式套利期权综合分析表

使用范围	交易者自信资产价格在期权到期之前仅会小幅变动，甚至没有变动；价格上升或下跌的幅度收窄；市场波动率下跌，市况日趋盘整，价位波幅收窄
最大风险	随着价格的持续上涨或下跌，价格增大不多
最大收益	所收取的全部看涨期权的权利金
损益平衡点	较高的损益平衡点 = 执行价格 + 总权利金；较低的损益平衡点 = 执行价格 – 总权利金

（二）卖出跨式套利期权的损益说明

卖出跨式组合由卖出一手某一行权价的买权，同时卖出一手相同行权价的卖权组成。该策略的动机在于：投资者预期市场走势波动不大时，能通过卖出期权获取权利金，而当市场价格振幅较大时，投资者将可能遭受亏损。

1. 投资损益

当期货价格 < 行权价时，投资损益 = 总权利金 + 期货价格 – 行权价

当期货价格 > 行权价时，投资损益 = 总权利金 + 行权价 – 期货价格

2. 投资损益平衡点

较低损益平衡点 = 行权价 – 收获的总权利金

较高损益平衡点 = 行权价 + 收获的总权利金

当期货价格在这两个损益平衡点之间时，投资者盈利，最大利润为两个权利金之和；当期货价格处两个损益平衡点之外时，投资者面临亏损。

3. 使用时机

期货趋势处于上有压力和下有支撑的情形，或者预期未来价格在较窄的幅度范围内波动。

（三）卖出跨式套利期权的优缺点

1. 优点

卖出跨式套利期权的优点在于，一方面，在标的资产价格不动时可以盈利，即便标的资产价格小幅上涨或小幅下跌，只要不突破损益平衡点，该策略就可以盈利；另一方面，该策略是贷方策略，构建该策略时除了占用保证金，并不需要其他成本。

2. 缺点

卖出跨式套利期权的缺点在于，首先，相比仅卖出看涨期权或仅卖出看跌期权，该策略需要付出更多的交易手续费，同时还会占用比较多的保证金。其次，该策略的潜在损失没有底线，但潜在最大收益最高为所收到的权利金。

第六节　宽跨式套利策略

一、宽跨式套利的概念

宽跨式套利也称为“异价对敲、勒式期权组合”，是投资者同时买入或卖出相同标的和到期日、不同行权价的看涨期权和看跌期权。相比跨式套利，宽跨式套利的成本更低，但它在股票价格波动幅度较大时才能获利或损益平衡。宽跨式套利可分为买入宽跨式套利与卖出宽跨式套利，区别是投资者买卖方向不同。

二、买入宽跨式套利期权

（一）买入宽跨式套利期权的概念

买入宽跨式套利期权组合策略由一份买入虚值看跌期权，以及一份买入相同到期日的虚值看涨期权组成，其期权组合的费用更低，相应的潜在回报率更高。时间耗损不利于投资者通过构建勒式期权获利，随着临近到期日，投资者承担的风险会逐渐加大。在距离到期日一个月左右的时间内，时间耗损得最快。买入宽跨式套利期权收益如图12–12所示。

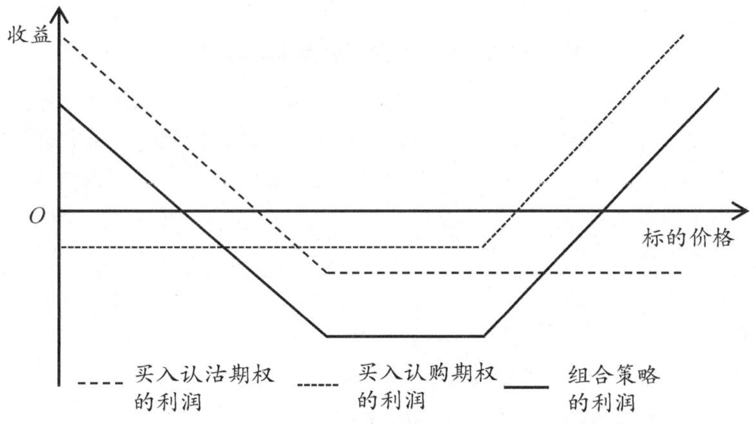

图 12–12　买入宽跨式套利期权收益

范例程序 12-5：买入宽跨式套利期权

```
#买入宽跨式套利期权
s=5
xa=20
xb=30
r=0.05
t=1
v=0.1
st =np.linspace(1,50,500)
ca,pa=blsprice(s,xa,r,t,v)
cb,pb=blsprice(s,xb,r,t,v)
aa=np.zeros((2,len(st-ka)))
aa[0]=st-xb
bb=np.zeros((2,len(st-ka)))
bb[0]=xa-st
Profit_1=np.max(aa,0)-cb
Profit_2=np.max(bb,0)-pa
Profit=Profit_1+Profit_2
plt.figure()
plt.plot(st,Profit_1,'k--')
plt.plot(st,Profit_2,'k--')
plt.plot(st,Profit,'k')
plt.title('买入宽跨式套利期权(s=5)')
plt.xlabel('标的价格')
plt.ylabel('收益')
plt.show()
```

买入宽跨式套利期权收益如表 12–24 所示。

表 12-24　买入宽跨式套利期权收益表

构建成本	所有期权权利金
最大损失	有限，构建时所付出的净期权费
最大利润	无上限
向下盈亏平衡点	较低的行权价 – 净期权费
向上盈亏平衡点	较高的行权价 + 净期权费

收益：$\max\left(0, X_1 - S_T\right) - P + \max\left(0, S_T - X_1\right) - C$

按以下三种情况分析：（ $X_1 < X_2$ ）

（1） $S_T \leqslant X_1 < X_2$ ，收益：$X_1 - S_T - P - C$

（2） $X_1 < S_T \leqslant X_2$ ，收益：$-P - C$

（3） $X_1 < S_T < X_2$ ，收益：$S_T - X_2 - P - C$

买入宽跨式套利期权综合分析如表 12–25 所示。

表 12-25　买入宽跨式套利期权综合分析表

使用范围	若交易者预计标的价格会有较大的变动，但无法确定方向；市场波动率上升
最大风险	构建时付出的全部权利金
最大收益	价格显著上行或下行均能受益。若标的资产价格上行时，收益 = 标的资产价格 − 较高的执行价 − 权利金；若标的资产价格下行时，收益 = 较低的执行价格 − 标的资产价格 − 权利金
损益平衡点	较高的损益平衡点 = 较高的执行价 + 权利金；较低的损益平衡点 = 较低的执行价 − 权利金

【例 12−13】假设 ABC 公司股票的当前价格是 34 元 / 股，买入开仓 1 月份到期执行价为 35 元 / 股的看涨期权，同时买入开仓同等数量 1 月份到期执行价格 33 元 / 股的看跌期权，如此就算是构建了买入宽跨式套利期权策略。策略构建时的操作如表 12−26 所示：

表 12-26　买入宽跨式套利期权策略构建

操作	类型	执行价格（元 / 股）	到期月份	数量（手）	期权价格（元 / 股）
买入开仓	看涨期权	35	1	1	0.80
买入开仓	看跌期权	33	1	1	0.75

计算该策略的潜在最大损失、损益平衡点，以及到期时股票价格分别涨到 40 元 / 股和跌至 26 元 / 股时的收益。

解：

该策略的潜在最大损失 = 付出的权利金 =1.55 元 / 股，仅当股票价格还维持在 33 元 / 股至 35 元 / 股的时候发生。

假设到期时股票价格涨到 40 元 / 股，则该策略的收益是 40−35−1.55=3.45 元 / 股。

假设到期时股票价格跌至 26 元 / 股，则该策略的收益是 33−26−1.55=5.45 元 / 股。

较高的损益平衡点 = 看涨期权的执行价格 + 付出的权利金 =35+1.55=36.55 元 / 股。

较低的损益平衡点 = 看跌期权的执行价格 − 付出的权利金 =33−1.55=31.45 元 / 股。

（二）买入宽跨式套利期权的损益说明

买入宽跨式组合由买入一手较低行权价的卖权，同时买入一手较高行权价的买权组成，其动机与买入跨式组合类似，投资者预期在期权到期时标的资产价格将处于两个行权价之外。

1. 投资损益

当期货价格 < 较低行权价时，投资损益 = 较低行权价 − 期货价格 − 总权利金

当期货价格 > 较高行权价时，投资损益 = 期货价格 − 较高行权价 − 总权利金

2. 投资损益平衡点

损益平衡点 = 卖权行权价 − 收获的总权利金

损益平衡点 = 买权行权价 + 收获的总权利金

3. 使用时机

同买入跨式组合。

以上交易策略演示了如何从波动率的预测中获取利润。重要的是，识别一个隐含波动率的高低不仅需关注隐含波动率值，还可将其与历史波动率相比较，观察是否存在良好的历史性规律，若隐含波动率没有偏离历史规律区域，则值得投资者把握机会。

（三）买入宽跨式套利期权的交易技巧

投资者买入宽跨式套利期权的股票需要具有充足的流动性，股票价格要在合适的范围内。投资者最好选择距离到期日三个月以上的期权，在距离到期日一个月的时候最好售出平仓。期权也要具有良好的流动性，看跌期权的行权价要低于当前股票价格，看涨期权的行权价要高于当前的股票价格。

（四）买入宽跨式套利期权的优缺点

1. 优点

买入宽跨式套利期权的优点：首先，无论行情涨跌，投资者都有盈利的可能，而且潜在的最大利润无上限，但潜在亏损有下限。若在策略构建时波动率较低，且波动率上升，则投资者买入的看涨与看跌期权可能都会盈利。在成本方面，该策略比传统的买入跨式策略的更低，且更节省时间，不用费尽心思去判断方向。其次，在策略已经盈利的前提下，标的资产价格发生同等幅度波动，该策略的利润率要比传统的买入跨式策略高。因此该策略所买入的看涨或看跌期权都是虚值，头寸时间价值的损耗速度也要慢于传统的跨式策略。

2. 缺点

买入宽跨式套利期权的缺点：相比只买入看涨或只买入看跌，该策略需要付出的交易手续费要多一些。同时，该策略的较高和较低两个损益平衡点有可能相隔很远，需要标的资产价格上涨较高程度才能达到损益平衡点。即便标的资产价格上涨或下跌，如果不能突破损益平衡点，该策略还是会亏钱。如果隐含波动率下降，无论标的资产价格波动与否，该头寸都有可能亏钱。

二、卖出宽跨式套利期权

（一）卖出宽跨式套利期权的概念

卖出宽跨式套利期权是以较高行权价卖出看涨期权，并以较低行权价卖出看跌期权。它是卖出跨式策略的孪生策略，还可理解为把“买入宽跨式套利期权”完全反过来。卖出宽跨式套利期权相当于我们把一个买入宽跨式套利期权卖给交易对手，当行情大幅向上或向下时，交易对手会盈利，我们会亏损；当行情横盘不动时，交易对手会亏损，我们会盈利。我们的盈利可以理解为来自交易对手为“买入宽跨式套利期权”所付出的权利金。从收益风险特征来看，卖出宽跨式套利期权与买入宽跨式套利期权也正好相反。该策略的收益见图 12–13。

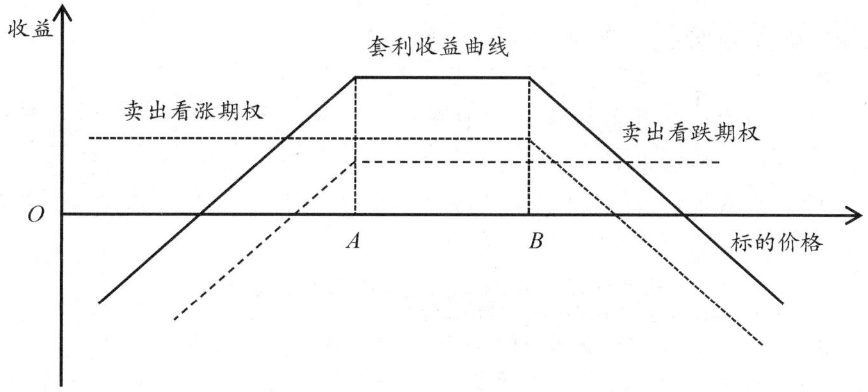

图 12–13　卖出宽跨式套利期权收益

范例程序 12–6：卖出宽跨式套利期权

```
#卖出宽跨式套利期权
s=5
xa=20
xb=30
r=0.05
t=1
v=0.1
st =np.linspace(1,50,500)
ca,pa=blsprice(s,xa,r,t,v)
cb,pb=blsprice(s,xb,r,t,v)
aa=np.zeros((2,len(st-ka)))
aa[0]=st-xb
```

```
bb=np.zeros((2,len(st-ka)))
bb[0]=xa-st
Profit_1=cb-np.max(aa,0)
Profit_2=pa-np.max(bb,0)
Profit=Profit_1+Profit_2
plt.figure()
plt.plot(st,Profit_1,'k--')
plt.plot(st,Profit_2,'k--')
plt.plot(st,Profit,'k')
plt.title('卖出宽跨式套利期权(s=5)')
plt.xlabel('标的价格')
plt.ylabel('收益')
plt.show()
```

收益：$-\max\left(0,S_T-X_1\right)+C-\max\left(0,X_2-S_T\right)+P$

三种情况分析：（ $X_1>X_2$ ）

（1） $X_T\leqslant X_1<X_2$，收益：$C+P-X_2+S_T$

（2） $X_1<S_T\leqslant X_2$，收益：X_1-X_2+C+P

（3） $X_1<X_2<S_T$，收益：$-S_T+X_1+P+C$

卖出宽跨式套利期权综合分析如表 12–27 所示。

表 12–27　卖出宽跨式套利期权综合分析表

使用范围	首先，若交易者自信资产价格会小幅变动，甚至没有变动。其次，价格上升或下跌的幅度收窄；市场波动率下跌。市况日趋盘整，价位波幅收窄
最大风险	若标的资产价格上行时，期权买方有权执行看涨期权，卖方损失 = 执行价格 – 标的价格 + 权利金；若标的资产价格下行时，期权买方有权执行看跌期权，卖方损失 = 标的价格 – 执行价格 + 权利金
最大收益	所收取的全部权利金
损益平衡点	较高的损益平衡点 = 执行价格 + 总权利金；较低的损益平衡点 = 执行价格 – 总权利金

【例 12–14】假设股票 A 的当前价格是 34 元 / 股，卖出开仓 1 月份到期执行价格为 35 元 / 股的看涨期权，同时卖出开仓同等数量 1 月份到期执行价格 33 元 / 股的看跌期权，如此就算是构建了卖出宽跨式套利期权策略。策略构建时的操作如表 12–28 所示：

表 12-28 卖出宽跨式套利期权策略构建

操作	类型	执行价格（元 / 股）	到期月份	数量（手）	期权价格（元 / 股）
买入开仓	看涨期权	35	1	1	0.80
买入开仓	看跌期权	33	1	1	0.75

试分析该期权策略的潜在最大收益，以及到期股票价格分别为 36 元 / 股、32 元 / 股、40 元 / 股和 25 元 / 股时的策略收益、损益平衡点。

解：

该策略的潜在最大收益 = 收到的权利金 =1.55 元 / 股，仅当股票价格还维持在 33 元 / 股至 35 元 / 股区间的时候发生。

假设到期时股票价格涨到 36 元 / 股，则该策略的收益是 1.55−（36−35）=0.55 元 / 股。

假设到期时股票价格跌至 32 元 / 股，则该策略的收益是 1.55−（33−32）=0.55 元 / 股。

假设到期时股票价格涨到 40 元 / 股，则该策略的收益是 1.55−（40−35）=−3.45 元 / 股。

假设到期时股票价格跌至 25 元 / 股，则该策略的收益是 1.55−（33−25）=−6.45 元 / 股。

较高的损益平衡点 = 看涨期权的执行价格 + 收到的权利金 =35+1.55=36.55 元 / 股。

较低的损益平衡点 = 看跌期权的执行价格 − 收到的权利金 =33−1.55=31.45 元 / 股。

（二）卖出宽跨式套利期权的损益说明

卖出宽跨式组合由卖出一手执行价格高的买权，同时卖出一手执行价格低的卖权组成。使用时机与卖出跨式套利期权相同，但获利区间稍大。

1. 投资损益

当期货价格 < 较低的行权价时，投资损益 = 总权利金 + 期货价格 − 较低的行权价

当期货价格 > 较高的行权价时，投资损益 = 总权利金 + 较高的行权价 − 期货价格

2. 投资损益平衡点

较低的损益平衡点 = 卖权行权价 − 收获的总权利金

较高的损益平衡点 = 买权行权价 + 收获的总权利金

3. 使用时机

与卖出跨式套利期权类似，该策略适用于期货走势处于上有压力和下有支撑的情形，或者预期未来股票价格将会在较窄的范围内上下波动。

（三）卖出宽跨式套利期权的优缺点

1. 优点

卖出宽跨式套利期权的优点：作为贷方策略，在策略构建之初就收到了权利金。在标的资产价格不动时可以盈利，即便标的资产价格小幅上涨或小幅下跌，只要不突破损益平衡点，该策略就可以盈利。相比卖出跨式套利期权，该策略的两个损益平衡点间距较大，说明胜算较大。若在策略构建开始时，交易者在隐含波动率较高的情况下，甚至能从其下降的过程中获利。

2. 缺点

卖出宽跨式套利期权的缺点：相比卖出跨式套利期权，该策略在构建之初就收到的权利金较少。卖出宽跨式套利期权的潜在亏损无限，如果标的资产价格朝一个方向大幅波动，则该策略有可能遭受重大损失。在成本上，该策略会占用比较多的保证金。

第七节　蝶式套利策略

一、蝶式套利的概念

蝶式期权组合（Butterfly Spread）策略适用于振荡市场情形，当市场变化趋势不明显时，股价涨或跌对投资者而言均不利，反而横盘能盈利最多。因此，投资者选择该策略可以获利。蝶式期权组合相对复杂，一般情况下由四个期权组成，可分别选用买入看涨期权和买入看跌期权来构建。本节主要介绍通过买入看涨期权和卖出看涨期权来构建蝶式期权组合，买入看跌期权的构建方式与其相似。

蝶式套利策略是由三种具有相同标的和到期期限、不同执行价格的期权合约组成，因为形状像蝴蝶的翅膀一样对称于身体两侧，因此称为蝶式套利。在期货套利中的三个合约分别是远期合约、更远期合约以及近期合约，分别对应于中间、远端和近端。蝶式套利期权又可分为买入蝶式套利期权与卖出蝶式套利期权两类，其区别是投资方向不同。

二、买入蝶式套利期权

（一）买入蝶式套利期权的概念

买入蝶式套利期权是一种中级策略，可以从一定范围内波动的股票价格中盈利。事实上，它是牛市看跌价差期权和熊市看涨价差期权的组合。由于较高行权价的看跌期权和较低行权价的看涨期权具有相同的行权价，从损益图上看是蝴蝶的形状[①]，由此被称为蝶式套利期权。一般而言，交易者在买入蝶式套利期权时，首先会在支持价位下交易牛市看跌价差期权，其次当股价反弹至远离阻力价位时，就能采用熊市看涨价差期权，从而构建买入蝶式套利期权。

买入蝶式套利期权有两种形式：一是，买入一份较低行权价的看涨期权，卖出两份中等行权价的看涨期权，再买入一份较高行权价的看涨期权；二是，买入一份较低行权价的看跌期权，卖出两份中等行权价的看跌期权，再买入一份较高行权价的看跌期权。在理想的情况下，股票价格会处在较高和较低的期权施加价之间，若股票价格位于中等价位的行权价时，期权到期，投资者可以获得最大盈利。所有的期权到期都会变得没有价值，投资者便可以维持策略的净权利金。该策略的净权利金能扩大损益平衡点的范围，也就是说，买入蝶式套利期权中的牛市看跌期权部分有利于熊市看涨期权，反之亦然。买入蝶式套利期权收益如图 12-14 所示。

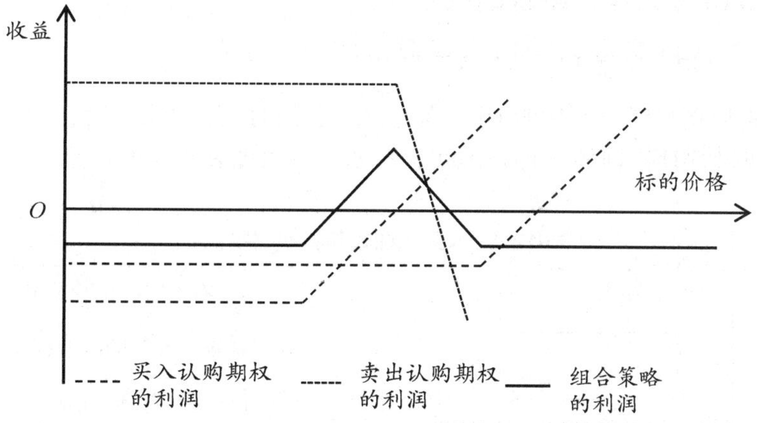

图 12-14　买入蝶式套利期权收益

① 王勇 . 期权交易 : 核心策略与技巧解析［M］. 北京：电子工业出版社 , 2015.

范例程序 12-7：买入蝶式套利期权

```
#买入蝶式套利期权
s=28
xa=20
xb=25
xc=30
r=0.05
t=1
v=0.1
st =np.linspace(1,50,500)
ca,pa=blsprice(s,xa,r,t,v)
cb,pb=blsprice(s,xb,r,t,v)
cc,pc=blsprice(s,xc,r,t,v)
aa=np.zeros((2,len(st-ka)))
aa[0]=st-xa
bb=np.zeros((2,len(st-ka)))
bb[0]=st-xb
c=np.zeros((2,len(st-ka)))
c[0]=st-xc
Profit_1=np.max(aa,0)-ca
Profit_2=2*cb-2*np.max(bb,0)
Profit_3=np.max(c,0)-cc
Profit=Profit_1+Profit_2+Profit_3
plt.figure()
plt.plot(st,Profit_1,'k--')
plt.plot(st,Profit_2,'k--')
plt.plot(st,Profit_3,'k--')
plt.plot(st,Profit,'k')
plt.title('买入蝶式套利期权(s=28)')
plt.xlabel('标的价格')
plt.ylabel('收益')
plt.show()
```

（二）买入蝶式套利期权的损益说明

当出现获利趋势时，时间耗损对该期权组合是有利的；当出现损失趋势时，时间耗损对该期权组合是不利的。买入蝶式套利期权收益如表 12-29 所示。

表 12-29　买入蝶式套利期权收益表

构建成本	有上限，期权权利金
最大损失	有限，支付的净期权权利金
最大利润	中间行权价 – 较低行权价 – 净期权费
向下盈亏平衡点	较低行权价 + 净期权费
向上盈亏平衡点	较高行权价 – 净期权费

【例 12–15】2021 年 5 月 17 日，A 公司股票以 40 元 / 股的价格交易。当日，某投资者以 5 元 / 股的价格买入 1 张 2022 年 6 月到期、行权价为 35 元 / 股的认购期权；再以 3 元 / 股的价格售出 2 张 2022 年 6 月到期、行权价为 40 元 / 股的认购期权；并且再以 1 元 / 股的价格购买 1 张 2022 年 6 月到期、行权价为 45 元的认购期权，期权

的合约单位均为 10000。

试计算该策略的损益情况，以及当到期日股价分别为 45 元 / 股和 40 元 / 股时的组合损益。

解：

该操作付出的净期权费是（5+1−5）×10000 = 10000 元。

最大损失：净期权费是（5+1−5）×10000 = 10000 元。

最大利润：相邻两个行权价的差额 − 净期权费 =（4−1）×10000 = 30000 元。

向下盈亏平衡点：较低行权价 + 净期权费 = 35+1=36 元 / 股。

向上盈亏平衡点：较高行权价 − 净期权费 = 45−1=44 元 / 股。

2022 年 6 月 23 日（到期日）A 公司股价涨到 45 元 / 股，投资者使用该组合的净损失为 10000 元。

2022 年 6 月 23 日（到期日）A 公司股价仍保持 40 元 / 股，投资者使用该组合净收益为 30000 元。

买入蝶式套利期权综合分析如表 12-30 所示。

表 12-30　买入蝶式套利期权综合分析表

使用范围	投资者自信标的价格不可能发生较大波动，预期市价将进入盘整局面，希望在一定市价范围内赚取时间价值及波动幅度值，但又想规避市价一旦超出预期的买卖范围而带来类似期货的风险
最大风险	净权利金
最大收益	中间执行价格 − 较低执行价格 − 净权利金
损益平衡点	较高的损益平衡点 = 中间执行价格 + 最大收益；较低的损益平衡点 = 中间执行价格 − 最大收益

（三）买入蝶式套利期权的交易技巧

买入蝶式套利期权的交易技巧：第一，投资者选择的股票需要具有较高的流动性，并且股票的价格能够在一定范围内变动。第二，投资者选择的期权流动性较高，且较高行权价与中等行权价之差等于中等行权价与较低行权价之差，中等行权价近乎平价，较低行权价还需要小于当前股票价格。第三，该策略作为短期策略，投资者不宜持有至到期日大于一个月。

（四）买入蝶式套利期权的优缺点

1. 优点

买入蝶式套利期权的优点：当向下风险较低且无成本时，投资者可以从一定变动范围的股票价格中盈利。获得一定量的潜在收益时，风险相对较小且存在损失上限。

2. 缺点

买入蝶式套利期权的缺点：若当期权行权价翼的范围较宽以及距离到期日较远时，投资者不能收获较高的潜在收益；此外，竞买与竞卖价差也会负向作用于交易的质量。

三、卖出蝶式套利期权

（一）卖出蝶式套利期权的概念

卖出看涨蝶式套利期权与买入看涨蝶式套利期权相反，是波动率策略中的一种。投资者并非普遍性使用卖出蝶式套利期权策略，究其原因，虽然投资者能收到净权利金，但该策略相比马鞍式期权和勒式期权获得的盈利较少，而对应的风险仅是稍微低一些。

卖出看涨蝶式套利期权包括一份具有较低施权价的卖出看涨期权、两份平价买入看涨期权和一份虚值卖出看涨期权，其中具体包含两类：卖出一份较低执行价格看涨期权，买入两份中执行价格看涨期权，再卖出一份较高行权价看涨期权；卖出一份较低行权价看跌期权，买入两份中等行权价看跌期权，再卖出一份较高行权价看跌期权。如果股票价格大幅变动，相应的头寸将能获利。问题在于收益是严格具有上限的且如果股票价格没有变化，潜在风险通常会使该收益缩水。

（二）卖出蝶式套利期权的损益说明

卖出蝶式套利期权的盈利：

$C_A-\max(0,\ S_T-X_A)+2\max(0,\ S_T-X_B)-2C_B+C_C-\max(0,\ S_T-X_C)$。

卖出蝶式套利期权收益如图 12-15 所示。

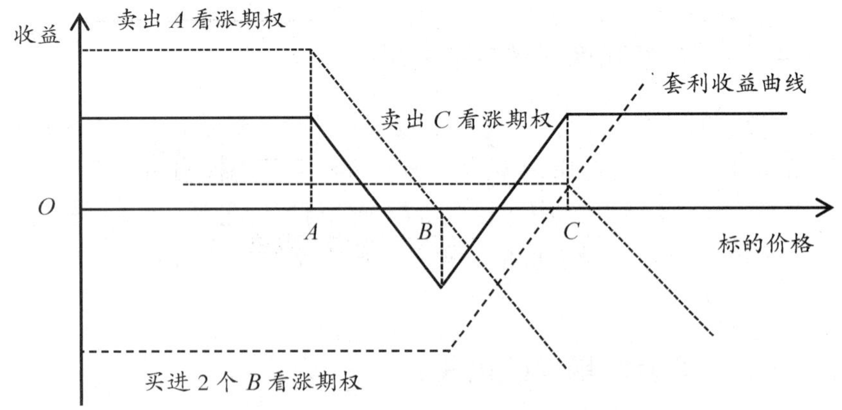

图 12-15　卖出蝶式套利期权收益

范例程序 12-8：卖出蝶式套利期权

```
#卖出蝶式套利期权
s=40
xa=20
xb=25
xc=30
r=0.05
t=1
v=0.1
st =np.linspace(1,50,500)
ca,pa=blsprice(s,xa,r,t,v)
cb,pb=blsprice(s,xb,r,t,v)
cc,pc=blsprice(s,xc,r,t,v)
aa=np.zeros((2,len(st-ka)))
aa[0]=st-xa
bb=np.zeros((2,len(st-ka)))
bb[0]=st-xb
c=np.zeros((2,len(st-ka)))
c[0]=st-xc
Profit_1=ca-np.max(aa,0)
Profit_2=2*np.max(bb,0)-2*cb
Profit_3=cc-np.max(c,0)
Profit=Profit_1+Profit_2+Profit_3
plt.figure()
plt.plot(st,Profit_1,'k--')
plt.plot(st,Profit_2,'k--')
plt.plot(st,Profit_3,'k--')
plt.plot(st,Profit,'k')
plt.title('卖出蝶式套利期权(s=40)')
plt.xlabel('标的价格')
plt.ylabel('收益')
plt.show()
```

卖出蝶式套利期权综合分析如表 12–31 所示。

表 12–31　卖出蝶式套利期权综合分析表

使用范围	投资者自信标的价格将会发生较大波动，预期标的结算价会在平衡点之外。投资者认为市价出现向上或向下突破，但又不想支付太多买入跨式套利期权的权利金，而且投资者决定无论市价上升或下跌，一旦价格到了某个水平便将策略平仓，因此，没必要保留市况无限上升或下跌的机会
最大风险	中等执行价格 – 较低执行价格 – 净权利金
最大收益	净权利金
损益平衡点	较高的损益平衡点 = 中等执行价格 + 最大风险；较低的损益平衡点 = 中等执行价格 – 最大风险

【例 12–16】假设股票 A 当前的价格是 33.57 元 / 股，由表 12–32 所示构建一个

卖出蝶式套利期权价差策略，试分析该期权策略下的净权利金、潜在最大收益和亏损、损益平衡点和盈利区间。

表 12-32　卖出蝶式套利期权策略构建

操作	类型	执行价格（元/股）	到期月份	数量（手）	期权价格（元/股）
卖出开仓	看涨期权	32	1	1	1.38
买入开仓	看跌期权	33	1	2	0.63
卖出开仓	看涨期权	34	1	1	0.06

解：

该策略收到的净权利金为（0.63−0.06）+（0.63−1.38）=−0.18 元/股；

潜在最大收益为 −0.18 元/股；

潜在最大亏损为 1−0.18=0.82 元/股；

较低的执行价格为 32 元/股，较低的损益平衡点为 32+0.18=32.18 元/股；

较高的执行价格为 34 元/股，较高的损益平衡点为 34−0.18=33.82 元/股；

32.18 元/股至 33.82 元/股是该策略的盈利区间，只要到期时标的价格在此区间，就可以结束盈利。

（三）卖出蝶式套利期权的交易技巧

卖出蝶式套利期权的交易技巧如下：第一，投资者选择的股票需要具有较高的流动性，并且股票的价格可以在一定范围内波动。第二，投资者选择的期权要具有较高的流动性，较低行权价需要低于当前股票价格，中间价位的行权价尽可能地接近平价，较高行权价与中间行权价的差额等于中间价位行权价与较低行权价的差额。第三，该策略为短期策略，长期持有不利于投资者盈利，应在到期日前一个月甚至更短时间内行权。

（四）卖出蝶式套利期权的优缺点

1. 优点

卖出蝶式套利期权的优点可总结为：投资者可以支付很低资本费用从在一定范围内变化的股票价格中盈利，且在股票价格大幅波动时，获得的潜在收益相对较高，同时面临风险具有最高上限。

2. 缺点

卖出蝶式套利期权的缺点可总结为：只有当行权价之间的差额较大、接近到期日时，才能获得较大的潜在盈利，而且潜在亏损远大于投资者所能获得的盈利。此外，竞买和竞卖价差会负向作用于交易质量。

第八节　飞鹰式套利策略

一、飞鹰式套利的概念

飞鹰式套利也叫秃鹰式套利，是指分别卖出（买入）一份两种不同执行价的期权，同时买入（卖出）一份较低和较高执行价格的期权。所有期权的到期日和执行价间距都相同。外围的期权就像飞鹰的翅膀，中间的两份卖出期权就像是飞鹰的身体[①]。飞鹰式套利与蝶式套利极其近似，区别就在于中间执行价期权合约的选择。

二、买入飞鹰式套利期权

（一）买入飞鹰式套利期权的概念

除了买入期权的两个中间价位施权价不相等以外，买入飞鹰式套利期权同买入蝶式套利期权相同。买入飞鹰式套利期权比较常用，因为该策略能够提供较合理的风险、收益率且成本较小。在高、低价位施权价时，买入期权能够保证在两个方向的风险都具有上限，同卖出勒式期权组合相比，这是一种非常保守的策略。

买入看涨飞鹰式套利期权包括一份具有较低行权价的买入看涨期权、一份较低中间价位的实值卖出看涨期权、一份较高中间价位的虚值看涨期权和一份具有较高行权价的虚值买入看涨期权。因此如果股票价格在一定范围内波动，相应的头寸将能获利。问题在于风险、收益率很吸引人，而且在该组合的风险中，获利区域比买入蝶式套利期权要大。该收益如图 12-16 所示。

---

① MULLANEY M. Complete guide to option strategies［M］. Wiley, 2009.

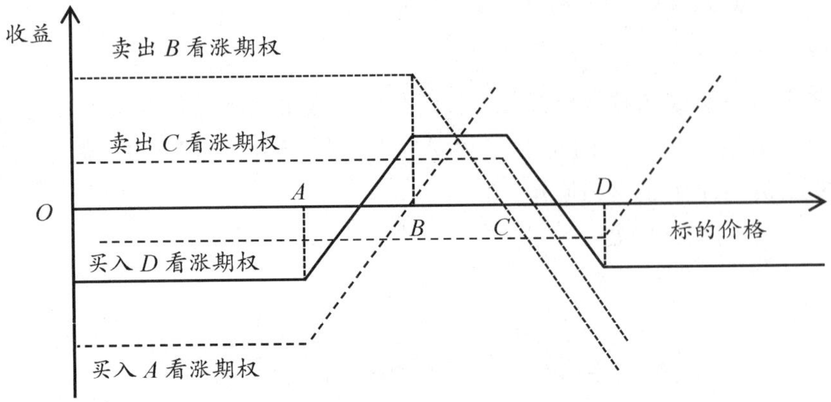

图 12-16　买入飞鹰式套利期权收益

范例程序 12-9：买入飞鹰式套利期权

```
#买入飞鹰式套利期权
s=18
xa=20
xb=25
xc=30
xd=35
r=0.05
t=1
v=0.1
st =np.linspace(1,50,500)
ca,pa=blsprice(s,xa,r,t,v)
cb,pb=blsprice(s,xb,r,t,v)
cc,pc=blsprice(s,xc,r,t,v)
cd,pd=blsprice(s,xd,r,t,v)
aa=np.zeros((2,len(st-ka)))
aa[0]=st-xa
bb=np.zeros((2,len(st-ka)))
bb[0]=st-xb
c=np.zeros((2,len(st-ka)))
c[0]=st-xc
dd=np.zeros((2,len(st-ka)))
dd[0]=st-xd
Profit_1=np.max(aa,0)-ca
Profit_2=cb-np.max(bb,0)
Profit_3=cc-np.max(c,0)
Profit_4=np.max(dd,0)-cd
Profit=Profit_1+Profit_2+Profit_3+Profit_4
plt.figure()
plt.plot(st,Profit_1,'k--')
plt.plot(st,Profit_2,'k--')
plt.plot(st,Profit_3,'k--')
plt.plot(st,Profit_4,'k--')
plt.plot(st,Profit,'k')
plt.title('买入飞鹰式套利期权(s=18)')
plt.xlabel('标的价格')
plt.ylabel('收益')
plt.show()
```

盈利：$C_A - \max(0, S_T - X_A) + \max(0, S_T - X_B) - C_B + \max(0, S_T - X_C) - C_C + C_D - \max(0, S_T - X_D)$。

买入飞鹰式套利期权盈利情况如表 12–33 所示。

表 12–33　买入飞鹰式套利期权盈利表

价格区间	看涨 1 空头收益	看涨 2 多头收益	看涨 3 多头收益	看涨 4 空头收益	总收益
$S_T \geqslant X_D$	$X_A - S_T + C_A$	$S_T - X_B - C_B$	$S_T - X_C - C_C$	$X_D - S_T - C_D$	$(C_A + C_D - C_B - C_C) - X_B - X_C + X_A + X_D$
$X_C < S_T < X_D$	$X_A - S_T + C_A$	$S_T - X_B - C_B$	$S_T - X_C - C_C$	C_D	$(C_A + C_D - C_B - C_c) + X_A - X_B - X_C + S_T$
$X_B < S_T < X_C$	$X_A - S_T + C_A$	$S_T - X_B - C_B$	$-C_C$	C_D	$(C_A + C_D - C_B - C_C) + X_A - X_B$
$X_A < S_T < X_B$	$X_A - S_T + C_A$	$-C_B$	$-C_C$	$-C_D$	$X_A - S_T + (C_A + C_D - C_B - C_C)$
$S_T \leqslant X_A$	C_A	$-C_B$	$-C_C$	$-C_D$	$(C_A + C_D - C_B - C_C)$

买入飞鹰式套利期权综合分析如表 12–34 所示。

表 12–34　买入飞鹰式套利期权综合分析表

使用范围	交易者预计标的资产价格在期权存续期内仅会在中低执行价格与中高执行价格之间波动，但不确定后市。时间价格会处于某个幅度内，但希望投资一个比蝶式更保守的组合，即扩大平衡点的价格范围，而损失则控制在一定水平之内
最大风险	净权利金
最大收益	若到期标的价格介于中低执行价与中高执行价之间，则：最大收益 = 中低执行价 – 低执行价 – 净权利金
损益平衡点	高平衡点 = 中执行价 + 最大收益；低平衡点 = 中执行价 – 最大收益

【例 12–17】假设股票 A 的当前价格是 33.57 元 / 股，由表 12–35 构建一个买入飞鹰式套利期权策略，试分析该期权策略下的净权利金、潜在最大收益和亏损、损益平衡点和盈利区间。

表 12-35 买入飞鹰式套利期权策略构建

操作	类型	执行价格（元 / 股）	到期月份	数量（手）	期权价格（元 / 股）
卖出开仓	看涨期权	35	1	1	0.60
买入开仓	看涨期权	34	1	1	1.20
卖出开仓	看跌期权	32	1	1	0.59
卖出开仓	看跌期权	33	1	1	0.86

解：

该策略收到的净权利金为（1.20−0.60）+（0.86−0.59）=0.87 元 / 股；

若到期时股票 A 的价格在 33 元 / 股至 34 元 / 股，该策略的所有 4 条腿都是虚值，则该策略取得其最大收益；

潜在最大收益为 0.87 元 / 股；

潜在最大亏损为 35−34−0.87=0.13 元 / 股；

看跌期权空头执行价格为 33 元 / 股，较低的损益平衡点为 33−0.87=32.13 元 / 股；

看涨期权空头执行价格为 34 元 / 股，较高的损益平衡点为 34+0.87=34.87 元 / 股；

32.13 元 / 股至 34.87 元 / 股是该策略的盈利区间，只要到期时标的价格在此区间，就可以结束盈利。

（二）买入飞鹰式套利期权的优缺点

1. 优点

买入飞鹰式套利期权的优点：在没有成本以及较低的向下风险情况下，能从一定变动范围的股票价格中获利。同潜在收益相比，风险较低且有上限。如果股票价格保持一定范围内，则具有相对较高的潜在收益。相比于宽跨式套利策略，飞鹰式套利策略具有风险有限的特点，而相比于蝶式套利策略，飞鹰式套利策略则扩大了平衡点间的价格范围，能获取更为稳定的收益，也相对较为保守。因此，飞鹰式套利策略通过不同行权价格期权的认购（认沽）组合，使得风险有限，收益有限，适合稳健保守型投资者。

2. 缺点

买入飞鹰式套利期权的缺点：只有当期权施权价翼的范围较窄时，才能获得较高的潜在收益。只有当接近到期日时，才会出现较高的潜在收益。竞买 / 竞卖价差会对交易的质量起负作用。

三、卖出飞鹰式套利期权

（一）卖出飞鹰式套利期权的概念

卖出飞鹰式套利期权同卖出蝶式套利期权相同，唯一的区别是里面两个中间价位的买入期权具有不同的施权价。卖出看涨飞鹰式套利期权与买入看涨飞鹰式套利期权相反，对它的使用并不是特别普遍，虽然该策略能产生净权利金，但风险相对于马鞍式期权和勒式期权略低一点，而对应的收益却少很多。

卖出看涨飞鹰式套利期权包括一份较低行权价的卖出看涨期权、一份较低中间价的虚值买入看涨期权、一份较高中间价的实值看涨期权和一份具有较高行权价的实值卖出看涨期权。因此，如果股票价格大幅波动，相应的头寸将能获利。问题在于收益是严格具有上限的，而且如果股票价格没有变化，潜在风险通常会使该收益缩水。

卖出飞鹰式套利期权收益如图 12–17 所示。

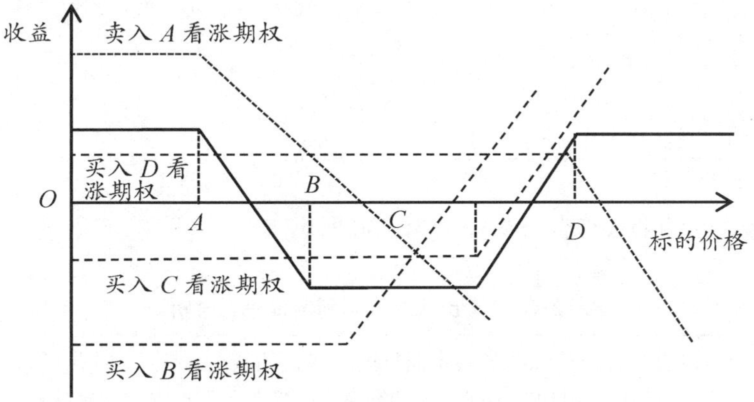

图 12–17　卖出飞鹰式套利期权收益

范例程序 12-10：卖出飞鹰式套利期权

```
#卖出飞鹰式套利期权
s=18
xa=20
xb=25
xc=30
xd=35
r=0.05
t=1
v=0.1
st =np.linspace(1,50,500)
ca,pa=blsprice(s,xa,r,t,v)
cb,pb=blsprice(s,xb,r,t,v)
cc,pc=blsprice(s,xc,r,t,v)
cd,pd=blsprice(s,xd,r,t,v)
aa=np.zeros((2,len(st-ka)))
aa[0]=st-xa
bb=np.zeros((2,len(st-ka)))
bb[0]=st-xb
c=np.zeros((2,len(st-ka)))
c[0]=st-xc
dd=np.zeros((2,len(st-ka)))
dd[0]=st-xd
Profit_1=ca-np.max(aa,0)
Profit_2=np.max(bb,0)-cb
Profit_3=np.max(c,0)-cc
Profit_4=cd-np.max(dd,0)
Profit=Profit_1+Profit_2+Profit_3+Profit_4
plt.figure()
plt.plot(st,Profit_1,'k--')
plt.plot(st,Profit_2,'k--')
plt.plot(st,Profit_3,'k--')
plt.plot(st,Profit_4,'k--')
plt.plot(st,Profit,'k')
plt.title('卖出飞鹰式套利期权(s=18)')
plt.xlabel('标的价格')
plt.ylabel('收益')
plt.show()
```

卖出飞鹰式套利期权综合分析如表 12–36 所示。

表 12–36　卖出飞鹰式套利期权综合分析表

使用范围	投资者预计标的价格到期日能小于低执行价或大于高执行价，同时对后市不确定。市场会出现向上或向下的突破，但投资者不想支付太高的蝶式组合权利金，因此愿意拉大平衡点距离，减少权利金支出
最大风险	若到期标的价格在中低执行价与中高执行价之间，则最大损失 = 中低执行价 – 较低执行价 – 净权利金
最大收益	净权利金
损益平衡点	较高的损益平衡点 = 较高执行价 – 净权利金；较低的损益平衡点 = 较低执行价 + 净权利金

【例 12-18】假设股票 A 的当前价格是 33.57 元 / 股，由表 12-37 构建一个卖出飞鹰式套利期权策略，试分析该期权策略下的净权利金、潜在最大收益和亏损、损益平衡点和盈利区间。

表 12-37　卖出飞鹰式套利期权策略构建

操作	类型	执行价格（元 / 股）	到期月份	数量（手）	期权价格（元 / 股）
卖出开仓	看涨期权	35	1	1	0.60
买入开仓	看涨期权	34	1	1	1.20
卖出开仓	看跌期权	32	1	1	0.59
买入开仓	看跌期权	33	1	1	0.86

解：

该策略收到的净权利金为（1.20−0.60）+（0.86−0.59）=0.87 元 / 股；

若到期时股票 A 的价格在 33 元 / 股至 34 元 / 股，该策略的所有 4 条腿都是虚值，该策略取得其最大收益；

潜在最大收益为 0.87 元 / 股；

潜在最大亏损为 34−33−0.87=0.13 元 / 股；

看跌期权多头执行价格为 33 元 / 股，较低的损益平衡点为 33−0.87=32.13 元 / 股；

看涨期权多头执行价格为 34 元 / 股，较高的损益平衡点为 34+0.87=34.87 元 / 股。

（二）卖出飞鹰式套利期权的优缺点

1. 优点

卖出飞鹰式套利期权的优点与买入飞鹰式套利期权的类似，在无成本和较低的向下风险情况下，投资者可以从一定幅度变动的股票价格中获取利润。与潜在利润相比，该期权风险较低且具有最高上限。若股票价格在一定范围内波动，则投资者获得较高的潜在利润。相比于宽跨式套利期权策略，飞鹰式套利期权策略具有风险有限的特点，而相比于蝶式套利期权策略，它扩大了平衡点间的价格范围，能获取更为稳定的收益，也相对较为保守。因此，飞鹰式套利期权策略通过不同行权价期权的认购（认沽）组合，使得风险和收益均有限，更适合稳健保守型投资者。

2. 缺点

卖出飞鹰式套利期权的缺点：投资者在当期权施权价翼的区域较宽时并不会获得较高的潜在利润；而且距离到期日较远时，也不会出现较高的潜在利润。竞买和竞卖价差也会负向影响交易质量。

【本章小结】

本章对四种基本的期权交易策略——买入看涨期权、卖出看涨期权、买入看跌期权、卖出看跌期权做了详细介绍，关于选择买入或卖出适当的看涨或看跌期权也有进一步的探讨。这四种基本的期权交易策略虽然较为简单，但它含有很多变化策略及风险特征，值得学习。此外，我们又介绍了更为高级复杂的期权交易策略：期权边界套利策略、垂直套利策略、水平套利策略、跨式套利策略、宽跨式套利策略、蝶式套利策略和飞鹰式套利策略，特别是对各交易策略的概念、交易技巧和优缺点进行详细介绍，最后对适用范围、最大损失、最大收益和损益平衡点做了综合分析。我们将期权套利的各种方法、使用范围和具体操作进行汇总，如表 12-38 所示。上述这些期权交易策略既是量化投资模型系统构建的重要组成部分，同时，也是投资者结合自身条件和对市场进行判断而经常采用的交易策略。

表 12-38　期权套利综合分析表

套利方法	使用范围	具体操作
牛市看涨期权垂直套利	预测价格将上涨到一定水平	买入一份较低执行价的看涨期权，同时卖出一份更高执行价的看涨期权
牛市看跌期权垂直套利	预测行情看涨	买入一份较低执行价看跌期权，同时卖出一份更高执行价看跌期权
熊市看涨期权垂直套利	预测行情看跌	卖出一份较低执行价看涨期权，同时买入一份较高执行价看涨期权
熊市看跌期权垂直套利	预期市场价格下跌到一定水平	卖出一份较低执行价看跌期权，同时买入一份较高执行价看跌期权
水平套利	预计后期价格盘整	卖出一份短期期权，同时买入一份相同执行价的长期期权
买入跨式套利	投资者预计会有显著的价格变动，波动性会增大，但后市方向不明确	以相同执行价同时买入看涨期权和看跌期权（月份和标的也相同）
卖出跨式套利	预计价格变动很小或没有变动	以相同执行价同时卖出看涨期权和看跌期权（月份和标的也相同）
买入宽跨式套利	①预测标的价格将有大的变动，但无法确定其方向；②市场波动率上升	以较低执行价买入看跌期权，并以较高执行价买入看涨期权
卖出宽跨式套利	预计价格会变动很小或没有变动	以较高执行价卖出看涨期权，并以较低执行价卖出看跌期权

（续上表）

套利方法	使用范围	具体操作
买入蝶式套利	预计标的价格不可能发生较大波动	①买入一份较低执行价看涨期权，卖出两份中等执行价的看涨期权，再买进一份较高执行价看涨期权；②买入一份较低执行价看跌期权，售出两份中等执行价看跌期权，再买入一份较高执行价看跌期权
卖出蝶式套利	标的价格可能发生较大波动	①卖出一份较低执行价看涨期权，买入两份中等执行价看涨期权，再卖出一份较高执行价看涨期权；②卖出一份较低执行价看跌期权，买入两份中等执行价看跌期权，再卖出一份较高执行价看跌期权
买入飞鹰式套利	投资者预计标的价格到期日在中低执行价与中高执行价之间，但对后市无把握	①买入一份较低执行价看涨期权，卖出一份中低执行价看涨期权，卖出一份中高执行价看涨期权，买入一份较高执行价看涨期权；②买入一份较低执行价看跌期权，卖出一份中低执行价看跌期权，卖出一份中高执行价看跌期权，买入一份较高执行价看跌期权

【课后习题】

1. 卖出跨式期权的风险真的很大吗?

2. 怎么降低买入看跌期权的成本?

3. 为什么牛市看涨期权价差策略取“牛市太极”这个名字?

4. 结合不同类型的策略操作，选择市场上多类期权做对冲策略设计，并模拟股价走势报告某一段时间内的收益情况。

5. 在未来 3 个月，下列 3 个不同标的股价上升幅度如下：ABC 目前股价为 80 元 / 股，上涨至 92 元 / 股；DEF 目前股价为 72 元 / 股，上涨至 80.64 元 / 股；GHI 目前股价为 45 元 / 股，上涨至 47.7 元 / 股。在不同标的目前价格下，3 个不同看涨期权的价格如下：标的 ABC 5 月期 80 看涨期权价格 =7（80= 行权价）；标的 DEF 5 月期 70 看涨期权价格 =6（70= 行权价）；标的 GHI 5 月期 50 看涨期权价格 =2（50= 行权价格）。计算未来 3 个月各看涨期权的收益率是多少，由此判断优先购买哪种看涨期权。

6. ABC 股票目前市值 50 元 / 股，其 7 月期 40 看涨期权价格 P_1=12；其 7 月期 50 看涨期权价格 P_2=6；其 7 月期 60 看涨期权价格 P_3=2。试构建一个蝶式价差策略，并计算构建成本、可获得最大利润。若到期时股价为 50 元 / 股，分析执行价分别为 40 元 / 股、50 元 / 股和 60 元 / 股的损益情况。

7. 小波动交易策略是指当预期标的资产价格横盘或窄幅波动时所采取的交易策略，无论行情是完全横盘不动，还是略微上涨或略微下跌，该策略都能盈利，但其潜在最大收益是有限的，小波动策略不可能拥有无限大的潜在收益。请列举一个小波动交易策略，说明其使用场景、构建策略技巧、损益平衡点和优缺点。

参考文献

[1] 陈创练，黄跃．股指期货与现货市场溢出效应及动态关系研究——基于中、美、日、香港等市场的实证分析［J］．宏观经济研究，2014(6).

[2] 陈学华，杨辉耀．VaR-APARCH 模型与证券投资风险量化分析［J］．中国管理科学，2003(1).

[3] 迟国泰，余方平，刘轶芳．基于 VaR 的期货最优套期保值模型及应用研究［J］．系统工程学报，2008(4).

[4] 迟国泰，赵光军，杨中原．基于 CVaR 的期货最优套期保值比率模型及应用［J］．系统管理学报，2009(1).

[5] 付胜华，檀向球．股指期货套期保值研究及其实证分析［J］．金融研究，2009(4).

[6] 龚锐，陈仲常，杨栋锐．GARCH 族模型计算中国股市在险价值 (VaR) 风险的比较研究与评述［J］．数量经济技术经济研究，2005(7).

[7] 卢米雪，鲁邦克，谭智．中国股指期货市场套期保值效果的实证研究［J］．宏观经济研究，2021(9).

[8] 王勇．期权交易：核心策略与技巧解析［M］．北京：电子工业出版社，2015.

[9] 约翰·赫尔．期权、期货及其他衍生产品［M］．北京：北京机械工业出版社，2009.

[10] 中国期货业协会．期货及衍生品基础：修订版［M］．北京：中国财政经济出版社，2017.

[11] ACHARYA V, ENGLE R & RICHARDSON M. Capital shortfall: a new approach to ranking and regulating systemic risks［J］. American economic review, 2012: 59–64.

[12] ADRIAN T MARKUS K. Brunnermeier CoVaR［J］. National bureau of economic research, 2011.

[13] ANDERSEN T G, BOLLERSLEV T & DIEBOLD F X. Parametric and nonparametric volatility measurement［J］. NBER working paper, 2002.

[14] ARROW K J. The role of securities in the optimal allocation of risk-bearing［J］. The review of economic studies, 1964, 31(2): 91–96.

[15] ARTZNER P. Coherent measures of risk［J］. Mathematical finance, 1999: 203–228.

[16] BARRETT W B, HEUSON A J & GOSNELL T F. Yield curve shifts and the selection of immunization strategies［J］. Journal of fixed income，1995(5): 53–64.

[17] BERNOULLI D. Exposition of a new theory on the measurement of risk［J］. Econometrica, 1738(22): 23–36.

[18] BHANSALI V. Bond portfolio investing and risk management［J］. McGraw-Hill education, 2010.

[19] BLACK F. Capital market equilibrium with restricted borrowing［J］. The journal of business, 1972, 45(3): 444–455.

[20] BOLLERSLEV T. Generalized autoregressive conditional heteroskedasticity［J］. Journal of

econometrics, 1986(31): 307–327.

[21] BOYD B, LOCKE P & SUN L. Trader networks and options risk management [J] . Journal of futures markets, 2020, 40(7).

[22] BURTON G MALKIEL. Expectations, bond prices, and the term structure of interest rates [J] . Quarterly journal of economics, 1962: 197–218.

[23] CHAN W H, MAHEU J M. Conditional jump dynamics in stock market returns [J] . Journal of business & economic statistics, 2002, 20(3): 377–389.

[24] CONRAD C, LOCH K. Anticipating long–term stock market volatility [J] . Journal of applied econometrics, 2015, 30(7): 394.

[25] COX J C, ROSS S A. The valuation of options for alternative stochastic processes [J] . Journal of financial economics, 1976, 3(1–2): 145–166.

[26] DAAL E, NAKA A & YU J S. Volatility clustering, leverage effects, and jump dynamics in the US and emerging asian equity markets [J] . Journal of banking & finance, 2007, 31(9): 2751–2769.

[27] DEBREU G. Theory of value: an axiomatic analysis of economic equilibrium [M] . Yale University Press, 1959: 17.

[28] DING Z X, GRANGER CW J & ENGLE R F. A long memory property of stock market returns and a new model [J] . Journal of empirical finance, 1993(1): 83–106.

[29] EDERINGTON L H. The hedging performance of the new futures markets [J] . The journal of finance, 1979, 34(1): 157–170.

[30] ENGLE R F. Autoregressive conditional heteroskedasticity with estimates of the variance of United Kingdom inflation [J] . Econometrica, 1982(50): 987–1008.

[31] ENGLE R F, GHYSELS E & SOHN B. Market volatility and macroeconomic fundamentals [J] . New York University working paper, 2009.

[32] ENGLE R, BOLLERSLEV T. Modelling the persistence of conditional variances [J] . Econometric feviews, 1986, 5(1): 1–50.

[33] ENGLE R, KRONER K. Multivariate simultaneous generalized ARCH [J] . Econometric theory, 1995, 11(1): 122–150.

[34] FAMA E F. The behavior of stock–market prices [J] . The journal of business, 1965, 38(1): 34–105.

[35] GARMAN M B, KLASS M J. On the estimation of security price volatilities from historical data [J] . The journal of business, 1980, 53(1): 67–78.

[36] GATEV EVAN G, GOETZMANN W & ROUWENHORST G. Pairs trading: performance of a relative value arbitrage rule [C] . Working papers 7032, national bureau of economic research, 1999.

[37] GHYSELS E, ARTHUR S & ROSSEN V. MIDAS regressions: further results and new directions [J] . Econometric reviews, 2007, 26(1): 53–90.

[38] GLOSTEN L R, JAGANNATHAN R & RUNKLE D E. On the relation between the expected value and the volatility of the nominal excess return on stocks [J] . The journal of finance, 1993(48): 1779–1801.

[39] GROSSMAN S J, STIGLITZ J E. On the impossibility of informationally efficient markets [J]. American economic review, 1980, 70(3): 393–408.

[40] GUNLAN B. Short volatility ETN to liquidate [J]. Wall street fournal online edition, 2018.

[41] GUO B, LIN H. Volatility and jump risk in option returns [J]. Journal of futures markets, 2020, 40(11).

[42] GUY C. The Bible of options strategies [J]. FT prentice hall, 2005.

[43] HALL P. Options futures and other derivatives [M]. Tsinghua University Press, 2001.

[44] HAMILTON W P, The stock market barometer [J]. 1998.

[45] HARRIS R D F, SHEN J. Hedging and value at risk [J]. Journal of futures markets, 2006(26): 369–390.

[46] HARRISON J M, KREPS D M. Martingales and arbitrage in multiperiod securities markets [J]. Journal of economic theory, 1979(20): 381–408.

[47] HICKS J R. Value and capita [M]. Clarendon Press, 1936.

[48] KEYNES J M. The supply of gold [J]. Economic fournal. 1936, 46(183): 412–418.

[49] KRAUS A, LITZENBERGER R. On the distributional conditions for a consumption–oriented three moment CAPM [J].Journal of finance, 1983, 38(5): 1381–1391.

[50] LA PORTA R, LOPEZ–DE–SILANES F, SHLEIFER A eds. Law and finance [J]. Journal of political economy, 1998, 106(6): 1131–1150.

[51] LEVY H. Upper and lower bounds of put and call option value: stochastic dominance approach [J]. Journal of finance, 1986, 41(5): 1181.

[52] LINTNER J. Security prices, risk, and maximal gains from diversification [J]. The journal of finance, 1965, 20(4): 587–615.

[53] MACAULAY F R. Some theoretical problems suggested by the movement of interest rates, bonds, yields, and stock prices in the United States since 1865 [M]. Columbia University Press, 1865.

[54] MAO, JAMES C T. Models of capital budgeting, EV vs ES [J]. Journal of financial and quantitative analysis, 1970: 657–675.

[55] MARKOWITZ H. Portfolio selection [J]. Journal of finance, 1952, 7(1): 77–91.

[56] MARKOWITZ H M. Foundations of portfolio theory [J]. Journal of finance, 1991, 46(2): 469–477.

[57] MARKOWITZ H. The utility of wealth [J]. Journal of political economy, 1952: 151–158.

[58] MARSCHAK J. Money and the theory of assets [J]. Econometrica, journal of the econometric society, 1938: 311–325.

[59] MERTON R C. Life time portfolio selection under uncertainty: the continuous–time case [J]. The review of economics and statistics, 1969, 51(3): 247–257.

[60] MERTON R C. Optimum consumption and portfolio rules in a continuous–time model [J]. Journal of economic theory, 1971, 3(4): 373–413.

[61] MERTON R C. An intertemporal capital asset pricing model [J]. Econometrica, 1973, 41(5): 867–887.

[62] MIHIR, B. Transactions data tests of efficiency of the Chicago board options exchange [J]. Journal of

financial economics, 1983.

[63] MODIGLIANI F, MILLER M H. The cost of capital, corporation finance and the theory of investment[J]. The American economic review, 1958, 48(3): 261–297.

[64] MOSSIN J. Equilibrium in a capital asset market [J]. Journal of the econometric society, 1966: 768–783.

[65] MULLANEY, M. Complete guide to option strategies [J]. Wiley, 2009.

[66] NELSON D B. Conditional heteroskedasticity in asset returns: a new approach [J]. Econometrica, 1991(2): 347–70.

[67] NEUMANN J V. Morgenstern O [J]. Theory of games and economic be, 1944.

[68] PARKINSON M. The extreme value method for estimating the variance of the rate of return [J]. The journal of business, 1980, 53(1): 61–65.

[69] PRESS. A compound events model for security prices [J]. The journal of business, 1967(3): 317–35..

[70] ROGERS L C G, SATCHELL S E. Estimating variance from high, low and closing prices [J]. The annals of applied probability, 1991, 1(4): 504–512.

[71] RUBINSTEIN M. An aggregation theorem for securities markets [J]. Journal of financial economics, 1974, 1(3): 225–244.

[72] RUBINSTEIN M. The valuation of uncertain income streams and the pricing of options [J]. The bell journal of economics, 1976, 7(2): 407–425.

[73] SAMUELSON P A. A theory of induced innovation along kennedy–weisäcker lines [J]. The review of economics and statistics, 1965: 343–356.

[74] SCAILLET O Nonparametric estimation and sensitivity analysis of expected shortfall [J]. Mathematical finance, 2004: 115–129.

[75] SCHWERT G W. Why does stock market volatility change over time? [J]. Journal of finance , 1989(44): 1207–1239.

[76] SHARPE W F. Capital asset prices: a theory of market equilibrium under conditions of risk [J]. The journal of finance, 1964, 19(3): 425–442.

[77] STATMAN M. How many stocks make a diversified portfolio? [J]. Journal of financial and quantitative analysis, 1987(22).

[78] VIDYAMURTHY G, TRADING P. Quantitative methods and analysis [J]. 2004.

[79] WILLIAMS J B. The theory of investment value [M]. Harvard University Press, 1938.

[80] WONG W K, FAN G & ZENG Y. Capturing tail risks beyond VaR [J]. Review of pacific basin financial markets and policies, 2012, 15(3): 125–150.

[81] YANG D, ZHANG Q. Drift–Independent volatility estimation based on high low open and close prices [J]. The journal of business, 2000, 73(3): 477–492.